Silver Burdett & Ginn

MATEMÁTICAS

AUTORES

AUTORES DE LA SERIE
Lucy J. Orfan • Bruce R. Vogeli

AUTORES DE PROBLEMAS PARA RESOLVER
Stephen Krulik • Jesse A. Rudnick

Sadie C. Bragg • Ruth I. Champagne • Gerald A. Goldin • Edith E. Grimsley
Deborah B. Gustafson • John F. LeBlanc • William D. McKillip • Fernand J. Prevost

SILVER BURDETT & GINN
MORRISTOWN, NJ • NEEDHAM, MA
Atlanta, GA • Cincinnati, OH • Dallas, TX • Menlo Park, CA • Deerfield, IL

ISBN 0-382-11095-1

Contenido

13 Perímetro • Área • Volumen 377

14 Razón • Por ciento • Probabilidad 401

Tema: Vacaciones en EE. UU.

Sentido numérico

¿Sabes cuántos días de edad tienes? ¿Cómo puedes averiguarlo?

Trabaja en un grupo pequeño.

1. Decide qué información necesitas.

   - Estima cuántos días de edad tienes.

   - Calcula exactamente qué edad tienes en días y anota tu trabajo.

   - ¿Cómo se compara tu respuesta con tu estimado?

2. Haz un cuadro para tu grupo.

   - Muestra qué edad en días tiene cada miembro del grupo.

   - Muestra qué edad tendrá cada miembro dentro de 5, 10, 15 y 20 años.

2

Comparte tu trabajo con otro grupo.

1. Comenta sobre las formas diferentes que usaste para hacer tu estimado.
2. Comenta sobre las formas diferentes que usaste para hallar tu edad. ¿Qué métodos fueron los más fáciles?
3. ¿Cómo puedes saber si la respuesta de cada persona es razonable?
4. ¿Cómo afectaron a tus resultados los años bisiestos?
5. ¿Qué patrones observas en tu cuadro? Comenta sobre diferentes formas de usar el cuadro para predecir aproximadamente cuántos días de edad tendrás en 50 años.

═══ RAZONAR A FONDO ═══

Trabaja en grupo.

1. Haz un plan para usar tu calculadora y averiguar qué edad tienes en horas y en minutos.

   • Haz los cálculos. Agrega estos datos al cuadro que hiciste antes.
   • Túrnense para leer los datos al grupo. ¿Cómo te ayudan las comas a leer un número?

2. ¿Qué información adicional necesitarías para saber exactamente cuántas horas o minutos has vivido? ¿Crees que alguna vez necesitarás saber tu edad en horas o minutos, ya sea exacta o aproximadamente? Explica.

3. Puedes usar un número muy grande o un número muy pequeño para indicar tu edad.

   • ¿Hay ventajas o desventajas al expresar tu edad en meses o días? Explica.
   • Comenta sobre otras situaciones en las cuales podrías escoger en un número grande o un número pequeño para dar la misma información.

3

Datos de la suma y la resta

¿Cuántas puntas tiene la corona de la Estatua de la Libertad? Juanita puede ver 4 puntas y hay 3 más que no se ven.

4 ←— sumando
+3 ←— sumando
7 ←— suma   La corona tiene 7 puntas.

Propiedad del orden de la suma

▶ El orden en que se suman los $7 + 2 = 9$
números no altera la suma. $2 + 7 = 9$

Propiedad del cero de la suma

▶ La suma de cualquier $5 + 0 = 5$
número más cero es ese $0 + 8 = 8$
mismo número.

Propiedad de agrupación de la suma

▶ La manera en que se $(4 + 5) + 1 = \square$ $4 + (5 + 1) = \square$
agrupan los números no $9 \ + 1 = 10$ $4 + \ 6 \ = 10$
altera la suma.   Trabaja primero dentro de los paréntesis.

Resta para hallar cuántos quedan.

$11 - 4 = 7$ ← **diferencia**

Resta para hallar cuántos mas se necesita, o cuántos más hay en un grupo que en otro.

▶ Cuando se resta 0 de un número, $4 - 0 = 4$
la diferencia es ese número. $9 - 0 = 9$

▶ Cuando un número se resta de sí mismo, $5 - 5 = 0$
la diferencia es 0. $6 - 6 = 0$

TRABAJO EN CLASE

Halla cada suma o diferencia.

1.	2.	3.	4.	5.	6.	7.
5	4	5	6	12	5	15
+3	−2	−0	0	−7	4	−9
			+4		+3	

Halla cada sumando que falta. Nombra la propiedad que usaste.

8. $7 + 8 = \square + 7$ 9. $(2 + 7) + 3 = \square + (7 + 3)$ 10. $0 + \square = 9$

4

PRÁCTICA

Halla cada suma.

1.	2.	3.	4.	5.	6.	7.
1	5	2	4	4	9	3
7	2	5	5	2	0	3
+ 2	+ 6	+ 4	+ 3	+ 3	+ 6	+ 5

8.	9.	10.	11.	12.	13.	14.
5	4	1	2	1	3	2
1	3	7	1	4	3	2
3	1	0	6	2	1	2
+ 2	+ 4	+ 2	+ 2	+ 3	+ 3	+ 2

15. $2 + 5 + 1 = \square$ 16. $8 + 0 + 2 = \square$ 17. $3 + 4 + 1 = \square$

Halla cada sumando que falta. Nombra la propiedad que usaste.

18. $2 + (\square + 1) = (2 + 7) + 1$ 19. $9 + \square = 1 + 9$ 20. $7 + \square = 7$

Halla cada diferencia.

21.	22.	23.	24.	25.	26.	27.
17	14	18	11	13	15	12
− 8	− 6	− 9	− 8	− 5	− 7	− 9

28.	29.	30.	31.	32.	33.
13	15	12	16	11	14
− 6	− 9	− 5	− 7	− 4	− 7

34. $10 - 8 = \square$ 35. $16 - 9 = \square$ 36. $13 - 7 = \square$

Resta horizontal y verticalmente.

★ 37.

8	3	
7	2	

★ 38.

9	5	
2	1	

APLICACIÓN

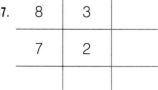

39. Cuando el viento sopla, el brazo de *Miss Liberty* se balancea 7 pulgadas hacia adelante y 7 pulgadas hacia atrás de su posición normal. ¿Qué distancia total recorre en su balanceo?

★ 40. Susan trajo 3 manzanas para compartir. Juana tenía 2 más. Se comieron cuatro. ¿Cuántas quedaron?

5

Sumar y restar

St. Louis era la entrada al territorio de Louisiana. Con ese territorio se formaron ocho estados y partes de otros 7 estados.

Escribe cuatro datos relacionados usando los mismos tres números.

8	7	15	15
+7	+8	− 7	− 8
15	15	8	7

Usa datos relacionados para ayudarte con la suma y la resta.

- Suma hacia abajo para hallar la suma. Suma hacia arriba para comprobar.

	7		Comprueba	7
	+8	↓	↑	+8
	15			15

- Resta para hallar la diferencia. Suma para comprobar tu respuesta.

	15	Comprueba	7
	− 8		+8
	7		15

- Para hallar el número que falta, usa un dato relacionado.

$$15 \atop {-\square \atop 7}$$ $$7 \atop {+8 \atop 15}$$ por lo tanto $$15 \atop {-8 \atop 7}$$

TRABAJO EN CLASE

Escribe cuatro datos relacionados para cada uno.

1. 2, 1, 3   2. 6, 5, 11   3. 6, 7, 13   4. 8, 4, 12   5. 13, 5, 8

Halla cada número que falta.

6. 4	7. 2	8. □	9. 15	10. 7	11. □	12. 18
+ □	+ □	+ 5	− □	− □	+ 4	− □
6	10	14	9	7	13	9

Suma o resta. Escribe un dato relacionado para comprobar tu respuesta.

13. 3	14. 9	15. 12	16. 10	17. 14	18. 9	19. 13
+7	+6	− 8	− 7	− 7	+3	− 8

6

Escribe cuatro datos relacionados para cada uno.

1. 3, 1, 4   2. 9, 2, 11   3. 6, 1, 7   4. 9, 8, 17   5. 16, 9, 7

Halla cada número que falta.

6. $\begin{array}{r} 6 \\ +\square \\ \hline 8 \end{array}$
   7. $\begin{array}{r} 9 \\ -\square \\ \hline 6 \end{array}$
   8. $\begin{array}{r} 8 \\ +\square \\ \hline 11 \end{array}$
   9. $\begin{array}{r} \square \\ +7 \\ \hline 12 \end{array}$
   10. $\begin{array}{r} \square \\ +1 \\ \hline 4 \end{array}$
   11. $\begin{array}{r} 12 \\ -\square \\ \hline 5 \end{array}$
   12. $\begin{array}{r} 10 \\ -\square \\ \hline 4 \end{array}$

Suma o resta. Escribe un dato relacionado para comprobar.

13. $\begin{array}{r} 8 \\ +9 \end{array}$
   14. $\begin{array}{r} 4 \\ +6 \end{array}$
   15. $\begin{array}{r} 3 \\ +5 \end{array}$
   16. $\begin{array}{r} 8 \\ -6 \end{array}$
   17. $\begin{array}{r} 10 \\ -3 \end{array}$
   18. $\begin{array}{r} 4 \\ +8 \end{array}$
   19. $\begin{array}{r} 4 \\ +5 \end{array}$

20. $\begin{array}{r} 5 \\ -3 \end{array}$
   21. $\begin{array}{r} 11 \\ -3 \end{array}$
   22. $\begin{array}{r} 5 \\ -2 \end{array}$
   23. $\begin{array}{r} 3 \\ +6 \end{array}$
   24. $\begin{array}{r} 5 \\ +4 \end{array}$
   25. $\begin{array}{r} 2 \\ +7 \end{array}$
   26. $\begin{array}{r} 11 \\ -7 \end{array}$

★27. $\square = 5 + 6$ ★28. $\square = 8 + 4$ ★29. $\square = 6 - 5$ ★30. $\square = 5 - 2$

Usa cada número de entrada. Sigue una regla para hallar cada número de salida.

Regla: Suma 9.

	Entrada	Salida
31.	6	
32.	7	
33.	8	
34.	9	

Regla: Resta 6.

	Entrada	Salida
35.	14	
36.	8	
37.	12	
38.	6	

Halla la regla.

★39.

Entrada	Salida
13	8
7	2
9	4
12	7

APLICACIÓN

NÚMEROS PARES E IMPARES

Números impares: 1, 3, 5, 7 . . .   . . . quiere decir "y así sigue, de la misma manera". Números pares: 0, 2, 4, 6 . . .

Escoge *par* o *impar* para completar cada frase.

1. La suma de dos números pares es _____.
2. La suma de dos números impares es _____.
3. La suma de un número par y de un número impar es _____.
4. La diferencia entre dos números pares es _____.
5. La diferencia entre dos números impares es _____.
6. La diferencia entre un número par y un número impar es _____.

Datos y propiedades de la multiplicación

¿Cuántos cadetes de la Fuerza Aérea están marchando? Hay 4 columnas con 6 cadetes en cada una.

Multiplica para hallar cuántos hay en total cuando cada grupo tiene el mismo número de miembros.

$$4 \times 6 = 24$$

factor   factor   producto

$$\begin{array}{r} 6 \leftarrow \text{factor} \\ \times 4 \leftarrow \text{factor} \\ \hline 24 \leftarrow \text{producto} \end{array}$$

Hay 24 cadetes marchando.

Recuerda estas propiedades de la multiplicación.

Propiedad del orden

▶ El orden en que se multiplican los números no altera el producto.

$$\begin{array}{r} 9 \\ \times 4 \\ \hline 36 \end{array} \qquad \begin{array}{r} 4 \\ \times 9 \\ \hline 36 \end{array}$$

$$7 \times 6 = 42$$
$$6 \times 7 = 42$$

Propiedad de agrupación

▶ La manera en que se agrupan los números no altera el producto.

Trabaja primero dentro de los paréntesis.

$$(3 \times 2) \times 4 = \square \qquad 3 \times (2 \times 4) = \square$$
$$6 \times 4 = 24 \qquad 3 \times 8 = 24$$

Propiedad del uno

▶ El producto de cualquier número multiplicado por 1 es ese mismo número.

$$6 \times 1 = 6 \qquad 1 \times 8 = 8$$

Propiedad del cero

▶ El producto de cualquier número y 0 es 0.

$$7 \times 0 = 0 \qquad 0 \times 5 = 0$$

TRABAJO EN CLASE

Halla cada producto.

1. $\begin{array}{r} 6 \\ \times 2 \\ \hline \end{array}$
2. $\begin{array}{r} 4 \\ \times 1 \\ \hline \end{array}$
3. $\begin{array}{r} 7 \\ \times 7 \\ \hline \end{array}$
4. $\begin{array}{r} 5 \\ \times 4 \\ \hline \end{array}$
5. $\begin{array}{r} 9 \\ \times 9 \\ \hline \end{array}$
6. $\begin{array}{r} 9 \\ \times 5 \\ \hline \end{array}$
7. $\begin{array}{r} 8 \\ \times 6 \\ \hline \end{array}$

8. $8 \times 5 = \square$
9. $4 \times 0 = \square$
10. $9 \times 1 = \square$
11. $5 \times 6 = \square$

Halla cada número que falta. Nombra la propiedad que usaste.

12. $8 \times 7 = 7 \times \square$
13. $9 \times 1 = \square$
14. $2 \times 0 = \square$

8

Multiplica.

1.	2.	3.	4.	5.	6.	7.
6 ×8	4 ×9	5 ×7	0 ×9	6 ×6	3 ×8	4 ×7

8.	9.	10.	11.	12.	13.	14.
3 ×7	2 ×9	5 ×1	5 ×9	6 ×7	8 ×9	8 ×8

15.	16.	17.	18.	19.	20.	21.
1 ×7	4 ×8	3 ×9	2 ×8	9 ×8	7 ×9	6 ×9

Halla cada producto o factor que falta.
Nombra la propiedad que usaste.

22. $8 \times 6 = 6 \times \square$ **23.** $(\square \times 4) \times 2 = 7 \times (4 \times 2)$ **24.** $3 \times 0 = \square$

25. $2 \times 5 \times \square = 10$ **26.** $4 \times \square \times 2 = 0$ **27.** $1 \times \square \times 1 = 1$

28. $5 \times 7 = 7 \times \square$ **29.** $8 \times (\square \times 2) = (8 \times 3) \times 2$ **30.** $4 \times (3 \times 2) =$
$(4 \times 3) \times \square$

Usa diferentes factores para mostrar cada producto.
El primero ya está comenzado para ti.

★**31.** 12
  2 factores: 2×6
        3×4
  3 factores: $2 \times 2 \times \square$

★**32.** 24
  2 factores; 3 factores;
  4 factores

★**33.** 48
  3 factores; 4 factores;
  5 factores

34. ¿Qué posibles formaciones de marcha puedes hacer con 18 cadetes? Cada columna debe tener un número igual de cadetes.

★**35.** Una unidad tiene 5 columnas con 5 cadetes en cada columna. Otra tiene 4 columnas con 7 cadetes en cada columna. ¿Qué unidad tiene más cadetes?

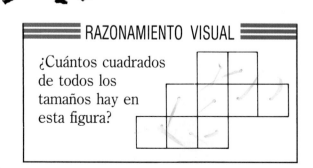

RAZONAMIENTO VISUAL

¿Cuántos cuadrados de todos los tamaños hay en esta figura?

Datos de la división

Tony compró 18 postales para repartir entre 6 amigos por igual. ¿Cuántas postales recibe cada amigo?

Divide para hallar cuantas hay en cada grupo. $18 \div 6 = \square$

$$\begin{array}{r} 3 \\ 6\overline{)18} \end{array}$$

3 ← cociente
6)18 ← dividendo
↑
divisor

Cada amigo recibe 3 postales.

Juana compró 12 postales. ¿Cuántos grupos de dos postales puede hacer?

Divide para hallar cuántos grupos iguales hay. $12 \div 2 = \square$

$12 \div 2 = 6$ ← cociente
↑   ↑
dividendo   divisor

Juana puede hacer 6 grupos de postales.

Cuando dividas, piensa en los datos relacionados de multiplicación.

$3 \times 6 = 18$ $6 \times 3 = 18$ $6 \times 2 = 12$ $2 \times 6 = 12$
$18 \div 6 = 3$ $18 \div 3 = 6$ $12 \div 2 = 6$ $12 \div 6 = 2$

Recuerda estos datos sobre la división.

▶ El cociente de cualquier número dividido por sí mismo es 1.

$$\begin{array}{r} 1 \\ 6\overline{)6} \\ -6 \\ \hline 0 \end{array}$$ ← 1×6

▶ El cociente de cualquier número dividido por 1 es ese mismo número.

$$\begin{array}{r} 4 \\ 1\overline{)4} \\ -4 \\ \hline 0 \end{array}$$ ← 4×1

▶ Puedes dividir 0 por cualquier número, pero no puedes dividir un número por 0.

$$\begin{array}{r} 0 \\ 5\overline{)0} \\ -0 \\ \hline 0 \end{array}$$ ← 0×5

?
0)7 ¡No es posible!

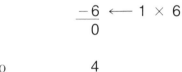

Me estoy divirtiendo mucho! Vuelvo pronto Beto

Sr. Juan Pérez
Casilla 114
San Antonio,
Texas, 78291

Trabajo en clase

Halla cada cociente.

1. $6\overline{)36}$ 2. $7\overline{)63}$ 3. $5\overline{)25}$ 4. $8\overline{)72}$ 5. $4\overline{)24}$

Escribe los datos relacionados de la multiplicación y la división.

6. 3, 4, 12   7. 2, 7, 14   8. 5, 8, 40   9. 9, 9, 81   10. 5, 6, 30

PRÁCTICA

Divide.

1. $7\overline{)42}$ 2. $8\overline{)56}$ 3. $5\overline{)20}$ 4. $3\overline{)27}$ 5. $9\overline{)36}$

6. $9\overline{)9}$ 7. $2\overline{)16}$ 8. $7\overline{)49}$ 9. $3\overline{)0}$ 10. $2\overline{)10}$

11. $6 \div 3 = \square$ 12. $32 \div 8 = \square$ 13. $4 \div 4 = \square$ 14. $8 \div 1 = \square$

15. $10 \div 5 = \square$ 16. $12 \div 6 = \square$ 17. $3 \div 1 = \square$ 18. $16 \div 8 = \square$

Escribe los datos relacionados de la multiplicación y la división.

19. 2, 3, 6   20. 3, 5, 15   21. 7, 5, 35   22. 3, 3, 9   23. 4, 2, 8

24. 6, 8, 48   25. 9, 5, 45   26. 7, 28, 4   27. 54, 9, 6   28. 2, 18, 9

Escoge la oración matemática y resuélvela.

29. Las postales de Crazy Horse se venden en paquetes de 5. Un grupo de turistas compró 40 postales. ¿Cuántos paquetes compraron?

a. $40 \times 5 = \square$ b. $40 \div 5 = \square$

c. $\square \div 5 = 40$ d. $40 = \square \div 5$

★ 30. **Halla cada número que falta.**

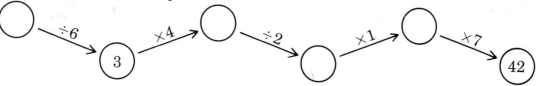

APLICACIÓN

31. El bus de Black Hills para turistas puede llevar 45 personas. Hay 9 filas de asientos. ¿Cuántas personas pueden sentarse en cada fila?

★ 32. Un paseo a pie dura 30 minutos. Tres guías tienen turnos iguales para dirigir el grupo. ¿Durante cuánto tiempo dirige cada guía?

≣ LA CALCULADORA ≣

Las calculadoras dividen restando repetidamente. $20 \div 5 = 4$. ¿Cuántas veces hay que restar 5 de 20 para llegar a 0? Prueba en tu calculadora.

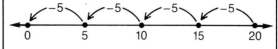

Ahora, prueba $21 \div 3 = \square$. ¿Cuántas veces debes restar 3?

11

Problemas para resolver

INFORMACIÓN ILUSTRADA

PIENSA
PLANEA
RESUELVE
REVISA

Los cuatro pasos que se ven aquí te pueden
ayudar a resolver muchas clases de problemas.

En la feria del estado de Illinois, Silvia
gastó $1 en boletos para juegos. Ella subió
una vez al Pulpo. ¿Cuántos boletos
le quedan?

Usa estos cuatro pasos para
ayudarte a resolver el problema.

PIENSA   **¿Cuál es la pregunta?**

¿Cuántos boletos le quedan a Silvia?

¿Cuáles son los datos?

Mira la ilustración. Algunos datos
están ahí. Silvia gastó $1 y recibió
9 boletos. El Pulpo cuesta 5
boletos.

PLANEA   **¿Cómo puedes hallar la respuesta?**

Resta el número de boletos que
cuesta el Pulpo del número de
boletos que compró Silvia.

$9 - 5 = \square$

RESUELVE   **Sigue con el plan. Haz el trabajo y
halla la respuesta.**

$$\begin{array}{r} 9 \\ -5 \\ \hline 4 \end{array}$$

A Silvia le quedan 4 boletos.

REVISA   **¿Has contestado la pregunta? ¿Hiciste bien la
cuenta? ¿Tiene sentido tu respuesta?**

Comprueba los datos y la aritmética. A Silvia le
quedan 4 boletos. La respuesta es correcta.

PRÁCTICA

Usa la ilustración de la página 12 para contestar estas preguntas.

1. ¿Para qué juego le quedan suficientes boletos a Silvia?

2. ¿Cuántos boletos puede comprar Arthur con $4?

3. ¿Cuántos boletos hacen falta para subir en la Estrella y la Montaña Rusa?

4. Juan compró 6 bocados para sus amigos. ¿Cuánto gastó?

5. Daniel gastó $2 en boletos. Subió al Carrusel y al Pulpo. ¿Cuántos boletos le quedan?

★ 6. Patrick tenía $4. Subió en la Estrella 3 veces. ¿Cuánto dinero le queda?

Usa la ilustración de la exhibición de ganado para resolver estos problemas.

7. ¿Cuántas clases de animales domésticos hay en la ilustración?

8. Ana fue a 2 exhibiciones y vio 8 animales. ¿Que exhibiciones visitó?

9. ¿En cuántas horas van a seleccionar a los animales para otorgar los premios?

10. ¿Si se llevan los cerdos, cuántos animales quedan?

CREA TU PROPIO PROBLEMA

Crea un problema para cada ilustración. Luego, resuélvelo.

1.

★ 2.

Explorar millares

Trabaja en un grupo pequeño. Usa una cuerda y un puñado de monedas de un centavo para contestar esta pregunta.

¿Aproximadamente qué distancia cubrirían 1,000 monedas de un centavo, puestas una detrás de otra?

- Haz un estimado.
- Haz un plan para saber qué distancia cubrirían las monedas de un centavo.
- Usa la cuerda para mostrar la distancia.
- Sigue con tu plan.

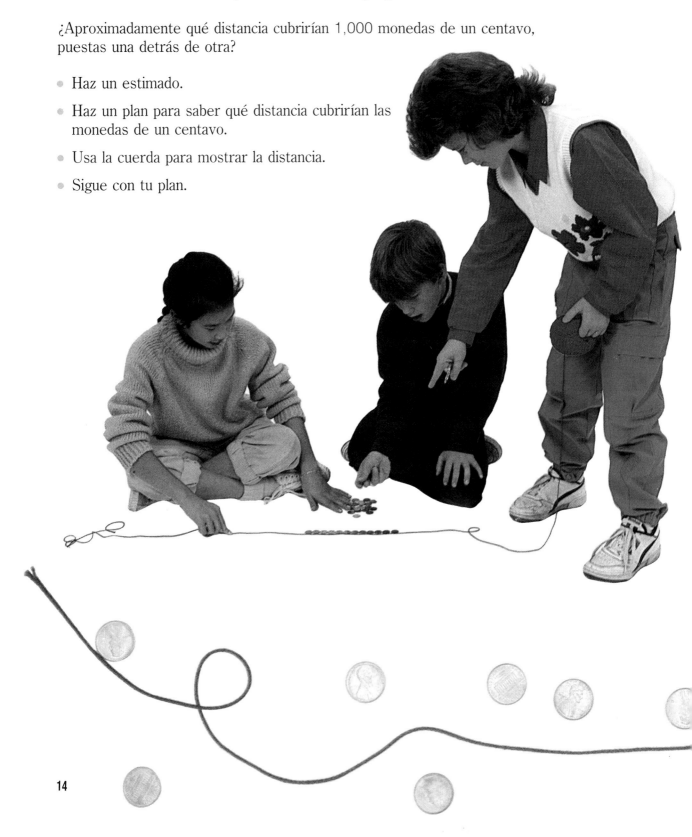

COMPARTIR IDEAS

Trabajen juntos y hablen de sus resultados.

1. ¿Cómo determinaste qué largo debe de tener tu cuerda? ¿Cómo se compara tu método con otros?

2. Compara los largos de las cuerdas de la clase. Comenta sobre por qué los largos son iguales o por qué son diferentes.

3. Piensa en formas en que podrías comprobar la exactitud de los largos de las cuerdas. ¿Qué forma podría ser mejor? Explica por qué.

4. Aproximadamente, ¿cuántos pies de largo tiene tu cuerda? ¿cuántas yardas?

RAZONAR A FONDO

1. Piensa en todos los largos de las cuerdas puestas punta con punta. ¿Aproximadamente cuántas monedas de un centavo de largo tendrían los largos combinados? Escribe tu respuesta en palabras y en números.

2. ¿Es el número que escribiste mayor que o menor que el número de estudiantes en tu escuela? ¿En tu comunidad?

3. ¿Cubriría el pizarrón este número de monedas de un centavo puestas una detrás de otra? ¿Cómo podrías averiguarlo? ¿Qué método sería mejor? Explica por qué.

Explorar millones

Un campo de fútbol americano tiene 100 yardas de largo y como 50 yardas de ancho. Suponte que en la línea de meta se pusiera una fila de diez estudiantes con hojas de monedas de un centavo. ¿Cuántas filas de diez estudiantes harían falta para mostrar un millón de monedas? ¿Cabrían en el campo de fútbol?

TRABAJAR JUNTOS

Trabajen juntos. Cada estudiante necesitará una hoja de monedas de un centavo (Hoja de trabajo 1) y papel cuadriculado.

1. Cuenta las monedas. Decide cuántos estudiantes necesitas para mostrar 1,000 monedas. Haz que este número de estudiantes formen una fila para mostrar las 1,000 monedas.

2. Decide cuántos estudiantes necesitas para mostrar 10,000 monedas. Platiquen acerca de si hay suficientes estudiantes y espacio en tu salón de clase para mostrar 10,000 monedas.

3. Haz puntos en un papel cuadriculado para representar los estudiantes mostrando 10,000 monedas con sus hojas de monedas.
   - ¿Cuántos puntos mostrarás?
   - ¿Cuántas monedas representará cada punto?
   Ponle a tu cuadrícula 10,000 como título.

4. Comenta sobre cuántos estudiantes se necesitan para mostrar 100,000 monedas. Recorta y pega suficientes cuadrículas en el pizarrón para mostrar 100,000 monedas. Escribe 100,000 debajo de las cuadrículas.

5. Comenta sobre cuántas cuadrículas hacen falta para mostrar 1,000,000 de monedas.

   - ¿Cuántos estudiantes se necesitan?

   - ¿Cuántas filas de diez estudiantes se necesitan?

   - ¿Puedes hacer caber estas filas de estudiantes en un campo de fútbol para mostrar 1,000,000 de monedas? ¿Por qué sí o por qué no?

1. Comenta sobre cuán grande es un 1,000,000. ¿Cuántos millares tiene? ¿Cuántas centenas tiene?

2. Piensa en preguntas como las siguientes. Luego comenta formas en que podrías hallar la respuesta.

   - ¿Has vivido 1,000,000 de minutos?
   - ¿Hay 1,000,000 de personas en tu comunidad?
   - ¿Podrías contar hasta 1,000,000 en un día?
   - ¿Hay 1,000,000 de libros en tu biblioteca pública?

1. Imagínate que tienes 1,000,000 de monedas de un centavo. Usa monedas de un centavo de verdad para ayudarte a estimar.

   - ¿Qué clase de recipiente necesitarías para ponerlas?
   - ¿Podrías cargar 1,000,000 de monedas de un centavo?
   - ¿Qué podrías comprar con 1,000,000 de monedas de un centavo?

2. Muchas expresiones comunes usan las palabras *un millón*.
   —Tenía la mente a un millón de millas de distancia.—
   —No podría hacer eso ni en un millón de años.—

   - En estas expresiones, ¿significa *un millón* exactamente 1,000,000? ¿significa algo distinto? Da tus razones.
   - Piensa en otras expresiones que usan *un millón*. Anótalos para compartir con tu clase.

17

Explorar millares de millones

hhhhhhhhhhhhhhhhhhhhhhhhhhhhhhhhhhhhhhhhhhhhhhhhhhhhhhhhhhhhhhhhhhhhhhhhhhhhhhhhhh
hhhhhhhhhhhhhhhhhhhhhhhhhhhhhhhhhhhhhhhhhhhhhhhhhhhhhhhhhhhhhhhhhhhhhhhhhhhhhhhhhh
hhhhhhhhhhhhhhhhhhhhhhhhhhhhhhhhhhhhhhhhhhhhhhhhhhhhhhhhhhhhhhhhhhhhhhhhhhhhhhhhhh
hhhhhhhhhhhhhhhhhhhhhhhhhhhhhhhhhhhhhhhhhhhhhhhhhhhhhhhhhhhhhhhhhhhhhhhhhhhhhhhhhh
hhhhhhhhhhhhhhhhhhhhhhhhhhhhhhhhhhhhhhhhhhhhhhhhhhhhhhhhhhhhhhhhhhhhhhhhhhhhhhhhhh
hhhhhhhhhhhhhhhhhhhhhhhhhhhhhhhhhhhhhhhhhhhhhhhhhhhhhhhhhhhhhhhhhhhhhhhhhhhhhhhhhh
hhhhhhhhhhhhhhhhhhhhhhhhhhhhhhhhhhhhhhhhhhhhhhhhhhhhhhhhhhhhhhhhhhhhhhhhhhhhhhhhhh
hhhhhhhhhhhhhhhhhhhhhhhhhhhhhhhhhhhhhhhhhhhhhhhhhhhhhhhhhhhhhhhhhhhhhhhhhhhhhhhhhh
hhhhhhhhhhhhhhhhhhhhhhhhhhhhhhhhhhhhhhhhhhhhhhhhhhhhhhhhhhhhhhhhhhhhhhhhhhhhhhhhhh
hhhhhhhhhhhhhhhhhhhhhhhhhhhhhhhhhhhhhhhhhhhhhhhhhhhhhhhhhhhhhhhhhhhhhhhhhhhhhhhhhh
hhhhhhhhhhhhhhhhhhhhhhhhhhhhhhhhhhhhhhhhhhhhhhhhhhhhhhhhhhhhhhhhhhhhhhhhhhhhhhhhhh
hhhhhhhhhhhhhhhhhhhhhhhhhhhhhhhhhhhhhhhhhhhhhhhhhhhhhhhhhhhhhhhhhhhhhhhhhhhhhhhhhh
hhhhhhhhhhhhhhhhhhhhhhhhhhhhhhhhhhhhhhhhhhhhhhhhhhhhhhhhhhhhhhhhhhhhhhhhhhhhhhhhhh
hhhhhhhhhhhhhhhhhhhhhhhhhhhhhhhhhhhhhhhhhhhhhhhhhhhhhhhhhhhhhhhhhhhhhhhhhhhhhhhhhh
hhhhhhhhhhhhhhhhhhhhhhhhhhhhhhhhhhhhhhhhhhhhhhhhhhhhhhhhhhhhhhhhhhhhhhhhhhhhhhhhhh
hhhhhhhhhhhhhhhhhhhhhhhhhhhhhhhhhhhhhhhhhhhhhhhhhhhhhhhhhhhhhhhhhhhhhhhhhhhhhhhhhh
hhhhhhhhhh

Explora

Trabaja en pareja. Decide qué estrategias
vas a probar.

1. ¿Cuántas *haches* hay escondidas en este
   rectángulo?

2. ¿Cuántas *haches* habría en la página si este
   rectángulo también estuviera llena de *haches*?

3. ¿Aproximadamente cuántos libros de matemáticas
   harían falta para mostrar un millar de millónes de
   haches, si todas las páginas estuvieran llenas de *haches*?

hhhhhhhhhhhhhhhhhhhhhhhhhhhhhhhhhhhhhhhhhhhhhhhhhhhhhhhhhhhhhhhhhhhhhhhhhhhhhhhhhh
hhhhhhhhhhhhhhhhhhhhhhhhhhhhhhhhhhhhhhhhhhhhhhhhhhhhhhhhhhhhhhhhhhhhhhhhhhhhhhhhhh
hhhhhhhhhhhhhhhhhhhhhhhhhhhhhhhhhhhhhhhhhhhhhhhhhhhhhhhhhhhhhhhhhhhhhhhhhhhhhhhhhh
hhhhhhhhhhhhhhhhhhhhhhhhhhhhhhhhhhhhhhhhhhhhhhhhhhhhhhhhhhhhhhhhhhhhhhhhhhhhhhhhhh
hhhhhhhhhhhhhhhhhhhhhhhhhhhhhhhhhhhhhhhhhhhhhhhhhhhhhhhhhhhhhhhhhhhhhhhhhhhhhhhhhh
hhhhhhhhhhhhhhhhhhhhhhhhhhhhhhhhhhhhhhhhhhhhhhhhhhhhhhhhhhhhhhhhhhhhhhhhhhhhhhhhhh
hhhhhhhhhhhhhhhhhhhhhhhhhhhhhhhhhhhhhhhhhhhhhhhhhhhhhhhhhhhhhhhhhhhhhhhhhhhhhhhhhh
hhhhhhhhhhhhhhhhhhhhhhhhhhhhhhhhhhhhhhhhhhhhhhhhhhhhhhhhhhhhhhhhhhhhhhhhhhhhhhhhhh
hhhhhhhhhhhhhhhhhhhhhhhhhhhhhhhhhhhhhhhhhhhhhhhhhhhhhhhhhhhhhhhhhhhhhhhhhhhhhhhhhh
hhhhhhhhhhhhhhhhhhhhhhhhhhhhhhhhhhhhhhhhhhhhhhhhhhhhhhhhhhhhhhhhhhhhhhhhhhhhhhhhhh
hhhhhhhhhhhhhhhhhhhhhhhhhhhhhhhhhhhhhhhhhhhhhhhhhhhhhhhhhhhhhhhhhhhhhhhhhhhhhhhhhh
hhhhhhhhhhhhhhhhhhhhhhhhhhhhhhhhhhhhhhhhhhhhhhhhhhhhhhhhhhhhhhhhhhhhhhhhhhhhhhhhhh
hhhhhhhhhhhhhhhhhhhhhhhhhhhhhhhhhhhhhhhhhhhhhhhhhhhhhhhhhhhhhhhhhhhhhhhhhhhhhhhhhh
hhhhhhhhhhhhhhhhhhhhhhhhhhhhhhhhhhhhhhhhhhhhhhhhhhhhhhhhhhhhhhhhhhhhhhhhhhhhhhhhhh

1. Comparte las estrategias que usaste para analizar y contestar cada pregunta.

2. Compara las diferentes estrategias. Decide cuáles fueron más eficaces que otras.

3. ¿Qué métodos usaste para calcular tus respuestas? ¿Hacerlo mentalmente? ¿Papel y lápiz? ¿Un estimado? ¿La calculadora? ¿Qué método te sirvió mejor? ¿Por qué?

4. ¿Cuáles de tus respuestas son exactas? ¿Cuáles son aproximadas? ¿Crees que la mayoría de las situaciones con números en los millares de millones usan números exactos o aproximados? ¿Por qué?

RAZONAR A FONDO

1. Trabaja en pareja. Escoge una de las siguientes oraciones para explorar. Usa lo que aprendiste acerca de estimar números mayores para ayudarte a decidir si la oración es razonable. Habla sobre algunas estrategias que podrían ser útiles.

- Si vaciaras el salón de clase y lo llenaras de pelotas de ping-pong, probablemente cabrían cerca de un millar de millón de pelotas.

- Tardarías aproximadamente 30 años para volar al planeta Plutón a una velocidad de 10,000 millas por hora. (Plutón está aproximadamente a 2,650,000,000 millas de la Tierra.)

- Si un grano de palomitas de maíz mágicas se duplica una vez al diá, y empiezas con un grano, tendrás aproximadamente un millar de millón de granos en un mes.

2. Explicale a la clase cómo tu grupo decidió si la oración que escogiste es razonable.

3. Escribe un párrafo que describa una forma de ayudar a otra persona a comprender lo grande que es un millar de millón.

19

Comparar y ordenar números

Se cree que algunas rocas del Gran Cañón tienen casi 4,250,000,000 de años de edad.

MILLARES DE MILLONES			MILLONES			MILLARES			UNIDADES		
c	d	u	c	d	u	c	d	u	c	d	u
		4,	2	5	0,	0	0	0,	0	0	0

Número en la forma usual   4,250,000,000
- lee   4 mil, 250 millones
- número en palabras   cuatro mil, doscientos   cincuenta millones
- forma desarrollada   4,000,000,000 + 200,000,000 + 50,000,000

Se separa los números por comas en grupos de tres dígitos que se llama **períodos.** El valor de cada dígito depende de su lugar en el número.

Para comparar números, usa valor posicional.

Compara 26,113 y 29,908.

> significa   mayor que
> < significa   menor que

▶Compara los dígitos en cada lugar empezando por la izquierda.

MILLARES			UNIDADES		
c	d	u	c	d	u
	2	6,	1	1	3
	2	9,	9	0	8

En el lugar de diez millares, los dígitos son iguales.
En el lugar de millares, 9 > 6, por lo tanto
29,908 > 26,113 y 26,113 < 29,908.

▶Si un número tiene más dígitos que el otro, el que tiene más dígitos es más grande.

21,539 > 8,147
8,147 < 21,539

Haz una lista de estos números en orden de menor a mayor.

917,183   91,718   917,283

▶Para ordenar los números, comparalos de dos en dos.

91,718 < 917,183
917,183 < 917,283

Estos números están en orden de menor a mayor.

91,718 < 917,183 < 917,283

TRABAJO EN CLASE

Lee cada número. Da el valor del dígito 4.

1. 68,853,419   **2.** 407,950,006   **3.** 1,217,064,325   **4.** 5,642,103,017

Compara. Usa >, < ó = en lugar de ●.

5. 85,026 ● 95,026   **6.** 51,145 ● 511,456   **7.** 3,605,182 ● 3,650,182

20

Escribe cada número en la forma usual usando comas.

1. 8 millares de millones
2. 7 millares de millones, 4 millones
3. 6 millares de millones, 80 millones, 4 millares
4. 5,000,000,000 + 200,000,000 + 600,000 + 8,000 + 900

Da los valores de los dígitos 5 y 7.

5. 3,732,514
6. 85,917
7. 6,073,859,182
8. 5,080,369,071

Escribe el dígito en 9,507,128,364 que está en el lugar llamado.

9. millones
10. decenas
11. ciento millares
12. millares de millones

Compara, Usa >, < ó = para ●.

13. 21,861 ● 21,861
14. 7,256 ● 7,257
15. 6,320 ● 6,302

16. 91,012 ● 89,035
17. 55,387 ● 5,378
18. 35,219 ● 36,219

19. 213,186 ● 21,138
20. 30,215 ● 320,510
21. 54,165 ● 5,416

Ordena de menor a mayor.

22. 153,092   15,319   135,206
23. 284,009   28,409   248,900

Escribe el dígito que hace cada oración verdadera.

24. 72█,377 < 722,377
25. 210,701 > █10,701
26. 90,100 > 90,█10

27. 467,218 > █67,218
★ 28. 3█4,617 > 364,617
★ 29. 908,908 < 908,90█

APLICACIÓN

30. Escribe un número que tiene estos 11 dígitos.

- 8 en el lugar de las decenas de millares de millón
- un dígito que es 4 menos de 8 en el lugar de los millares
- un número impar mayor que 8 en el lugar de las decenas
- 5 en el lugar de las centenas
- 6 en el lugar de las decenas de millares
- 0 en todos los otros lugares

Redondear números enteros

Melisa recogió 187 almejas y conchas en Florida.
Ella le dijo a Tomás que tenía aproximadamente 200.

Un número redondeado indica
aproximadamente cuánto.
Redondea 187 a la centena más cercana.

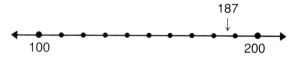

187 está entre 100 y 200.
187 está más cerca de 200.
187 redondeado a la centena más cercana es 200.

Redondea 23,279 a la decena de millares más
cercana.

23,279 está entre 20,000 y 30,000.
23,279 está más cerca de 20,000.
23,279 redondeado a la decena de millares más cercana es
20,000.

Redondea 850,000 a la centena de millares más cercana.

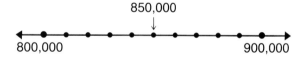

850,000 está en el medio de 800,000 y 900,000.
Cuando un número está en el medio, redondéalo al número mayor.
850,000 redondeado a la centena de millares más cercana es 900,000.

TRABAJO EN CLASE

Redondea al lugar indicado.

centenas	**1.** 112	**2.** 192	**3.** 157
millares	**4.** 6,937	**5.** 8,485	**6.** 7,630
decenas de millares	**7.** 39,000	**8.** 54,324	**9.** 65,209
centenas de millares	**10.** 304,217	**11.** 785,003	**12.** 649,879

PRÁCTICA

Redondea a la decena más cercana.

1. 73   2. 48   3. 54   4. 92

Redondea a la centena más cercana.

5. 423   6. 253   7. 150   8. 637

Redondea al millar más cercano.

9. 1,452   10. 5,160   11. 8,503   12. 7,680

13. 4,698   14. 2,222   15. 1,500   16. 6,999

Redondea a la decena de millares más cercana.

17. 13,625   18. 28,106   19. 64,702

20. 85,400   21. 55,312   22. 9,306

Redondea a la centena de millares más cercana.

23. 534,612   24. 925,683   25. 250,000

Un número redondeado a la decena de millares más cercana es 70,000.

26. ¿Cuál es el número menor que puede ser?

27. ¿Cuál es el número mayor que puede ser?

Usa cada dígito una vez: 2, 4, 5, 7, 8. Escribe el número mayor que se redondea al número indicado.

★ 28. 82,000   ★ 29. 74,000   ★ 30. 88,000   ★ 31. 25,000

APLICACIÓN

32. Al fin de la semana, Tomás tenía 487 almejas y Melisa 445. Redondea a la centena más cercana. Escribe una oración comparando los números redondeados.

★ 33. En junio, julio y agosto, había 97,850, 101,645 y 89,264 turistas en la Isla de Sanibel. Redondea cada número a los millares más cercanos. Después, ordena los números redondeados de mayor a menor.

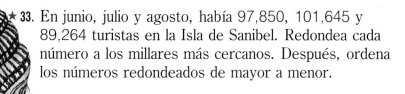

Práctica mixta

1.
$$\begin{array}{r} 8 \\ -8 \\ \hline \end{array}$$

2.
$$\begin{array}{r} 4 \\ +0 \\ \hline \end{array}$$

3. $45 \div 5 = \square$

4. $6 \times 0 = \square$

5. $7\overline{)49}$ 6. $9\overline{)72}$

7. $8 \times 1 = \square$

8.
$$\begin{array}{r} 9 \\ \times 9 \\ \hline \end{array}$$

9.
$$\begin{array}{r} 6 \\ \times 7 \\ \hline \end{array}$$

10.
$$\begin{array}{r} 5 \\ -0 \\ \hline \end{array}$$

11.
$$\begin{array}{r} 0 \\ \times 6 \\ \hline \end{array}$$

12.
$$\begin{array}{r} 4 \\ \times 9 \\ \hline \end{array}$$

13.
$$\begin{array}{r} 7 \\ \times 8 \\ \hline \end{array}$$

14. $7\overline{)63}$ 15. $5\overline{)35}$

16.
$$\begin{array}{r} 11 \\ -8 \\ \hline \end{array}$$

17.
$$\begin{array}{r} 3 \\ \times 7 \\ \hline \end{array}$$

18. $6\overline{)48}$ 19. $3\overline{)15}$

20. $6 - \square = 0$

21. $9 - 0 = \square$

22. $(5 + 3) + 8 = \square$

23. $6 + (1 + 7) = \square$

24. $0 + 6 = \square$

25. $3 + 2 = \square + 3$

23

Más acerca de redondear

El número de habitantes generalmente se da en números redondeados.

Redondea la población de Colorado Springs a la decena de millares más cercana.

▶Sigue estos pasos para redondear un número.

Paso 1 Halla la posición a redondear.

231,699

Paso 2 Mira el dígito a la derecha.

Si es menos de 5, deja el dígito en el lugar a redondear.

231,699

1 < 5

Si es 5 o más, aumenta el dígito en el lugar a redondear en 1.

Paso 3 Cambia cada dígito a la derecha del lugar a redondear a 0.

230,000

POBLACIÓN DE LAS CIUDADES EN ESTADOS VISITADOS	
Asheville, N.C.	53,278
Austin, Tex.	368,135
Colorado Springs, Colo.	231,699
Knoxville, Tenn.	175,298
Niagara Falls, N.Y.	68,454
St. Louis, Mo.	437,354
Scottsdale, Ariz.	94,233

231,699 redondeado a la decena de millares más cercana es 230,000.

Redondea el dinero de la misma manera que redondeas números enteros.

Redondea $71,539

    a. a las decenas de dólares más cercanas. $71,540 porque 9 > 5.
    b. a las centenas de dólares más cercanas. $71,500 porque 3 < 5.
    c. a los millares de dólares más cercanos. $72,000 porque 5 = 5.
    d. a las decenas de millares de dólares más cercanas. $70,000 porque 1 < 5.

TRABAJO EN CLASE

Redondea la población de las ciudades a los lugares indicados.

decenas de millares   **1.** Asheville   **2.** Niagara Falls   **3.** Knoxville

centenas de millares   **4.** Austin   **5.** St. Louis   **6.** Scottsdale

Redondea a la centena de dólares más cercana.

7. $376   **8.** $5,216   **9.** $46,598   **10.** $19,973

Redondea al lugar indicado.

decena más cercana	**1.** 786	**2.** 531	**3.** 975	**4.** 1,962
centena más cercana	**5.** 825	**6.** 679	**7.** 87	**8.** 2,349
millar más cercano	**9.** 5,216	**10.** 764	**11.** 16,508	**12.** 8,649
decena de millar más cercana	**13.** 25,098	**14.** 9,821	**15.** 419,830	**16.** 54,572
centena de millar más cercana	**17.** 386,145	**18.** 98,007	**19.** 1,625,943	**20.** 539,670
decena de dólares más cercana	**21.** $135	**22.** $712	**23.** $98	**24.** $1,004
centena de dólares más cercana	**25.** $92	**26.** $126	**27.** $2,479	**28.** $356
millar de dólares más cercano	**29.** $32,616	**30.** $5,500	**31.** $675	**32.** $101,415
decena de millar de dólares más cercana	**33.** $16,004	**34.** $35,218	**35.** $96,540	**36.** $173,095

Escoge la respuesta correcta.

37. Seiscientos noventa y cinco mil, treinta y dos redondeado a la decena de millar más cercana es ___.

a. 650,000   **b.** 690,000

c. 700,000   **d.** 600,000

Escribe el número menor y el mayor que redondea al número indicado.

★ **38.** 20,000   ★ **39.** 800 mil   ★ **40.** 1 millón   ★ **41.** 10,000,000

APLICACIÓN

42. Redondea las cuatro elevaciones mayores al millar de pies más cercano.

43. Aproximadamente, ¿cuántos millares de pies más alto que el Domo de Clingman es el Gran Cañón?

★ **44.** Redondeada a la centena de pies más cercana, ¿aproximadamente cuánto más alta es la Academia de la Fuerza Aérea que el Monumento de Crazy Horse?

ELEVACIÓN DE LUGARES VISITADOS	
Lugar	Elevación en pies
Academia de la Fuerza Aérea	5,980
Domo de Clingman	6,643
Monumento de Crazy Horse	5,614
Gran Cañón	9,165
Centro Espacial Johnson	41
Isla de Sanibel	5

Problemas para resolver

REPASO DE DESTREZAS Y ESTRATEGIAS   Las montañas Adirondack

A

B

C

D

Los miembros de un club viajaron a las montañas Adirondack.

**Escoge la ilustración que mejor se relacione con cada problema.
Luego, resuelve el problema.**

1. Cinco niños armaron una carpa cerca de la montaña Whiteface. Dos fueron a un paseo. ¿Cuántos se quedaron?

2. Había 3 niños y 5 niñas en la clase de natación en el lago Placid. ¿Cuántas más niñas que niños había?

3. Cinco niñas y 3 niños llegaron a la cima de la montaña Hurricane. ¿Cuántos niños en total llegaron a la cima?

4. Tres niños escalaron la montaña Marcy, 5 niñas escalaron la montaña Pharaoh. ¿Cuántas montañas escalaron?

Problemas para resolver

¿QUÉ PASARÍA SI . . . ?

Un grupo de amigos fue a un paseo campestre.

Usa la ilustración para resolver los problemas.

1. ¿Cuánta gente hay en el agua?

2. ¿Cuánto le costaron 6 manzanas a la familia Martínez?

3. ¿Cuánta gente hay en la playa?

4. ¿Cuánto le costaron 6 sándwiches a la familia Pérez?

5. ¿Cuántos niños están construyendo el castillo de arena?

6. ¿Cuántas banderas ondean en el castillo de arena?

¿Qué pasaría si la gente que está cerca de la sombrilla entrara al agua?

7. ¿Cuánta gente habría en el agua?

8. ¿Cuánta más gente habría en la playa?

¿Qué pasaría si el precio de los refrescos fuera el doble?

9. ¿Cuánto costarían 6 sándwiches?

★ 10. ¿Cuánto costarían 2 sándwiches y 8 manzanas?

¿Qué pasaría si cada niño agregara 2 banderas al castillo de arena?

11. ¿Cuántas banderas habría en el castillo de arena?

12. ¿Cuántas banderas más habría en el castillo de arena?

¿Qué pasaría si hubiera el triple de niños construyendo el castillo?

13. ¿Cuántos niños estarían trabajando en el castillo?

14. ¿Cuántos niños más estarían trabajando en el castillo?

Suma, resta, multiplica o divide. págs. 2–11

1. 6
    $+9$

2. 7
    $\times 8$

3. 15
    $-\ 8$

4. 5
    -0

5. 6
    $\times 1$

6. 9
    -9

7. $9 \times 6 = \square$

8. $1 + 6 + 3 = \square$

9. $35 \div 7 = \square$

10. $5\overline{)25}$

11. $4 \div 4 = \square$

12. $2 \times 2 \times 4 = \square$

13. $1 \times 8 = \square$

14. $9\overline{)72}$

Escribe cuatro datos relacionados para cada uno. págs. 6–7, 10–11

15. 9, 7, 16

16. 6, 5, 11

17. 5, 8, 40

18. 7, 3, 21

Da el valor del dígito 4. págs. 20–21

19. 946,307,186

20. 54,326

21. 748,169

22. 4,613,597,000

Escribe el número en la forma usual. págs. 20–21

23. ciento sesenta mil, doscientos treinta y ocho

24. 2,000,000 + 500,000 + 7,000 + 800 + 6

25. 60 mil, 406 millones

Compara. Usa >, < ó = en lugar de ●. págs. 20–21

26. 6,359 ● 6,539

27. 85,026 ● 85,026

28. 148,109 ● 148,109

Redondea al lugar indicado. págs. 22–25

millares

29. 8,307

30. 15,520

31. 28,731

decenas de millares

32. 9,016

33. 43,785

34. 77,226

centenas de millares

35. 98,350

36. 154,093

37. 236,417

Usa los letreros para contestar. págs. 12–13, 26–27

38. ¿Qué ciudad está más cerca de St. Louis?

39. Redondeado al millar de millas más cercana, ¿a qué distancia está Hong Kong?

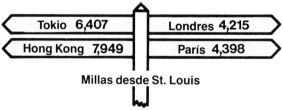

Tokio 6,407 Londres 4,215
Hong Kong 7,949 París 4,398

Millas desde St. Louis

PRUEBA DEL CAPÍTULO

Suma, resta, multiplica o divide.

1. $\begin{array}{r} 7 \\ +4 \\ \hline \end{array}$
2. $\begin{array}{r} 15 \\ -\ 6 \\ \hline \end{array}$
3. $\begin{array}{r} 7 \\ \times 7 \\ \hline \end{array}$
4. $\begin{array}{r} 4 \\ -0 \\ \hline \end{array}$
5. $\begin{array}{r} 9 \\ +5 \\ \hline \end{array}$
6. $\begin{array}{r} 8 \\ -8 \\ \hline \end{array}$

7. $9 \times 3 = \square$

8. $6 + 2 + 1 = \square$

9. $48 \div 6 = \square$

10. $9\overline{)63}$

11. $6 \div 6 = \square$

12. $5 \times 1 \times 2 = \square$

13. $8 \times 0 = \square$

14. $7\overline{)35}$

Escribe cuatro datos relacionados para cada uno.

15. 8, 4, 12

16. 5, 9, 14

17. 6, 9, 54

18. 7, 4, 28

Da el valor del dígito 2.

19. 42,018,957

20. 127,459

21. 2,654,019,000

Une.

22. quinientos sesenta mil, cinco　　　　**a.** 56,045

23. cincuenta y seis mil, cuarenta y cinco　　**b.** 5,000,005,005

24. cinco millones, cuarenta mil, cincuenta　**c.** 560,005

25. cinco millares de millón, cinco mil, cinco　**d.** 5,040,050

Compara. Usa >, < ó = en lugar de ●.

26. 59,863 ● 5,986

27. 216,485 ● 216,584

28. 328,409 ● 329,408

Redondea 452,381 al lugar indicado.

29. centenas de millares

30. centenas

31. millares

Usa los letreros para contestar.

32. ¿Cuál es el sendero más alto?

33. Redondeada al millar de pies más cercano, ¿cuál es la elevación del Sendero Rojo?

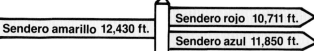

Sendero amarillo 12,430 ft.

Sendero rojo 10,711 ft.

Sendero azul 11,850 ft.

Altura sobre el nivel del mar

Redondea las elevaciones del Sendero Amarillo y del Sendero Azul al millar de pies más cercano. ¿Puedes decir cuál es la mayor elevación? ¿A qué lugar debes redondear para poder hacer una comparación?

CACERÍA DE TITULARES

Vas a necesitar:
- periódicos y revistas
- tijeras
- cartulina
- goma de pegar
- marcador o plumón

2,800 CORREN EN EL MARATÓN

AUMENTO DE LA POBLACIÓN
225 MILLONES

EL GIMNASIO COSTARÁ
$500 MIL DÓLARES

LOS GRADUADOS DE LA
ESCUELA SECUNDARIA
1,150

9,000 VOTAN
EN LA ELECCIÓN

LA CARRETERA COSTARÁ
$75 MILLONES DE DÓLARES

Trabaja con un compañero para hacer una exhibición
de titulares y relatos que tengan números altos.

Primero, dibuja un cuadro grande de valores posicionales
en la cartulina. Deja espacio alrededor del cuadro para
exhibir los recortes.

MILLARES DE MILLONES			MILLONES			MILLARES			UNIDADES		
c	d	u	c	d	u	c	d	u	c	d	u

Busca en periódicos y revistas relatos que tengan
números y pégalos alrededor del cuadro. Escribe los
números en el cuadro de valores posicionales. Traza una
línea de cada recorte a su número en el cuadro.

Compara resultados con la clase. ¿Quién halló el número
más alto? ¿De cuántas maneras estaban escritos los
números? Busca diferentes maneras de escribir el mismo
número, como por ejemplo, 2 millones y 2,000,000.

NUMERALES ROMANOS

Hace dos mil años, los romanos contaron la población de su imperio. Usaron la información para cobrar impuestos. El sistema numérico de los romanos era diferente al nuestro.

Los números se sumaban cuando se repetía una letra. Nunca usaban una letra más de tres veces seguidas.

$$XX = 10 + 10 = 20$$

$$CCC = 100 + 100 + 100 = 300$$

Usaban I antes de V o X para indicar "resta 1".

$$IV = 4$$
$$IX = 9$$

Usaban X antes de L o C para indicar "resta 10".

$$XL = 40$$
$$XC = 90$$

Usaban C antes de D o M para indicar "resta 100".

$$CD = 400$$
$$CM = 900$$

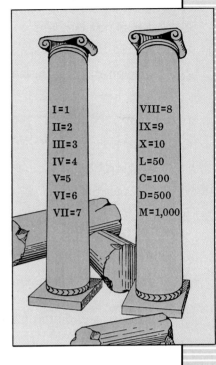

I=1	VIII=8
II=2	IX=9
III=3	X=10
IV=4	L=50
V=5	C=100
VI=6	D=500
VII=7	M=1,000

Más ejemplos

$$XLVI = 46 \qquad CDXXIX = 429$$

$$MXCIV = 1,094 \qquad MCMLXXVIII = 1,978$$

Escribe el número usual.

1. XII
2. CLI
3. MCIV
4. DLIV
5. LIX
6. CCXL
7. CMXI
8. CXXIX

Una barra, llamada *vinculum*, sobre un símbolo quiere decir "multiplica este valor por 1,000." Por ejemplo, $\overline{VII} = 7,000$ y $\overline{XIII} = 11,002$.

Escribe el número usual.

9. $\overline{XIV}$
10. $\overline{CCLXXI}$
11. $\overline{DCXXIII}$
12. $\overline{MDXXXIV}$

¿Dónde se usan aún los numerales romanos?

INTRODUCCIÓN A LA CALCULADORA

La calculadora es un instrumento importante para resolver los problemas matemáticos cotidianos. Puede calcular rápidamente y con precisión.

Los números y las órdenes que le damos son la **entrada.** La respuesta que da la calculadora es la **salida.**

Aprieta estas teclas: La pantalla muestra:

         *85*

   *54*

63

6

Para borrar todas las entradas, aprieta $\boxed{\text{C}}$.

Para borrar el último número que entraste, aprieta $\boxed{\text{CE}}$.

Di cuál será la salida.

1. $5 \times 6 =$ **2.** $37 - 26 =$ **3.** $72 + 25 =$

4. $63 \div 7 =$ **5.** $11 + 73 + 24 =$ **6.** $42 + 55 - 10 =$

LA CALCULADORA

1. Prueba a hacer los ejercicios **1-6** con la calculadora.

2. ¿Cómo se compara cada salida con tu respuesta?

★ 3. Por tu cuenta:

Aprieta $\boxed{\text{C}}$ $\boxed{=}$

Aprieta

Aprieta ...

INTRODUCCIÓN A LA COMPUTADORA

Las personas pueden usar la computadora para resolver muchas clases de problemas. Una computadora puede hacer computaciones matemáticas una y otra vez con gran rapidez y precisión. Puede almacenar información y recuperarla cuando se necesita.

Monitor

Pantalla

CPU

Teclado

Para usar una computadora necesitamos:

- un dispositivo de **entrada,** generalmente un teclado

- una **unidad central de procesamiento (CPU),** que procesa la información

- un dispositivo de **salida,** generalmente un monitor

Entrada Para hacer operaciones básicas, empezamos con la orden PRINT seguida de las matemáticas.

Proceso Cuando apretamos ⏎ RETURN o
⏎ ENTER , el CPU computa la respuesta.
el CPU computa la respuesta.

Salida La respuesta aparece en la pantalla.

```
PRINT 136 + 21
157
```

Algunos signos de operaciones son diferentes en la computadora.

    * significa multiplicar

    / significa dividir

```
PRINT 347 - 215
132
PRINT 3 * 15
45
PRINT 36/4
9
```

Di cuál será la salida.

CON LA COMPUTADORA

1. Entra las órdenes de los ejercicios **1–6** en la computadora.

2. ¿Cómo se compara cada salida con tu respuesta?

★ 3. Por tu cuenta: Usa las órdenes PRINT para obtener otras salidas.

     Prueba a multiplicar largas listas de números.
     Prueba a dividir números mayores.

Escoge la respuesta correcta. Escribe A, B, C o D.

1. ¿Qué propiedad se está usando?
   $(2 + 3) + 5 = 2 + (3 + 5)$

   A cero   C agrupación

   B orden   D no se da

2. $17 - 9 = \square$

   A 12   C 2

   B 8   D no se da

3. $8 \times 6 = \square$

   A 48   C 54

   B 9   D no se da

4. ¿Cuál es el factor que falta?
   $4 \times (\square \times 2) = (4 \times 6) \times 2$

   A 3   C 12

   B 4   D no se da

5. $63 \div 7 = \square$

   A 7   C 8

   B 9   D no se da

6. ¿Cuál es el valor de 6 en 7,625?

   A 6,000   C 60,000

   B 600   D no se da

7. ¿Qué dígito está en el lugar de las decenas de millar en 426,309?

   A 2   C 4

   B 6   D no se da

8. Compara. 72,163 ● 72,416

   A >   C =

   B <   D no se da

9. Redondea 175 a la centena más cercana.

   A 200   C 170

   B 100   D no se da

10. Redondea $1,435 a la decena de dólares más cercana.

    A $1,430   C $1,440

    B $1,400   D no se da

Une cada ilustración con una oración.

11. A $6 \div 2 = 3$ C $2 + 4 = 4 + 2$

    B $6 - 3 = 3$ D no se da

12. A $3 + 2 = 2 + 3$ C $3 + 2 = 5$

    B $3 \times 2 = 2 \times 3$ D no se da

Sumar y restar números enteros 2

Tema: Ayudando a la naturaleza

Sumar y restar

Los biólogos pusieron 126 águilas jóvenes en nidos donde las crías no habían salido del cascarón. Había 232 águilas adultas en el área. ¿Cuántas águilas hay en total?

$126 + 232 = \square$

Paso 1 Suma unidades.	Paso 2 Suma decenas.	Paso 3 Suma centenas.
126 +232 8	126 +232 58	126 +232 358

Hay 358 águilas en total.

Halla $5{,}379 - 1{,}254$.

Paso 1 Resta unidades.	Paso 2 Resta decenas.	Paso 3 Resta centenas.	Paso 4 Resta millares.
5,379 −1,254 5	5,379 −1,254 25	5,379 −1,254 125	5,379 −1,254 4,125

Suma y resta el dinero, tal como haces con los números enteros. Escribe el signo de dólar y el punto decimal en tu respuesta.

a.
$562.53
+ 234.15
$796.68

Suma hacia arriba para comprobar.

b.
$254.25
− 213.15
$41.10

igual

$ 41.10
+ 213.15
$254.25

Suma para comprobar.

TRABAJO EN CLASE

Suma o resta. Comprueba cada respuesta.

1. 683
−432

2. 6,291
+3,407

3. $534.50
+ 21.05

4. 36,752
− 4,631

5. 405,473
+561,316

6. $89.67 − $53.51

7. 206 + 12 + 471

8. $5,965.87 − $842.13

Suma o resta. Comprueba cada respuesta.

1. 671
+325

2. 945
+600

3. 958
−245

4. $8.76
− 4.23

5. 5,016
+ 173

6. 3,500
+4,498

7. $34.12
+ 15.30

8. 5,983
−4,061

9. 6,528
−3,516

10. 1,162
− 160

11. 532
1,163
+ 201

12. 1,165
3,312
+4,421

13. 53,721
14,056
+ 2,102

14. 16,376
413
+ 1,010

15. $5,618.75
− 2,405.25

16. $268.04
+ 120.92

17. 62,783
−61,340

18. 687,067
− 52,032

19. 25,729
+41,250

20. 457,691
−231,230

21. 2,496 − 1,233

22. 8,227 + 5,721

23. 730 + 128 + 40

Halla el dígito que falta.

★ 24. 6 9 ▮
− ▮ 4
‾‾‾‾‾
1 3

★ 25. 4 9 3
+ 5 ▮ ▮
‾‾‾‾‾
▮ 9 9

★ 26. ▮,5 ▮ 7
− 2,▮ 1 ▮
‾‾‾‾‾
1,1 1 1

★ 27. ▮,0 6 ▮
+ 3,9 ▮ 6
‾‾‾‾‾
8,▮ 8 9

★ 28. ▮ ▮,0 ▮ 9
+ 1 2,▮ 9 0
‾‾‾‾‾
2 7,9 9 ▮

APLICACIÓN

29. Los estudiantes pusieron un cartel en la escuela para anunciar su campaña. ¿Cuánto más dinero deben reunir para alcanzar la meta?

¡Ayúdenos a comprar nuestro aguilucho!

Meta   **$895**

Lo que tenemos hasta ahora $575

Estimar sumas y diferencias

Para protegerse, los lobos ahora viven en el norte, lejos de la gente. Estima el número total de lobos en Alaska y Minnesota.

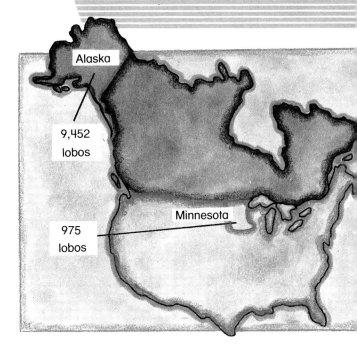

Alaska

9,452 lobos

Minnesota

975 lobos

▶ Para estimar una suma o diferencia, redondea cada número al lugar mayor del número mayor. Luego, suma o resta.

9,452	se redondea a	9,000	
+ 975	se redondea a	+ 1,000	suma
		10,000	estimada

Hay aproximadamente 10,000 lobos en total.

▶ Para obtener un estimado más exacto, redondea cada número un lugar más a la derecha.

Redondea a millares.

2,864		3,000	
− 2,510		− 3,000	estimado
		0	muy pequeño

Redondea a centenas.

2,864		2,900	
− 2,510		− 2,500	estimado
		400	más exacto

Redondea a decenas de millares.

25,120		30,000	
+ 3,140		+ 0	estimado
		30,000	muy grande

Redondea a millares.

25,120		25,000	
+ 3,140		+ 3,000	estimado más
		28,000	exacto

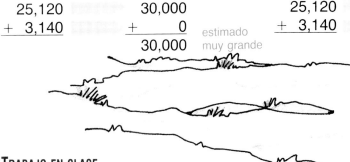

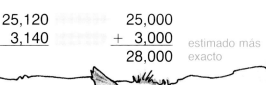

TRABAJO EN CLASE

Estima cada suma o diferencia.

1.	426	2.	4,413	3.	1,576	4.	25,317	5.	$74,906
	+ 371		− 486		− 932		+ 13,002		− 52,804

Estima. Luego, da un estimado más exacto.

6. 876 − 48   7. 59,480 − 56,217   8. 45,203 + 5,829   9. $95,102 + $2,548

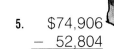

Estima cada suma o diferencia.

1. 627 + 301	2. 8,531 + 1,427	3. 9,631 + 2,328	4. 9,042 + 1,516	5. $6,094 + 9,913
6. 763 − 652	7. 4,687 − 2,556	8. 7,532 − 4,012	9. 5,196 − 3,087	10. $3,568 − 3,420
11. 56,959 − 23,244	12. 62,389 + 14,600	13. 97,876 − 42,864	14. 90,643 + 7,352	15. $88,926 − 7,922

Estima. Luego, da un estimado más exacto.

16. 248 + 36	17. 7,190 − 462	18. 43,706 + 2,990	19. 378,904 − 45,802	20. $51,085 + 4,250

21. 2,374 + 498   22. 45,039 − 3,910   23. $91,153 + $3,502

★ 24. 653 49 + 16	★ 25. 6,106 418 + 273	★ 26. 10,433 3,710 + 21,555	★ 27. 49,150 3,721 + 1,118	★ 28. $ 4,902 65,871 + 3,516

═══ ESTIMAR ═══

Halla el nombre en inglés del lobo gris. Une la letra
de cada suma o diferencia estimada con un ejemplo.
Lee las letras en orden.

___ 1. 526 + 389	___ 5. 16,789 − 8,764	Y 16,000 A 50,000
___ 2. 6,213 − 4,861	___ 6. 53,821 − 27,411	W 9,000 L 80,000
___ 3. 82,567 − 34,211	___ 7. 61,444 + 19,817	O 20,000 F 18,000
___ 4. 6,725 + 8,843	___ 8. 9,878 + 8,181	R 1,000 G 900

Sumar y reagrupar

El primer día los voluntarios le pusieron anillos a 275 gansos del Canadá, y el segundo día a 168. En total, ¿a cuántos le pusieron anillos?

$275 + 168 = \square$

Paso 1 Suma unidades. Reagrupa.	Paso 2 Suma decenas. Reagrupa.	Paso 3 Suma centenas. Reagrupa.	Comprueba sumando hacia arriba.

$$\begin{array}{r} 1 \\ 275 \\ +168 \\ \hline 3 \end{array}$$
13 unidades = 1 decena 3 unidades

$$\begin{array}{r} 1\ 1 \\ 275 \\ +168 \\ \hline 43 \end{array}$$
14 decenas = 1 centena 4 decenas

$$\begin{array}{r} 1\ 1 \\ 275 \\ +168 \\ \hline 443 \end{array}$$

$$\begin{array}{r} 1\ 1 \\ 275 \\ +168 \\ \hline 443 \end{array}$$

Le pusieron anillos a 443 gansos.

Halla $3{,}286 + 1{,}879$. Luego, estima la respuesta.

$$\begin{array}{r} 1\ 11 \\ 3{,}286 \\ +1{,}879 \\ \hline 5{,}165 \end{array}$$
se redondea a $\quad 3{,}000$
se redondea a $\quad +2{,}000$
$\qquad\qquad 5{,}000$

Estima mentalmente.
5,165 está cerca de 5,000.
La respuesta tiene sentido.

Santuario de vida silves
Brigantine, New Jerse

TRABAJO EN CLASE

Suma. Comprueba sumando hacia arriba.

1.	2.	3.	4.	5.
682 $+543$	859 $+753$	2,619 $+4{,}805$	7,317 $+\ \ 795$	$17.28 $+\ \ 5.47$

Suma. Estima para asegurarte de que cada respuesta tiene sentido.

6. $729 + 286$

7. $1{,}843 + 5{,}971$

8. $\$49.23 + \$15.06$

PRÁCTICA

Suma. Comprueba sumando hacia arriba.

1. 756 +412	2. 683 + 52	3. 169 +460	4. 94 +289	5. $162 + 784
6. 5,407 +6,983	7. 8,024 + 758	8. 736 +6,325	9. 8,467 + 369	10. $4,819 + 6,962
11. 1,036 +6,065	12. 6,692 +1,435	13. 5,439 + 856	14. 5,087 +3,928	15. $8,475 + 1,298

16. 8,543 + 478   17. 4,736 + 967   18. 2,919 + 8,192

Suma. Estima para asegurarte de que cada respuesta tiene sentido.

19. 999 +999	20. 6,666 + 838	21. 543 +7,757	22. $94.48 + 36.84	23. $98.76 + 13.85

Estima para comparar. Usa >, < ó = en lugar de ●.

★24. 162 + 786 ● 819 + 261   ★25. 5,926 + 3,410 ● 6,413 + 2,358

★26. 9,715 + 8,460 ● 8,694 + 9,581   ★27. $962 + $1,350 ● $2,186 + $516

APLICACIÓN

28. El Comité de Protección de la Naturaleza dijo en su reporte que 497 personas ayudaron a ponerle anillos a los gansos el primer día y 435 personas el día siguiente. ¿Cuántas personas ayudaron en total?

★29. Se recibieron donaciones de $49.55 y $78.75 para ayudar a pagar los gastos. Los gastos fueron de $149.75. ¿Cuánto dinero falta?

═══ RAZONAMIENTO LÓGICO ═══

Escoge un método para resolver cada problema. Explica porqué piensas que es el mejor.

a. lápiz y papel

b. la calculadora

c. estimar

d. mentalmente

e. contar

1. ¿Cuántas tachuelas se cayeron?

2. ¿Cuántos amigos tienes?

3. ¿Cuántos días faltan para las vacaciones?

4. ¿Cuanto dinero has ahorrado?

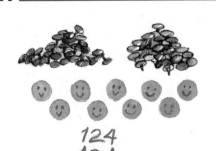

41

Sumar tres o más números

Llevarán estos osos grises a un parque nacional. Para asegurarse de que el helicóptero puede levantarlos, el piloto debe hallar el peso total.

$638 + 467 + 52 = \square$

Paso 1	Paso 2	Paso 3
Suma unidades. Reagrupa.	Suma decenas. Reagrupa.	Suma centenas. Reagrupa.

```
     1              1 1            1 1
   638            638            638
   467            467            467
 +  52          +  52          +  52
 ─────          ─────          ─────
     7             57          1,157
```

Los tres osos pesan 1,157 libras.

Más ejemplos

a. $135 + 87 + 9 + 431 = \square$

```
   1 2
   135
    87      Comprueba
     9      sumando hacia
 + 431      arriba.
 ─────
   662
```

b. $\$81.35 + \$97.98 + \$12.75 = \square$

Estima la suma.

```
    1 2 1
  $ 81.35    se redondea a   $ 80
    97.98    se redondea a     100
 +  12.75    se redondea a   +  10
 ────────                    ─────
  $192.08                    $190
```

La suma exacta y la estimada están cerca.

TRABAJO EN CLASE

Suma. Comprueba sumando hacia arriba.

```
1.    471      2.    624      3.      715      4.  $29.46      5.  $61.43
      253             9              32          57.63          46.25
    + 997            48           1,057        + 67.00          53.00
                  + 156          +   608                      + 68.42
```

Suma. Estima para asegurarte de que cada respuesta tiene sentido.

6. $25 + 125 + 75$ **7.** $907 + 614 + 845$ **8.** $\$19.25 + \$7.08 + \$21.17$

PRÁCTICA

Suma. Comprueba sumando hacia arriba.

1.	863	2.	186	3.	3,489	4.	$62.75	5.	1,884
	745		6,049		586		24.25		7,534
	+915		+ 365		+7,692		+ 10.15		+1,093

6.	321	7.	$5.02	8.	86	9.	671	10.	782
	35		1.40		259		3,417		24
	240		2.33		6,035		25		7,987
	+5,167		+ .25		+ 78		+6,172		+ 531

11.	498	12.	561	13.	4,367	14.	$47.06	15.	$49.48
	652		31		1,295		53.65		67.63
	387		4,867		416		24.05		59.00
	236		5,671		700		39.87		87.76
	+105		+ 189		+ 75		+ 1.55		+ 2.25

16. $4.37 + $1.09 + $.76

17. 4,613 + 21 + 9 + 546

Suma. Estima para asegurarte de que cada respuesta tiene sentido.

18.	506	19.	812	20.	$13.25	21.	$10.43	22.	56
	50		127		14.51		35.21		385
	+798		+1,356		+ 17.26		+ 12.06		+6,200

23. 498 + 62 + 107

24. 1,206 + 3,598 + 872

★ 25. 9,713 + 6,842 + 8,456 + 7,539 + 3,791 + 5,828 + 4,565 + 8,821

APLICACIÓN

Averigua el peso total de cada cargamento. Asegúrate de que cada oso está en una jaula.

26. Ambas hembras

27. Ambos machos

28. Todos los cachorros

★ 29. Todos los osos adultos

★ 30. Todos los osos

PESO DEL CARGAMENTO	
Osos y jaulas	Libras
Macho número 1	515
Macho número 2	490
Hembra número 1	385
Hembra número 2	408
Cachorro número 1	87
Cachorro número 2	52
Cachorro número 3	67
Jaula para adulto	135
Jaula para cachorro	75

Sumar números mayores

Después de 1900, los bisontes americanos fueron llevados al Parque Nacional Yellowstone. ¿Qué tamaño tiene actualmente la manada?

Suma para hallar la suma.

Paso 1
Suma unidades.
Reagrupa.

```
   1
  16,748
+ 14,579
       7
```

Paso 2
Suma decenas.
Reagrupa.

```
    11
  16,748
+ 14,579
      27
```

Paso 3
Suma centenas.
Reagrupa.

```
  1 11
  16,748
+ 14,579
     327
```

Paso 4
Suma millares.
Reagrupa.

```
 11 11
  16,748
+ 14,579
   1,327
```

Paso 5
Suma decenas
de millares.

```
 11 11
  16,748
+ 14,579
  31,327
```

Estima la suma.

```
  20,000
+ 10,000
  30,000
```

La suma exacta
y la estimada
están cerca.

Actualmente, la manada tiene 31,327 bisontes.

Bisonte Americano	
Fecha	Tamaño del la Manada
Antes de 1889	60,000,000
1889	541
1900	300
1954	2,100
Manada Actual	
Hembras	16,748
Machos	14,579

TRABAJO EN CLASE

Suma. Estima para asegurarte que cada respuesta tiene sentido.

1.
```
  46,878
+  7,954
```

2.
```
  25,162
+ 18,569
```

3.
```
  305,394
+  51,756
```

4.
```
  458,729
+ 779,586
```

5.
```
  $4,260.81
+    735.70
```

6. 35,694 + 7,342

7. 60,543 + 438,397

8. 9,376 + 521,847

44

Suma. Estima para asegurarte que cada respuesta tiene sentido.

1. 83,785 + 594	2. 2,795 +13,807	3. $164.32 + 8.09	4. 8,196 +77,005	5. 99,523 + 7,068
6. 37,209 +46,588	7. 86,395 +52,457	8. 56,937 + 9,468	9. 36,089 +15,742	10. $77,894 + 62,418
11. 726,995 + 4,608	12. 59,237 +634,118	13. 268,059 + 51,961	14. 6,867 +695,739	15. 194,907 + 7,023
16. 386,105 +294,038	17. 768,059 +364,578	18. 590,653 +827,908	19. 285,017 +650,826	20. 591,576 +843,297

21. 23,187 + 6,939 22. 95,180 + 28,956 23. 15,079 + 283,962

24. 6,534 + 79,125 25. 471,956 + 85,193 26. 3,684 + 976,098

Compara. Usa >, < ó = en lugar de ●.

★27. 15,524 + 26,098 ● 32,417 + 9,685

★28. 705,183 + 95,937 + 8,071 ● 10,078 + 789,542 + 9,836

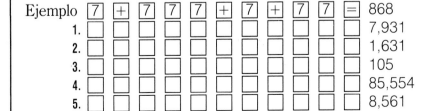

APLICACIÓN

═══ LA CALCULADORA ═══

Usa sólo las teclas ⊞, ⑦ y ⊟ para obtener las sumas indicadas.
Debes apretar 11 teclas para cada una.

Ejemplo ⑦ ⊞ ⑦ ⑦ ⑦ ⊞ ⑦ ⊞ ⑦ ⑦ ⊟ 868

1. ☐ ☐ ☐ ☐ ☐ ☐ ☐ ☐ ☐ ☐ ☐ 7,931
2. ☐ ☐ ☐ ☐ ☐ ☐ ☐ ☐ ☐ ☐ ☐ 1,631
3. ☐ ☐ ☐ ☐ ☐ ☐ ☐ ☐ ☐ ☐ ☐ 105
4. ☐ ☐ ☐ ☐ ☐ ☐ ☐ ☐ ☐ ☐ ☐ 85,554
5. ☐ ☐ ☐ ☐ ☐ ☐ ☐ ☐ ☐ ☐ ☐ 8,561

Problemas para resolver

DEMASIADA O MUY POCA INFORMACIÓN

Aquí indicamos cuatro pasos para resolver problemas. A veces se da demasiada o muy poca información en un problema. Debes leer cuidadosamente para determinar lo que necesitas.

Una clase de quinto grado fue al campo a observar pájaros. Había 28 estudiantes en la clase. Vieron 14 pinzones, 7 tordos y 4 golondrinas. ¿Cuántos pájaros vieron los niños?

Usa estos cuatro pasos para ayudarte a resolver el problema.

PIENSA   **¿Cuál es la pregunta?**

¿Cuántos pájaros vieron los estudiantes?

¿Cuáles son los datos?

Vieron 14 pinzones, 7 tordos y 4 golondrinas. Los 28 estudiantes son **información extra.**

PLANEA   **¿Cómo se puede hallar la respuesta?**

Suma el número de los pájaros vistos. Deja afuera el número de estudiantes.

RESUELVE   **Sigue con el plan. Haz el trabajo y halla la respuesta.**

14 + 7 + 4 = 25

Los estudiantes vieron 25 pájaros.

REVISA   **¿Has contestado la pregunta? ¿Hiciste bien la cuenta? ¿Tiene sentido tu respuesta?**

Suma el número de pájaros. Comprueba la suma. Los estudiantes vieron 25 pájaros. La respuesta tiene sentido. 25 es mayor que 14, 7 ó 4.

Decide si tienes suficiente, demasiada o muy poca información para resolver cada problema.

Si tienes poca, escribe lo que necesitas saber.
Si tienes demasiada, resuelve el problema y escribe los datos extra.
Si tienes suficiente, resuelve el problema.

1. Los primeros caballos vivieron alrededor de 60,000,000 de años atrás. El dinosaurio *Allosaurus* vivió 65,000,000 de años antes. ¿Cuántos años hace que vivió el *Allosaurus?*

2. En una pecera hay 8 peces neón, 2 olominas, 3 ángeles de mar y un bagre. ¿Cuántos neón y ángeles de mar hay?

3. Una tortuga gigante vive 140 años. ¿Cuánto más tiempo vive que una tortuga de caja?

4. Un huevo de avestruz pesa 48 onzas. ¿Cuántos huevos de gallina pesarían lo mismo?

5. Hay 4 nutrias en la primera familia y 7 nutrias en la segunda. La tercera familia tiene 2 nutrias más que la primera. ¿Cuántas nutrias hay en la tercera familia?

6. Una clase de quinto grado tiene dos peceras de peces tropicales. Una pecera tiene 14 peces. ¿Cuántos peces tiene la clase de quinto grado en total?

CREA TU PROPIO PROBLEMA

1. Inventa un problema usando los datos de la ilustración. Da muy poca información para resolverlo. ¿Qué dato hace falta?

2. Inventa un problema en el que das demasiada información. ¿Cuáles son los datos extra?

★ 3. Inventa un problema acerca del terrario en el que haya que sumar y restar para hallar la respuesta.

★ 4. Inventa un problema usando números de 3 y 4 dígitos. La respuesta tiene que ser estimada.

Restar y reagrupar

Los biólogos marinos estudian las ballenas, los animales más grandes, para encontrar formas de ayudarlas. ¿Cuánto más pesadas son las ballenas azules que los cachalotes?

Resta para comparar los pesos.

Ballena azul
Peso: 153 toneladas

Paso 1	Paso 2
No hay suficientes unidades. Reagrupa 1 decena. Resta unidades.	No hay suficientes decenas. Reagrupa 1 centena. Resta decenas.

$$\begin{array}{r} {\scriptstyle 4\ 13} \\ 1\,5\,3 \\ -\ 6\,8 \\ \hline 5 \end{array}$$ 5 decenas 3 unidades = 4 decenas 13 unidades

$$\begin{array}{r} {\scriptstyle 14} \\ {\scriptstyle 0\ 4\ 13} \\ 1\,5\,3 \\ -\ 6\,8 \\ \hline 8\,5 \end{array}$$ 1 centena 4 decenas = 0 centenas 14 decenas

La ballena azul pesa 85 toneladas más que el cachalote.

Cachalote
Peso: 68 toneladas

Otro ejemplo

Resta unidades.	Reagrupa. Resta decenas.	Reagrupa. Resta centenas.	Resta millares.

$$\begin{array}{r} 3,1\,6\,8 \\ -1,9\,8\,2 \\ \hline 6 \end{array}$$

$$\begin{array}{r} {\scriptstyle 0\ 16} \\ 3,1\,6\,8 \\ -1,9\,8\,2 \\ \hline 8\,6 \end{array}$$

$$\begin{array}{r} {\scriptstyle 10} \\ {\scriptstyle 2\ 0\ 16} \\ 3,1\,6\,8 \\ -1,9\,8\,2 \\ \hline 1\,8\,6 \end{array}$$

$$\begin{array}{r} {\scriptstyle 10} \\ {\scriptstyle 2\ 0\ 16} \\ 3,1\,6\,8 \\ -1,9\,8\,2 \\ \hline 1,1\,8\,6 \end{array}$$

Estima para asegurarte de que la respuesta tiene sentido.

$$\begin{array}{r} 3,168 \\ -1,982 \\ \hline 1,186 \end{array}$$

se redondea a
se redondea a

$$\begin{array}{r} 3,000 \\ -2,000 \\ \hline 1,000 \end{array}$$

La diferencia exacta y el estimado están cerca.

Trabajo en clase

Resta. Estima para asegurarte de que cada respuesta tiene sentido.

1.
$$\begin{array}{r} 524 \\ -392 \end{array}$$

2.
$$\begin{array}{r} 235 \\ -178 \end{array}$$

3.
$$\begin{array}{r} 6,156 \\ -4,865 \end{array}$$

4.
$$\begin{array}{r} 8,435 \\ -\ 396 \end{array}$$

5.
$$\begin{array}{r} \$84.32 \\ -\ 54.37 \end{array}$$

PRÁCTICA

Resta. Estima para asegurarte de que cada respuesta tiene sentido.

1. $\begin{array}{r} 815 \\ -437 \end{array}$	2. $\begin{array}{r} 424 \\ -376 \end{array}$	3. $\begin{array}{r} 628 \\ -519 \end{array}$	4. $\begin{array}{r} 847 \\ -682 \end{array}$
5. $\begin{array}{r} 8{,}593 \\ -6{,}684 \end{array}$	6. $\begin{array}{r} 3{,}749 \\ -\ \ 877 \end{array}$	7. $\begin{array}{r} 5{,}623 \\ -2{,}894 \end{array}$	8. $\begin{array}{r} 7{,}614 \\ -2{,}837 \end{array}$
9. $\begin{array}{r} 6{,}743 \\ -2{,}388 \end{array}$	10. $\begin{array}{r} 7{,}802 \\ -\ \ 991 \end{array}$	11. $\begin{array}{r} 8{,}325 \\ -7{,}876 \end{array}$	12. $\begin{array}{r} 8{,}635 \\ -2{,}887 \end{array}$
13. $\begin{array}{r} \$552 \\ -\ 438 \end{array}$	14. $\begin{array}{r} \$51.23 \\ -\ 14.10 \end{array}$	15. $\begin{array}{r} \$72.52 \\ -\ 56.84 \end{array}$	16. $\begin{array}{r} \$44.15 \\ -\ 18.26 \end{array}$

17. $675 - 286$ 18. $820 - 56$

19. $2{,}321 - 588$ 20. $8{,}089 - 6{,}234$

Halla cada dígito que falta.

★21. $\begin{array}{r} 7{,}\blacksquare 2\blacksquare \\ -2{,}7\blacksquare 1 \\ \hline 4{,}581 \end{array}$ ★22. $\begin{array}{r} \blacksquare{,}6\blacksquare 5 \\ -1{,}\blacksquare 2\blacksquare \\ \hline 1{,}816 \end{array}$ ★23. $\begin{array}{r} 6{,}8\blacksquare 1 \\ -\blacksquare{,}955 \\ \hline 1{,}\blacksquare 66 \end{array}$

APLICACIÓN

24. La Torre de Sears, en Chicago, tiene 1,454 pies de alto. La ballena se sumergió a 2,325 pies de profundidad. Comparándola con la altura de la torre, ¿cuánto más profunda fue la inmersión?

25. Di qué dato falta. Las ballenas azules pesan 153 toneladas. Los cachalotes pesan 85 toneladas. Compara el peso del delfín con el de una ballena azul.

═══ RAZONAMIENTO LÓGICO ═══

La suma de dos números de 2 dígitos es 55. La diferencia es 19. ¿Cuáles son los dos números?

$\begin{array}{r} \square\square \\ +\square\square \\ \hline 5\ 5 \end{array}$ $\begin{array}{r} \square\ 7 \\ -\square\square \\ \hline 1\ 9 \end{array}$

Práctica mixta

1. $9 + 6 = \square$

2. $12 - 5 = \square$

3. $6 + 8 = \square$

4. $9 \times 9 = \square$

5. $18 - 9 = \square$

6. $63 \div 7 = \square$

7. $5 \times 7 = \square$

8. $36 \div 6 = \square$

9. $3 \times \square = 18$

10. $15 - \square = 7$

11. $7 + 6 + 4 = \square$

12. $17 - 8 = \square$

13. $9 \times 3 = \square$

14. $81 \div 9 = \square$

15. $45 \div \square = 9$

16. $\square - 9 = 3$

Compara. Usa $>$, $<$ ó $=$ en lugar de ●.

17. $5{,}515 \ ● \ 5{,}155$

18. $173{,}651 \ ● \ 173{,}561$

19. $981 \ ● \ 1{,}014$

20. $11{,}100 \ ● \ 1{,}100$

Restar de cero

¿Cuántos patos faltan por limpiar? Cuando restas de cero,
es posible que tengas que reagrupar más de una vez.

Paso 1
No hay suficientes unidades. No hay decenas. Reagrupa 1 centena.

Paso 2
Reagrupa 1 decena. Resta unidades.

Paso 3
Resta decenas.

Paso 4
Resta centenas.

```
   3 10
   4 Ø 5        4 centenas =
  -1 9 6        3 centenas 10 decenas
```

```
        9
   3 1Ø 15
   4 Ø 5        10 decenas 5 unidades
  -1 9 6        9 decenas 15 unidades
          9
```

```
        9
   3 1Ø 15
   4 Ø 5
  -1 9 6
      0 9
```

```
        9
   3 1Ø 15
   4 Ø 5
  -1 9 6
    2 0 9
```

Comprueba sumando
```
   1 1
   196
  +209
   405
```

Faltan limpiar 209 patos.

Estudiantes de quinto grado salvan 405 patos

Estudiantes locales rescataron 405 patos de las aguas sucias de petróleo de la bahía. Ya limpiaron 196 patos quitándoles el petróleo. Mañana limpiarán el resto. Se hará lo posible para...

Más ejemplos

a.
```
    9 14
  3 1Ø 4 13
  4,Ø 5 3
 -3,8 8 5
    1 6 8
```

b.
```
      11 9 9
    1 1Ø 1Ø 10
  $ 1 2 Ø,Ø Ø
  -    9 1.6 3
  $    2 8.3 7
```

c.
```
      14 9 9 9
  8 1 1Ø 1Ø 1Ø 1Ø 10
   9 5 0,0 0 0
  -1 6 4,3 5 8
   7 8 5,6 4 2
```

TRABAJO EN CLASE

Resta. Comprueba sumando.

1. 803
    −585

2. $40.50
    − 12.49

3. 6,200
    −2,516

4. 7,005
    −2,737

5. 300,700
    −185,864

6. 400 − 299

7. 8,005 − 5,821

8. $203.10 − $17.56

Resta. Comprueba sumando.

1.	601	2.	500·	3.	$8.02	4.	506	5.	800
	− 356		− 247		− 6.94		− 99		− 679

6.	3,010	7.	6,080	8.	5,000	9.	$70.62	10.	8,003
	− 519		− 2,994		− 4,699		− 35.85		− 5,763

11.	80,154	12.	50,148	13.	23,035	14.	17,016	15.	$130.42
	− 7,390		− 26,753		− 16,786		− 15,327		− 17.80

16.	105,018	17.	124,000	18.	900,000	19.	410,025	20.	$2,505.01
	− 100,436		− 82,896		− 815,725		− 227,235		− 48.52

21. $20.00 − $6.98   22. 5,086 − 897   23. $100.50 − $48.75

24. 7,003 − 5,385   25. 91,005 − 3,762   26. 210,003 − 79,854

Usa la calculadora para hallar los números que faltan.

★27. 30,052 − □ = 15,032 − △ = 8,079   ★28. 5,006 − 509 = □ − 25 = △

★29. 40,101 − □ = 30,500 − △ = 5,010

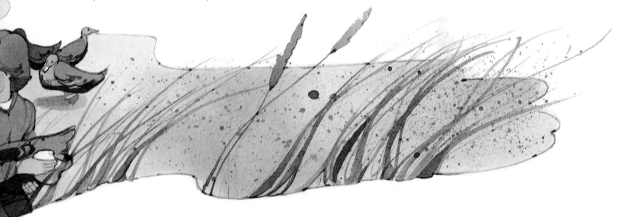

APLICACIÓN

30. ¿Cuántos patos negros faltan limpiar?

31. ¿Cuál es el número total de patos marinos y patos salvajes que faltan limpiar?

★32. ¿Cuántos patos de todo tipo hay que limpiar de petróleo?

REPORTE DE LIMPIEZA DE PETRÓLEO		
Tipo de pato	Número total	Número limpiado
Negro	200	145
Marino	300	215
Salvaje	400	170
Cerceta	1,000	245
Total	1,900	775

51

Restar números mayores

Al puma le ataron un pequeño radio para que transmitiera sus recorridos nocturnos. ¿Cuánto más recorrió en la primera noche que en la tercera?

Resta para comparar las distancias.

Paso 1 Reagrupa. Resta unidades.	Paso 2 Reagrupa. Resta decenas.	Paso 3 Reagrupa. Resta centenas.

```
       1  15                    11                      12 11
                             2  ⁄   15               3  2  ⁄   15
   1 4,3 2 5̶            1 4,3̶ 2 5̶              1 4,3̶ 2 5̶
 − 1 2,4 9 8          − 1 2,4 9 8            − 1 2,4 9 8
           7                2 7                  8 2 7
```

Paso 4
Resta millares.

```
       12 11
    3  2̶  ⁄   15
   1 4,3̶ 2 5̶      se redondea a      14,000
 − 1 2,4 9 8      se redondea a    − 12,000
   1,8 2 7                           2,000
```

Estima la respuesta.

La diferencia exacta y la estimada están cerca.

El puma recorrió 1,827 yardas más en la primera noche.

Recorrido del león americano

Noche	Yardas viajadas
1	14,325
2	21,748
3	12,498
4	35,200
5	

TRABAJO EN CLASE

Resta. Estima para asegurarte de que cada respuesta tiene sentido.

1. 45,819
   − 17,624

2. 63,519
   − 5,733

3. 592,000
   − 384,726

4. $24,325
   − 1,975

5. 124,250
   − 86,139

6. 27,148 − 9,563

7. $315.24 − $156.95

8. $600.17 − $43.78

PRÁCTICA

Resta. Estima para asegurarte de que cada respuesta tiene sentido.

1. 36,201 − 4,357	2. 72,007 − 6,198	3. 65,100 − 8,763	4. 73,000 − 9,915	5. 48,500 − 7,645
6. 27,285 − 18,569	7. 86,704 − 28,815	8. 34,568 − 19,788	9. 51,004 − 45,096	10. 72,018 − 56,739

11. 54,201 − 3,765   12. 75,063 − 26,178

13. 47,218 − 39,647   14. 850,000 − 27,318

15. $703.81 − 697.94	16. $264.50 − 169.73	17. $7,283.16 − 512.92	18. $4,517.10 − 299.60	19. $704,092 − 25,487
20. 500,040 − 29,652	21. 360,238 − 75,649	22. 401,006 − 95,089	23. 852,134 − 76,987	24. 300,002 − 65,189
25. 857,145 − 596,562	26. 621,804 − 575,916	27. 600,000 − 438,762	28. 936,000 − 647,854	29. 260,080 − 105,096

Completa. Sigue cada regla si se da.

Regla: Resta 25,435.

	Entrada	Salida
30.	67,843	
31.	75,013	
32.	109,745	
33.	53,105	

Regla: Resta 60,205.

	Entrada	Salida
34.	92,301	
35.	87,610	
36.	138,640	
37.	61,005	

Halla la regla.

★ 38.

Entrada	Salida
68,105	21,404
72,305	25,604
131,008	84,307
138,878	92,177

APLICACIÓN

LA CALCULADORA

Haz **A**, **B** y **C** con la calculadora.
¿Qué patrón ves? Completa **D** y **E**
siguiendo el patrón.

A. $3 \times 7 \times 8 \times 11 \times 13 \times 37 = $ _____
B. $3 \times 7 \times 6 \times 11 \times 13 \times 37 = $ _____
C. $3 \times 7 \times 5 \times 11 \times 13 \times 37 = $ _____
D. $3 \times 7 \times 9 \times 11 \times 13 \times 37 = $ _____
E. $3 \times 7 \times 4 \times 11 \times 13 \times 37 = $ _____

Problemas para resolver

En 1981 había muy pocos venados de cola blanca. El Club de Ecología decidió ayudar.

Este cuadro muestra algunos cambios en el número de venados.

Año	Machos	Hembras	Total
1980		84	223
1981			105
1982	134	129	
1983	126		

Usa la información que aparece arriba para resolver los problemas.

1. ¿Cuántos venados macho había en 1980?

2. ¿Cuántos venados menos había en 1981 que en 1980?

3. ¿Se puede hallar el número de venado hembra en 1981?

4. ¿Qué dato hace falta para resolver 3?

5. Pamela y Guillermo veían el mismo número de venados cada día de la semana. ¿Cuántos venados vieron en total? Usa la tabla para hallar la respuesta.

6. ¿Cuál era el número total de venados en 1982?

7. En el año 1983 había 17 hembras más que en el año 1982. ¿Cuál era el número de hembras en 1983?

8. ¿En el año 1983 hubo más o menos venados que en el año 1982? ¿Cuántos más o cuántos menos?

9. ¿En qué año hubo más venados?

★ 10. Basándote en los datos que tienes, ¿en qué año hubo más venados macho?

Cada año el Club de Ecología tiene una feria para reunir fondos. El Club necesita $15,000 para comprar tierras para los venados.

Usa la ilustración para resolver estos problemas.

11. ¿Cuánto dinero ha reunido el club hasta ahora?

12. Hasta ahora, ¿cuánta gente ha contribuido?

13. ¿Cuánto más dinero hace falta?

14. ¿Alrededor de cuánto ha dado cada persona?

15. Si se reúne todo el dinero la familia Valdés dará $2,500 para alcanzar la meta. ¿Cuánto dinero debe reunir el club para obtener esta contribución?

★ 16. Hoy cada persona de un grupo de 200 dió $25. El total no ha sido puesto en el letrero. ¿Cuánto dinero falta reunir ahora para obtener la contribución de los Valdés?

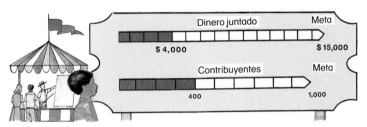

ALGO EXTRA

El ábaco japonés

El ábaco tiene cuentas que se deslizan por un alambre. Las cuentas representan números. El ábaco tiene un alambre para las unidades, uno para las decenas, otro para las centenas, y así sucesivamente. En cada alambre, una cuenta especial representa el número cinco. Halla una de estas cuentas especiales. Para entrar un número, desliza el número correcto de cuentas a la barra central.

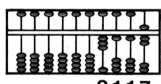

3,117

1. ¿Qué número aparece en este ábaco?

2. ¿Qué número aparece en este ábaco?

3. Dibuja un ábaco en el que las cuentas indiquen el número del año en curso.

★ 4. Dibuja un ábaco en el que agregas 5,152 al número que aparece en 1.

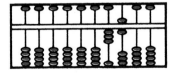

Suma o resta. págs. 36–37

1. 478 + 121	2. 3,927 − 1,015	3. 3,760 + 6,239	4. 98,375 − 97,163	5. 105,275 + 192,324

Estima cada suma o diferencia. págs. 38–39

6. 432 − 188	7. 3,696 + 978	8. 71,840 − 58,131	9. 68,731 + 50,126	10. 325,000 − 85,425

Suma. págs. 40–45

11. 634 + 280	12. 1,865 + 1,906	13. 57,050 + 33,260	14. 450,239 + 73,806	15. 316,400 + 928,593
16. 4,187 22,056 + 8,860	17. 37,013 6,139 + 60,286	18. 4,569 5,386 + 1,015	19. 6,253 3,468 + 1,932	20. 4,719 420 + 148

Resta. págs. 48–53

21. 381 − 227	22. 4,229 − 738	23. 25,650 − 9,488	24. 884,692 − 379,458	25. 463,192 − 157,886
26. 703 − 498	27. 3,000 − 1,647	28. 38,004 − 9,586	29. 250,076 − 87,936	30. 902,008 − 735,129

Suma o resta. págs. 40–45, 48–53

31. $26.18 − 3.50	32. $72.41 + 44.76	33. $153.29 − 4.65	34. $356.07 − 254.05	35. $545.69 + 63.86

36. 6,428 − 2,716   37. 2,416 + 360 + 4,121

38. $151.19 − $31.25   39. $95.67 + $1.95

40. 31,437 + 643   41. 645,025 − 53,275

Resuelve. págs. 46–47, 54–55

42. Di qué dato no es necesario. Diez personas contaron 119 halcones el año pasado y 207 este año. ¿Cuántos halcones más hay ahora?

43. El puma recorrió 21,748 yardas, 12,498 yardas y 35,200 yardas en tres noches. ¿Cuántas recorrió en total?

Estima cada suma o diferencia.

1. 586
    +312

2. 9,746
    −3,505

3. $18.25
    +   9.10

4. 16,851
    − 8,520

Suma o resta.

5. 5,273
    +1,604

6. 478
    − 165

7. 18,356
    + 1,502

8. 25,903
    −15,601

9. 76,040
    +24,160

10. 25,001
    − 8,967

11. 800,000
    −379,458

12. 540,128
    +382,907

13. 867
    − 95

14. 293
    +5,873

15. 225,175
    +   5,825

16. 60,009
    − 1,085

17. 749 − 85

18. 999 + 111

19. 4,168 + 2,301

20. 5,379 − 465

21. 15,183 + 3,634

22. 2,754 − 683

23. $5.26
    + 1.90

24. $17.36
    + 18.05

25. $24.83
    −   7.54

26. $482.00
    − 195.36

27. 2,618
    350
    +   229

28. 5,162
    4,387
    +1,934

29. 3,198
    14,065
    + 8,950

30. 26,004
    8,193
    +50,278

Resuelve.

31. ¿Cuánto más dinero reunió el condado de Clay que el de Franklin?

32. Di qué dato falta. ¿Cuánto dinero reunieron los condados de Franklin y Adams?

33. ¿Cuánto dinero reunieron los condados de Clay, Jefferson y Monroe en total?

DINERO REUNIDO PARA AYUDAR A LA NATURALEZA SILVESTRE	
Condado	Dólares
Clay	$262,420
Franklin	168,675
Jackson	87,978
Jefferson	59,029
Monroe	55,380

Estima la cantidad total de dinero que reunieron los cinco condados.

SUMAS DEL CALENDARIO

Si sumas los números del calendario, hallarás algunas respuestas sorprendentes.

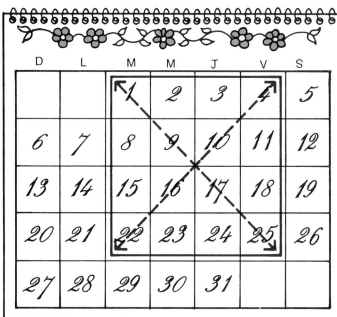

Se ha marcado un cuadrado de 4 por 4 en el calendario. Halla la suma de los números en cada diagonal.

1	4
9	10
17	16
+ 25	+ 22

Ahora, halla la suma de los 4 números que se encuentran en las esquinas del cuadrado.

¿Qué tienen de sorprendente estas tres sumas?

1. Halla otros tres cuadrados de 4 por 4 en el calendario. Halla las dos sumas diagonales en cada cuadrado.

2. ¿Cuántos cuadrados de 3 por 3 puedes hallar en el calendario? Halla las sumas diagonales en algunos.

3. Explora estos patrones en un calendario viejo. ¿Crees que será lo mismo en cualquier mes? Pruébalo con el de tu cumpleaños. Informa a la clase de tus hallazgos.

DIAGRAMAS

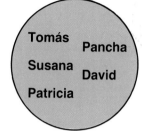

Tomás Pancha

Susana David

Patricia

A. Frutas

Pancha Fred

David Cora

B. Sándwiches

Los niños fueron de picnic. Cinco niños llevaron frutas. Lee sus nombres en el diagrama **A.** Cuatro niños llevaron sándwiches. Lee sus nombres en el diagrama **B.** Dos niños llevaron frutas *y* sándwiches. Lee sus nombres donde los círculos se superponen en el diagrama **C.**

Siete niños llevaron frutas sándwiches <u>o</u> ambas cosas.

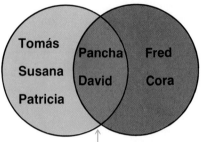

Tomás Pancha Fred

Susana David Cora

Patricia

C. Frutas   y   Sándwiches

Ahora, mira este diagrama. Indica cómo algunos niños ganan dinero.

1. ¿Cuántos niños sólo cortan el césped?

2. ¿Cuántos niños sólo cuidan niños?

3. ¿Cuántos niños cortan el césped <u>o</u> cuidan niños pero no hacen las dos cosas?

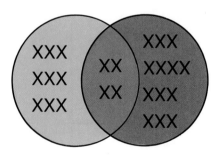

XXX
XXX
XXX

XX
XX

XXX
XXXX
XXX
XXX

Cortar el césped   Cuidar niños

4. ¿Cuántos niños cortan el cesped <u>y</u> cuidan niños?

Haz tu propio diagrama. Pregúntale a tus compañeros de clase qué comida prefieren o qué deporte les gusta. Luego, pon tus hallazgos en un diagrama. Por ejemplo, muestra los que prefieren manzanas, los que prefieren naranjas, y a los que prefieren ambas por igual.

Escoge la respuesta correcta. Escribe A, B, C o D.

1. 9
   $+6$

   A 14   C 13

   B 15   D no se da

8. ¿Cuál es el valor de 9 en 409,226?

   A 90,000   C 900

   B 9,000   D no se da

2. ¿Qué propiedad de la suma se usa?
   6 + 4 = 4 + 6

   A agrupamiento   C orden

   B cero   D no se da

9. Estima. 2,603 − 1,758

   A 3,000   C 1,000

   B 0   D no se da

3. ¿Qué factor está relacionado
   a 12 − 8 = 4?

   A 8 − 4 = 4   C 4 + 8 = 12

   B 20   D no se da

10. 124 + 321 + 155

   A 560   C 550

   B 405   D no se da

4. 6 × 9 = ☐

   A 54   C 63

   B 45   D no se da

11. 3,456 − 987

   A 3,569   C 2,469

   B 4,443   D no se da

5. ¿Qué factor falta?
   (☐ × 2) × 3 = 4 × (2 × 3)

   A 3   C 24

   B 4   D no se da

Usa la ilustración para 12.

6. 9)$\overline{45}$

   A 6   C 4

   B 5   D no se da

7. 56 ÷ 8 = ☐

   A 6   C 9

   B 8   D no se da

12. ¿Cuántos excursionistas hay?

   A 7   C 9

   B 6   D no se da

Tema: Los inventos

Multiplicar decenas, centenas y millares

La rueda es el invento más importante de todos los tiempos. Una carreta tiene 2 ruedas. ¿Cuántas ruedas tienen 30 carretas?

Usa un dato de multiplicación para hallar productos mayores.

$2 \times 3 = 6$ por lo tanto $2 \times 30 = 60$

Hay 60 ruedas en 30 carretas.

Más ejemplos

a.
```
   4        40        400      4,000
  ×6       × 6       × 6       ×    6
  24       240      2,400     24,000
```

b.
```
   8        80        800      8,000
  ×7       × 7       × 7       ×    7
  56       560      5,600     56,000
```

TRABAJO EN CLASE

Usa un dato de multiplicación para hallar cada producto.

1. 3×9 2. 6×7 3. 8×9 4. 9×4

   3×90 6×70 8×90 9×40

   3×900 6×700 8×900 9×400

Multiplica.

5. 3×700 6. 9×60 7. 5×80 8. 4×500 9. $9 \times 1,000$

Multiplica.

1. 2 × 50   2. 7 × 40   3. 6 × 60   4. 2 × 700   5. 3 × 100

6. 4 × 10   7. 3 × 20   8. 2 × 30   9. 8 × 50   10. 5 × 2,000

11. 5 × 600   12. 2 × 4,000   13. 4 × 80   14. 6 × 100   15. 3 × 600

16. 6 × 80   17. 9 × 60   18. 7 × 800   19. 5 × 90   20. 7 × 3,000

21. 4 × 700   22. 6 × 2,000   23. 3 × 9,000   24. 8 × 6,000   25. 5 × 300

26. 7 × 500   27. 9 × 200   28. 4 × 4,000   29. 8 × 800   30. 9 × 9,000

Compara. Usa >, < ó = en lugar de .

31. 7 × 30 ● 2 × 90   32. 8 × 30 ● 4 × 60   33. 5 × 40 ● 4 × 50

34. 9 × 800 ● 7 × 900   35. 6 × 90 ● 2 × 300   36. 9 × 40 ● 2 × 200

Halla la regla para cada uno.

★ 37.

Entrada	Salida
700	4,200
8,000	48,000
600	3,600
9,000	54,000

★ 38.

Entrada	Salida
40	3,200
400	32,000
4	320
4,000	320,000

★ 39.

Entrada	Salida
4	2,000
60	30,000
800	400,000
70	35,000

APLICACIÓN

40. Un poni puede llevar 100 libras sobre el lomo. Puede arrastrar 5 veces más peso en una carreta. ¿Cuánto peso puede arrastrar un poni en una carreta?

41. Un grupo de 30 carretas cubiertas iba hacia el oeste. Se hicieron 3 ruedas extra para cada carreta. ¿Cuántas ruedas extra se hicieron en total?

★ 42. Un avión jet tiene 8 ruedas bajo las alas y 2 ruedas bajo la nariz. ¿Cuántas ruedas hay en 7 de estos aviones?

Multiplicar un número de dos dígitos

Gutenberg imprimió un libro por primera vez. Cada columna tenía 42 líneas. Cada página tenía 2 columnas. ¿Cuántas líneas había en cada página?

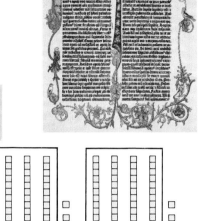

$2 \times 42 = \Box$

Paso 1
Multiplica unidades.

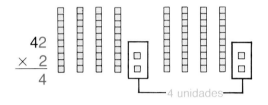

$$\begin{array}{r} 42 \\ \times\ 2 \\ \hline 4 \end{array}$$

4 unidades

Paso 2
Multiplica decenas.

$$\begin{array}{r} 42 \\ \times\ 2 \\ \hline 84 \end{array}$$

8 decenas

Había 84 líneas en cada página.

Halla 3×15.

Paso 1
Multiplica unidades.
Reagrupa.

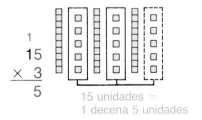

$$\begin{array}{r} 1 \\ 15 \\ \times\ 3 \\ \hline 5 \end{array}$$

15 unidades =
1 decena 5 unidades

Paso 2
Multiplica decenas.
Agrega una decena.

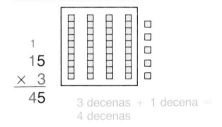

$$\begin{array}{r} 1 \\ 15 \\ \times\ 3 \\ \hline 45 \end{array}$$

3 decenas + 1 decena =
4 decenas

TRABAJO EN CLASE

Multiplica.

1. $\begin{array}{r} 43 \\ \times\ 2 \\ \hline \end{array}$
2. $\begin{array}{r} 27 \\ \times\ 3 \\ \hline \end{array}$
3. $\begin{array}{r} 30 \\ \times\ 5 \\ \hline \end{array}$
4. $\begin{array}{r} 18 \\ \times\ 6 \\ \hline \end{array}$
5. $\begin{array}{r} 62 \\ \times\ 9 \\ \hline \end{array}$
6. $\begin{array}{r} 74 \\ \times\ 4 \\ \hline \end{array}$

7. 2×81
8. 4×35
9. 8×29
10. 7×66

Multiplica.

1. 21 $\times$ 4	2. 30 $\times$ 3	3. 64 $\times$ 2	4. 83 $\times$ 3	5. 71 $\times$ 5	6. 90 $\times$ 4
7. 16 $\times$ 7	8. 42 $\times$ 5	9. 57 $\times$ 3	10. 19 $\times$ 4	11. 67 $\times$ 6	12. 38 $\times$ 8
13. 86 $\times$ 9	14. 98 $\times$ 7	15. 48 $\times$ 5	16. 76 $\times$ 4	17. 77 $\times$ 8	18. 25 $\times$ 6
19. 56 $\times$ 3	20. 47 $\times$ 9	21. 94 $\times$ 5	22. 44 $\times$ 7	23. 45 $\times$ 2	24. 65 $\times$ 4

25. 2×37 26. 4×49 27. 5×34 28. 3×95

29. 8×46 30. 6×53 31. 9×23 32. 7×87

33. $2 \times 9 \times 3$ 34. $3 \times 5 \times 4$

35. $2 \times 3 \times 7 \times 8$ 36. $4 \times 5 \times 2 \times 2 \times 3$

Compara. Usa >, < ó = en lugar de ●.

★37. 4×68 ● 3×85 ★38. 5×75 ● 7×55 ★39. 2×92 ● 4×46

★40. 8×39 ● 9×35 ★41. 6×84 ● 8×63 ★42. 8×25 ● 7×29

APLICACIÓN

43. Gutenberg podía imprimir 38 páginas por hora. ¿Cuántas páginas podía imprimir en un día de 8 horas?

★44. En 1811, la primera prensa rotativa imprimió 18 hojas en un minuto. ¿Cuántas imprimió en 6 minutos?, ¿ en 60 minutos?

=== HAZLO MENTALMENTE ===

Primero, halla el producto de las unidades.
Segundo, halla el producto de las decenas.
Tercero, suma los productos mentalmente.

1. 5×82 2. 6×54

3. 8×53 4. 5×27

5. 3×83 6. 4×36

Multiplicar números mayores

En 1950 había 185 estaciones de televisión en Estados Unidos. Ahora hay cinco veces más esa cantidad. ¿Cuántas hay ahora?

5 × 185 = ☐

Paso 1 Multiplica unidades. Reagrupa si es necesario.	**Paso 2** Multiplica decenas. Agrega decenas extra. Reagrupa si es necesario.	**Paso 3** Multiplica centenas. Agrega centenas extra. Reagrupa si es necesario.

<table>
<tr><td>2
185
× 5
─────
5</td><td>25 unidades = 2 decenas 5 unidades</td><td>4 2
185
× 5
─────
25</td><td>40 decenas + 2 decenas = 42 decenas, o 4 centenas 2 decenas</td><td>4 2
185
× 5
─────
925</td><td>5 centenas + 4 centenas = 9 centenas</td></tr>
</table>

Ahora hay 925 estaciones de televisión.

Halla 6 × 3,275.

Multiplica unidades.	Multiplica decenas.	Multiplica centenas.	Multiplica millares.
3 3,275 × 6 ───── 0	4 3 3,275 × 6 ───── 50	1 4 3 3,275 × 6 ───── 650	1 4 3 3,275 × 6 ───── 19,650

TRABAJO EN CLASE

Multiplica.

1. 269
    × 3

2. 186
    × 5

3. 487
    × 2

4. 2,853
    × 6

5. 3,074
    × 4

6. 8 × 456   7. 9 × 6,840   8. 4 × 2,361   9. 7 × 3,952

Multiplica.

1. 324 × 3	2. 578 × 2	3. 609 × 5	4. 66 × 6	5. 853 × 6
6. 917 × 4	7. 186 × 3	8. 87 × 2	9. 497 × 8	10. 255 × 7
11. 584 × 9	12. 25 × 5	13. 680 × 2	14. 1,296 × 8	15. 6,827 × 7
16. 79 × 9	17. 1,946 × 7	18. 6,382 × 4	19. 8,695 × 8	20. 9,917 × 9
21. 3,867 × 3	22. 3,098 × 5	23. 5,762 × 6	24. 8,415 × 5	25. 9,814 × 2

26. 6 × 777

27. 9 × 2,341

28. 7 × 6,055

29. 5 × 75

30. 8 × 148

31. 7 × 766

32. 3 × 985

33. 5 × 4,186

34. 8 × 5,672

35. 3 × 3 × 758

36. 2 × 3,427 × 4

37. 2 × 2,906 × 10

Halla los dígitos que faltan.

38. ▮▮6 × 3 ——— 97▮	39. ▮1▮ × 2 ——— 1,036	40. ▮▮7 × 4 ——— 2,148	41. ▮,▮4▮ × 5 ——— 9,715
★ 42. ▮,▮▮6 × 7 ——— 29,302	★ 43. ▮,79▮ × 8 ——— 7▮,336	★ 44. ▮,4▮8 × 9 ——— 48,▮52	★ 45. ▮,▮▮4 × 6 ——— 52,▮4▮

APLICACIÓN

RAZONAMIENTO LÓGICO

Un hombre tiene cuatro hijos. El menor tiene un año. Cada uno de los otros tiene el doble de la edad del hermano menor que le sigue. La edad del padre es el doble del total de la edad de sus hijos. La suma de la edad del padre y la de sus hijos es 45. ¿Qué edades tienen el padre y sus cuatro hijos?

Estimar productos

El año antes de que Ransom Eli Olds inventara la línea de montaje, su compañía construyó 425 autos. El año siguiente, se construyeron 8 veces más autos. ¿Alrededor de cuántos se construyeron ese año?

$8 \times 425 = \square$

▶ Para estimar un producto, redondea cada factor a su lugar mayor. Luego, multiplica.

$$\begin{array}{r} 425 \\ \times\ \ 8 \end{array} \quad \text{se redondea a} \quad \begin{array}{r} 400 \\ \times\ \ 8 \\ \hline 3{,}200 \end{array}$$

Se construyeron alrededor de 3,200 autos.

Estima para asegurarte que el producto tiene sentido.

$$\begin{array}{r} {\scriptstyle 5\ 3\ 3} \\ 2{,}855 \\ \times\ \ \ 7 \\ \hline 19{,}985 \end{array} \quad \text{se redondea a} \quad \begin{array}{r} 3{,}000 \\ \times\ \ \ \ 7 \\ \hline 21{,}000 \end{array}$$

El producto exacto y el estimado están cerca.

LUGAR DE NACIMIENTO DE LA
industria de automóviles en Michigan

Trabajo en clase

Estima cada producto.

1.	2.	3.	4.	5.
53	694	1,458	2,874	6,537
× 7	× 8	× 3	× 4	× 2

Multiplica. Estima para asegurarte de que cada respuesta tiene sentido.

6. 4×72 7. 3×854 8. $2 \times 4{,}316$ 9. $9 \times 9{,}546$

68

Estima cada producto.

1. 47 $\times$ 2	2. 83 $\times$ 3	3. 75 $\times$ 5	4. 64 $\times$ 6	5. 215 $\times$ 4
6. 853 $\times$ 9	7. 545 $\times$ 7	8. 3,951 $\times$ 3	9. 5,504 $\times$ 6	10. 8,156 $\times$ 8

11. 2 $\times$ 65   12. 7 $\times$ 413   13. 4 $\times$ 2,608   14. 8 $\times$ 5,430

Multiplica. Estima para asegurarte de que cada respuesta tiene sentido.

15. 97 $\times$ 8	16. 935 $\times$ 2	17. 278 $\times$ 5	18. 433 $\times$ 9	19. 149 $\times$ 6
20. 7,242 $\times$ 4	21. 6,483 $\times$ 5	22. 4,726 $\times$ 7	23. 5,129 $\times$ 2	24. 5,907 $\times$ 8

Estima cada producto. Corrige los productos que parecen estar equivocados.

25. 56 $\times$ 4 = 224	26. 74 $\times$ 7 = 5,118	27. 425 $\times$ 8 = 34,000	28. 168 $\times$ 6 = 1,008	29. 826 $\times$ 5 = 40,130
★30. 8,715 $\times$ 3 = 26,145	★31. 3,743 $\times$ 2 = 748	★32. 2,342 $\times$ 9 = 2,178	★33. 5,162 $\times$ 5 = 25,810	★34. 8,634 $\times$ 4 = 345,360

APLICACIÓN

35. En 1900 había 8,250 autos en Estados Unidos. En 1905 había 9 veces más. Estima cuántos autos había en Estados Unidos en 1905.

★36. En 1920 había 1,905,000 autos. En 1929 el número se había duplicado. En 1939 había 3 veces más autos que en 1929. Estima el número de autos en 1929 y 1939.

LA CALCULADORA

Multiplica. Busca un patrón.

11 $\times$ 11   111 $\times$ 111   1,111 $\times$ 1,111

Halla cada producto sin multiplicar. Usa el patrón.

11,111 $\times$ 11,111   111,111 $\times$ 111,111   111,111,111 $\times$ 111,111,111

Dólares y monedas

Hoy es tu cumpleaños. Abuelito ha ofrecido regalarte el equivalente de tu estatura en monedas de un centavo apiladas, monedas de cinco centavos puestas una detrás de otra o billetes de un dólar puestos uno de otro.

¿Cuál debes escoger?

Trabaja en pareja. Necesitarás una bolsa de 20 monedas de un centavo y una regla.

1. Halla el valor de tu estatura en monedas de un centavo apiladas.

   • Decide qué información necesitarás.

   • Comenta las estrategias que usarás.

   • Anota tus datos en dólares y centavos.

2. Halla el valor de tu estatura en monedas de cinco centavos puestas una detrás de otra.

3. Halla el valor de tu estatura en billetes de un dólar puestos uno detrás de otro. Abuelito sólo te dará los billetes que. sean menores o iguales a tu estatura.

Comenta sobre tu trabajo con otros estudiantes.

1. Compara las respuestas. ¿Son similares? ¿Por qué si o por qué no?

2. Comenta sobre las estrategias para resolver cada problema.

   - ¿En qué se parecen las estrategias? ¿En qué se diferencian?

   - ¿Qué métodos parecían servir mejor?

   - ¿Qué hiciste cuando tu estatura no resultaba igual a un número entero de monedas de cinco centavos o de dólares?

   - ¿Hubiera sido distinta tu decisión si Abuelito te hubiera permitido redondear al billete de un dólar más cercano?

3. Comenta sobre cómo hiciste tus cálculos. Si tuvieras que repetir la actividad, ¿cuándo usarías papel y lápiz, aritmética mental o una calculadora? ¿Por qué?

RAZONAR A FONDO

Aplica lo que aprendiste para resolver estos problemas.

1. ¿Cuánto valdría en dólares y centavos una milla de monedas de un centavo puestas una detrás de otra?

2. Comenta sobre si una milla de monedas de cinco centavos vale cinco veces más que una milla de monedas de un centavo.

Múltiplos

En 1923, Garrett Morgan inventó los semáforos de luces rojas, verdes y amarillas. Cada uno de los cuatro lados tenía 3 luces. Había un total de 12 luces.

4 × 3 = 12
12 es múltiplo de 4.

Cuando multiplicas un número por 0, 1, 2, 3, 4, . . . , el producto es un **múltiplo** de ese número.

Múltiplos de 4

0 × 4	1 × 4	2 × 4	3 × 4	4 × 4	5 × 4	6 × 4
0,	4,	8,	12,	16,	20,	24, . . .

 . . . significa   y así sigue

▶ Los **múltiplos comunes** de dos o más números son múltiplos iguales.

▶ El **mínimo común múltiplo (MCM)** de dos o más números es el múltiplo común menor que no es cero.

múltiplos de 4: 0, 4, 8, 12, 16, 20, 24, . . .

múltiplos de 6: 0, 6, 12, 18, 24, 36, . . .

múltiplos comunes de 4 y 6: 0, 12, 24, . . .

mínimo común múltiplo de 4 y 6: 12

TRABAJO EN CLASE

Haz una lista de los primeros cinco múltiplos de cada uno.

1. 3

2. 8

3. 5

4. 12

Nombra dos múltiplos comunes que no sean cero.

5. 6, 9

6. 8, 12

7. 2, 7

8. 5, 3

Halla el mínimo común múltiplo (MCM).

9. 3, 4

10. 3, 6

11. 6, 8

12. 5, 6

Haz una lista de los seis primeros múltiplos de cada uno.

1. 5   **2.** 9   **3.** 6   **4.** 2

5. 10   **6.** 12   **7.** 20   **8.** 7

Nombra dos múltiplos comunes que no sean cero.

9. 2, 4   **10.** 6, 2   **11.** 4, 3   **12.** 5, 2

Halla el MCM.

13. 4, 5   **14.** 9, 4   **15.** 2, 8   **16.** 10, 6

17. 3, 7   **18.** 5, 8   **19.** 9, 12   **20.** 10, 25

21. 10, 14   **22.** 15, 25   **23.** 50, 100   **24.** 12, 20

★ **25.** 3, 4, 6   ★ **26.** 4, 2, 8   ★ **27.** 3, 5, 2   ★ **28.** 10, 12, 8

Escribe verdadero o falso.

29. 12 es múltiplo de 2, 3, 4, y 6.

30. 45 no es múltiplo de 3 y 9.

31. Cualquier múltiplo de 16 es también múltiplo de 4

32. El MCM de 16 y 32 es 48

Di cómo usar la suma para hallar los seis primeros múltiplos de cada uno. Halla los múltiplos.

★ **33.** 11   ★ **34.** 18   ★ **35.** 23

APLICACIÓN

36. José debe comprar el mismo número de bombillos rojos y verdes. Los bombillos rojos se venden en paquetes de 6. Los bombillos verdes se venden en paquetes de 8. ¿Cuál es el número menor de bombillos de cada color que debe comprar?

★ **37.** En cada paquete hay 6 bombillos rojos, 8 verdes y 16 amarillos. José debe comprar el mismo número de cada color. ¿Cuál es el número menor de paquetes de cada color que debe comprar?

Práctica mixta

1.
$$
\begin{array}{r}
462 \\
126 \\
+\,1{,}310 \\
\hline
\end{array}
$$

2.
$$
\begin{array}{r}
\$48.42 \\
-\ 18.10 \\
\hline
\end{array}
$$

3.
$$
\begin{array}{r}
2{,}045 \\
+\,5{,}056 \\
\hline
\end{array}
$$

4.
$$
\begin{array}{r}
275{,}094 \\
+\,183{,}927 \\
\hline
\end{array}
$$

5.
$$
\begin{array}{r}
6{,}513 \\
-\,1{,}726 \\
\hline
\end{array}
$$

6.
$$
\begin{array}{r}
741{,}023 \\
-\ 65{,}876 \\
\hline
\end{array}
$$

7.
$$
\begin{array}{r}
\$75.15 \\
+\ \ \ 5.75 \\
\hline
\end{array}
$$

8.
$$
\begin{array}{r}
4{,}365 \\
-\,3{,}712 \\
\hline
\end{array}
$$

Estima cada suma o diferencia.

9.
$$
\begin{array}{r}
172 \\
905 \\
+\,657 \\
\hline
\end{array}
$$

10.
$$
\begin{array}{r}
\$195.50 \\
-\ \ 88.25 \\
\hline
\end{array}
$$

11.
$$
\begin{array}{r}
1{,}845 \\
978 \\
+\,2{,}213 \\
\hline
\end{array}
$$

12.
$$
\begin{array}{r}
55{,}195 \\
-\,51{,}687 \\
\hline
\end{array}
$$

Problemas para resolver

HACER Y USAR TABLAS

Para ser bueno en resolver problemas necesitas un plan. A veces, planear incluye hacer una tabla.

Ken y Janina pueden escoger
1. recibir $10,000 ahora, o
2. recibir un centavo ahora y que éste se duplique cada día durante los próximos 30 días.

¿Cuál es la mejor elección?

Usa los cuatro pasos para hallar y comprobar la mejor elección.

PIENSA **¿Cuál es la pregunta?**

¿Cuál es la mejor elección?

¿Cuáles son los datos?

Una elección es $10,000. La otra es 1¢, 2¢, 4¢, 8¢ y así sucesivamente, duplicándose cada día durante 30 días.

PLANEA **¿Como puedes hallar la respuesta?**

Escribe 30 días en una tabla. Duplica la cantidad cada día. Compara el total con $10,000.

RESUELVE **Sigue con el plan. Haz el trabajo y halla la respuesta.**

Día	Dinero	Día	Dinero	Día	Dinero
1	$ .01	11	$ 10.24	21	$ 10,485.76
2	.02	12	20.48	22	20,971.52
3	.04	13	40.96	23	41,943.04
4	.08	14	81.92	24	83,886.08
5	.16	15	163.84	25	167,772.16
6	.32	16	327.68	26	335,544.32
7	.64	17	655.36	27	671,088.64
8	1.28	18	1,310.72	28	1,342,177.28
9	2.56	19	2,621.44	29	2,684,354.56
10	5.12	20	5,242.88	30	5,368,709.12

$5,368,709.12 > $10,000. La segunda elección es mejor.

REVISA **¿Has contestado la pregunta? ¿Hiciste bien la cuenta? ¿Tiene sentido tu respuesta?**

Sí. Comprueba la aritmética. La segunda elección es mejor, da más dinero.

NINA Y ALFONSO SANTORO	
Año	Cantidad
Ahora	$100
7 años	
14 años	

Nina y Alfonso Santoro abrieron una cuenta de ahorros en el Banco Thrifty. Depositaron $100. El banco duplicará esta cantidad dinero cada 7 años.

Resuelve los siguientes problemas usando una tabla.

1. Copia y completa la tabla. Muestra cómo va a aumentar el dinero de los Santoro en 28 años.

2. ¿Cuánto dinero va a tener la familia Santoro después de 21 años?

3. ¿En cuánto tiempo la cuenta tendrá $1,600?

4. Los Martínez depositaron $1,000 hoy. ¿Cuánto habrá en su cuenta dentro de 14 años?

   El Banco de Ahorros Nifty tiene una cuenta que triplicará el dinero cada 10 años.

5. Haz una tabla que muestre el valor de la cuenta Nifty. Empieza con $100 y avanza 40 años.

★6. ¿Qué banco ofrece la mejor cuenta, el Banco de Ahorros Nifty o el Thrifty?

CREA TU PROPIO PROBLEMA

1. Haz un problema sobre el valor de una cuenta en el banco Thrifty. Haz una tabla que muestre tu respuesta.

★2. Escoge un banco de tu barrio. Halla cuánto tarda en duplicarse el dinero en una cuenta. Inventa un problema y usa una tabla para resolverlo.

75

Patrones de multiplicación

Antiguamente, las agujas de los fonógrafos se cambiaban cada 50 horas. Se podían tocar diecisiete discos en una hora. ¿Cuántos discos se podían tocar con una aguja?

Paso 1 Multiplica por unidades.	Paso 2 Multiplica por decenas.
$\begin{array}{r} 17 \\ \times 50 \\ \hline 0 \end{array}$	$\begin{array}{r} 3 \\ 17 \\ \times 50 \\ \hline 850 \end{array}$

Se usaba una aguja para tocar 850 discos.

Usa los datos básicos y los patrones para multiplicar por decenas y centenas.

▶ Cuando multipliques por decenas, escribe 0 en la posición de las unidades. Luego, multiplica por el número de decenas.

▶ Cuando multipliques por centenas, escribe ceros en el lugar de las unidades y las decenas. Luego, multiplica por el número de centenas.

Más ejemplos

a.
$\begin{array}{r} 36 \\ \times\ 4 \\ \hline 144 \end{array}$
$\begin{array}{r} 36 \\ \times 40 \\ \hline 1,440 \end{array}$
$\begin{array}{r} 36 \\ \times 400 \\ \hline 14,400 \end{array}$

b.
$\begin{array}{r} 283 \\ \times\ 2 \\ \hline 566 \end{array}$
$\begin{array}{r} 283 \\ \times\ 20 \\ \hline 5,660 \end{array}$
$\begin{array}{r} 283 \\ \times 200 \\ \hline 56,600 \end{array}$

Trabajo en clase

Multiplica.

1. $7 \times 21 = \square$
$70 \times 21 = \square$
$700 \times 21 = \square$

2. $4 \times 18 = \square$
$40 \times 18 = \square$
$400 \times 18 = \square$

3. $6 \times 123 = \square$
$60 \times 123 = \square$
$600 \times 123 = \square$

4. $\begin{array}{r} 12 \\ \times 20 \end{array}$

5. $\begin{array}{r} 34 \\ \times 40 \end{array}$

6. $\begin{array}{r} 28 \\ \times 300 \end{array}$

7. $\begin{array}{r} 214 \\ \times 500 \end{array}$

8. $\begin{array}{r} 1,342 \\ \times\ \ 30 \end{array}$

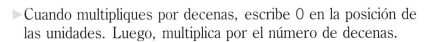
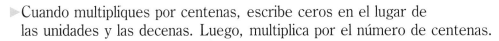

Multiplica.

1. $3 \times 15 = \square$

   $30 \times 15 = \square$

   $300 \times 15 = \square$

2. $5 \times 22 = \square$

   $50 \times 22 = \square$

   $500 \times 22 = \square$

3. $6 \times 421 = \square$

   $60 \times 421 = \square$

   $600 \times 421 = \square$

4. $\begin{array}{r} 62 \\ \times 40 \\ \hline \end{array}$

5. $\begin{array}{r} 38 \\ \times 60 \\ \hline \end{array}$

6. $\begin{array}{r} 46 \\ \times 50 \\ \hline \end{array}$

7. $\begin{array}{r} 171 \\ \times\ 90 \\ \hline \end{array}$

8. $\begin{array}{r} 85 \\ \times 70 \\ \hline \end{array}$

9. $\begin{array}{r} 31 \\ \times 70 \\ \hline \end{array}$

10. $\begin{array}{r} 612 \\ \times\ 50 \\ \hline \end{array}$

11. $\begin{array}{r} 824 \\ \times\ 80 \\ \hline \end{array}$

12. $\begin{array}{r} 1{,}431 \\ \times\ 40 \\ \hline \end{array}$

13. $\begin{array}{r} 642 \\ \times\ 90 \\ \hline \end{array}$

14. $\begin{array}{r} 43 \\ \times 500 \\ \hline \end{array}$

15. $\begin{array}{r} 821 \\ \times 600 \\ \hline \end{array}$

16. $\begin{array}{r} 745 \\ \times 800 \\ \hline \end{array}$

17. $\begin{array}{r} 5{,}316 \\ \times\ 200 \\ \hline \end{array}$

18. $\begin{array}{r} 3{,}841 \\ \times\ 700 \\ \hline \end{array}$

19. 30×25

20. 80×24

21. 60×724

22. 700×43

23. 600×292

24. 700×617

25. $90 \times 1{,}682$

26. $70 \times 5{,}812$

27. $300 \times 6{,}524$

★ 28. $28 \times 6 \times 200$

★ 29. $321 \times 7 \times 800$

★ 30. $746 \times 8 \times 900$

Aplicación

El plato giratorio de un tocadiscos en la estación de radio da 2,517 vueltas completas cada hora.

31. ¿Cuántas vueltas da en 60 horas?

★ 32. ¿Cuántas horas tardará en dar por lo menos 10,000 vueltas? Haz una tabla para mostrar tus respuestas.

HAZLO MENTALMENTE

Cada repisa en la biblioteca de discos de la estación de radio contiene 220 discos. ¿Cuántos discos hay en

a. 20 repisas?

b. 30 repisas?

c. 40 repisas?

d. 50 repisas?

e. 80 repisas?

f. 100 repisas?

Multiplicar por un factor de dos dígitos

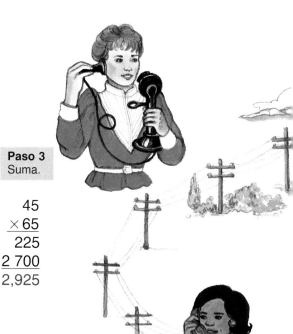

La primera línea telefónica de larga distancia se inauguró en 1881. Tenía 45 millas de largo. En 1915, una línea 65 veces más larga conectó San Francisco con New York. ¿Cuántas millas tenía de largo?

$65 \times 45 = \square$

Paso 1 Multiplica por unidades.	Paso 2 Multiplica por decenas.	Paso 3 Suma.
45 $\times 65$ 225 ← 5 × 45	45 $\times 65$ 225 2700 ← 60 × 45	45 $\times 65$ 225 2 700 2,925

La línea tenía 2,925 millas de largo.

Halla $23 \times \$.89$.

Multiplica por unidades.   Multiplica por decenas.   Suma.

$.89   **Piensa** 89¢ $.89 $.89
× 23   × 23   × 23
267 ← 3 × 89   267   2 67
                           1780 ← 20 × 89   17 80
                                                 $20.47

Escribe el signo de dólar y el punto decimal.

TRABAJO EN CLASE

Multiplica.

1. 32
 $\times 17$ 2. 15
 $\times 25$ 3. 67
 $\times 94$ 4. 46
 $\times 59$ 5. 95
 $\times 37$ 6. $.54
 $\times\ 63$

7. 19 × 86   8. 45 × 79   9. 82 × 98   10. 78 × $.45

11. 14 × 28   12. 65 × 47   13. 29 × 93   14. 88 × $.18

Multiplica.

1. 28 ×26	**2.** 27 ×39	**3.** 46 ×25	**4.** 16 ×15	**5.** 35 ×33	**6.** 18 ×34

7. 57 ×35	**8.** 64 ×83	**9.** 38 ×76	**10.** 72 ×92	**11.** 53 ×48	**12.** 87 ×43

13. 65 ×73	**14.** 27 ×52	**15.** 85 ×41	**16.** 97 ×24	**17.** 34 ×66	**18.** 73 ×69

19. $.85 × 21	**20.** $.24 × 12	**21.** $.14 × 54	**22.** $.37 × 22	**23.** $.29 × 84	**24.** $.76 × 37

25. $.95 × 23	**26.** $.31 × 75	**27.** $.81 × 37	**28.** $.15 × 96	**29.** $.86 × 62	**30.** $.97 × 93

31. 29 × 46   **32.** 47 × 54   **33.** 28 × $.65   **34.** 99 × $.38

Halla el patrón.

★**35.** 5 × 5 = 25
15 × 15 = 225
25 × 25 = 625
35 × 35 = ☐
45 × 45 = ☐

★**36.** 6 × 4 = 24
16 × 14 = 224
26 × 24 = 624
36 × 34 = ☐
46 × 44 = ☐

★**37.** 7 × 3 = 21
17 × 13 = 221
27 × 23 = ☐
37 × 33 = ☐
47 × 43 = ☐

★**38.** Halla 85 × 85.   ★**39.** Halla 86 × 84.   ★**40.** Halla 87 × 83.

APLICACIÓN

41. Los satélites envían llamadas telefónicas alrededor del mundo. Sesenta ciudades pueden enviar 85 llamadas cada una al mismo tiempo vía satélite. ¿Cuántas llamadas son en total?

★**42.** En 1938 un conmutador telefónico podía recibir y pedir 10,000 llamadas en una hora. Hoy un conmutador electrónico maneja 20 veces más llamadas. ¿Cuántas son por hora?

Multiplicar números mayores

María Telkes inventó maneras de usar el sol para calentar los edificos. Cada edificio grande en una ciudad modelo podría ser calentado por 12 calentadores solares. Si hay 1,896 edificios grandes, ¿cuántos calentadores hacen falta en total?

$12 \times 1,896 = \square$

Paso 1 Multiplica por unidades.	Paso 2 Multiplica por decenas.	Paso 3 Suma.

$$
\begin{array}{r}
1,896 \\
\times\ \ \ \ 12 \\
\hline
3792 \leftarrow 2 \times 1,896
\end{array}
$$

$$
\begin{array}{r}
1,896 \\
\times\ \ \ \ 12 \\
\hline
3792 \\
18960 \leftarrow 10 \times 1,896
\end{array}
$$

$$
\begin{array}{r}
1,896 \\
\times\ \ \ \ 12 \\
\hline
3\ 792 \\
18\ 960 \\
\hline
22,752
\end{array}
$$

Estima para asegurarte de que la respuesta tiene sentido.

Redondea cada factor a su lugar mayor.

$$
\begin{array}{r}
1,896 \\
\times\ \ \ \ 12
\end{array}
\quad
\begin{array}{r}
\text{se redondea a}\ \ \ 2,000 \\
\text{se redondea a}\ \times\ \ \ \ 10 \\
\hline
20,000
\end{array}
$$

El producto exacto y el estimado están cerca.

Hacen falta 22,752 calentadores.

Halla 34×728.
Estima para asegurarte de que la respuesta tiene sentido.

$$
\begin{array}{r}
728 \\
\times\ \ \ 34 \\
\hline
2\ 912 \\
21\ 840 \\
\hline
24,752
\end{array}
\quad
\begin{array}{r}
\text{se redondea a}\ \ \ 700 \\
\text{se redondea a}\ \times\ \ 30 \\
\hline
21,000
\end{array}
$$

El producto exacto y el estimado están cerca.

TRABAJO EN CLASE

Multiplica. Estima para asegurarte de que cada respuesta tiene sentido.

1. $\begin{array}{r} 817 \\ \times\ 34 \\ \hline \end{array}$

2. $\begin{array}{r} 412 \\ \times\ 56 \\ \hline \end{array}$

3. $\begin{array}{r} 3,924 \\ \times\ \ \ \ 49 \\ \hline \end{array}$

4. $\begin{array}{r} 5,627 \\ \times\ \ \ \ 23 \\ \hline \end{array}$

5. $\begin{array}{r} \$47.95 \\ \times\ \ \ \ \ 73 \\ \hline \end{array}$

6. 17×279

7. $68 \times 2,927$

8. $87 \times \$29.95$

PRÁCTICA

Multiplica. Estima para asegurarte de que cada respuesta tiene sentido.

1. 678 × 45	2. 615 × 63	3. 512 × 27	4. 146 × 32	5. 415 × 69
6. 8,163 × 84	7. 975 × 28	8. 7,364 × 38	9. 862 × 67	10. 6,418 × 23
11. 3,586 × 46	12. 2,178 × 93	13. 4,329 × 35	14. 7,825 × 17	15. 9,321 × 65
16. $12.79 × 56	17. $16.87 × 78	18. $54.67 × 52	19. $74.36 × 89	20. $58.64 × 94

21. 19 × 271   **22.** 74 × 758   **23.** 39 × 569   **24.** 68 × 146

25. 57 × 6,283   **26.** 26 × 2,716   **27.** 44 × 4,298   **28.** 85 × 8,152

Usa las pistas para hallar los números.

★ **29.** 56 es mayor que (49 × 3,186)   ★ **30.** 237 es menor que (24 × 6,517)

★ **31.** 1,822 es mayor que (25 × 6,174)   ★ **32.** 1,025 es mayor que (42 × 3,694)

APLICACIÓN

33. El edificio de la escuela es calentado por 14 paneles solares. Cada panel contiene 2,482 células solares. ¿Cuántas células solares hay en total?

★ 34. Cada casa tiene 4 paneles solares. Cada panel contiene 1,535 células solares. Si hay 24 casas, ¿cuántas células solares hay en total?

═ RAZONAMIENTO VISUAL ═

¿Cuál de las seis es la pieza que falta?

Multiplicar por un factor de tres dígitos

El minutero, la manecilla de los minutos de los relojes, no se inventó hasta 1687. Esta manecilla se mueve 60 veces por hora o 1,440 veces en un día. ¿Cuántas veces se mueve en un año?

$365 \times 1,440 = \square$

Paso 1 Multiplica por unidades.	Paso 2 Multiplica por decenas.	Paso 3 Multiplica por centenas.	Paso 4 Suma.

$$
\begin{array}{r}
1,440 \\
\times\ 365 \\
\hline
7200 \leftarrow 5 \times 1,440
\end{array}
$$

$$
\begin{array}{r}
1,440 \\
\times\ 365 \\
\hline
7200 \\
86400 \leftarrow 60 \times 1,440
\end{array}
$$

$$
\begin{array}{r}
1,440 \\
\times\ 365 \\
\hline
7200 \\
86400 \\
432000 \leftarrow 300 \times 1,440
\end{array}
$$

$$
\begin{array}{r}
1,440 \\
\times\ 365 \\
\hline
7\ 200 \\
86\ 400 \\
432\ 000 \\
\hline
525,600
\end{array}
$$

Estima para asegurarte de que la respuesta tiene sentido.

$$
\begin{array}{rl}
1,440 & \text{se redondea a} \quad 1,000 \\
\times\ 365 & \text{se redondea a} \quad \times\ 400 \\
\hline
& \qquad\qquad 400,000
\end{array}
$$

El producto exacto y el estimado están cerca.

El minutero se mueve 525,600 veces por año.

Trabajo en clase

Multiplica. Estima para asegurarte de que cada respuesta tiene sentido.

1.	2.	3.	4.	5.
852	468	$2,536$	$\$13.49$	$34,169$
$\times 127$	$\times 325$	$\times\ 847$	$\times\ 632$	$\times\ 451$

6. 274×369

7. $956 \times \$54.82$

8. $583 \times 37,196$

Multiplica. Estima para asegurarte de que cada respuesta tiene sentido.

1. 753 × 189	**2.** 529 × 268	**3.** 497 × 827	**4.** 614 × 352	**5.** 935 × 476
6. 4,175 × 568	**7.** 2,398 × 842	**8.** 7,689 × 674	**9.** 5,164 × 926	**10.** 8,743 × 394
11. 7,534 × 291	**12.** 1,975 × 418	**13.** 3,416 × 759	**14.** 9,723 × 836	**15.** 7,289 × 547
16. $63.49 × 328	**17.** $28.17 × 937	**18.** $54.96 × 587	**19.** $42.63 × 658	**20.** $35.89 × 723

21. 192 × 3,548   **22.** (426 × $8,273) × 1   **23.** (28 × 546) × 7

24. 627 × 5,862   **25.** (6 × 7,412) × 10   **26.** 100 × (39 × 426)

Compara. Usa >, < ó = en lugar de ●.

★ **27.** 5,164 × 468 ● 7,915 × 289   ★ **28.** 9,628 × 676 ● 8,364 × 859

★ **29.** 6,853 × 394 ● 643 × 6,879   ★ **30.** 8,328 × 224 ● 4,164 × 448

APLICACIÓN

31. Un reloj de cuco está garantizado para decir cuco 500,000 veces antes de gastarse. Funcionará al cabo de 10 años si dice cuco 120 veces al día?

★ **32.** El reloj de la ciudad repica una vez a la una, dos veces a las dos, y así sucesivamente. ¿Cuántas veces repica al día?, ¿al año?

LA CALCULADORA

Adivina, luego, comprueba con la calculadora. ¿Cuál es mayor?
3 × 5 × 7 × 9 × 11 × 13 ó
135,719

Ceros en un factor

Un Boeing 747 puede llevar 504 pasajeros. Se permiten 165 libras por persona. ¿Cuál es el total de libras permitidas para los pasajeros?

$504 \times 165 = \Box$

Paso 1 Multiplica por unidades.	**Paso 2** Multiplica por decenas.	**Paso 3** Multiplica por centenas.	**Paso 4** Suma.

Paso 1	Paso 2	Paso 3	Paso 4
165	165	165	165
×504	×504	×504	×504
660 ← 4 × 165	660	660	660
	0000 ← 0 × 165	82500 ← 500 × 165	82 500
	No necesitas escribir estos ceros.		83,160

Estima para asegurarte de que la respuesta tiene sentido.

165	se redondea a	200
×504	se redondea a	×500
83,160		100,000

El producto exacto y el estimado están cerca.

Se permiten 83,160 libras para los pasajeros.

Halla 360 × 24,928.

Estima para asegurarte de que la respuesta tiene sentido.

24,928	se redondea a	20,000
× 360	se redondea a	× 400
1 495 680		8,000,000
7 478 400		
8,974,080		

El producto exacto y el estimado están cerca.

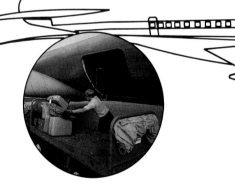

TRABAJO EN CLASE

Multiplica. Estima para asegurarte de que cada respuesta tiene sentido.

1. 576
    ×250

2. 3,084
    × 706

3. 6,485
    × 400

4. 90,420
    × 805

5. 108 × 230

6. 609 × 4,673

7. 700 × $852.45

Multiplica. Estima para asegurarte de que cada respuesta tiene sentido.

1. 386 ×500	2. 937 ×103	3. 652 ×720	4. 708 ×900	5. 308 ×405
6. 6,472 × 405	7. 7,123 × 800	8. 9,217 × 360	9. 4,632 × 508	10. 7,500 × 280
11. 4,310 × 907	12. 8,506 × 708	13. 5,974 × 650	14. 5,609 × 309	15. 3,820 × 480
16. 8,670 × 204	17. 65,200 × 709	18. $741.06 × 680	19. $431.08 × 970	20. 58,009 × 507

21. 406 × 9,100   22. 370 × 65,080   23. 850 × 90,604

★24. 606 × 798,043   ★25. 904 × 603,008   ★26. 507 × 437,958

APLICACIÓN

27. Un Boeing 747 voló de New York a Londres con 501 pasajeros. El límite para equipaje en vuelos internacionales es 88 libras por persona. ¿Cuánto equipaje podía llevar el avión en total?

★28. Jorge pasó las vacaciones de la escuela trabajando en un aeropuerto. Trabajó 8 horas diarias durante 105 días. ¿Cuánto ganó a $5.50 por hora?

HAZLO MENTALMENTE

Cara compró estas cosas en la tienda del aeropuerto y pagó con un billete de diez dólares. ¿Cuánto cambio le dieron?

libro de bolsillo	$5.50
tarjeta de felicitación	1.03
revista	2.95

Problemas para resolver

REPASO DE DESTREZAS Y ESTRATEGIAS
Genios de la computadora

La computadora personal es un gran invento. Lola y Pepe son genios de la computadora que empezaron un negocio.

Resuelve los siguientes problemas.

1. Lola y Pepe cobran $15 por hora por escribir un programa en BASIC. Han trabajado durante 73 horas. ¿Cuánto han ganado?

2. Como promedio, cada uno de los 16 programas tiene 486 líneas de código. ¿Cuál es el total de líneas en estos programas?

3. Los socios quieren comprar una nueva computadora. Cuesta $3.500. Ganan $950 al mes. Al cabo de 3 meses, ¿cuánto más dinero van a necesitar?

4. Pepe gana $7.50 por hora llevando la contabilidad de las tiendas locales. ¿Cuánto gana por 37 horas de trabajo?

5. Tienen 2 impresoras. Cada impresora imprime 3 páginas por minuto. Si usan las dos impresoras, ¿cuántas páginas imprimen en 15 minutos?

6. Lola programó la computadora para que imprimiera los números del 1 al 6 al azar. La computadora imprimió este grupo.
5 1 3 3 6 2 1 4 3 2 6 3 3 6 3 4 3 5 1 3 4 4
3 5 2 6 3 5 1 3 3 3 4 1 2 2 3 1 6 3 3 4 3 3

Haz una tabla que muestre cuántas veces se imprimió cada número.

7. ¿Aparecen todos los números en **6** el mismo número de veces? Si no, ¿qué número aparece con más frecuencia?

Cinco jóvenes inventores necesitan dinero para comprar
equipos científicos. Cada uno ha ganado un poco de dinero.

**De 8 a 13 une cada problema con el mejor
plan para resolverlo.**

Problema

8. Cindy ganó $7 por día durante una
semana. ¿Cuánto ganó?

9. Arturo ganó $24 el sábado y $37 el
domingo. ¿Cuánto ganó?

10. El sábado, Margarita recibió $5 la hora
por 3 horas. El domingo, recibió $4 la
hora por 4 horas. ¿Cuánto ganó?

11. Jim quiere comprar un juego de
química por $48. Ganó $20 apaleando
nieve y $13 entregando paquetes.
¿Cuánto más necesita?

12. Carol ganó $6 por hora. Trabajó 17
horas. ¿Cuánto más necesita para
comprar un telescopio?

13. ¿Cuánto ganaron los inventores Arturo,
Carol, Cindy, Jim y Margarita en total?

14. ¿Qué problema tiene muy poca
información? ¿Qué falta?

★ **15.** Halla cuánto ganó cada inventor. ¿Qué
cantidad ganaron en conjunto?

Plan

a. Suma dos de los números. Luego, resta
la suma del tercer número.

b. Usa la información de cada problema
para hallar cuánto se ganó. Suma todos
los números.

c. No hay suficiente información para
resolver este problema. Falta un dato.

d. Multiplica dos de los números. Luego,
multiplica los otros dos números. Suma
los dos productos.

e. Suma dos números.

f. Multiplica dos números.

REPASO DEL CAPÍTULO

Multiplica. págs. 62–67

1. 400
× 9

2. 70
× 6

3. 10
× 6

4. 96
× 8

5. 57
× 4

6. 49
× 6

7. 37
× 2

8. 21
× 9

9. 987
× 4

10. 732
× 9

11. 835
× 8

12. 372
× 6

13. 9,761
× 5

14. 1,353
× 3

15. 6,392
× 7

16. 9 × 489

17. 6 × 7,312

18. 8 × 3,529

Estima cada producto. págs. 68–69

19. 57
× 6

20. 671
× 7

21. 323
× 6

22. 8,617
× 4

23. 4,761
× 5

Nombra dos múltiplos comunes que no sean cero. págs. 72–73

24. 3, 6

25. 2, 5

26. 2, 3

27. 3, 5

Multiplica. págs. 70–71, 76–85

28. $7.50
× 6

29. $21.85
× 9

30. 912
×300

31. 214
× 40

32. 574
×600

33. 16 × 54

34. 75 × 85

35. 28 × $.97

36. 483
× 56

37. $2.69
× 38

38. 196
× 29

39. 3,829
× 89

40. 658
×147

41. 573
×296

42. 509
×310

43. $26.13
× 269

44. 5,849
× 674

45. 3,764
× 907

Resuelve. págs. 74–75, 86–87

46. Cada avión jet podía llevar 219 pasajeros. Había 55 vuelos por semana. ¿Cuántos pasajeros podían volar en una semana?

47. El auto de Ronald usa un galón de gasolina cada 25 millas. Haz una tabla para mostrar cuántos galones necesita para 150 millas.

PRUEBA DEL CAPÍTULO

Multiplica.

1.	80 × 6	2.	300 × 4	3.	35 × 8	4.	26 × 7

5.	817 × 6	6.	3,192 × 7	7.	$5.36 × 9	8.	$16.58 × 6

Escoge el mejor estimado.

9. 6 × 315
    a. 180   **b.** 2,000   **c.** 1,800

10. 4 × $95.20
    a. $400.00   **b.** $360.00   **c.** $300.00

Nombra dos múltiplos comunes que no sean cero.

11. 2, 6   **12.** 2, 4

Multiplica.

13.	48 ×60	14.	595 ×300	15.	86 ×72	16.	91 ×53

17.	726 × 84	18.	1,796 × 98	19.	365 ×482	20.	7,426 × 167

21. 698 × 5,982   **22.** 570 × 309   **23.** 209 × 1,983

Resuelve.

24. Un viaje de ida y vuelta a la Luna es de alrededor de 480,000 millas. *Apollo II* recorre 80,000 millas por día. Haz una tabla para mostrar cuántos días necesita para el viaje de ida y vuelta.

25. Veinticinco jugadores volaron a Chicago. Los pasajes costaron $205 cada uno. ¿Cuánto costaron los pasajes para todo el grupo?

Halla el producto (60 × 40) × (20 × 50).

DIVIDIR POR LA MITAD Y DUPLICAR

Veamos un viejo método de multiplicación.
Trata de averiguar cómo se hace antes de
leer la explicación.

$8 \times 361 = \square$ $\qquad$ $35 \times 292 = \square$

A	B		A	B
8	361		35	292
4	722		17	584
2	1,444		8	1,168
1	2,888		4	2,336
	2,888 = producto		2	4,672
			1	9,344
				10,220 = producto

Así es cómo se hace.

1. Escribe los factores en dos columnas, **A** y **B**.

2. Divide el número en la columna **A** por 2; omite el
residuo. Duplica el número en la columna **B**. Continúa
dividiendo por 2 en la columna **A** y duplicando en la
columna **B** hasta que llegues a 1 en la columna **A**.

3. Tacha los números pares en la columna **A** y los números
que se relacionan con ellos en la columna **B**.

4. Suma los números que quedan en la columna **B** para
hallar el producto.

**Usa el método de dividir por la mitad y duplicar para
hallar cada producto.**

1. 12×36 $\qquad$ 2. 68×24 $\qquad$ 3. 68×43

4. 45×236 $\qquad$ 5. 21×469 $\qquad$ 6. 24×612

Invierte el orden de los factores en algunos de los
ejemplos. Compara los productos. ¿Afecta el producto el
orden de los factores?

¿PAR O IMPAR?

Los números pares terminan en los dígitos 0, 2, 4, 6 u 8.
Los números impares terminan en los dígitos 1, 3, 5, 7 ó 9.

Multiplica cualquier número par por otro número par.

```
   4            56            762
  ×8           ×10           ×  4
  32           560          3,048
```

El producto siempre será un número par.

¿Qué pasa si multiplicas un número impar
por un número par? Prueba éstos.

- Multiplica un número impar de 2 dígitos
  por un número par de un dígito.

- Multiplica un número par de 4 dígitos
  por un número impar de 2 dígitos.

- Multiplica un número impar de 3 dígitos
  por un número par de 2 dígitos.

¿Los productos son pares o impares?

¿Qué pasa si multiplicas un número impar
por un número impar? Haz estos.

- Multiplica un número impar de 2 dígitos
  por un número impar de 1 dígito.

- Multiplica un número impar de 4 dígitos
  por un número impar de 2 dígitos.

- Multiplica un número impar de 3 dígitos
  por un número impar de 1 dígito.

¿Los productos son pares o impares?

¿Qué pasa si multiplicas 3 números?

FLUJOGRAMAS

Para resolver un problema complicado, a veces lo dividimos en pequeños pasos. Se puede usar un **flujograma** para mostrar las instrucciones paso por paso.

Este flujograma muestra cómo multiplicar 3 × 432.

El ⬭ se usa para START (Comenzar) o STOP (Parar).

El ▱ se usa para entrada y salida.

El ▭ se usa para dar instrucciones.

La flecha ↓ se usa para mostrar cuál es la instrucción que sigue.

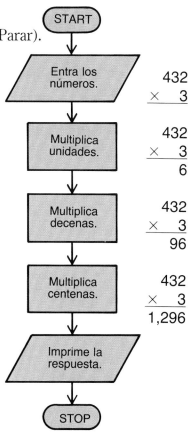

Usa el flujograma para hallar cada producto.

1. 2 × 231   **2.** 4 × 202   **3.** 3 × 221

4. 9 × 500   **5.** 7 × 211   **6.** 6 × 100

7. Dibuja un flujograma para mostrar cómo sumar 365 + 414.

8. Dibuja un flujograma para mostrar cómo restar 345 − 61.

   Agrega este paso a tu flujograma: Reagrupa centenas

Muchas veces, dibujamos un flujograma para preparar instrucciones para la computadora. Nos ayuda a organizar nuestras ideas. El flujograma nos dice si un número es par o impar.

El rombo ◇ se usa para preguntas cuya respuesta es solo sí o no.

Usa el flujograma.
Di cuál será la salida de cada entrada.

9. 17   **10.** 23   **11.** 12

12. 30   **13.** 35   **14.** 98

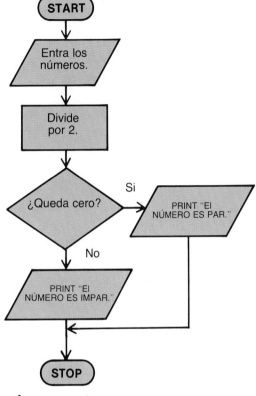

15. Arregla los pasos en este flujograma en el orden correcto.

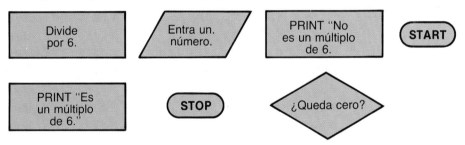

16. Completa este flujograma que dice si una división tiene residuo.

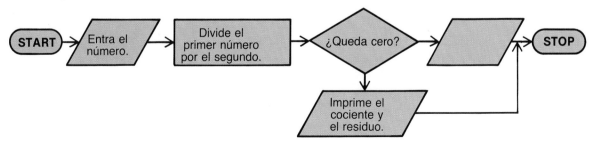

PERFECCIONAMIENTO DE DESTREZAS

Escoge la respuesta correcta. Escribe A, B, C o D.

1. ¿Cuál dígito está en el lugar de los millares en 269,187?

A 6   C 1

B 9   D no se da

2. ¿Cuál es el valor de 6 en 16,405,230?

A 600,000   C 6,000,000

B 60,000   D no se da

3. Compara 530,622 ● 531,622

A >   C =

B <   D no se da

4. Estima. 395 + 180

A 400   C 200

B 600   D no se da

5. Estima. 4,231 − 849

A 3,000   C 5,000

B 4,000   D no se da

6. $16.26 + $3.52

A $17.98   C $18.78

B $19.78   D no se da

7. 23,096 − 10,143

A 12,953   C 10,962

B 12,962   D no se da

8. 8 × 200

A 160   C 1,600

B 16,000   D no se da

9. 7 × $2.64

A $18.48   C $14.64

B $19.88   D no se da

10. ¿Cuál es el MCM de 6 y 8?

A 12   C 24

B 8   D no se da

11. 104 × 843

A 84,672   C 8,672

B 87,672   D no se da

¿Qué datos faltan para resolver cada uno?

12. Samuel compró dos latas de comida para perros por $1.19 y una de comida para gatos. ¿Cuánto gastó en total?

A el dinero que tenía   C cambio que recibió

B el costo de la comida para gatos   D no se da

13. Mary hizo delantales para su mamá, su abuela y sus tías. ¿Cuántos hizo en total?

A cantidad de material   C número de tías que tiene

B la edad de Mary   D no se da

Tema: Los ríos

Patrones de la división

Carmen quiere grabar música durante un paseo. Cada canción dura 3 minutos. ¿Cuántas canciones puede grabar en una cinta de 60 minutos?

Usa n en vez de □ para mostrar el número que falta.

$60 \div 3 = n$

Usa un dato básico de la división para el cociente. Observa el patrón.

	Comprueba
$6 \div 3 = 2$	$3 \times 2 = 6$
$\boxed{60 \div 3 = 20}$	$3 \times 20 = 60$
$600 \div 3 = 200$	$3 \times 200 = 600$
$6{,}000 \div 3 = 2{,}000$	$3 \times 2{,}000 = 6{,}000$

Carmen puede grabar 20 canciones.

Otro ejemplo

$$8)\overline{24} = 3 \qquad 8)\overline{240} = 30 \qquad 8)\overline{2{,}400} = 300 \qquad 8)\overline{24{,}000} = 3{,}000$$

▶ Según aumenta el dividendo, aumenta el cociente.

TRABAJO EN CLASE

Divide. Comprueba multiplicando.

1. $56 \div 8$
   $560 \div 8$

2. $63 \div 9$
   $630 \div 9$

3. $36 \div 4$
   $3{,}600 \div 4$

4. $40 \div 5$
   $40{,}000 \div 5$

5. $8)\overline{720}$

6. $4)\overline{2{,}800}$

7. $6)\overline{4{,}800}$

8. $7)\overline{42{,}000}$

Divide. Comprueba multiplicando.

1. $12 \div 2$
   $120 \div 2$

2. $20 \div 5$
   $200 \div 5$

3. $16 \div 4$
   $1,600 \div 4$

4. $49 \div 7$
   $4,900 \div 7$

5. $45 \div 9$
   $450 \div 9$

6. $15 \div 3$
   $1,500 \div 3$

7. $54 \div 6$
   $540 \div 6$

8. $24 \div 8$
   $240 \div 8$

9. $180 \div 3$

10. $3,000 \div 6$

11. $810 \div 9$

12. $250 \div 5$

13. $8\overline{)48}$

14. $2\overline{)14,000}$

15. $3\overline{)1,200}$

16. $4\overline{)2,000}$

17. $3\overline{)9,000}$

18. $6\overline{)420}$

19. $8\overline{)32,000}$

20. $2\overline{)600}$

21. $7\overline{)5,600}$

22. $4\overline{)320}$

23. $2\overline{)4,000}$

24. $7\overline{)350}$

Halla cada número que falta.

25. $n \div 2 = 40$

26. $n \div 4 = 30$

27. $n \div 7 = 500$

28. $n \div 9 = 3,000$

29. $n \div 6 = 200$

30. $n \div 5 = 5,000$

31. $n \div 3 = 6,000$

32. $n \div 8 = 4,000$

Halla cada número y operación que falta.

★ 33.

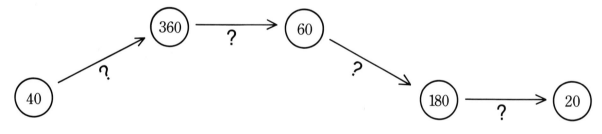

34. Jack se entrena para ser piloto de un barco de río. Para ser aprobado, debe navegar 200 millas. Cada viaje es de 15 millas. Haz una tabla que muestre cuántos viajes tiene que hacer.

★ 35. La orquesta fue contratada para 180 minutos. Tomaron dos descansos de 10 minutos. Si cada grupo de canciones tomó 8 minutos, ¿cuántos grupos de canciones tocaron?

HAZLO MENTALMENTE

Empieza con 300.
Divide por 5.
Suma 40.
Divide por 2.
Resta 10.
Multiplica por 6.
Suma 60.
¿Cuál es la respuesta?

Dividir con residuos

Los Ramírez tenían 35 tablas para hacer un muelle flotante. Planearon 4 secciones, cada una con el mismo número de tablas. ¿Cuántas tablas hay para cada sección? ¿Cuántas quedan?

Divide para hallar la respuesta. $35 \div 4 = n$

Piensa
$4 \times 7 = 28$
$\boxed{4 \times 8 = 32}$
$4 \times 9 = 36$
Prueba 8.

cociente ⟶ 8 R3 ⟵
divisor ⟶ $4\overline{)35}$ ⟵ dividendo
-32 ⟵ 8 × 4
3 ⟵ El residuo debe ser menor que el divisor.

Comprueba

8 ⟵ cociente
$\times 4$ ⟵ divisor
32
$+\ 3$ ⟵ residuo
35 ⟵ Esto debe ser igual al dividendo.

Cada sección tiene 8 tablas.
Quedan 3 tablas.

Más ejemplos

a. $7 \div 3 = n$ 　　　　　　 2 R1
Piensa $3 \times 2 = 6$ 　　 $3\overline{)7}$
Prueba 2. 　　　　　 -6
　　　　　　　　　　　　 1

b. $47 \div 5 = n$ 　　　　　　 9 R2
Piensa $5 \times 9 = 45$ 　 $5\overline{)47}$
Prueba 9. 　　　　　　 -45
　　　　　　　　　　　　　 2

TRABAJO EN CLASE

Halla cada cociente y residuo. Comprueba multiplicando.

1. $4\overline{)31}$ 　　　　 2. $4\overline{)29}$ 　　　　 3. $6\overline{)19}$ 　　　　 4. $8\overline{)32}$ 　　　　 5. $9\overline{)47}$ 　　　　 6. $7\overline{)23}$

7. $26 \div 3$ 　　　 8. $36 \div 7$ 　　　 9. $45 \div 6$ 　　　 10. $11 \div 2$ 　　　 11. $22 \div 6$

Halla cada cociente y residuo. Comprueba multiplicando.

1. $3\overline{)20}$ 2. $2\overline{)15}$ 3. $6\overline{)26}$ 4. $4\overline{)18}$ 5. $7\overline{)37}$ 6. $4\overline{)39}$

7. $8\overline{)25}$ 8. $9\overline{)65}$ 9. $5\overline{)28}$ 10. $6\overline{)49}$ 11. $4\overline{)33}$ 12. $6\overline{)17}$

13. $5\overline{)44}$ 14. $8\overline{)52}$ 15. $9\overline{)38}$ 16. $3\overline{)13}$ 17. $6\overline{)51}$ 18. $7\overline{)40}$

19. $4\overline{)22}$ 20. $3\overline{)29}$ 21. $8\overline{)43}$ 22. $8\overline{)73}$ 23. $7\overline{)55}$ 24. $9\overline{)32}$

25. $19 \div 2$ 26. $46 \div 5$ 27. $65 \div 7$ 28. $12 \div 5$ 29. $16 \div 7$

30. $30 \div 4$ 31. $16 \div 2$ 32. $57 \div 6$ 33. $21 \div 8$ 34. $40 \div 6$

Escoge la oración matemática correcta y resuelve.

35. Pablo guarda 8 esquís acuáticos en cada armario.
¿Cuántos armarios necesita para 64 esquís?
a. $64 \times 8 = n$ b. $64 \div 8 = n$ c. $8 \times 64 = n$

36. Juana pone 8 galones de combustible en cada barco.
¿Cuántos galones necesita para 8 barcos?
a. $8 \times 2 = n$ b. $8 - 2 = n$ c. $8 \div 2 = n$

¿Qué residuos puedes obtener cuando divides por cada número?

★ 37. 4   ★ 38. 6   ★ 39. 2   ★ 40. 8   ★ 41. 7   ★ 42. 9

APLICACIÓN

43. Dieciséis personas se inscribieron para tomar clases de esquí acuático. ¿Cuántos grupos de 3 personas había? ¿Cuántas personas extra había?

★ 44. Pablo compró 120 pies de cuerda de nilón. Usó 25 pies para una línea en el muelle. Después, cortó 4 partes iguales para amarras del muelle. ¿Qué longitud tenía cada amarra? ¿Cuánta cuerda le sobró?

ESTIMAR

Lista todos los estimados iguales o mayores que 500.

1. $895 - 432 = n$

2. $2 \times 312 = n$

3. $276 + 403 = n$

4. $953 - 582 = n$

5. $1,926 \div 6 = n$

6. $127 + 362 + 78 = n$

7. $(3 \times 80) + 250 = n$

Dividir números de dos dígitos

Tres guías llevaron a 37 personas en un viaje en canoa por el río Delaware.
¿Cuántas personas había en cada uno de los 3 grupos iguales?
¿Cuántas personas de más tenía uno de los guías?

$37 \div 3 = n$

Paso 1
Decide dónde poner el primer dígito en el cociente.

$$3\overline{)37}$$
Piensa
Hay suficientes decenas para dividir.

Paso 2
Divide. Luego, multiplica.

$$\begin{array}{r} 1 \\ 3\overline{)37} \\ 3 \end{array}$$
Piensa
$3\overline{)3}$
← 1×3

Paso 3
Resta y compara.

$$\begin{array}{r} 1 \\ 3\overline{)37} \\ -3 \\ \hline 0 \end{array}$$
$0 < 3$ La diferencia debe ser menor que el divisor.

Paso 4
Baja las unidades.
Divide.
Luego, multiplica.

$$\begin{array}{r} 12 \\ 3\overline{)37} \\ -3\downarrow \\ \hline 07 \\ 6 \end{array}$$
Piensa
$3\overline{)7}$
← 2×3

Paso 5
Resta y compara.

$$\begin{array}{r} 12 \text{ R1} \\ 3\overline{)37} \\ -3 \\ \hline 07 \\ -6 \\ \hline 1 \end{array}$$
$1 < 3$
Escribe el residuo y el cociente.

Comprueba
$$\begin{array}{r} 12 \\ \times\ 3 \\ \hline 36 \\ +\ 1 \\ \hline 37 \end{array}$$
Este debe ser igual al dividendo.

Había 12 personas en cada grupo. Un guía tenía 1 persona adicional.

Trabajo en clase

Divide. Comprueba multiplicando.

1. $7\overline{)91}$ 2. $4\overline{)49}$ 3. $6\overline{)76}$ 4. $9\overline{)65}$ 5. $5\overline{)80}$ 6. $9\overline{)99}$

7. $81 \div 6$ 8. $37 \div 2$ 9. $85 \div 4$ 10. $47 \div 5$ 11. $67 \div 3$

PRÁCTICA

Divide. Comprueba multiplicando.

1. 5)66 2. 6)95 3. 4)53 4. 6)59 5. 7)44 6. 9)71

7. 8)89 8. 4)61 9. 2)31 10. 4)76 11. 7)80 12. 8)97

13. 2)47 14. 9)48 15. 3)76 16. 7)98 17. 6)88 18. 4)93

19. 3)59 20. 5)77 21. 7)84 22. 8)66 23. 2)37 24. 5)75

25. 7)94 26. 4)62 27. 6)97 28. 8)94 29. 5)86 30. 3)53

31. 3)71 32. 6)56 33. 3)44 34. 7)67 35. 2)45 36. 4)56

37. 89 ÷ 5 38. 64 ÷ 4 39. 72 ÷ 5 40. 67 ÷ 2 41. 87 ÷ 7

42. 46 ÷ 2 43. 77 ÷ 7 44. 67 ÷ 6 45. 50 ÷ 4 46. 82 ÷ 5

47. 69 ÷ 8 48. 73 ÷ 9 49. 57 ÷ 5 50. 64 ÷ 3 51. 72 ÷ 4

Halla los números que faltan.

★52. $(n \times 2) + 1 = 27$ ★53. $(n \times 3) + 2 = 38$ ★54. $(n \times 5) + 4 = 69$

★55. $(n \times 8) + 4 = 100$ ★56. $(n \times 6) + 5 = 89$ ★57. $(n \times 9) + 8 = 98$

APLICACIÓN

58. Cuatro camiones llevaron 50 canoas al río en un viaje. Un camión llevó dos canoas más que los otros. ¿Cuántas canoas llevaba cada camión?

★59. Los guías llevaban 56, 48 y 64 personas en días diferentes. ¿Cuántos grupos de 8 había?

RAZONAMIENTO VISUAL

¿Qué pieza no corresponde al rompecabezas?

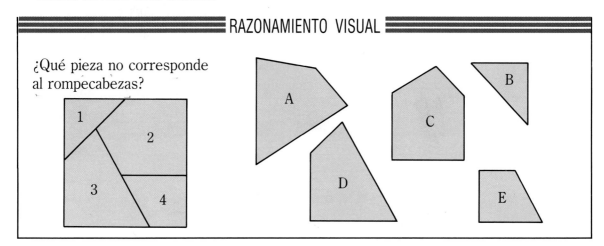

101

Dividir números de tres dígitos

¿Cuántos libros se enviaron a cada una de las 5 escuelas secundarias de Southwood?

$675 \div 5 = n$

Paso 1
Decide dónde poner el primer dígito del cociente.

$5\overline{)675}$ **Piensa** Hay suficientes centenas a dividir.

Paso 2
Divide. Luego, multiplica.

$\begin{array}{r} 1 \\ 5\overline{)675} \\ 5 \end{array}$ **Piensa** $5\overline{)6}$

Paso 3
Resta y compara.

$\begin{array}{r} 1 \\ 5\overline{)675} \\ -5 \\ \hline 1 \end{array}$ $1 < 5$

Paso 4
Baja las decenas. Divide. Luego, multiplica.

$\begin{array}{r} 13 \\ 5\overline{)675} \\ -5\downarrow \\ \hline 17 \\ 15 \end{array}$

Piensa
1 centena 7 decenas = 17 decenas
$5\overline{)17}$

Paso 5
Resta y compara.

$\begin{array}{r} 13 \\ 5\overline{)675} \\ -5 \\ \hline 17 \\ -15 \\ \hline 2 \end{array}$ $2 < 5$

Paso 6
Baja las unidades. Divide. Luego, multiplica. Resta y compara.

$\begin{array}{r} 135 \\ 5\overline{)675} \\ -5 \\ \hline 17 \\ -15\downarrow \\ \hline 25 \\ 25 \\ \hline 0 \end{array}$

Piensa
2 dec. 5 unid. = 25 unid.
$5\overline{)25}$
$0 < 5$

PEDIDO DE LIBROS		
A:	Compañía Silver Burdett	
De:	Distrito escolar de Southwood	
Envíe a:	Las cinco escuelas de Southwood (el mismo número a cada escuela)	
Número	Título	
675	Las aventuras de Huckleberry Finn por Mark Twain	

Cada escuela secundaria recibió 135 libros.

TRABAJO EN CLASE

Divide. Comprueba multiplicando.

1. $5\overline{)625}$ 2. $6\overline{)864}$ 3. $4\overline{)662}$ 4. $7\overline{)825}$ 5. $4\overline{)532}$

6. $486 \div 2$ 7. $546 \div 3$ 8. $918 \div 7$ 9. $479 \div 4$ 10. $714 \div 6$

PRÁCTICA

Divide. Comprueba multiplicando.

1. 7)855   2. 3)555   3. 6)734   4. 8)944   5. 4)908

6. 9)999   7. 2)54   8. 8)927   9. 4)873   10. 5)867

11. 8)984   12. 7)814   13. 5)967   14. 6)75   15. 4)868

16. 6)867   17. 5)79   18. 2)436   19. 7)861   20. 3)466

21. 296 ÷ 2   22. 686 ÷ 5   23. 47 ÷ 3   24. 977 ÷ 8   25. 516 ÷ 4

26. 748 ÷ 6   27. 395 ÷ 3   28. 708 ÷ 5   29. 231 ÷ 2   30. 471 ÷ 2

31. 829 ÷ 7   32. 653 ÷ 3   33. 658 ÷ 2   34. 873 ÷ 6   35. 957 ÷ 4

Halla cada dígito que falta.

```
        1 ■ 9              2 ■ 6 R ■           4 ■ ■ R1            ■ 1 ■
36. 6)7 7 4      ★37. 3)■ 4 9        ★38. 2)9 ■ 5        ★39. 8)9 1 ■
     − ■               − 6                 − ■                 − 8
      1 ■               ■                   1 2                 ■ 1
    − ■ 2             − 3                 − ■ ■               − ■
      5 ■               1 9                 ■ 5                 ■ 2
    − ■ ■             − ■ ■               − 4               − ■ ■
      ■                 ■                   ■                   ■
```

APLICACIÓN

40. En la década de 1830, los barcos a vapor podían viajar a 5 nudos por hora río arriba en el Río Mississippi. ¿Cuántas horas tomaba recorrer 620 nudos?

★41. Huck y Jim flotaron 100 millas río abajo en el Mississippi. Después de una breve parada, flotaron otras 10 millas. Si viajaron 5 noches en total, ¿cuántas millas recorrieron cada noche?

RAZONAMIENTO LÓGICO

"Mi edad es un secreto", dijo el desconocido. "He aquí algunas pistas. Si divides mi edad por 2 ó 3, el residuo es 1.

Cuando la divides por 5, no hay residuo. ¡Tengo más de 40, pero menos de 60!"

¿Qué edad tiene el desconocido?

Cocientes de dos dígitos

Un equipo de leñadores cortó 147 árboles. Los encadenaron en grupos de 6 para llevarlos flotando río abajo. ¿Cuántos grupos de troncos llevaron río abajo? ¿Cuántos troncos quedaron?

$147 \div 6 = n$

Paso 1
Decide dónde poner el primer dígito en el cociente.

$$6\overline{)147}$$

Piensa
No hay suficientes cuentas. Hay suficientes decenas para dividir.

Paso 2
Divide. Luego, multiplica.

$$\begin{array}{r} 2 \\ 6\overline{)147} \\ 12 \end{array}$$

Piensa
$6\overline{)14}$

Paso 3
Resta y compara.

$$\begin{array}{r} 2 \\ 6\overline{)147} \\ -12 \\ \hline 2 \end{array}$$

$2 < 6$

Paso 4
Baja unidades. Divide. Luego, multiplica.

$$\begin{array}{r} 24 \\ 6\overline{)147} \\ -12\downarrow \\ \hline 27 \\ 24 \end{array}$$

Piensa
$6\overline{)27}$

Paso 5
Resta y compara.

$$\begin{array}{r} 24 \text{ R3} \\ 6\overline{)147} \\ -12 \\ \hline 27 \\ -24 \\ \hline 3 \end{array}$$

$3 < 6$

Comprueba

$$\begin{array}{r} 24 \\ \times\ 6 \\ \hline 144 \\ +\ \ 3 \\ \hline 147 \end{array}$$

Enviaron 24 grupos de troncos río abajo.
Quedaron 3 troncos.

Trabajo en clase

Divide. Comprueba multiplicando.

1. $5\overline{)364}$ 2. $6\overline{)358}$ 3. $3\overline{)174}$ 4. $4\overline{)335}$ 5. $7\overline{)455}$

6. $417 \div 5$ 7. $184 \div 2$ 8. $977 \div 8$ 9. $465 \div 9$ 10. $253 \div 3$

Práctica mixta

Divide. Comprueba multiplicando.

1. 3)277   2. 4)237   3. 5)385

4. 2)134   5. 8)461   6. 4)857

7. 9)855   8. 7)86   9. 3)445

10. 9)573   11. 4)292   12. 5)259

13. 8)617   14. 6)702   15. 2)913

16. 651 ÷ 7   17. 190 ÷ 3

18. 661 ÷ 5   19. 475 ÷ 9

20. 172 ÷ 2   21. 639 ÷ 7

22. 612 ÷ 8   23. 431 ÷ 6

Escribe *C* por cada respuesta correcta. Corrige las respuestas equivocadas.

24. 54 R2
8)432

25. 124
6)744

26. 118 R4
7)823

27. 173 R1
2)347

28. 30 R7
7)217

29. 85 R2
4)332

Halla los números que faltan.

★30. (3 × 17) ÷ 2 = n R?   ★31. (2 × n) ÷ 4 = 15 R2

★32. (4 × n) ÷ 6 = 93 R2   ★33. (5 × 72) ÷ 7 = n R?

APLICACIÓN

34. Hicieron falta 5 trabajadores para cortar 125 árboles. Cada trabajador cortó la misma cantidad. ¿Cuántos árboles cortó cada trabajador?

★35. El equipo de leñadores cortó 112 árboles. Cada árbol fué cortado en 3 secciones. ¿Cuántos grupos de 6 secciones se pueden encadenar juntos?

1. 3,106
    +4,798

2. 5,004
    − 672

3. 6 × 459

4. 15 + 631 + 98 + 5

5. 37 × 624

6. 1,623
      35
     927
    +   4

7. 2,085
    ×   5

8. 4,006
    ×   85

9. 42,193
    − 5,416

10. 518 + 359 + 107

11. 9 × 1,076

12. 7,008 − 3,519

13. 1,954 + 967

Compara. Usa >, < ó =

14. 375 ● 357

15. 9,060 ● 960

16. 1,421 ● 1,411

17. 8,247 ● 8,247

Problemas para resolver

HACER Y USAR DIBUJOS

Para comprender un problema, a veces ayuda hacer un dibujo. Un buen dibujo puede servir para resolver el problema.

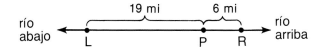

Ruby vive 6 millas río arriba de Pepe. Luis vive 19 millas río abajo de Pepe. ¿A qué distancia está la casa de Ruby de la de Luis?

Usa estos cuatro pasos para ayudarte a resolver el problema.

PIENSA   **¿Cuál es la pregunta?**

¿A que distancia está la casa de Ruby de la de Luis?

¿Cuáles son los datos?

Ruby vive 6 millas río arriba de Pepe. Luis vive 19 millas río abajo de Pepe.

PLANEA   **¿Cómo puedes hallar la respuesta?**

Haz un dibujo. Marca el dibujo. Usa R para la casa de Ruby, P para la casa de Pepe y L para la casa de Luis.

Marca el número de millas.

Suma los dos números para hallar la distancia entre las casas de Ruby y Luis.

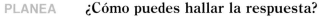

$6 + 19 = \square$

RESUELVE   **Sigue con el plan. Haz el trabajo y halla la respuesta.**

$6 + 19 = 25$

La casa de Ruby está a 25 millas de la de Luis.

REVISA   **¿Has contestado la pregunta? ¿Hiciste bien la cuenta? ¿Tiene tu respuesta sentido?**

Comprueba el dibujo. Comprueba la suma. La casa de Ruby está a 25 millas de la de Luis. La respuesta es correcta.

PRÁCTICA

Haz un dibujo para cada uno de estos problemas. Luego, resuelve cada problema.

1. Jorge y Kathy viven a la misma distancia del puente. Jorge está río arriba y Kathy río abajo. Viven a 1,492 pies de distancia. ¿A qué distancia está cada uno del puente?

2. La casa de Alicia está a 1,090 pies de la orilla del río. Hay un manantial entre su casa y el río. El manantial está a 618 pies de la orilla del río. ¿A qué distancia está el manantial de la casa?

3. Brenda vive 3 millas río arriba de Stan. María vive 11 millas río abajo de Stan. Carlos vive a la misma distancia de Brenda que de María. ¿A qué distancia vive Carlos de Brenda?

★4. Beverly pone su colección de rocas en un estante. Cada roca ocupa 3 pulgadas de ancho y 2 de largo. El estante mide 12 pulgadas de ancho y 6 de largo. ¿Cuántas rocas caben en el estante?

5. Santiago tiene una tabla de 29 pulgadas de largo. Le corta un pedazo de 14 pulgadas. ¿Cuántos pedazos de 3 pulgadas puede hacer con lo que le queda?

6. Julia tiene un cuadro de 5 pulgadas de ancho y 7 de largo. Ella quiere montarlo y que se vean 2 pulgadas de papel coloreado alrededor del cuadro. ¿De qué tamaño debe cortar el papel coloreado?

7. Tomás tiene una tabla que mide 3 pies por cada lado. Quiere sacar 4 repisas de ella. Cada repisa debe medir 1 por 2 pies. ¿Las puede cortar de esta tabla?

8. La parada del bus está 945 pies a la derecha de la casa de Carolina. Kathy vive 1,817 pies a la derecha de Carolina. Steve vive 204 pies a la izquierda de la parada. ¿A qué distancia vive Steve de Kathy?

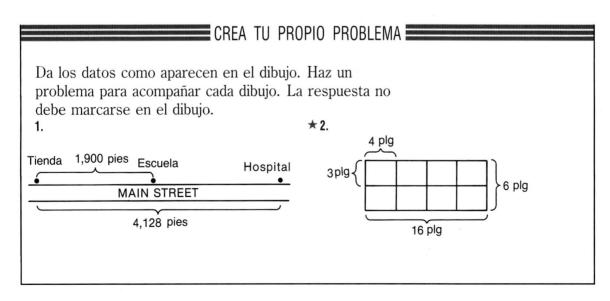

CREA TU PROPIO PROBLEMA

Da los datos como aparecen en el dibujo. Haz un problema para acompañar cada dibujo. La respuesta no debe marcarse en el dibujo.

1.

Tienda   1,900 pies   Escuela   Hospital

MAIN STREET

4,128 pies

★2.

4 plg

3plg

6 plg

16 plg

Ceros en el cociente

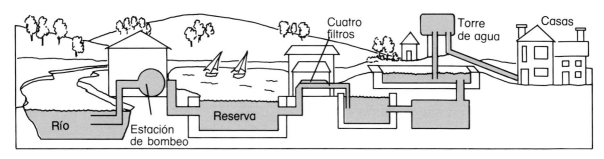

Se usan 4 filtros para limpiar el agua potable de 436 casas. ¿Para cuántas casas se usa cada uno de los filtros?

$436 \div 4 = n$

Paso 1
Decide dónde poner
el primer dígito
en el cociente.

$$4\overline{)436}$$ **Piensa** Suficientes centenas para dividir.

Paso 2
Divide.
Luego, multiplica.

$$\begin{array}{r} 1 \\ 4\overline{)436} \\ 4 \end{array}$$ **Piensa** $4\overline{)4}$

Paso 3
Resta y
compara.

$$\begin{array}{r} 1 \\ 4\overline{)436} \\ -4 \\ \hline 0 \end{array}$$ $0 < 4$

Paso 4
Baja las decenas.
Divide.

$$\begin{array}{r} 10 \\ 4\overline{)436} \\ -4\downarrow \\ \hline 03 \end{array}$$ **Piensa** $4\overline{)3}$ No hay suficientes decenas. Escribe 0 en el cociente.

Paso 5
Baja las unidades.
Divide. Luego, multiplica.

$$\begin{array}{r} 109 \\ 4\overline{)436} \\ -4\downarrow \\ \hline 036 \\ 36 \end{array}$$ **Piensa** $4\overline{)36}$

Paso 6
Resta y
compara.

$$\begin{array}{r} 109 \\ 4\overline{)436} \\ -4 \\ \hline 036 \\ -36 \\ \hline 0 \end{array}$$ $0 < 4$

Cada filtro sirve a 109 casas.

Trabajo en clase

Divide. Comprueba multiplicando.

1. $7\overline{)728}$
2. $5\overline{)402}$
3. $7\overline{)914}$
4. $8\overline{)165}$
5. $2\overline{)841}$

6. $819 \div 8$
7. $680 \div 4$
8. $919 \div 9$
9. $960 \div 3$
10. $717 \div 5$

Divide. Comprueba multiplicando.

1. 5)604   2. 6)624   3. 3)923   4. 2)96   5. 4)962

6. 9)847   7. 3)912   8. 4)883   9. 7)738   10. 6)722

11. 5)528   12. 9)749   13. 8)963   14. 4)921   15. 7)842

16. 541 ÷ 5   17. 903 ÷ 9   18. 603 ÷ 5   19. 626 ÷ 6   20. 181 ÷ 2

21. 122 ÷ 3   22. 619 ÷ 7   23. 817 ÷ 9   24. 216 ÷ 2   25. 537 ÷ 5

Completa. Sigue cada regla, si se da.

Regla: Divide por 3.

	Entrada	Salida
26.	137	
27.	621	
28.	592	

Regla: Divide por 6, luego suma 2.

	Entrada	Salida
29.	270	
30.	664	
31.	432	

Halla la regla.

	Entrada	Salida
★ 32.	64	9R1
	49	7
	58	8R2

33. Un acueducto tiene 121 millas de largo. Seis ciudades mantienen secciones iguales del acueducto. ¿Alrededor de cuántas millas mantiene cada ciudad?

★ 34. Cinco cañerías llevan 980 galones de agua por hora. Dos están cerradas por reparaciones. ¿Cuántos galones llevan las tres cañerías que quedan?

APLICACIÓN

LA CALCULADORA

Prueba esto con un amigo.

1. Entra los últimos 4 dígitos de tu teléfono.

2. Entra [×] [8] [=]

3. Entra [+] [12] [=]

4. Entra [÷] [4] [=]

5. Entra [−] [3] [=]

6. Entra [×] [5] [=]

7. Ignora el dígito de unidades. ¿Ves tu número de teléfono?

Dividir números mayores

Los veleros compiten en una pista de hielo de 5,280 pies. Hay 4 marcadores situados a la misma distancia. ¿Cuál es la distancia entre los marcadores?

$5,280 \div 4 = n$

Paso 1
Decide dónde poner el primer dígito en el cociente.

Paso 2
Divide. Luego, multiplica. Resta y compara. Baja. Continúa dividiendo.

```
  ⊔
4)5,280
```

```
   1,320
4)5,280
  -4 ↓
    1 2
  - 1 2 ↓
      08
    - 8 ↓
      00
```

La distancia entre cada uno de los marcadores es 1,320 pies.

▶ Para dividir usando la forma corta, multiplica y divide mentalmente cada paso. Escribe los residuos en el dividendo. Escribe el último residuo en el cociente.

Forma corta

```
   846 R1
7)5,923
  -5 6
     32
   -28
     43
   -42
      1
```

Paso 1
```
     8
7)5,9³23
```
$8 \times 7 = 56$
$59 - 56 = 3$

Paso 2
```
     8 4
7)5,9³2⁴3
```
$4 \times 7 = 28$
$32 - 28 = 4$

Paso 3
```
     8 4 6 R1
7)5,9³2⁴3
```
$6 \times 7 = 42$
$43 - 42 = 1$

TRABAJO EN CLASE

Divide. Usa la forma corta para 5–8.

1. $2)\overline{4,312}$

2. $5)\overline{7,628}$

3. $8)\overline{9,018}$

4. $7)\overline{12,355}$

5. $9,714 \div 7$

6. $26,952 \div 3$

7. $98,721 \div 9$

8. $72,830 \div 6$

Divide. Comprueba multiplicando.

1. $4\overline{)2,128}$ 2. $6\overline{)8,121}$ 3. $4\overline{)3,621}$ 4. $2\overline{)1,719}$

5. $7\overline{)8,009}$ 6. $5\overline{)42,136}$ 7. $3\overline{)16,587}$ 8. $4\overline{)72,316}$

9. $63,497 \div 5$ 10. $1,426 \div 2$ 11. $38,126 \div 4$ 12. $72,163 \div 3$

Divide usando la forma corta.

13. $7\overline{)4,126}$ 14. $5\overline{)3,177}$ 15. $9\overline{)8,513}$ 16. $2\overline{)7,014}$

17. $4\overline{)2,951}$ 18. $8\overline{)45,681}$ 19. $9\overline{)53,017}$ 20. $3\overline{)46,101}$

21. $93,785 \div 9$ 22. $3,469 \div 7$ 23. $60,470 \div 5$ 24. $26,010 \div 4$

Halla los números que faltan.

25. $n \div 3 = 308$ 26. $n \div 2 = 205$ 27. $n \div 8 = 58$ 28. $n \div 5 = 427$

29. $n \div 6 = 750$ 30. $n \div 4 = 301$ 31. $n \div 9 = 608$ 32. $n \div 7 = 117$

Divide. Usa la calculadora para comprobar.

33. $5\overline{)36,005}$ 34. $9\overline{)12,916}$ 35. $4\overline{)5,679}$

36. $8\overline{)7,082}$ 37. $7\overline{)81,765}$ 38. $2\overline{)1,148}$

Compara. Usa $>$, $<$ ó $=$ en lugar de ●.

★39. $612 \div 2$ ● $471 \div 3$

★40. $53,119 \div 6$ ● $7,986 \div 2$

★41. $67,001 \div 7$ ● $53,711 \div 6$

★42. $(4 \times 925) \div 3$ ● $(129 \times 19) \div 7$

★43. $1,456 \div 5$ ● $1,565 \div 4$

★44. $(6,840 \div 5) + 124$ ● $(26,622 \div 6) + 19$

APLICACIÓN

45. David y Juana viven a la misma distancia de la casa flotante pero en direcciones opuestas. Viven a 3,522 pies de distancia. ¿A qué distancia vive cada uno de la casa flotante? Haz un dibujo para mostrar tu respuesta.

★46. Un club de veleros sobre hielo imprimió 11,000 cartas anunciando una carrera. Mandaron 4,800 cartas por correo. Las demás fueron enviadas en cantidades iguales a tiendas de artículos deportivos. ¿Cuántas cartas recibió cada tienda?

Dividir dinero

Ocho niños del quinto grado pagaron un total de $39.60 para navegar río abajo por el Río Weekiwachee.

¿Cuánto costó cada boleto?

$39.60 ÷ 8 = n

Divide dinero de la misma manera que divides números enteros.

```
   $ 4.95
8)$39.60
  -32↓
    7 6
   -7 2
      40
     -40
       0
```

Acuérdate de escribir el signo de dólar y el punto decimal en el cociente.

Revisa
```
   $4.95
 ×     8
 $39.60
```

Cada boleto costó $4.95.

Más ejemplos

```
       $ .31
a. 6)$1.86
     -1 8↓
        06
       -6
        0
```

```
       $ 5.08
b. 9)$45.72
     -45 ↓↓
        0 72
       -72
         0
```

```
       $ 7.10
c. 4)$28.40
     -28 ↓
        0 4
       -4↓
         00
        - 0
          0
```

```
          $1 2. 7 5
d. 5)$6¹3.³7²5
```

Trabajo en clase

Divide. Comprueba multiplicando.

1. 4)$11.92   2. 3)$5.76   3. 6)$45.00   4. 5)$30.25

5. 8)$26.80   6. 7)$41.30   7. 4)$406.48   8. 9)$90.45

Divide usando la forma corta.

9. $56.40 ÷ 6   10. $3.85 ÷ 5   11. $97.56 ÷ 9   12. $392.12 ÷ 4

PRÁCTICA

Divide. Comprueba multiplicando.

1. $3\overline{)\$3.15}$ 2. $6\overline{)\$22.56}$ 3. $2\overline{)\$5.78}$ 4. $6\overline{)\$64.38}$

5. $7\overline{)\$85.75}$ 6. $2\overline{)\$65.16}$ 7. $4\overline{)\$84.32}$ 8. $3\overline{)\$42.15}$

9. $\$501.35 \div 5$ 10. $\$617.34 \div 2$ 11. $\$842.16 \div 4$ 12. $\$884.03 \div 7$

Divide usando la forma corta.

13. $5\overline{)\$2.20}$ 14. $6\overline{)\$9.84}$ 15. $8\overline{)\$10.72}$ 16. $5\overline{)\$84.75}$

17. $\$64.50 \div 3$ 18. $\$909.90 \div 9$ 19. $\$820.00 \div 4$ 20. $\$904.70 \div 2$

Halla cada número que falta.

21. $(\$2.44 \times 3) \div 6 = n$ ★22. $(\$79.84 \div 4) - n = \$4.12$

APLICACIÓN

¿Cuál es la mejor compra?

23. ¿Cuánto cuesta 1 rollo de la Marca A?

24. ¿Cuánto cuesta 1 rollo de la Marca B?

25. ¿Cuál cuesta menos, 1 rollo de Marca A o 1 rollo de Marca B?

26. El precio por unidad es el costo de 1 rollo de cada precio. Sabiendo el precio de cada unidad, puedes escoger la mejor compra. ¿Cuál es?

★27. ¿Cuál es la mejor compra en tarjetas postales?

MARCA A   MARCA B

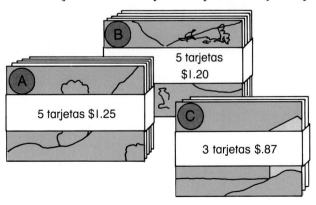

Promedios

Un naturalista, Tom Glenn, estudió cuánto tiempo le tomaba a los castores hacer represas en 5 ríos. Halla el promedio de días que les tomó completar una represa.

▶ Para hallar un promedio, suma para hallar la suma de los artículos. Luego, divide la suma por el número de artículos.

NÚMERO DE DÍAS PARA COMPLETAR REPRESA DE CASTOR	
Río	Número de días
Black River	38
Flat Brook	52
North Branch	28
Rocky Run	42
Willow Creek	35

Paso 1
Suma el número de días.

Paso 2
Divide por el número de represas.

```
   38              39 ← promedio
   52           5)195
   28            −15
   42             45
 +35            −45
  195             0
```

Los castores se demoraron un promedio de 39 días en completar una represa.

Otro ejemplo

Halla el promedio de $3.05, $1.26, $.83, y $3.18.

```
                 $2.08
  $3.05       4)$8.32
   1.26        − 8
    .83         0 32
 + 3.18        −  32
  $8.32            0
```

El promedio es $2.08.

Halla cada promedio.

1. 34, 21, 17

2. 27, 9, 36

3. 28, 34, 22, 26, 15

4. 6, 11, 13, 18

5. 20, 28, 37, 43

6. 72, 25, 63, 14, 57, 33

7. 56¢, 60¢, 62¢, 53¢, 64¢

8. $2.53, $.98, $6.75, $8.06

PRÁCTICA

Halla cada promedio.

1. 12, 6, 3
2. 17, 13, 15
3. 26, 22, 33, 35

4. 19¢, 30¢, 26¢
5. 76, 85, 86, 89
6. 6, 38, 43, 57

7. 54, 37, 26, 29, 39
8. 18¢, 29¢, 32¢, 25¢
9. 481, 396, 503

10. 961, 524, 817, 682
11. 86, 184, 577, 45
12. 49, 28, 74, 85, 9

13. 71¢, 36¢, 48¢, 40¢, 13¢, 26¢
14. 76¢, 21¢, 89¢, 26¢, 43¢

15. $1.42, $2.45, $1.89
16. $8.10, $10.07, $7.99, $5.32

Halla un número más que dará el promedio mostrado.

★ **17.** Promedio 20
   16, 19, 22, ?

★ **18.** Promedio 30
   26, 29, 32, 37, ?

★ **19.** Promedio 52
   46, 59, 42, 53, ?

APLICACIÓN

20. Tom Glenn compró un poncho por $19.50, una tienda de campaña por $85.00, una linterna por $23.15 y unos binoculares por $49.99. ¿Cuál fue el precio promedio de estos artículos?

★ 21. Tom observó a los castores durante 3, 4, 5 y 2 horas en días diferentes. ¿Cuánto debe observar en el quinto día para completar un promedio de 4 horas diarias?

ESTIMAR

Mira rápidamente cada uno de los problemas más abajo. A ver si puedes hallar los cocientes incorrectos sin hacer los problemas. Escribe *I* por cada respuesta incorrecta y corrige las respuestas incorrectas.

29	314 R6	9	16,007 R1	209 R2
1. 3)87	2. 5)1,076	3. 9)817	4. 2)32,015	5. 6)176
135 R1	8 R1	90	78	1,305 R2
6. 4)941	7. 3)25	8. 8)7,200	9. 2)156	10. 5)6.527

Problemas para resolver

REPASO DE DESTREZAS Y ESTRATEGIAS En canoa

Dos grupos hicieron un viaje en canoa por el río. La Sra. Benson organizó el viaje.

Resuelve los siguientes problemas.

1. ¿Cuántas canoas hay en la ilustración?

2. En cada una de las tiendas de la ilustración hay 3 personas. ¿Cuánta gente hay en total?

3. El viaje en canoa es de 26 kilómetros. Los excursionistas tienen que recorrer 9 kilómetros más. Todo el viaje toma 3 días. ¿Cuántos kilómetros han recorrido hasta ahora?

4. Un grupo acampa a 150 metros de la cascada. Otro grupo acampa 175 metros río arriba de la cascada. ¿A qué distancia están los dos grupos?

5. Éste es el plano que hizo la Sra. Benson cuando planeó el viaje.

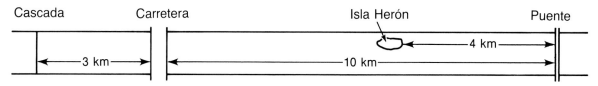

¿A qué distancia está la isla Herón de la cascada?

6. Hay 46 estudiantes en el primer grupo. Hay 62 estudiantes en el segundo grupo. ¿Cuál es el promedio de estudiantes en cada uno?

7. En una canoa caben 4 personas. Hay 59 personas. Aproximadamente ¿cuántas canoas se necesitan?

8. Cada estudiante de un viaje en canoa pagó $7 por provisiones. Hay $917 en total. ¿Cuántos estudiantes había en el grupo?

9. El año próximo, el costo de las provisiones va a subir a $8.00 por estudiante. Si van 144 estudiantes, ¿cuánto dinero hará falta?

Problemas para resolver

¿QUÉ PASARÍA SI . . . ?

Raúl puede remar en una canoa a una velocidad de 4 kilómetros por hora. María tiene una lancha a motor que va a 9 kilómetros por hora.

Resuelve los siguientes problemas.

1. ¿Qué distancia puede remar Raúl en 6 horas?

2. ¿Cuánto tiempo toma atravesar a remo un lago de 16 kilómetros de ancho?

3. ¿Cuánto tiempo le toma a María recorrer 72 kilómetros?

4. ¿Qué distancia puede viajar María en 7 horas?

5. ¿Quién llegará primero a una cascada que está a 10 kilómetros de distancia?

6. ¿A qué distancia estarían el uno del otro después de viajar 2 horas en la misma dirección?

¿Qué pasaría si Raúl pudiera remar dos veces más rápido?

7. ¿Qué distancia podría remar Raúl en 6 horas?

8. ¿Cuánto tiempo le tomaría ahora recorrer 16 kilómetros?

¿Qué pasaría si la lancha a motor de María fuera a 3 kilómetros menos por hora?

9. ¿Cuánto tiempo le tomaría recorrer 18 kilómetros?

10. ¿Qué distancia podría ella recorrer en 5 horas?

¿Qué pasaría si Raúl remara a 3 kilómetros por hora y María fuera a 5 kilómetros por hora?

★ 11. ¿Cuánto tiempo le tomaría a María recorrer la distancia que Raúl hace en 10 horas?

★ 12. ¿Cuánto tiempo le tomaría a Raúl recorrer la distancia que María hace en 3 horas?

Divide. Comprueba multiplicando. págs. 96–97

1. $72 \div 8$
   $720 \div 8$

2. $280 \div 4$
   $2,800 \div 4$

3. $18 \div 2$
   $180 \div 2$

4. $36 \div 6$
   $3,600 \div 6$

5. $2,500 \div 5$

6. $210 \div 3$

7. $8,100 \div 9$

8. $27,000 \div 3$

Divide. Comprueba multiplicando. págs. 98–105, 108–113

9. $2\overline{)17}$

10. $7\overline{)53}$

11. $6\overline{)71}$

12. $5\overline{)97}$

13. $3\overline{)65}$

14. $2\overline{)314}$

15. $4\overline{)70}$

16. $7\overline{)\$8.75}$

17. $5\overline{)744}$

18. $8\overline{)93}$

19. $9\overline{)675}$

20. $2\overline{)173}$

21. $4\overline{)832}$

22. $7\overline{)501}$

23. $5\overline{)546}$

24. $2\overline{)\$49.86}$

25. $6\overline{)7,230}$

26. $5\overline{)9,547}$

27. $9\overline{)7,289}$

28. $7\overline{)23,612}$

29. $3\overline{)43,017}$

30. $2\overline{)13,712}$

31. $5\overline{)9,871}$

32. $75 \div 8$

33. $56 \div 4$

34. $98 \div 3$

35. $625 \div 5$

36. $817 \div 6$

37. $489 \div 7$

38. $953 \div 9$

39. $8,570 \div 2$

Divide usando la forma corta. págs. 110–111

40. $9\overline{)16,225}$

41. $3\overline{)5,910}$

42. $7\overline{)6,142}$

43. $4\overline{)874}$

44. $924 \div 6$

45. $3,651 \div 2$

46. $6,870 \div 5$

47. $37,049 \div 4$

Halla cada promedio. págs. 114–115

48. 9, 5, 11, 7

49. 21, 29, 31

50. 15¢, 25¢, 20¢, 10¢, 30¢

51. 207, 674, 445

52. $5.76, $2.31, $6.19, $7.70

53. 6, 29, 51, 75, 84

Resuelve. págs. 106–107, 116–117

54. El costo total de un viaje por el río para 6 personas es de $43.50. ¿Cuánto fue el costo para cada persona?

55. Susana lleva su barco a través de un canal de 140 pies de largo. En el canal hay marcadores en cada punta y a cada 20 pies. ¿Cuántos hay? Haz un dibujo para mostrar tu respuesta.

Divide.

1. $560 \div 7$
2. $64{,}000 \div 8$
3. $800 \div 2$
4. $1{,}800 \div 6$

5. $3\overline{)49}$
6. $7\overline{)61}$
7. $2\overline{)143}$
8. $6\overline{)371}$

9. $8\overline{)2{,}145}$
10. $5\overline{)814}$
11. $3\overline{)110}$
12. $4\overline{)\$16.32}$

13. $9\overline{)910}$
14. $2\overline{)11{,}073}$
15. $6\overline{)6{,}060}$
16. $3\overline{)1{,}415}$

17. $\$6.95 \div 5$
18. $774 \div 3$
19. $79 \div 8$
20. $903 \div 4$

Divide usando la forma corta.

21. $8\overline{)523}$
22. $5\overline{)1{,}603}$
23. $4\overline{)205}$
24. $7\overline{)16{,}742}$

25. $82{,}674 \div 8$
26. $4{,}578 \div 7$
27. $5{,}301 \div 9$
28. $36{,}015 \div 4$

Halla cada promedio.

29. 176, 410, 674
30. 8, 17, 12, 11
31. $1.16, $3.26, $7.15, $8.91

Resuelve.

32. Los participantes en la carrera de canoas de 250 millas fueron divididos en equipos. Cada equipo remó 50 millas. ¿Cuántos equipos hicieron falta para recorrer toda la distancia? Haz un dibujo que muestre tu respuesta.

33. El *Delta Queen* tenía 175 personas a bordo para una excursión por el río. Había 5 guías para grupos iguales. ¿Cuánta gente había en cada grupo?

Un barco de turismo recorre 260 millas en 2 días. Hace 2 viajes de ida y vuelta cada día. ¿Cuántas millas tiene un viaje de ida y vuelta?

EL JUEGO DE LOS RESIDUOS

Éste es un juego de división para 2 ó 3 jugadores. Vas a necesitar:

- 2 juegos de tarjetas marcadas con los dígitos de 2 a 9

- cartulina para dibujar el tablero del juego

- plástico transparente para cubrir el tablero

- un plumón o marcador de color para cada jugador

- una pluma

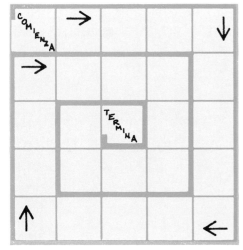

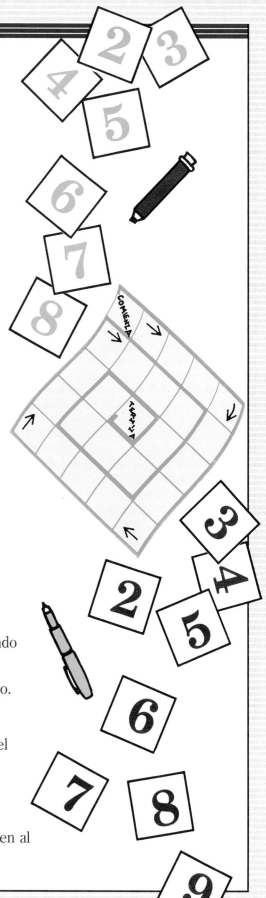

Reglas

1. Escribe un número de 3 ó 4 dígitos en cada cuadrado del tablero.

2. Mezcla las tarjetas con números y ponlas boca abajo.

3. Saca una tarjeta.

4. Divide el número en el cuadrado COMIENZA por el número en la tarjeta que te salió. Anota el residuo.

5. Mueve tu marcador el mismo número de espacios que te da el residuo.

6. Continúa jugando por turnos, hasta que todos lleguen al TERMINA.

DIVISIBILIDAD

Un número es **divisible** por otro número cuando el residuo es 0. El divisor entonces se llama **factor.**

Puedes usar la forma corta para averiguar si un número es divisible por cierto factor.

Tú sabes que un número es divisible

- **por 2** si el último dígito es 0, 2, 4, 6 u 8

- **por 5** si el último dígito es 0 ó 5

- **por 10** si el último dígito es 0

Tú sabes que un número es divisible

- **por 3** si la suma de sus dígitos es divisible por **3.**

  ¿Es 396 divisible por 3?
  3 + 9 + 6 = 18
  1 + 8 = 9
  9 es divisible por 3, por lo tanto
  396 es divisible por 3.

PEAJE

÷2   ÷5   ÷10   ÷3

95 250 12 44 50 1,500 63 106 60 80 1,953 1,208 25 100 198

Prueba cada número. ¿Es divisible por 2? ¿por 3? ¿por 5? ¿por 10?

1. 726

2. 345

3. 910

4. 861

5. 1,848

6. 9,246

7. 8,025

8. 5,364

Experimenta.

9. Escribe una regla de divisibilidad por 6. Usa las reglas de divisibilidad por 2 y 3. Muestra que la regla funciona.

10. Escribe una regla de divisibilidad por 9. Usa la regla de divisibilidad por 3 como modelo. Muestra que la regla funciona.

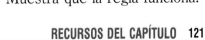

REPASO ACUMULATIVO

Escoge la respuesta correcta. Escribe A, B, C o D.

1. ¿Cuál es el número que falta:

14 − □ = 6

A 8   **C** 2

B 20   **D** no se da

2. ¿Qué propiedad se usa?

(3 × 2) × 4 = 3 × (2 × 4)

A orden   **C** cero

B agrupamiento   **D** no se da

3. ¿Qué dato se relaciona con 32 ÷ 4 = 8

A 32 − 4 = 28   **C** 8 × 4 = 32

B 2 × 4 = 8   **D** no se da

4. ¿Cuál es el valor de 3 en 4,623,198?

A 300   **C** 30,000

B 3,000   **D** no se da

5. ¿Qué es 60.000 + 5.000 + 30 + 2 en la forma usual?

A 60,532   **C** 65,032

B 65,302   **D** no se da

6. Compara. 185,271 ● 185,217

A =   **C** >

B <   **D** no se da

7. Redondea 437 a la decena más cercana.

A 440   **C** 430

B 400   **D** no se da

8. Estima. 695 + 380

A 900   **C** 1,100

B 1,000   **D** no se da

9. Estima. 6,731 − 891

A 5,000   **C** 6,000

B 7,000   **D** no se da

10. 841 + 215 + 857

A 2,768   **C** 1,931

B 1,913   **D** no se da

11. 10,898 + 29,617

A 40,515   **C** 39,515

B 40,505   **D** no se da

12. $638.10 + $567.50

A $1,105.60   **C** $1,205.60

B $1,195.60   **D** no se da

13. 16,000 − 15,587

A 413   **C** 1,013

B 1,413   **D** no se da

14. 74,213 − 59,486

A 15,727   **C** 15,699

B 14,727   **D** no se da

REPASO ACUMULATIVO

Escoge la respuesta correcta. Escribe A, B, C o D.

15. $8 \times 4,000$

A 3,200   C 32,000

B 320   D no se da

22. 306×709

A 216,954   C 4,896

B 24,174   D no se da

16. 3×467

A 1,281   C 1,201

B 1,401   D no se da

23. $23 \div 7$

A 3 R1   C 3

B 3 R2   D no se da

17. Estima. $6 \times 5,246$

A 30,000   C 31,458

B 30,600   D no se da

24. $65 \div 2$

A 32 R1   C 32

B 30 R1   D no se da

18. $9 \times \$5.30$

A $45.00   C $45.27

B $47.70   D no se da

25. $73 \div 4$

A 15 R1   C 18 R1

B 18   D no se da

19. ¿Cuál es el mcm de 4 y 5?

A 20   C 10

B 16   D no se da

26. $1,444 \div 7$

A 202 R2   C 207 R2

B 206 R2   D no se da

20. 38×427

A 15,226   C 16,226

B 4,697   D no se da

27. $\$37.12 \div 4$

A $9.28   C $9.03

B $9.50   D no se da

21. 125×367

A 2,936   C 22,845

B 45,875   D no se da

28. ¿Cuál es el promedio de 42, 65 y 25?

A 44   C 45

B 43   D no se da

Escoge la respuesta correcta. Escribe A, B, C o D.

Usa la ilustración para 29 y 30.

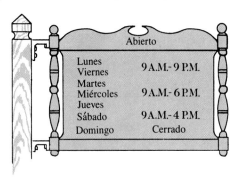

Abierto	
Lunes Viernes	9 A.M.- 9 P.M.
Martes Miércoles Jueves	9 A.M.- 6 P.M.
Sábado	9 A.M.- 4 P.M.
Domingo	Cerrado

29. ¿Cuántas horas más está abierta la tienda el martes que el sábado?

  A 8 horas   **C** 6 horas

  B 2 horas   **D** no se da

30. ¿Cuántas horas está abierta la tienda durante toda la semana?

  A 48 horas   **C** 45 horas

  B 56 horas   **D** no se da

Usa la tabla para 33 y 34.

FORMAS DE IR A LA ESCUELA	
	Número de estudiantes
Caminar	15
Autobús	30
Auto	5
Bicicleta	12

33. ¿Cuántos estudiantes caminan a la escuela?

  A 10   **C** 5

  B 15   **D** no se da

34. ¿Cuántos más son los estudiantes que toman el autobús que los que caminan?

  A 10   **C** 5

  B 15   **D** no se da

¿Qué dato no se necesita para resolver 31? Resuelve 32.

31. Manucho se levantó a las 7 de la mañana. Corrió 2 millas a la escuela y 1 a la piscina. ¿Cuántas corrió?

  A distancia a   **C** distancia a
     la escuela   la piscina

  B hora que se   **D** no se da
     levantó

32. Manucho corrió un total de

  A 9 millas   **C** 3 millas

  B 10 millas   **D** no se da

Escoge el mejor dibujo para ayudar a resolver el problema.

35. Sandra caminó 2 millas desde su casa a la escuela. 1 milla de la escuela a su lección de piano, y luego 2 millas de vuelta a la casa. ¿Qué distancia caminó?

A

B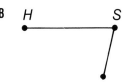

C 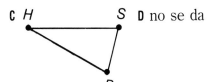   **D** no se da

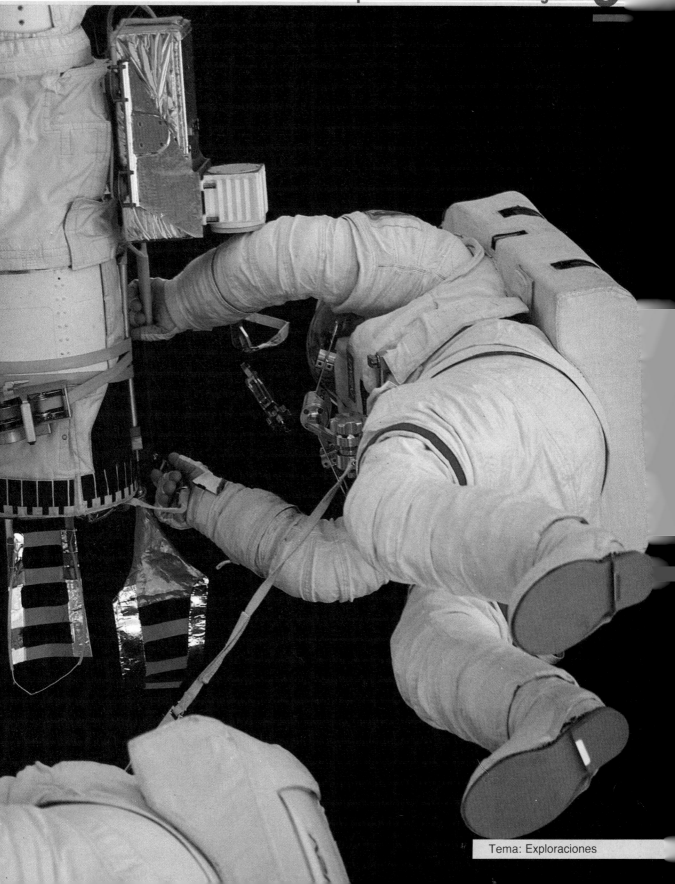

Tema: Exploraciones

Dividir por decenas

La Dra. Marks exploró Baja California buscando restos de antiguos indígenas. Tomó 64 fotos y las guardó en cajas. En cada caja cabían 20 fotos. ¿Cuántas cajas llenó? ¿Cuántas fotos quedaron?

$64 \div 20 = n$

Paso 1
Decide dónde poner el primer dígito en el cociente.

Paso 2
Divide. Luego, multiplica.

Paso 3
Resta y compara.

Comprueba

$$20\overline{)64}^{\,\llcorner}$$
Piensa
No hay suficientes decenas. Divide unidades.

$$20\overline{)64}^{\,3}$$
$$60$$
Piensa
$2\overline{)6}$

$$20\overline{)64}^{\,3\ R4}$$
$$-60$$
$$4 \qquad 4 < 20$$
Escribe el residuo en el cociente.

$$\begin{array}{r} 20 \\ \times\ 3 \\ \hline 60 \\ +\ 4 \\ \hline 64 \end{array}$$

La Dra. Marks llenó 3 cajas. Le quedaron 4 fotos.

Halla $387 \div 40$.

Decide dónde poner el primer dígito en el cociente.

Divide. Luego, multiplica.

Resta y compara.

$$40\overline{)387}^{\,\llcorner}$$
Piensa
No hay suficientes centenas o decenas. Divide unidades.

$$40\overline{)387}^{\,9}$$
$$360$$
Piensa
$40\overline{)387}$
$4\overline{)38}$

$$40\overline{)387}^{\,9\ R27}$$
$$-360$$
$$27 \qquad 27 < 40$$

TRABAJO EN CLASE

Divide. Comprueba multiplicando.

1. $20\overline{)37}$ 2. $30\overline{)90}$ 3. $80\overline{)184}$ 4. $70\overline{)280}$ 5. $40\overline{)175}$

6. $90\overline{)455}$ 7. $40\overline{)88}$ 8. $20\overline{)74}$ 9. $60\overline{)421}$ 10. $30\overline{)52}$

11. $243 \div 60$ 12. $412 \div 80$ 13. $375 \div 50$ 14. $581 \div 70$ 15. $468 \div 90$

PRÁCTICA

Divide. Comprueba multiplicando.

1. $40\overline{)96}$
2. $60\overline{)75}$
3. $20\overline{)80}$
4. $30\overline{)67}$
5. $50\overline{)72}$

6. $30\overline{)182}$
7. $60\overline{)545}$
8. $40\overline{)284}$
9. $90\overline{)181}$
10. $20\overline{)76}$

11. $80\overline{)402}$
12. $70\overline{)83}$
13. $30\overline{)286}$
14. $70\overline{)432}$
15. $90\overline{)810}$

16. $40\overline{)72}$
17. $60\overline{)540}$
18. $80\overline{)593}$
19. $60\overline{)316}$
20. $50\overline{)419}$

21. $70\overline{)617}$
22. $90\overline{)854}$
23. $50\overline{)306}$
24. $60\overline{)519}$
25. $30\overline{)238}$

26. $40\overline{)395}$
27. $80\overline{)568}$
28. $90\overline{)476}$
29. $80\overline{)692}$
30. $90\overline{)724}$

31. $450 \div 50$
32. $582 \div 70$
33. $644 \div 90$
34. $753 \div 80$
35. $340 \div 40$

36. $438 \div 60$
37. $275 \div 40$
38. $657 \div 80$
39. $610 \div 70$
40. $376 \div 90$

Escoge la respuesta correcta.

41. 276 dividido por 30
    a. 9   b. 90 R6   c. 9 R6

42. 403 dividido por 80
    a. 4 R83   b. 5 R3   c. 5 R32

Completa. Sigue la regla, si se da.

Regla: Divide por 30.

	Dividendo	Cociente	Residuo
43.	97		
44.	153		
45.	218		
46.	276		

★ 47. Halla la regla.

Dividendo	Cociente	Residuo
103	2	3
210	4	10
301	6	1
403	8	3

APLICACIÓN

48. Un grupo de exploradores fue al desierto por 10 días. Usaron 60 galones de agua. Si usaron la misma cantidad cada día, ¿cuántos galones usaron cada día?

★ 49. La Dra. Marks tomó 64 fotos. Raúl tomó 47 fotos. Cada rollo era de 20 exposiciones. ¿Cuántos rollos usaron? ¿Cuántas exposiciones quedaron?

Estimar cocientes

Charles Darwin exploró la fauna y la flora alrededor del mundo. En una isla, recogió 610 plantas y las empacó en 21 cajas. ¿Alrededor de cuántas plantas puso en cada caja?

$$610 \div 21 = n$$

▶ Para estimar el cociente, redondea el divisor a su posición mayor. Halla el primer dígito del cociente. Escribe ceros para las otras posiciones.

$21\overline{)610}$ se redondea a $20\overline{)610}$ $21\overline{)610}^{\,30}$ cociente estimado

Piensa

$20\overline{)610}$

$2\overline{)6}$

Puso alrededor de 30 plantas en cada caja.

Más ejemplos

a. $65\overline{)8{,}437} \rightarrow 70\overline{)8{,}437}$ $65\overline{)8{,}437}^{\,100}$

Piensa

$70\overline{)84}$

$7\overline{)8}$

b. $43\overline{)\$2{,}682} \rightarrow 40\overline{)\$2{,}682}$ $43\overline{)\$2{,}682}^{\,\$60}$

Piensa

$40\overline{)268}$

$4\overline{)26}$

Trabajo en clase

Estima cada cociente.

1. $28\overline{)83}$
2. $14\overline{)61}$
3. $48\overline{)327}$
4. $51\overline{)\$668}$
5. $63\overline{)450}$
6. $234 \div 19$
7. $\$1{,}531 \div 39$
8. $2{,}675 \div 52$
9. $3{,}426 \div 21$
10. $\$425 \div 78$

Estima cada cociente.

1. $32 \overline{)49}$ 2. $28 \overline{)63}$ 3. $29 \overline{)500}$ 4. $61 \overline{)244}$ 5. $23 \overline{)\$439}$

6. $19 \overline{)100}$ 7. $69 \overline{)720}$ 8. $17 \overline{)\$154}$ 9. $33 \overline{)925}$ 10. $39 \overline{)811}$

11. $70 \overline{)560}$ 12. $58 \overline{)2,413}$ 13. $81 \overline{)3,376}$ 14. $25 \overline{)\$6,816}$ 15. $80 \overline{)5,072}$

16. $34 \overline{)172}$ 17. $42 \overline{)89}$ 18. $53 \overline{)320}$ 19. $71 \overline{)645}$ 20. $11 \overline{)971}$

21. $18 \overline{)410}$ 22. $64 \overline{)710}$ 23. $82 \overline{)897}$ 24. $36 \overline{)835}$ 25. $24 \overline{)730}$

26. $447 \div 54$ 27. $\$8,361 \div 22$ 28. $382 \div 13$ 29. $2,144 \div 62$

30. $7,796 \div 31$ 31. $\$1,019 \div 12$ 32. $1,891 \div 61$ 33. $\$1,797 \div 84$

Estima. Luego, escoge la respuesta exacta.

★34. $32 \overline{)65}$
a. 2 R1
b. 20
c. 10

★35. $41 \overline{)164}$
a. 40
b. 4
c. 20

★36. $27 \overline{)920}$
a. 34 R2
b. 40
c. 3

★37. $19 \overline{)615}$
a. 32
b. 30
c. 32 R7

★38. $82 \overline{)9,840}$
a. 10
b. 12
c. 120

APLICACIÓN

39. El viaje de Darwin tomó 46 meses. ¿Alrededor de cuántos años tomó el viaje?

★40. Tres estudiantes juntaron rocas para un proyecto de ciencias. Cada uno recogió 40 rocas. Pusieron 18 rocas en cada una de las cajas de exhibición. ¿Alrededor de cuántas cajas usaron?

LA CALCULADORA

Las tres primeras respuestas parecen formar un patrón.
Fíjate si continúa.

$1 \times 8 + 1 = 9$
$12 \times 8 + 2 = 98$
$123 \times 8 + 3 = 987$
$1234 \times 8 + 4 = n$
$12345 \times 8 + 5 = n$

$123456 \times 8 + 6 = n$
$1234567 \times 8 + 7 = n$
$12345678 \times 8 + 8 = n$
$123456789 \times 8 + 9 = n$

Cocientes de un dígito

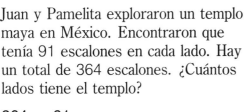

Juan y Pamelita exploraron un templo maya en México. Encontraron que tenía 91 escalones en cada lado. Hay un total de 364 escalones. ¿Cuántos lados tiene el templo?

$364 \div 91 = n$

Paso 1
Decide dónde poner el primer dígito en el cociente.

Paso 2
Redondea el divisor y estima.

Paso 3
Divide. Luego, multiplica. Resta y compara.

$$91\overline{)364}^{\sqcup}$$ **Piensa**
No hay suficientes centenas o decenas. Divide unidades.

$$\overset{90}{91\overline{)364}}{}^{\sqcup}$$ **Piensa**
90)364
9)36
Prueba 4.

$$\begin{array}{r} 4 \\ 91\overline{)364} \\ -364 \\ \hline 0 \end{array}$$ 0 < 91

El templo tiene 4 lados.

Halla $72 \div 21$.

Decide dónde poner el primer dígito.

Redondea el divisor y estima.

Divide. Luego, multiplica. Resta y compara.

$$21\overline{)72}^{\sqcup}$$ **Piensa**
No hay suficientes decenas. Divide unidades.

$$\overset{20}{21\overline{)72}}{}^{\sqcup}$$ **Piensa**
20)72
2)7
Prueba 3.

$$\begin{array}{r} 3 \text{ R9} \\ 21\overline{)72} \\ -63 \\ \hline 9 \end{array}$$ 9 < 21

TRABAJO EN CLASE

Divide. Comprueba multiplicando.

1. $21\overline{)86}$
2. $58\overline{)123}$
3. $44\overline{)226}$
4. $29\overline{)91}$
5. $31\overline{)68}$

6. $28\overline{)95}$
7. $19\overline{)83}$
8. $68\overline{)630}$
9. $81\overline{)495}$
10. $85\overline{)650}$

11. $194 \div 57$
12. $71 \div 23$
13. $189 \div 87$
14. $95 \div 37$
15. $376 \div 53$

PRÁCTICA

Divide. Comprueba multiplicando.

1. 44)276   2. 23)119   3. 41)375   4. 17)43   5. 62)189

6. 45)301   7. 58)186   8. 83)423   9. 52)218   10. 73)369

11. 38)245   12. 92)736   13. 63)578   14. 47)406   15. 22)179

16. 54)119   17. 28)155   18. 32)227   19. 64)332   20. 49)305

21. 67)425   22. 56)193   23. 48)372   24. 35)131   25. 72)580

26. 258 ÷ 42   27. 461 ÷ 51   28. 138 ÷ 33   29. 453 ÷ 69   30. 345 ÷ 77

31. 405 ÷ 81   32. 184 ÷ 27   33. 275 ÷ 78   34. 220 ÷ 39   35. 578 ÷ 68

Halla cada dígito que falta.

```
            6 R■                        4 R4■                    ■ R■■
★ 36. ■4)2■8              ★ 37. ■8)■16                 ★ 38. ■2)4 9 ■
     −■■4                       −■7■                         −■■8
        4                          4■                           27
```

APLICACIÓN

39. Había 115 personas esperando los autobuses de paseo. En cada autobús cabían 55 personas. ¿Cuántos autobuses llenaron? ¿Cuánta gente esperó otro autobús?

★ 40. Dos autobuses de paseo se fueron del templo y viajaron en direcciones opuestas. Un autobús viajó 12 millas. Después de una parada, el autobús continuó otras 6 millas. El otro autobús viajó 16 millas y paró en el Museo Maya. ¿A qué distancia quedaron los autobuses? Haz un dibujo para mostrar tu respuesta.

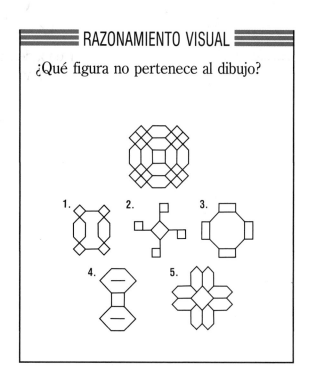

RAZONAMIENTO VISUAL

¿Qué figura no pertenece al dibujo?

Cambiar estimados del cociente

El Club de Exploradores de Cavernas repartió equitativamente 120 sándwiches entre 44 personas. ¿Cuántos sándwiches enteros recibió cada persona?

$$120 \div 44 = n$$

A veces, el primer estimado es demasiado alto.

Paso 1 Decide dónde poner el primer dígito.	Paso 2 Redondea el divisor y estima.	Paso 3 Divide. Cambia el estimado.	Paso 4 Divide. Luego, multiplica. Resta y compara.

$$44\overline{)120}^{\;\sqcup}$$

Piensa
No hay suficientes centenas o decenas. Divide las unidades.

$$\overset{40}{44\overline{)120}}^{\;\sqcup}$$

Piensa
$40\overline{)120}$
$4\overline{)12}$
Prueba 3.

$$\overset{3}{44\overline{)120}}$$
$$-132$$

$132 > 120$
3 es demasiado.
Prueba 2.

$$\overset{2\;R32}{44\overline{)120}}$$
$$-88$$
$$\overline{32}$$

$32 < 44$

Cada persona recibió 2 sándwiches enteros.

Halla $178 \div 29$.

A veces el primer estimado no es suficiente.

Paso 1 Decide dónde poner el primer dígito.	Paso 2 Redondea el divisor y estima.	Paso 3 Divide. Cambia el estimado.	Paso 4 Divide. Luego multiplica. Resta y compara.

$$29\overline{)178}^{\;\sqcup}$$

Piensa
Divide las unidades.

$$\overset{30}{29\overline{)178}}^{\;\sqcup}$$

Piensa
$30\overline{)178}$
$3\overline{)17}$
Prueba 5.

$$\overset{5}{29\overline{)178}}$$
$$-145$$
$$\overline{33}$$

$33 > 29$
5 no es suficiente.
Prueba 6.

$$\overset{6\;R4}{29\overline{)178}}$$
$$-174$$
$$\overline{4}$$

$4 < 29$

TRABAJO EN CLASE

Divide.

1. $32\overline{)91}$ 2. $37\overline{)78}$ 3. $31\overline{)154}$ 4. $85\overline{)694}$ 5. $22\overline{)163}$ 6. $36\overline{)278}$

7. $81 \div 25$ 8. $98 \div 34$ 9. $79 \div 19$ 10. $295 \div 58$ 11. $483 \div 54$

Divide.

1. $19\overline{)59}$ 2. $34\overline{)97}$ 3. $43\overline{)82}$ 4. $28\overline{)86}$ 5. $24\overline{)94}$

6. $51\overline{)302}$ 7. $82\overline{)250}$ 8. $17\overline{)56}$ 9. $55\overline{)446}$ 10. $66\overline{)206}$

11. $27\overline{)84}$ 12. $46\overline{)236}$ 13. $78\overline{)239}$ 14. $23\overline{)83}$ 15. $14\overline{)52}$

16. $57\overline{)237}$ 17. $32\overline{)281}$ 18. $38\overline{)308}$ 19. $94\overline{)279}$ 20. $61\overline{)543}$

21. $23\overline{)189}$ 22. $24\overline{)168}$ 23. $86\overline{)352}$ 24. $82\overline{)570}$ 25. $18\overline{)178}$

26. $487 \div 62$ 27. $211 \div 73$ 28. $564 \div 64$ 29. $99 \div 48$ 30. $179 \div 29$

31. $108 \div 26$ 32. $590 \div 65$ 33. $248 \div 32$ 34. $631 \div 76$ 35. $456 \div 54$

Halla cada número que falta.

36. $n \div 37 = 2$ R1   37. $n \div 19 = 5$ R3   38. $n \div 58 = 7$ R2

Escribe _verdadero_ o _falso_ para cada uno.

★ 39. $315 \div 25 > 10$ ★ 40. $78 \div 15 < 5$ ★ 41. $460 \div 20 = 23$

APLICACIÓN

42. Una exploradora con experiencia caminó las 80 millas de la caverna Flint Ridge. Caminó alrededor de 20 millas cada día. ¿Aproximadamente cuántos días caminó?

★ 43. El Club de Exploradores de Cavernas hizo un viaje de fin de semana. El costo total de hotel fue de $1,218. El costo total de la comida y los provisiones fue de $2,378. Había 58 personas. ¿Cuánto fue el costo total del viaje por persona?

ESTIMAR

Estima cada cociente. Luego, usa tu estimado para escoger un cociente exacto del cuadro. Comprueba tus respuestas con la calculadora.

1. $1,167 \div 32$ 2. $824 \div 51$

3. $1,995 \div 29$ 4. $761 \div 24$

5. $1,953 \div 89$ 6. $174 \div 42$

31 R17	4 R6
21 R84	70 R23
36 R15	68 R23
3 R7	16 R8

Problemas para resolver

ADIVINA Y COMPRUEBA

Un buen plan para resolver algunos problemas es adivinar una respuesta. Luego, comprobar si sirve.

Un explorador en Alaska tiene 300 litros de combustible en su campamento. Necesita 45 litros para volver a la ciudad en jeep. Gasta 36 litros por día para cocinar y calentar la cabaña. ¿Cuánto tiempo se puede quedar antes de volver a la ciudad?

PIENSA **¿Cuál es la pregunta?**

¿Cuántos días se puede quedar?

¿Cuáles son los datos?

Tiene 300 litros y gasta 36 litros diarios.
Necesita 45 litros para regresar.

PLANEA **¿Cómo se puede hallar la respuesta?**

Adivina un número de días. Multiplícalo por 36. Resta ese producto de 300.
Le deben quedar por lo menos 45 litros.
Si no, adivina otra vez.

RESUELVE

Primera suposición	**Segunda suposición**
8 días	7 días
36 × 8 = 288 litros gastados.	36 × 7 = 252 litros gastados.
300 − 288 = quedan 12 litros.	300 − 252 = quedan 48 litros.
12 litros no son suficientes.	Necesita 45 litros.
8 días es demasiado tiempo.	Se puede quedar 7 días.

REVISA **¿Contestaste la pregunta? ¿Hiciste bien la cuenta?**
¿Tiene sentido tu respuesta?

Comprueba la aritmética de cada suposición. Puede quedarse 7 días. La respuesta es correcta.

PRÁCTICA

Adivina el número que falta en cada uno. Comprueba para ver si ese número es correcto.

1. $16 = \square \times \square$

2. $12 - \triangle = 6 + \triangle$

Resuelve estos problemas usando adivina y comprueba.

3. Las manzanas cuestan 25¢ cada una. Kim empezó con $1.95. Después de comprar algunas manzanas le quedaron 20¢. ¿Cuántas manzanas compró?

4. Dan compró el mismo número de sándwiches y bebidas. Cada sándwich le costó $2, cada bebida le costó $1. Gastó $6 dólares en total. ¿Cuántos sándwiches compró?

5. Celia y Mario tenían algunas tarjetas de béisbol. Juntos tenían 11. Celia tenía 3 más que Mario. ¿Cuántas tenía Celia?

6. Ana tuvo que vender 25 entradas. Tenía 9 entradas más para niños que para adultos. ¿Cuántas entradas para adultos tenía?

7. Yolanda tiene el mismo número de canicas que Ángela. Cada bolsa tiene el mismo número de canicas. ¿Cuántas hay en cada bolsa? Usa la ilustración para resolverlo.

8. Una botella y un corcho cuestan $1.00. La botella cuesta 90¢ más que el corcho. ¿Cuánto cuesta el corcho?

★9. En un saco había 522 nueces. Bárbara y sus hermanas se las dividieron. Cada una tomó 130 nueces. Les dieron 2 a las ardillas. ¿Cuántas niñas compartieron las nueces?

CREA TU PROPIO PROBLEMA

Celia y Mario juntos tenían 11 tarjetas de béisbol. Mario tenía _____ más que Celia. ¿Cuántas tenía Mario?

Crea tantos problemas como puedas poniendo un número en el espacio en blanco. Cambia el número. Todos los problemas deben tener una respuesta.

Cocientes de dos dígitos

Los vikingos, en sus viajes por mar, comían pescado seco.
Habían 746 pescados para 32 vikingos. ¿Cuántos pescados había
para cada vikingo? ¿Cuántos pescados sobraban?

746 ÷ 32 = n

Paso 1
Decide dónde poner
el primer dígito.

$32\overline{)746}$ **Piensa**
 No hay suficientes
 centenas. Divide
 decenas.

Paso 2
Redondea el divisor
y estima.

30
$32\overline{)746}$ **Piensa**
 $30\overline{)746}$
 $3\overline{)7}$
 Prueba 2.

Paso 3
Divide. Luego, multiplica.
Resta y compara.

$$\begin{array}{r} 2 \\ 32\overline{)746} \\ -64 \\ \hline 10 \end{array}$$ 10 < 32

Paso 4
Baja.
Repite los pasos.

$$\begin{array}{r} 23 \text{ R}10 \\ 32\overline{)746} \\ -64\downarrow \\ \hline 106 \\ -96 \\ \hline 10 \end{array}$$ **Piensa**
 $30\overline{)106}$
 $3\overline{)10}$
 Prueba 3.

Comprueba

$$\begin{array}{r} 23 \\ \times 32 \\ \hline 46 \\ 690 \\ \hline 736 \\ +\ 10 \\ \hline 746 \end{array}$$

Había 23 pescados para cada vikingo.
Sobraban 10 pescados.

TRABAJO EN CLASE

Divide. Comprueba multiplicando.

1. $23\overline{)486}$ 2. $34\overline{)853}$ 3. $52\overline{)945}$ 4. $24\overline{)519}$ 5. $42\overline{)642}$

6. 903 ÷ 75   7. 898 ÷ 69   8. 529 ÷ 44   9. 910 ÷ 82   10. 769 ÷ 32

Divide.

1. $35\overline{)738}$ 2. $27\overline{)597}$ 3. $51\overline{)628}$ 4. $22\overline{)311}$ 5. $40\overline{)640}$

6. $53\overline{)797}$ 7. $38\overline{)878}$ 8. $72\overline{)793}$ 9. $83\overline{)917}$ 10. $21\overline{)739}$

11. $57\overline{)807}$ 12. $25\overline{)329}$ 13. $67\overline{)810}$ 14. $36\overline{)513}$ 15. $43\overline{)605}$

16. $47\overline{)534}$ 17. $41\overline{)665}$ 18. $58\overline{)815}$ 19. $78\overline{)936}$ 20. $39\overline{)860}$

21. $30\overline{)964}$ 22. $17\overline{)753}$ 23. $68\overline{)825}$ 24. $33\overline{)796}$ 25. $54\overline{)817}$

26. $48\overline{)723}$ 27. $28\overline{)402}$ 28. $40\overline{)524}$ 29. $62\overline{)750}$ 30. $49\overline{)542}$

31. $558 \div 46$ 32. $409 \div 31$ 33. $885 \div 26$ 34. $629 \div 19$ 35. $609 \div 29$

36. $856 \div 71$ 37. $775 \div 55$ 38. $824 \div 63$ 39. $847 \div 56$ 40. $725 \div 45$

41. $375 \div 25$ 42. $259 \div 16$ 43. $547 \div 21$ 44. $792 \div 37$ 45. $914 \div 52$

46. $638 \div 54$ 47. $611 \div 47$ 48. $434 \div 14$ 49. $346 \div 12$ 50. $823 \div 65$

Compara. Usa >, < ó = en lugar de ●.

51. $114 \div 26$ ● $234 \div 41$ 52. $404 \div 52$ ● $389 \div 35$

★ 53. $275 \div 15$ ● $285 \div 14$ ★ 54. $758 \div 38$ ● $187 \div 12$

★ 55. $809 \div 23$ ● $922 \div 44$ ★ 56. $893 \div 72$ ● $869 \div 63$

APLICACIÓN

57. Leif Ericson navegó 825 millas en 15 días. ¿Qué promedio de millas recorrió su barco por día?

★ 58. En Vinland, los vikingos cortaron troncos para llevarlos a Groenlandia. Cargaban los troncos en 12 barcos. Un barco llevaba 2 troncos más que cada uno de los otros barcos. Llevaba 17 troncos. ¿Cuántos troncos cortaron?

Dividir números mayores

Los biólogos exploran el mar para encontrar mejores formas de producir comida. Un pequeño vivero puede producir 3,924 libras de pescado al año. ¿Cuántas libras de pescado se pueden producir al mes?

$3,924 \div 12 = n$

Paso 1
Decide dónde poner el primer dígito.

Paso 2
Redondea el divisor y estima.

Paso 3
Divide. Luego, multiplica. Resta y compara.

$$12\overline{)3,924}$$

Piensa
No hay suficientes millares. Divide centenas.

$$12\overline{)3,924}$$

Piensa
$10\overline{)39}$
$1\overline{)3}$
Prueba 3.

$$\begin{array}{r} 3 \\ 12\overline{)3,924} \\ -36 \\ \hline 3 \end{array}$$
$3 < 12$

Paso 4
Baja. Repite los pasos.

Paso 5
Baja. Repite los pasos.

$$\begin{array}{r} 32 \\ 12\overline{)3,924} \\ -36\downarrow \\ \hline 32 \\ -24 \\ \hline 8 \end{array}$$

Piensa
$10\overline{)32}$
Prueba 3.
Prueba 2.

$$\begin{array}{r} 327 \\ 12\overline{)3,924} \\ -36 \\ \hline 32 \\ -24\downarrow \\ \hline 84 \\ -84 \\ \hline 0 \end{array}$$

Piensa
$10\overline{)84}$
Prueba 8.
Prueba 7.

Un vivero puede producir 327 libras de pescado por mes.

TRABAJO EN CLASE

Divide.

1. $34\overline{)3,264}$

2. $93\overline{)4,956}$

3. $78\overline{)5,226}$

4. $57\overline{)4,276}$

5. $44,225 \div 61$

6. $32,468 \div 43$

7. $37,251 \div 21$

8. $68,112 \div 36$

Divide.

1. $70)\overline{5,081}$

2. $51)\overline{4,233}$

3. $39)\overline{2,654}$

4. $25)\overline{5,906}$

5. $52)\overline{6,348}$

6. $22)\overline{4,361}$

7. $43)\overline{9,289}$

8. $62)\overline{3,038}$

9. $34)\overline{1,519}$

10. $27)\overline{8,455}$

11. $19)\overline{9,939}$

12. $54)\overline{6,805}$

13. $15)\overline{5,281}$

14. $64)\overline{2,708}$

15. $81)\overline{9,967}$

16. $37)\overline{7,928}$

17. $82)\overline{30,520}$

18. $37)\overline{21,329}$

19. $60)\overline{12,840}$

20. $48)\overline{15,270}$

21. $38)\overline{35,467}$

22. $16)\overline{35,140}$

23. $18)\overline{56,234}$

24. $59)\overline{18,349}$

25. $11,772 \div 17$

26. $17,496 \div 91$

27. $11,503 \div 53$

28. $14,436 \div 44$

29. $19,875 \div 92$

30. $16,645 \div 76$

31. $37,080 \div 23$

32. $47,156 \div 28$

33. $27,863 \div 21$

34. $97,416 \div 41$

35. $91,001 \div 56$

36. $82,504 \div 71$

★ 37. $1,705 \div (5 \times 15)$

★ 38. $40,425 \div (7 \times 7)$

★ 39. $18,342 \div (4 \times 16)$

Usa los mismos datos para escribir un problema de división en cada caso.

40.
```
    28
  × 15
   140
    28
   420
```

41.
```
    44
  × 23
   132
    88
 1,012
    +8
 1,020
```

42.
```
   218
  × 40
 8,720
  +30
 8,750
```

43.
```
   487
  × 14
  1948
   487
 6,818
    +7
 6,825
```

APLICACIÓN

44. Los chinos pescan 19,150 toneladas de pescado cada día. Un vagón de tren puede acarrear 50 toneladas de pescado. ¿Cuántos vagones se pueden llenar en un día?

45. Dos barcos pesqueros reunieron 85 libras de pescado entre los dos. El primer barco trajo 15 libras más que el segundo. ¿Cuántas libras trajo el segundo barco?

★ 46. Un atún de aletas negras pesa alrededor de 25 libras. Un barco pescó 35,750 libras en 10 días. ¿Qué promedio de atunes pescaron por día?

★ 47. Un vivero cultivó 752 libras, 875 libras y 1,250 libras de mejillones en 3 semanas. ¿Cuál es el promedio de libras por día?

Ceros en el cociente

Estos geólogos exploran el suelo marítimo para encontrar petróleo. Durante 21 días perforaron 2,268 pies. ¿Qué promedio de pies perforaron por día?

$$2,268 \div 21 = n$$

Paso 1
Decide dónde poner el primer dígito.

Paso 2
Redondea el divisor y estima.

Paso 3
Divide. Luego multiplica. Resta y compara.

$$21\overline{)2,268}$$ **Piensa**
No hay suficientes millares.
Divide centenas.

$$20$$
$$21\overline{)2,268}$$ **Piensa**
$$20\overline{)22}$$
$$2\overline{)2}$$
Prueba 1.

$$1$$
$$21\overline{)2,268}$$
$$-21$$
$$1$$ $1 < 21$

Paso 4
Baja.
Repite los pasos.

Paso 5
Baja.
Repite los pasos.

Comprueba

$$20$$
$$10$$
$$21\overline{)2,268}$$ **Piensa**
$$-21\downarrow$$
$$16$$
$$20\overline{)16}$$
No hay suficientes decenas.
Escribe 0 en el cociente.

$$20$$
$$108$$
$$21\overline{)2,268}$$ **Piensa**
$$-21\downarrow$$
$$168$$
$$-168$$
$$0$$
$$20\overline{)168}$$
$$2\overline{)16}$$
Prueba 8.

$$108$$
$$\times\ 21$$
$$108$$
$$2160$$
$$2,268$$

Perforaron un promedio de 108 pies por día.

TRABAJO EN CLASE

Divide. Comprueba multiplicando.

1. $15\overline{)164}$
2. $43\overline{)4,392}$
3. $62\overline{)18,623}$
4. $38\overline{)19,228}$

5. $11,243 \div 54$
6. $80,526 \div 61$
7. $27,325 \div 25$
8. $68,511 \div 17$

PRÁCTICA

Divide. Comprueba multiplicando.

1. 21)856   2. 52)5,418   3. 65)3,281   4. 56)3,946   5. 43)8,816

6. 92)8,321   7. 26)1,834   8. 75)8,250   9. 22)1,773   10. 35)7,070

11. 19)3,958   12. 90)8,573   13. 81)8,865   14. 52)5,538   15. 67)6,835

16. 92)9,562   17. 68)3,421   18. 46)5,023   19. 88)8,873   20. 39)7,919

21. 15,631 ÷ 78   22. 4,038 ÷ 38   23. 21,362 ÷ 52   24. 14,237 ÷ 71

25. 33,296 ÷ 52   26. 11,104 ÷ 22   27. 55,468 ÷ 79   28. 21,953 ÷ 31

Completa. Sigue la regla.

Regla: Divide por 73;
suma 47.

	Entrada	Salida
29.	5,840	
30.	7,519	
31.	22,484	
32.	15,111	

Regla: Divide por 45;
resta 13.

	Entrada	Salida
33.	13,590	
34.	27,045	
35.	5,625	
36.	22,500	

Regla: Divide por 37;
multiplica por 6.

	Entrada	Salida
★ 37.	38,036	
★ 38.	22,348	
★ 39.	31,783	
★ 40.	9,900	

APLICACIÓN

41. El Bloque 280 es la plataforma petrolera más pequeña. ¿Cuántos barriles promedio produce por día cada uno de sus pozos?

★ 42. ¿Cuál es el promedio de barriles diarios producido por cada pozo en Hutton? ¿Magnus? ¿Statfjord B? ¿Qué plataforma tiene el promedio diario más alto por pozo?

PRODUCCIÓN DE PETRÓLEO		
Plataformas petroleras fuera de la costa	Barriles por día	Número de pozos
Bloque 280	24,998	58
Hutton	110,016	24
Magnus	120,000	15
Statfjord B	150,016	32

=== RAZONAMIENTO LÓGICO ===

Soy un número de 2 dígitos. Mi dígito de decenas es la mitad de mi dígito de unidades. La suma de mis dígitos es mayor que diez. ¿Cómo me llamo?

Factores

Los exploradores del espacio llevan comida empacada en porciones individuales. Los 12 envases de fruta pueden ser empacados de 3 maneras.

$1 \times 12 = 12$
$12 \times 1 = 12$

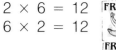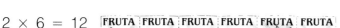

$2 \times 6 = 12$
$6 \times 2 = 12$

$3 \times 4 = 12$
$4 \times 3 = 12$

Los factores de 12 son 1, 2, 3, 4, 6 y 12.

▶Los **factores** son números que se multiplican para dar un producto.

Los factores siempre ocurren en pares.

Los factores de un número dividen a ese número sin dejar un residuo.

$$1\overline{)12}\;\;\frac{12}{}\quad 12\overline{)12}\;\;\frac{1}{}\quad 2\overline{)12}\;\;\frac{6}{}\quad 6\overline{)12}\;\;\frac{2}{}\quad 3\overline{)12}\;\;\frac{4}{}\quad 4\overline{)12}\;\;\frac{3}{}$$

▶Los **factores o divisores comunes** de dos o más números son factores que son iguales para cada uno.

Factores de 12:   1, 12   2, 6   3, 4
Factores de 18:   1, 18   2, 9   3, 6
Factores comunes de 12 y 18: 1, 2, 3, 6

▶El **máximo común divisor (MCD)** de dos o más números es el número mayor que es factor de cada uno.

El MCD de 12 y 18 es 6.

TRABAJO EN CLASE

Haz una lista de los factores de cada número.

1. 7   **2.** 9   **3.** 20   **4.** 16   **5.** 10   **6.** 24

Halla los factores comunes y el MCD.

7. 4 y 16   **8.** 15 y 30   **9.** 12 y 27   **10.** 6 y 8   **11.** 6 y 10

PRÁCTICA

Haz una lista de los factores de cada número.

1. 3   2. 14   3. 15   4. 6   5. 48

6. 8   7. 36   8. 54   9. 60   10. 13

Halla los factores comunes.

11. 6 y 21   12. 15 y 24   13. 10 y 15

14. 24 y 36   15. 18 y 27   16. 72 y 24

★ 17. 27, 45 y 63   ★ 18. 36, 48 y 72

Halla el MCD.

19. 15 y 20   20. 10 y 40   21. 18 y 36

22. 6 y 8   23. 24 y 40   24. 25 y 100

★ 25. 5, 20 y 40   ★ 26. 6, 12 y 24   ★ 27. 8, 16 y 36

APLICACIÓN

28. ¿De cuántas maneras se pueden empacar 16 sándwiches siguiendo estas reglas? Cada paquete debe contener el mismo número de sándwiches. Ningún paquete puede contener menos de 2 ni más de 6.

★ 29. La siguiente comida fue empacada para un viaje espacial: 6 paquetes de queso, 12 paquetes de fruta, 18 paquetes de pan. Cada caja contenía la misma cantidad y por lo menos 2 paquetes de cada comida. Halla 3 maneras de empacar la comida.

═ LA CALCULADORA ═

Multiplica 37 por los múltiplos de 3 hasta el 27. ¿Cuál es el patrón?

$3 \times 37 = n$	$12 \times 37 = n$	$21 \times 37 = n$
$6 \times 37 = n$	$15 \times 37 = n$	$24 \times 37 = n$
$9 \times 37 = n$	$18 \times 37 = n$	$27 \times 37 = n$

Práctica mixta

1. $\begin{array}{r} 7,426 \\ -5,869 \\ \hline \end{array}$

2. $\begin{array}{r} 734 \\ \times\quad 8 \\ \hline \end{array}$

3. $3,154 \div 8$

4. $\begin{array}{r} 37 \\ \times 26 \\ \hline \end{array}$

5. 31×478

6. $\begin{array}{r} 17,095 \\ \times\qquad 7 \\ \hline \end{array}$

7. $\begin{array}{r} 234 \\ \times\ 59 \\ \hline \end{array}$

8. $568 + 89,256$

9. $\begin{array}{r} 325 \\ \times\ 18 \\ \hline \end{array}$

10. $\begin{array}{r} 4,198 \\ \times\ 476 \\ \hline \end{array}$

11. $365.49 - 7.95$

Compara. Usa $>$, $<$ ó $=$ en lugar de ●.

12. 769 ● 7,609

13. 12,001 ● 1,201

14. 748 ● 948

15. 2,934 ● 2,934

16. 1,519 ● 1,529

Números primos y compuestos

Los científicos transmiten por radio números primos hacia el espacio. Ellos esperan que algún ser distante los reconozca como números primos y nos transmita una respuesta.

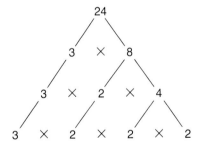

▶ Un número primo tiene exactamente dos factores. Los factores son él mismo y 1.

1×5 $5 \times 1 = 5$

5 tiene 2 factores. 5 es un número primo.

▶ Un número compuesto tiene más de 2 factores.

1×8 $2 \times 4 = 8$

8 tiene 4 factores: 1, 2, 4 y 8. 8 es un número compuesto.

▶ El número 1 tiene sólo 1 factor. No es ni primo ni compuesto.

▶ Un número compuesto es el producto de factores primos. Un árbol de factores muestra los factores primos de un número.

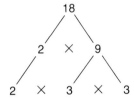

```
      6
     / \
    2 × 3
```

```
       18
      /  \
     2 × 9
        / \
   2 × 3 × 3
```

```
          24
         /  \
        3 × 8
           / \
     3 × 2 × 4
              / \
   3 × 2 × 2 × 2
```

Trabajo en clase

Haz una lista de todos los factores de cada número. Luego, di si el número es primo o compuesto.

1. 24   **2.** 54   **3.** 13   **4.** 60   **5.** 42

Completa cada árbol de factores.

6.
```
    17
   /  \
  □ × □
```

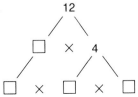

7.
```
       12
      /  \
     □ × 4
        / \
   □ × □ × □
```

8.
```
    15
   /  \
  □ × □
```

9.
```
        28
       /  \
      □ × □
         / \
   □ × □ × □
```

PRÁCTICA

Haz una lista de todos los factores de cada número.
Luego, di si el número es primo o compuesto.

1. 22   2. 20   3. 38   4. 43   5. 47

6. 66   7. 73   8. 69   9. 59   10. 63

Completa cada árbol de factores.

11. 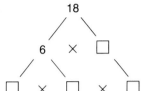 12. 13. 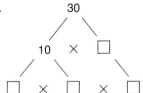 14.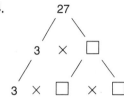

15. Haz una lista de los números primos de 0 a 10.

16. Haz una lista de los números compuestos de 0 a 10.

Di si cada número es primo o compuesto.
(Dato: Usa los números primos de 2 a 31 como divisores.)

17. 273   18. 131   ★ 19. 547   ★ 20. 1,001

APLICACIÓN

Une cada número con sus factores primos.
Las letras van a deletrear un mensaje.

21. 45   22. 81   23. 75   24. 32

___   ___   ___   ___

25. 49   26. 150   27. 66   28. 120

___   ___   ___   ___

O $2 \times 2 \times 2 \times 3 \times 5$ E $3 \times 5 \times 5$

N $2 \times 2 \times 2 \times 2 \times 2$ B $3 \times 3 \times 5$

A $2 \times 3 \times 5 \times 5$ T $2 \times 3 \times 11$

U $3 \times 3 \times 3 \times 3$ D 7×7

HISTORIA DE LAS MATEMÁTICAS

Eratóstenes inventó esta manera de hallar los números primos.

1	2	3	4	5	6	7	8	9	10
11	12	13	14	15	16	17	18	19	20
21	22	23	24	25	26	27	28	29	30
31	32	33	34	35	36	37	38	39	40
41	42	43	44	45	46	47	48	49	50

1. 1 no es un número primo. Elimínalo.
2. Haz un círculo alrededor del 2. Marca todos los números con 2 como factor.
3. Haz un círculo alrededor del 3. Marca todos los números con 3 como factor.
4. Continúa con 5, 7, 11 y así sucesivamente. Todos los números con un círculo son números primos.

Problemas para resolver

REPASO DE DESTREZAS Y ESTRATEGIAS Explora con los Scouts

Los Scouts explorarán las cavernas en Missouri. Primero deben comprar abastecimientos. Luego, deben encontrar la entrada a las cavernas.

Resuelve los problemas que siguen.

1. ¿Cuántas mochilas pueden comprar con $96?

2. ¿Cuántos pies de cuerda pueden comprar con 75?

3. Hay 18 Scouts acampando en tiendas cerca de las cavernas. En cada tienda caben 4 exploradores. ¿Cuántas tiendas hacen falta?

4. La tropa de Scouts tiene $500 para gastar en cascos con lámparas. ¿Alcanza el dinero para comprar 18? ¿Cuántos cascos puede comprar?

5. Sandy compró una tienda por $34. Gerry compró una por $48. ¿Cuál fue el precio promedio?

6. Este año, 24 Scouts van a explorar las cavernas. ¿Cuántos tienen que ir el año próximo para alcanzar un promedio de 30 para los dos años?

7. La entrada a una de las cavernas está a 531 pies al este de una pila de piedras. Un paso de Pat mide cerca de 3 pies. ¿Cuántos pasos tendría que tomar Pat para medir la distancia a las cavernas?

★ 8. La pila de piedras que los Scouts deben encontrar está entre un viejo granero y un pozo. El pozo está a 100 yardas del granero. El granero está 5 veces más lejos del pozo que las piedras. ¿A qué distancia están las piedras del pozo? Haz un diagrama para ayudarte.

Problemas para resolver

¿QUÉ HARÍAS . . . ?

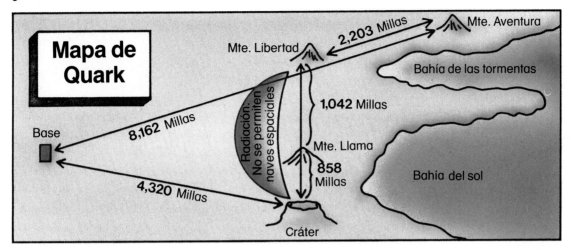

Mapa de Quark

2,203 Millas — Mte. Aventura

Mte. Libertad

Bahía de las tormentas

Radiación. No se permiten naves espaciales

1,042 Millas

Base

8,162 Millas

Mte. Llama

858 Millas

Bahía del sol

4,320 Millas

Cráter

Tu nave espacial está explorando el planeta Quark. Ayer usaste 20 unidades de combustible para viajar 6,240 millas. Ahora estás en el Monte Llama y te quedan 18 unidades de combustible.

Contesta cada pregunta y explica.

1. ¿Puedes visitar otro lugar en Quark y volver seguro a la base?

2. ¿Irías a otro planeta para conseguir combustible? ¿Sí o no? ¿Por qué?

3. ¿A qué distancia puedes viajar con una unidad de combustible? ¿Con 18?

4. ¿Puedes pensar en otra manera de hacer tus visitas y volver a la base?

Recibes un mensaje por radio acerca de Quark. En él te dicen que puedes abastecerte de combustible en los lugares que aparecen en la tabla.

LUGAR	COSAS QUE VER	COMBUSTIBLE
Mte. Libertad	Monumento a la Estrella	5 unidades
Mte. Aventura	Parque Espacial	8 unidades
Mte. Llama	Planetario	10 unidades
Cráter	Museo de piedras	Nada

Contesta cada pregunta y explica.

5. Tu tripulación quiere visitar el Parque Espacial. ¿Puedes ir y volver a la Base sin detenerte a cargar combustible?

6. ¿Puedes visitar Mte. Libertad, el Cráter y volver seguro a la Base?

¿Qué harías?

7. Estás en Mte. Llama con 18 unidades de combustible. Debes viajar 900 millas más allá del Cráter, en la Bahía del Sol. Luego debes traer un enfermo de vuelta al Cráter. ¿Puedes hacerlo y regresar a la Base?

REPASO DEL CAPÍTULO

Divide. págs. 126–127

1. $30\overline{)37}$ 2. $40\overline{)59}$ 3. $20\overline{)85}$ 4. $50\overline{)94}$ 5. $60\overline{)87}$

6. $261 \div 40$ 7. $513 \div 60$ 8. $778 \div 80$ 9. $423 \div 50$ 10. $212 \div 30$

Estima cada cociente. págs. 128–129

11. $31\overline{)266}$ 12. $38\overline{)617}$ 13. $19\overline{)\$1,389}$ 14. $61\overline{)384}$ 15. $52\overline{)6,456}$

Divide. págs. 130–133, 136–141

16. $45\overline{)173}$ 17. $33\overline{)715}$ 18. $17\overline{)89}$ 19. $54\overline{)324}$

20. $31\overline{)892}$ 21. $43\overline{)26,112}$ 22. $15\overline{)134}$ 23. $51\overline{)6,178}$

24. $73\overline{)1,752}$ 25. $26\overline{)5,360}$ 26. $32\overline{)23,979}$ 27. $14\overline{)12,735}$

28. $18,148 \div 18$ 29. $4,572 \div 88$ 30. $406 \div 58$ 31. $13,399 \div 66$

32. $2,497 \div 37$ 33. $61,784 \div 72$ 34. $39,782 \div 35$ 35. $61,213 \div 36$

Haz una lista de todos los factores de cada número. págs. 142–143

36. 9   37. 18   38. 64   39. 40   40. 56   41. 21

Halla los factores comunes y el MCD. págs. 142–143

42. 15 y 25   43. 24 y 36   44. 12 y 32   45. 12 y 27   46. 10 y 48

Completa cada árbol de factores. págs. 144–145

47. 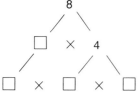   48. □ × □   49.   50.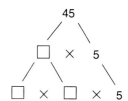

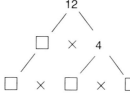

Resuelve. págs. 134–135, 146–147

51. Dos tanques contienen un total de 165 langostas. El tanque A tiene el doble de langostas que el tanque B. ¿Cuántas hay en el tanque B?

52. Doce cajones de langostas adultas le costaron al vivero $1,404. ¿Cuánto costó un cajón?

Divide.

1. $30\overline{)98}$ 　　 2. $60\overline{)79}$ 　　 3. $70\overline{)644}$ 　　 4. $80\overline{)572}$

5. $27\overline{)189}$ 　　 6. $84\overline{)1,778}$ 　　 7. $71\overline{)2,416}$ 　　 8. $15\overline{)7,500}$

9. $400 \div 18$ 　　 10. $659 \div 62$ 　　 11. $8,654 \div 28$ 　　 12. $3,165 \div 51$

13. $2,679 \div 43$ 　　 14. $96,420 \div 32$ 　　 15. $54,860 \div 26$ 　　 16. $14,267 \div 45$

Estima cada cociente.

17. $53\overline{)412}$ 　　 18. $87\overline{)1,361}$ 　　 19. $23\overline{)\$9,642}$ 　　 20. $15\overline{)493}$ 　　 21. $75\overline{)2,506}$

Halla los factores comunes y el MCD.

22. 6 y 8 　　 23. 8 y 24 　　 24. 15 y 40 　　 25. 22 y 68 　　 26. 45 y 30

Haz una lista de todos los factores de cada número.
Luego, di si el número es primo o compuesto.

27. 31 　　 28. 60 　　 29. 78 　　 30. 71 　　 31. 49

Resuelve.

32. Los astronautas Stokes y Thomas han pasado 170 horas en el espacio entre los dos. Thomas ha pasado 40 horas más que Stokes en el espacio. ¿Cuántas horas ha pasado Stokes en el espacio?

33. El primer satélite de Estados Unidos, *Explorer I,* pesaba 18 libras. La nave espacial que exploró Marte, el *Viking I,* pesaba 7,488 libras. ¿Cuántas veces más pesado era el *Viking I* que el *Explorer I?*

Carolina y Tomás exploraron un río en canoa. Gastaron $55.16 en comida, $27.98 en ropa y $45.88 en equipos. ¿Cuánto fue el costo total por persona?

EXPLORA

NÚMEROS AL CUADRADO

Vas a necesitar:

- un tablero de 6 pulgadas cuadradas
- 25 clavos pequeños
- una regla
- ligas elásticas
- un martillo

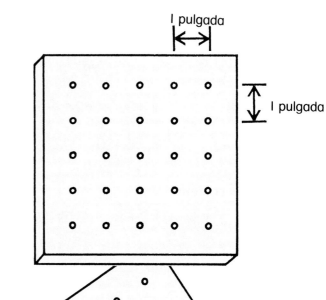

1 pulgada

1 pulgada

Haz un tablero como éste. Mide
espacios iguales entre los clavos.

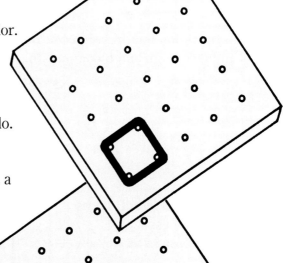

Empieza en la esquina izquierdo inferior.
Estira una liga sobre un cuadrado
de 2 por 2.

¿Cuántos clavos están rodeados?

El número 4 es un número al cuadrado.

$$2 \times 2 = 4$$

Decimos que dos al cuadrado es igual a
cuatro.
Escribimos: $2^2 = 4$.

Ahora, haz un cuadrado de 3 por 3.

¿Cuántos clavos están rodeados?

¿Cuál es el número al cuadrado?

Usa tu tablero y tus ligas para responder
a estas preguntas.

1. $3^2 = n$ **2.** $4^2 = n$ **3.** $5^2 = n$

EXPONENTES

Cada 77 años se puede ver el cometa Halley. Su cola se extiende hasta 100 millones de millas. Los astrónomos usan una potencia de 10 para escribir los números grandes.

100 millones $= 100,000,000 = 10^8$

Un **exponente** dice cuántas veces una **base** se usa como factor.

exponente

base $\longrightarrow 10^2 = 10 \times 10 = 100$

2 factores

lee
diez al cuadrado,
o diez a la segunda potencia

$10^3 = 10 \times 10 \times 10 = 1,000$

diez al cubo,
o diez a la tercera potencia

$10^4 = 10 \times 10 \times 10 \times 10 = 10,000$ diez a la cuarta potencia

¿Observas lo que sucede con el número de ceros en el número y el exponente?

¿Qué número es 10^5? ¿10^6? ¿10^7?

El planeta Saturno está a alrededor de 900,000,000 de millas de la Tierra. Los astrónomos escriben 9×10^8.
$900,000,000 = 9 \times 100,000,000 = 9 \times 10^8$

Une.

1. 2×10^4 a. 5,000,000

2. 5×10^6 b. 80 millones

3. 7×10^3 c. 300,000

4. 3×10^5 d. 20,000

5. 8×10^7 e. 7 mil

10^{100} se llama *googol*. ¿Cuántos ceros tiene este número?

USAR BASIC EN PROGRAMAS

Un **programa** es una lista de instrucciones para la computadora. Muchas veces se escribe en el lenguaje para computadoras BASIC.

Las líneas son numeradas de 10 en 10 para poder añadir instrucciones sin tener que volver a numerarlas.

```
10 PRINT 136/17
20 PRINT 1346 - 1337
30 END
```

La línea 15 se añadió más tarde.

```
15 PRINT 176/11
```

Cuando se escribe RUN, la computadora sigue las instrucciones en el orden del número de la línea.

```
RUN
8
16
9
```

Para hallar el valor de una oración matemática, la computadora sigue las instrucciones en el siguiente orden.

1. Trabaja primero dentro de los paréntesis.

2. Multiplica y divide, de izquierda a derecha.

3. Suma y resta, de izquierda a derecha.

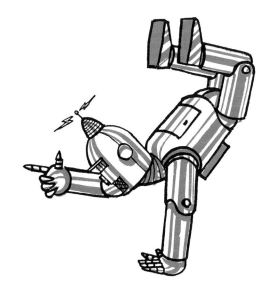

Ejemplos

$6 * (3 + 1) = 6 * 4 = 24$
$5 + 9/3 = 5 + 3 = 8$
$2 * 7 - 4/2 = 14 - 2 = 12$

Para cada uno, di cuál va a ser la salida.

1.
```
10 PRINT 2 * 2
20 PRINT 2 * 2 * 2
30 PRINT 2 * 2 * 2 * 2 * 2
40 END
25 PRINT 2 * 2 * 2 * 2
```

2. PRINT 6 + 7 * 2 + 1
3. PRINT 5 * 2 + 6/3 + 8
4. PRINT 12/(3 + 3)
5. PRINT (1 + 7)/(3 - 1)
6. PRINT 340/17 + 15 * 2

En BASIC, las comillas se pueden usar para enunciados PRINT.
La computadora muestra en la pantalla exactamente
lo que se escribe dentro de las comillas.

Escribe estos enunciados en la
computadora.

El punto y coma le dice a la computadora
que imprima la salida siguiente
inmediatamente después de la salida
anterior.

La computadora hace las operaciones y→
representa visualmente el resultado.

```
10 PRINT "USEMOS 4 OPERACIONES"
20 PRINT "7 * 600 = ";7 * 600
30 PRINT "305 + 210 = ";305 + 210
40 PRINT "900 - 820 = ";900 - 820
50 PRINT "525/25 = ";525/25
60 END


RUN
USEMOS 4 OPERACIONES
7 * 600 = 4200
305 + 210 = 515
900 - 820 = 80
525/25 = 21
```

Di cuál va a ser la salida para cada programa.

```
7. 10 PRINT "HOLA"
   20 PRINT "7 * 163 = ";7 * 163
   30 PRINT "280/14 = ";280/14
   40 PRINT "1492 - 397 = ";1492 - 397
   50 END
```

```
8. 10 PRINT "ALGUNAS DIVISIONES"
   20 PRINT "216/12 = ";216/12
   30 PRINT "832/4 = ";832/4
   40 PRINT "5910/3 = ";5910/3
   50 PRINT "9728/32 = ";9728/32
   60 END
```

CON LA COMPUTADORA

1. Entra y RUN **1–6**, página 152, y **7** y **8** de arriba.

2. Compara la salida de la computadora con tus propias respuestas.

★ 3. Por tu cuenta: Escribe un programa para representar
visualmente esta salida.
RUN tu programa para comprobarlo.

```
FELIZ CUMPLEAÑOS
11 * 365 = 4015
TIENES ALREDEDOR DE 4015 DÍAS.
```

PERFECCIONAMIENTO DE DESTREZAS

Escoge la respuesta correcta. Escribe A, B, C o D.

1. Redondea 6,266 al millar más cercano.

   A 6,000   **C** 6,300

   B 6,260   **D** no se da

8. Estima. $3,251 \div 38$

   A 8   **C** 80

   B 90   **D** no se da

2. $4,302 - 1,431$

   A 2,861   **C** 3,871

   B 2,871   **D** no se da

9. ¿Qué número es factor de 24 y 42?

   A 8   **C** 6

   B 7   **D** no se da

3. Estima. 8×695

   A 4,200   **C** 6,300

   B 5,600   **D** no se da

10. $32\overline{)160}$

   A 50   **C** 15

   B 5   **D** no se da

4. Estima. $9 \times \$17.13$

   A $90.00   **C** $180.00

   B $63.00   **D** no se da

11. ¿Cuál es el número primo?

   A 7   **C** 12

   B 10   **D** no se da

5. $2\overline{)89}$

   A 44 R1   **C** 44 R3

   B 44 R2   **D** no se da

Escoge el dibujo que mejor resolvería el problema.

12. Luis tenía 8 lápices. Le dio el mismo número de lápices a cada uno de sus 4 amigos. ¿Cuántos lápices le dio a cada amigo?

6. $102 \div 4$

   A 24 R2   **C** 25 R2

   B 25 R1   **D** no se da

7. ¿Cuál es el promedio de 13, 15 y 17?

   A 12   **C** 16

   B 15   **D** no se da

Tema: Los bosques

Hacer gráficas

Tu clase va a escribir un cuento para el periódico de la escuela. Necesitas buscar información interesante acerca de tu clase, por eso decides hacer una encuesta. Comenta sobre las preguntas que crees que deben incluirse. Estas son unas sugerencias.

1. ¿Cuál es tu asignatura preferida?

2. ¿Qué te gustaría ser cuando seas grande?

3. Si pudieras ir a cualquier parte del mundo, ¿cómo te gustaría viajar?

4. ¿Cuál es tu deporte preferido?

Escribe una lista de preguntas de encuesta en el pizarrón. Para cada pregunta, cada estudiante llena una tarjeta de encuesta con la siguiente información:

- nombre del estudiante

- número de la pregunta

- respuesta a la pregunta

TRABAJAR JUNTOS

Trabaja en un grupo pequeño. Cada grupo debe escoger una pregunta de encuesta.

1. Recoge y organiza las tarjetas de encuesta para tu pregunta.

2. Comenta sobre las formas de presentar los resultados en el periódico.

- ¿Qué formas son fáciles de leer?

- ¿Qué formas son más interesantes?

- ¿Cuál es una forma pictográfica de mostrar los resultados?

3. Comenta sobre las diferentes formas en que puedes hacer una gráfica. Considera los materiales que puedes usar.

   - Escoge una forma de hacer la gráfica.

   - Busca los materiales que necesitarás.

   - Haz la gráfica. Recuerda identificar las partes importantes de la gráfica.

   - Ponle un título a la gráfica.

4. Inventa unas preguntas que pueden contestarse usando la gráfica.

COMPARTIR IDEAS

Túrnense para presentar sus gráficas a la clase.

1. Usa tu gráfica para informar los resultados de la encuesta de la pregunta de tu grupo.

2. Explica por qué tu grupo escogió la forma en que hizo su gráfica. Comenta sobre los problemas que tuviste para hacer la gráfica. Cuenta cómo resolviste esos problemas.

3. Pide a la clase que conteste las preguntas que tu grupo escribió sobre su gráfica.

RAZONAR A FONDO

1. Compara las gráficas hechas por los grupos.

   - ¿En qué se parecen?

   - ¿En qué se diferencian?

2. ¿Por qué es una gráfica una forma buena de mostrar información?

3. Imagínate que eres un reportero para el periódico de la escuela. Usa los resultados de la encuesta y escribe un cuento interesante sobre tu clase.

4. Haz una presentación para el tablero de anuncios con las gráficas y los cuentos escritos por la clase.

Explorar gráficas

La mayoría de los zapatos de correr tienen 12 ojetes para los cordones. Los zapatos altos y las botas pueden tener 24 ojetes o más. Los mocasines no tienen ojetes.

¿Cuántos ojetes crees que hay en total en todos los zapatos que hay hoy en tu clase?

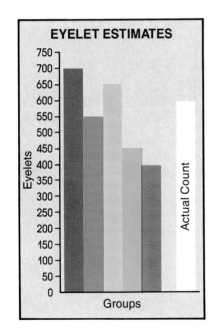

TRABAJAR JUNTOS

Trabaja en un grupo pequeño. Cada grupo necesitará papel o cinta de color diferente, tijeras y una regla métrica.

1. Piensa en una forma de estimar el número total de ojetes.

   - ¿Cómo te ayudarían los zapatos que usan los miembros de tu grupo?
   - ¿Qué otra información necesitas saber sobre tu grupo y tu clase para hacer un estimado?

2. Usa tu plan para estimar el número total de ojetes de todos los zapatos. Corta un pedazo de cinta o tira de papel para mostrar tu estimado. Deja que 1 centímetro de cinta represente 10 ojetes.

3. Prepara un lugar en el pizarrón o tablero de anuncios para una gráfica de ojetes de las clase. Planifica cómo la cinta que preparó tu grupo podría usarse de manera que el estimado de cada grupo pueda formar parte de la gráfica de la clase. La clase de la Sra. Smith hizo esta gráfica para presentar sus estimados.

4. Decide la mejor forma de hacer un conteo exacto de los ojetes de todos los zapatos. Usa cinta o papel blanco para hacer una tira y mostrar el conteo verdadero. Coloca la tira blanca en la gráfica de la clase para ayudarte a comparar los conteos estimados y verdaderos.

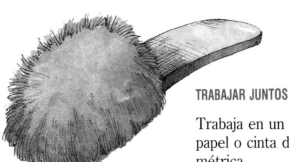

EYELET ESTIMATES

Eyelets / Actual Count / Groups

Trabajen juntos.

1. Compara los diferentes métodos usados por los grupos para hacer sus estimados.

2. Compara los diferentes estimados con el conteo verdadero.

   • ¿Qué grupos hicieron estimados cerca al conteo verdadero?

   • ¿Por qué crees que estaban cerca?

   • ¿Qué métodos se usaron?

   • ¿Crees que estos métodos producirán estimados cercanos en situaciones similares? Explica.

3. Si hay 12 ojetes en un zapato de correr, 30 estudiantes en una clase y 360 ojetes en total, ¿podrías estar seguro que cada estudiante usa zapatos de correr? Explica.

RAZONAR A FONDO

1. Imagínate que combinas todos los estimados para hacer un estimado promedio.

   • ¿Cómo harías eso?

   • ¿Crees que este estimado promedio sería más exacto que el estimado más cercano? ¿Por qué sí o por qué no?

2. Sigue con tu plan para hacer un estimado promedio. Ponlo en tu gráfica.
   • Compara el estimado promedio con el conteo exacto.
   • ¿Indica este experimento que "dos cabezas son mejores que una"?

3. ¿Cómo podría la condición del tiempo haber afectado el conteo de ojetes. ¿Serían diferentes los resultados en un día caluroso? ¿de lluvia? ¿de nieve? ¿Por qué sí o por qué no?

Gráficas lineales

Por muchos años, la cantidad de bosques en Estados Unidos estaba disminuyendo. Luego, como resultado de los esfuerzos de conservación, empezó a aumentar.

Una **gráfica lineal** muestra cambios ocurridos durante un período de tiempo.

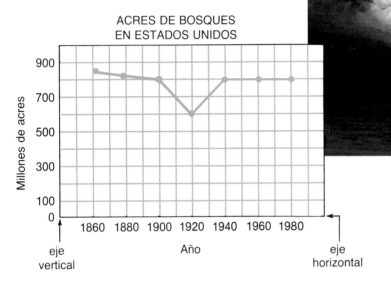

El **eje vertical** muestra el número de acres de bosques.

El **eje horizontal** muestra los años de 1860 a 1980.

El número mayor de acres de bosques fue 850,000,000 en 1860.

TRABAJO EN CLASE

Usa la gráfica lineal de arriba para contestar cada pregunta.

1. ¿Cuántos acres de bosques había en 1900?

2. Entre 1860 y 1900, ¿el número de acres aumentó o disminuyó?

3. ¿En qué año el número de acres alcanzó el punto más bajo?

4. De 1960 a 1980, ¿el número de acres aumentó, disminuyó o se mantuvo igual?

PRÁCTICA

Práctica mixta

Usa la gráfica lineal para contestar cada pregunta.

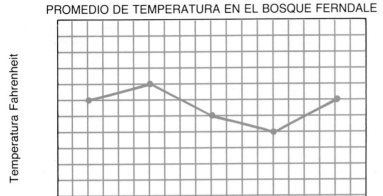

PROMEDIO DE TEMPERATURA EN EL BOSQUE FERNDALE

Temperatura Fahrenheit

Semana 1   Semana 2   Semana 3   Semana 4   Semana 5

Semana

1. ¿Cuál fue el promedio de temperatura en la primera semana?

2. ¿Cuál fue el promedio de temperatura en la quinta semana?

3. ¿Cuál fue la temperatura más baja?

4. ¿Cuál fue la temperatura más alta?

5. ¿Cuál fue el cambio de temperatura entre la semana 2 y la semana 4?

★ **6.** Cuando la temperatura alcanza 70°F o más, los guardabosques recorren el bosque buscando incendios. ¿Durante cuántas semanas patrullaron el bosque?

APLICACIÓN

Halla ejemplos de gráficas lineales en periódicos o revistas.

7. Haz una exhibición de las gráficas.

8. Escribe 3 preguntas que puedan contestarse mirando una de las gráficas.

★ **9.** Haz una tabla para mostrar toda la información de una gráfica.

1. 205×6

2. 314×8

3. $7\overline{)924}$

4. $1{,}462 \div 6$

5. 16×78

6. 41×35

7. $1{,}501 \times 633$

8. $3\overline{)802}$

9. $76 \div 23$

10. $2 \times 3{,}961$

11. 12×19 12. 11×33

13. $16\overline{)207}$

14. 974×66

15. 27×144

16. $3{,}020 \times 49$

17. $167 \div 14$

18. 301×172

19. $32 + 1{,}954$

Buscar datos

¿Has pensado alguna vez sobre los pares de números que obtienes cuando tiras dos dados?

¿Cuántos pares crees que hay? En esta lección buscarás y anotarás datos para ayudarte a contestar esta pregunta.

TRABAJAR JUNTOS

Trabaja en pareja. Necesitarás dos dados de color diferente.

1. Pon un dado de manera que el número 1 aparezca arriba.

- Explora los diferentes pares de números que puedes formar, poniendo el otro dado al lado del primero en distintas formas.
- Haz una tabla como la de la derecha y anota los pares de números posibles.
- Continúa examinando los dados. Completa la tabla para mostrar todos los pares de números posibles. Comenta si un 2 rojo y un 6 verde es distinto a un 2 verde y un 6 rojo.
- Cuenta todos los pares de números posibles y anota el total.

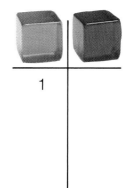

	1

2. Ahora que has hallado cada par de números posibles, haz un experimento. Usa los dados y 36 fichas.

- Usa la Hoja de trabajo 2. Tira los dos dados. Pon una ficha en la posición correcta del cuadro para mostrar el par de números.
- Continúa tirando los dados hasta que te quedes sin fichas. Cada vez que tiras los dados, anota el par de números. Si se tira el mismo par de números más de una vez, apila las fichas.

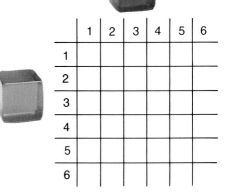

	1	2	3	4	5	6
1						
2						
3						
4						
5						
6						

Comenta sobre tu trabajo con la clase.

1. ¿En qué se parece tu tabla de pares de números al cuadro de la hoja de trabajo? ¿En qué se diferencia?

2. Compara los resultados de la hoja de trabajo. ¿Por qué crees que algunos pares de números no aparecieron cuando tiraste los dados?

3. Busca una hoja de trabajo que no tenga fichas para un par de números específico.

   - ¿Tiró este par de números alguno de los otros grupos?
   - Pronostica cómo lucirá el cuadro cuando combines los resultados de diversos grupos.

RAZONAR A FONDO

1. Piensa en los pares de números posibles que podrías tirar con dos dados.

   - Aproximadamente ¿cuántas veces crees que tendrías que tirar los dados para sacar cada par por lo menos una vez?
   - ¿Cómo te ayudan a decidir los datos de todos los cuadros de la hoja de trabajo?

2. Copia un cuadro como la Hoja de trabajo 2 en el pizarrón o en una hoja de papel grande.

   - Anota los resultados combinados de la clase, colocando todos los puntos de las hojas de trabajo en el cuadro de la clase.
   - Compara el cuadro de la clase con las hojas de trabajo. Explica cualesquier diferencias.
   - ¿Muestra el cuadro de la clase que cada par de números posible se tiró aproximadamente el mismo número de veces? Explica.
   - ¿Qué puedes aprender del cuadro de la clase que no pudiste observar en la hoja de trabajo de cada grupo individual?

163

Usar datos

Tu clase está organizando un concurso de TOMA LOS FRIJOLES. Lee la descripción del concurso. Trabaja en equipos de dos. Juega el juego una vez contra otro equipo para que lo conozcas.

CONCURSO
TOMA-LOS-FRIJOLES

Cada equipo hace un tablero de juego como el que se muestra. El tablero muestra todas las sumas posibles cuando se tiran dos dados. El tablero debe ser lo suficientemente grande para permitirte poner los frijoles en los cuadrados.

Cada equipo recibe 18 frijoles. Todos los frijoles deben ponerse en los cuadrados del tablero de juego. Puedes poner todos los frijoles que quieras en cualquier cuadrado.

Tira dos dados. Suma los números que aparecen en los dados. Si es posible, cada equipo quita 1 frijol del cuadrado que muestra la suma en el tablero de juego.

Se sigue tirando los dados hasta que un equipo sea el primero en quitar los 18 frijoles.

Juega el juego unas veces más. Cada vez que juegues, anota los datos para mostrar la posición original de tus frijoles y si tu equipo gana o pierde el juego.

CONCURSO TOMA-LOS-FRIJOLES										
2	3	4	5	6	7	8	9	10	11	12

Comenta sobre lo que sucedió cuando jugaste el juego. Refiérete a tus datos al contestar cada pregunta.

1. En un concurso, el equipo A dividió sus 18 frijoles por igual entre los cuadrados 3, 4 y 8. El equipo B dividió sus frijoles por igual entre los cuadrados 2, 6 y 7. Basado en tu experiencia, ¿qué equipo debe ganar? Explica tu respuesta.

2. Si tuvieras que poner todos tus frijoles en el mismo cuadrado, ¿qué cuadrado escogerías? Explica tu selección.

3. Comenta sobre otras formas de buscar, anotar y usar datos para ayudarte a encontrar una estrategia ganadora del concurso de TOMA LOS FRIJOLES.

RAZONAR A FONDO

1. Pon dos dados en una taza. Tira los dados por lo menos 36 veces. Haz una gráfica de barras en un papel cuadriculado para mostrar cuántas veces tiras cada suma. Comenta sobre cómo los datos de este experimento pueden ayudarte a encontrar una estrategia para el concurso de TOMA LOS FRIJOLES.

2. Haz y completa una tabla de suma como la que aparece a la derecha. Cuenta el número de veces que aparece cada suma en tu tabla. Comenta sobre cómo estos datos pueden ayudarte a encontrar una estrategia para el concurso de TOMA LOS FRIJOLES.

Número de veces para cada suma

Sumas posibles: 2 3 4 5 6 7 8 9 10 11 12

+	1	2	3	4	5	6
1						
2						
3						
4						
5						
6						

3. Planifica una estrategia ganadora para jugar el juego de TOMA LOS FRIJOLES. Juega el juego usando tu estrategia.

Problemas para resolver

PROBLEMAS CON MUCHOS PASOS

Cuando un problema tiene muchos pasos, resuélvelo paso a paso.

Hay alrededor de 30 millas cuadradas de bosque en el parque Clear County. La gráfica muestra el número de árboles de cada tipo en cada milla cuadrada. ¿Cuántos pinos y abetos hay en el parque?

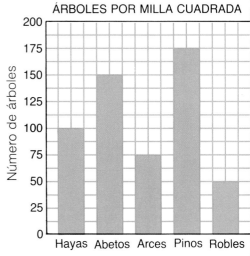

ÁRBOLES POR MILLA CUADRADA

Número de árboles (eje vertical: 0, 25, 50, 75, 100, 125, 150, 175, 200)

Hayas, Abetos, Arces, Pinos, Robles

ÁRBOL

PIENSA **¿Cuál es la pregunta?**

¿Alrededor de cuántos abetos y pinos hay en el parque?

¿Cuáles son los datos?

Hay alrededor de 30 millas cuadradas en el parque. La gráfica muestra que hay 150 abetos y 175 pinos por milla cuadrada.

PLANEA **¿Cómo puedes hallar la respuesta?**

El problema tiene varios pasos. Primero, halla el número de abetos en el parque.
30 × 150
Luego, halla el número de pinos en el parque.
30 × 175
Finalmente, suma los dos productos para hallar el número total de pinos y abetos.

RESUELVE **Sigue con el plan.**
Haz el trabajo y halla la respuesta.

Multiplica. 30 × 150 = 4,500
Multiplica. 30 × 175 = 5,250
Suma. 4,500 + 5,250 = 9,750

Hay alrededor de 9,750 abetos y pinos en el parque.

REVISA **¿Has contestado la pregunta? ¿Hiciste bien la cuenta? ¿Tiene sentido tu respuesta?**

Resuelve el problema de otra manera. Primero, halla el número de abetos y pinos en cada milla cuadrada.
150 + 175 = 325
Halla el número total de pinos y abetos.
30 × 325 = 9,750
La respuesta es correcta.

Estos problemas pueden requerir más de un paso. Usa la gráfica en la página 166 para hallar la información. Luego, resuelve estos problemas.

1. ¿Alrededor de cuántas hayas hay en cada milla cuadrada en el Parque Clear County?

2. ¿Alrededor de cuántos arces hay en todo el parque?

3. ¿Alrededor de cuántos más arces hay que robles en cada milla cuadrada del parque?

4. ¿Alrededor de cuántas más hayas que robles hay en el Parque Clear County?

5. ¿Alrededor de cuántas hayas, arces y robles hay en total en el parque?

6. ¿Alrededor de cuántos pinos y arces hay en la mitad del parque?

GRÁFICAS CIRCULARES

La clase de la Sra. York recogió 100 hojas del otoño. Contaron cada tipo de hoja. Luego hicieron una gráfica de los resultados.

Una **gráfica circular** muestra cómo se divide un entero.

La gráfica muestra que se recogieron 5 tipos de hojas. El mayor número fue de hojas de arce. El menor número fue de hojas de castaño.

¿Cómo muestra la gráfica cuántas hojas se recogieron?

Usa la gráfica circular para contestar estas preguntas sobre los árboles sembrados en el Parque Loantake.

1. ¿Cuántos castaños se sembraron?

2. ¿Cuántos arces se sembraron?

3. ¿Había más álamos sembrados que robles?

4. ¿Cuántos arces y castaños se sembraron?

5. ¿Cuántos árboles se sembraron en total?

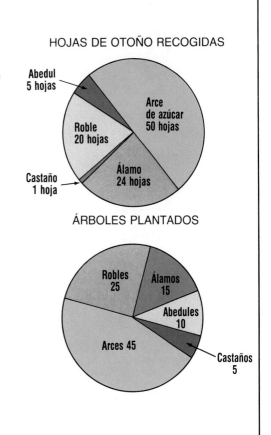

HOJAS DE OTOÑO RECOGIDAS

Abedul 5 hojas
Arce de azúcar 50 hojas
Roble 20 hojas
Castaño 1 hoja
Álamo 24 hojas

ÁRBOLES PLANTADOS

Robles 25
Álamos 15
Abedules 10
Arces 45
Castaños 5

Unidades de tiempo

La familia García va a ir a acampar a las montañas Berkshire. El reloj muestra la hora de tres actividades.

Despertar	Descanso para comer	Acampar

6:30 A.M. seis treinta o seis y media	10:00 A.M. diez en punto	4:45 P.M. cuatro cuarenta y cinco o cinco menos cuarto

A.M. quiere decir horas antes de mediodía.
P.M. quiere decir horas después de la medianoche.

Estas unidades se usan para medir el tiempo.

60 segundos (s) = 1 minuto (min)	7 días = 1 semana (sem)
60 minutos = 1 hora (h)	12 meses = 1 año
24 horas = 1 día (d)	52 semanas = 1 año

Para cambiar unidades grandes a unidades más pequeñas, multiplica.

3 d = _____ h   **Piensa**
3 × 24 = 72   24 h = 1 d
3 d = 72 h

Para cambiar unidades pequeñas a unidades más grandes, divide.

21 d = _____ sem   **Piensa**
21 ÷ 7 = 3   7 d = 1 sem
21 d = 3 sem

TRABAJO EN CLASE

Escribe la hora indicada de dos maneras.

1.

2.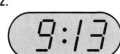

3.

4.

Completa.

5. 2 d = _____ h   **6.** 4 sem = _____ d   **7.** 180 s = _____ min   **8.** 72 mes = _____ años

PRÁCTICA

Escribe la hora indicada de dos maneras.

1.

2.

3.

4.

Une.

5. 7:00   **a.** diez y media

6. 5:20   **b.** cinco y veinte minutos

7. 3:54   **c.** siete en punto

8. 10:30   **d.** seis minutos para las cuatro

Completa.

9. 4 años = _____ meses   **10.** 104 sem = _____ años   **11.** 2 h = _____ min

12. 240 s = _____ min   **13.** 35 d = _____ sem   **14.** 8 sem = _____ d

Completa. Escoge *multiplicar* o *dividir*.

15. Para cambiar días a semanas, _____ por 7.

16. Para cambiar minutos a segundos, _____ por 60.

17. Para cambiar años a meses, _____ por 12.

18. Para cambiar horas a días, _____ por 24.

Escoge A.M. o P.M.

19. Lorenzo almorzó a las 12:15 _____.

20. El sol salió a las 5:57 _____.

APLICACIÓN

21. Los García caminaron alrededor del lago durante 2 horas. ¿Cuántos minutos son?

★ **22.** La familia pasó 250 minutos en un sendero del campo. ¿Cuántas horas y minutos pasaron?

ESTIMAR

Mark maneja alrededor de 60 millas en una hora.

1. ¿Alrededor de qué distancia recorre manejando media hora?

2. ¿Alrededor de qué distancia recorre manejando 2 horas?

3. ¿Alrededor de cuánto tiempo le va a tomar manejar 240 millas?

Trabajar con el tiempo

Paul Bunyan, un leñador gigante, llevó una carga de troncos de Montana a Oregon. Salió a las 11:45 A.M. y llegó a la 1:15 P.M. ¿Cuánto tiempo pasó?

▶ Para hallar la respuesta, usa un reloj y cuenta desde la hora a que salió.

Cuenta las horas

1 hora

Una hora más tarde son las 12:45 P.M.

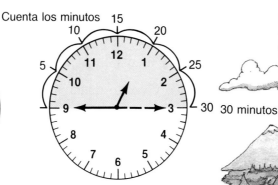

Cuenta los minutos

30 minutos

1 hora 30 minutos más tarde es la 1:15 P.M.

Pasó 1 hora y 30 minutos.

▶ El tiempo se puede sumar y restar. Puede ser necesario reagrupar.

a. 2 h 35 min
   + 1 h 40 min   **Piensa**
   ─────────────
    3 h 75 min, ó   75 min =
    4 h 15 min   1 h 15 min

b.   4   8 5
       $\cancel{5}$ h $\cancel{25}$ min   **Piensa**
      − 2 h 35 min   1 h = 60 min
      ─────────────
       2 h 50 min   5 h 25 min =
                       4 h 85 min

TRABAJO EN CLASE

Halla cada hora.

1. 20 minutos después de las 11:45 A.M.

2. 4 h 30 min antes de las 6:35 P.M.

3. 6 h 19 min después de las 12 del mediodía

Halla el tiempo que pasó.

4. de las 8:20 A.M. a las 11:50 A.M.

5. de las 10:15 A.M. a las 1:35 P.M.

6. de las 9:10 P.M. a las 2:45 A.M.

Resta o suma.

7.   1 h 13 min
    + 2 h 40 min

8.   3 h 18 min
    − 1 h 40 min

9.   5 min 20 s
    + 8 min 40 s

PRÁCTICA

Halla cada hora.

1. 18 min después de las 4:52 P.M.

2. 58 min después de la 1:02 P.M.

3. 1 h 15 min antes del mediodía

4. de las 8:16 A.M. a las 9:14 A.M.

5. de las 9:34 P.M. a las 11:35 P.M.

6. de las 6:21 P.M. a las 11:25 P.M.

Completa.

7. 1 h 18 min = _____ min

8. 76 s = _____ min _____ s

9. 85 min = _____ h _____ min

10. 1 min 42 s = _____ s

11. 64 s = _____ min _____ s

12. 90 min = _____ h _____ min

Estima cuánto tiempo toma cada uno. Escoge *a, b* o *c*.

13. hacer hervir una olla de agua
   a. 50 minutos   b. 5 segundos   c. 5 minutos

14. tomar el desayuno
   a. 20 segundos   b. 2 horas   c. 20 minutos

Suma o resta.

15.   3 h 40 min
    − 2 h 33 min

16.   4 min 56 s
    −   49 s

17.   2 h 15 min
    + 3 h 40 min

18.   9 min 12 s
    − 3 min 23 s

19.   3 h 44 min
    + 1 h 20 min

20.   2 h 26 min
    +   43 min

★ 21.   5 d 12 h 13 min
      + 3 d 22 h 24 min

★ 22.   2 sem 3 d 15 h
      + 3 sem 4 d 5 h

★ 23.   3 años 314 d 16 h
      + 5 años 271 d 8 h

APLICACIÓN

24. En un día, Paul Bunyan partió troncos desde las 6:04 A.M. hasta las 8:14 P.M. ¿Por cuánto tiempo trabajó?

★ 25. Paul tardó 55 segundos en cortar un árbol. Cortó 3 árboles. Luego pasó 65 segundos arrancándoles la corteza. ¿Cuántos minutos y segundos trabajó?

LA CALCULADORA

Usa la calculadora para hallar cada respuesta.

1. ¿Cuántos segundos hay en 1 hora?
2. ¿Cuántos segundos hay en un día?
3. ¿Cuántos segundos hay en una semana?
4. ¿Cuántos segundos hay en 365 días?
5. ¿Cuántos días has vivido?
6. ¿Cuántas horas has vivido?

Problemas para resolver

REPASO DE DESTREZAS Y ESTRATEGIAS   La guardabosques

Emilia es una guardabosques que ayuda
a la gente que acampa y sale a caminar.
Uno de sus trabajos es mantenerse
alerta por los incendios forestales.

Resuelve los siguientes problemas.

1. Emilia monta a caballo del campamento a la torre de
   observación. Le toma 3 minutos y 45 segundos.
   ¿Cuántos segundos le toma?

2. El caballo de Emilia camina a una velocidad de 5 millas
   por hora. ¿Cuánto tarda el caballo en recorrer 35
   millas?

3. Emilia empieza a trabajar a las 5:30 de la mañana.
   Ahora es la 1:15 de la tarde. ¿Por cuánto tiempo ha
   estado trabajando hoy?

4. Un día, Emilia vio humo mientras montaba su caballo.
   Le tomó 5 minutos y 30 segundos llegar al teléfono en
   la torre. Su llamada tardó 1 minuto y 15 segundos en
   ser conectada. La ayuda llegó 12 minutos y 50
   segundos más tarde. Desde que Emilia vio el humo,
   ¿cuánto tardó en llegar la ayuda?

5. En 1984, Emilia dio 182 permisos para acampar. En
   1985 dio 139 permisos. En 1986 dio 211 permisos.
   Redondea estos números a la decena más cercana. Haz
   una gráfica lineal para mostrar el número de permisos
   para acampar otorgados cada año.

6. Emilia fue de su campamento a la ciudad para comprar
   provisiones. Ella montó 2 horas y 45 minutos y luego
   descansó 40 minutos. Montó otra vez 1 hora y 30
   minutos. ¿Cuánto tiempo le tomó hacer el viaje?

NÚMERO DE PERMISOS PARA CAMINAR

La gráfica lineal muestra el número de permisos para salir a caminar que Emilia dio cada año.

7. ¿Alrededor de cuántos permisos dio Emilia en 1985?

8. ¿Alrededor de cuántos permisos más para salir a caminar se dieron en 1986 que en 1984?

9. ¿Cuál fue el promedio de permisos para salir a caminar en los años 1984, 1985 y 1986?

★ 10. A Emilia le tomó 2 horas y 15 minutos llenar 45 formularios. ¿Cuál fue el promedio que le tomó llenar cada formulario?

═══════ ALGO EXTRA ═══════

Paso a paso.

1.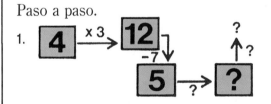

★ 2.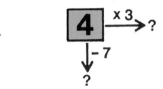

Empieza con el número 4. Multiplica el número por 3 o resta 7 a cada paso. ¿Puedes alcanzar el número 8? ¿Cuántos pasos toma?

Usa los números y las reglas del problema 1, ¿cuántos pasos toma llegar al número 2?

★ 3.

★ 4. Haz un problema por tu cuenta, similar a los problemas 1-3.

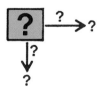

Empieza con el número 10. Multiplica el número por 2 o resta 8 a cada paso. ¿Puedes llegar al número 7? ¿Por qué?

173

REPASO DEL CAPÍTULO

Contesta las preguntas debajo de cada gráfica. págs. 156–159, 167

ANIMALES VISTOS EL 1 DE JUNIO

Número de animales

Ardilla listada · Conejo · Venado · Ardilla

PÁJAROS QUE USAN EL ALIMENTADOR

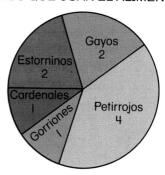

Gayos 2 · Estorninos 2 · Cardenales 1 · Gorriones 1 · Petirrojos 4

1. ¿Cuántas ardillas listadas se vieron?

2. ¿Cuántos más conejos que venados se vieron?

3. ¿Cuántos gayos había?

4. ¿Cuántos más petirrojos que cardenales había?

Escribe la hora indicada de dos maneras. págs. 168–169

5.

6.   `1:57`

7.

Completa. págs. 168–171

8. 102 s = _____ min _____ s

9. 1 h 15 min = _____ min

10. 3 sem = _____ d

Halla cada hora. págs. 170–171

11. 23 min antes de las 7:00 A.M.

12. de las 6:16 P.M. a las 9:31 P.M.

13. de las 8:15 A.M. a las 8:43 A.M.

Suma o resta. págs. 170–171

14.
  5 h 34 min
+ 2 h 23 min

15.
  6 h 30 min
− 5 h 50 min

16.
  3 min 41 s
+ 5 min 45 s

Resuelve. págs. 166–167, 172–173

17. Un guardabosques empezó a trabajar a las 7 A.M. Tomó dos descansos de 35 minutos. Se fue a la casa a las 5 P.M. ¿Cuántas horas trabajó?

18. A Jim Martin le tomó 3 horas y 15 minutos plantar 2 árboles. Pasó 1 hora y 45 minutos plantando uno de ellos. ¿Cuánto tiempo le tomó plantar el otro?

Contesta las preguntas debajo de cada gráfica.

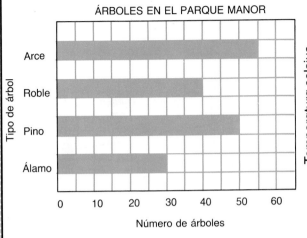

ÁRBOLES EN EL PARQUE MANOR

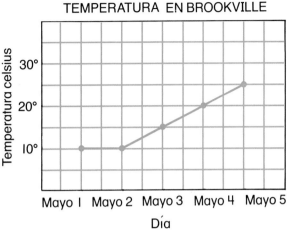

TEMPERATURA EN BROOKVILLE

1. ¿Cuántos robles hay?

2. ¿Cuántos más arces que pinos hay?

3. ¿Cuántos grados subió la temperatura del 1° de mayo al 5 de mayo?

4. ¿Durante qué dos días la temperatura fue igual?

Completa.

5. 63 d = _____ sem

6. 105 s = _____ min _____ s

7. 1 h 17 min = _____ min

8. 117 min = _____ h _____ min

9. 2 min 12 s = _____ s

10. 1 h 10 min = _____ min

Halla cada hora.

11. 40 min antes del mediodía

12. $\begin{array}{r} 3\ h\ 27\ min \\ +\ 3\ h\ 39\ min \\ \hline \end{array}$

13. $\begin{array}{r} 7\ h\ 15\ min \\ -\ 2\ h\ 43\ min \\ \hline \end{array}$

Resuelve.

14. Un guardabosques estuvo en el lugar desde las 6:43 A.M. hasta las 11:17 A.M. Tomó un descanso de 15 minutos. ¿Cuánto tiempo trabajó?

15. Eduardo y Sandra pescaron durante 3 horas y 20 minutos. Empezaron a las 10 A.M. ¿A qué hora terminaron?

El guardabosques empezó su recorrido a las 8:30 A.M. Terminó su recorrido 7 horas y 25 minutos más tarde. ¿A qué hora terminó su recorrido? Se fue a acostar a las 9:20 P.M. ¿Cuánto tiempo pasó desde que terminó de trabajar?

PÉNDULOS

El peso de un péndulo, ¿afecta el tiempo que le toma balancearse?

Para averiguarlo, usa los siguientes materiales: un sujetapapeles grande, cinta adhesiva, cuerda, 4 arandelas, tijeras, una vara de medir y un reloj con segundero.

Sigue estos pasos.

1. Abre el sujetapapeles. Amarra la cuerda a una de las vueltas del sujetapapeles. Deja colgar libremente unos 50 centímetros de cuerda. Une con cinta adhesiva la otra punta de la cuerda a la parte superior de tu escritorio. Pon una arandela en la otra vuelta del sujetapapeles.

2. Mira directamente debajo del péndulo a un punto en el piso. Desde este punto, mide 10 centímetros a la izquierda del péndulo. Marca este punto con cinta adhesiva.

3. Sostén verticalmente la vara de medir en la marca de la cinta adhesiva. Acerca la arandela a la vara de medir y suéltala. El tiempo que toma la arandela para ir de un lado y volver, se llama *período*.

4. Mientras un compañero cuenta los segundos, deja que el péndulo se balancee por 20 períodos. Cuenta en voz alta cada período. Al final de 20 balanceos, mira la hora. Marca en un cuadro como el de más abajo este tiempo.

5. Repite la actividad con 2, 3 y 4 arandelas.

El peso del péndulo, ¿cambia el tiempo que le toma balancearse? ¿Cuál es tu respuesta?

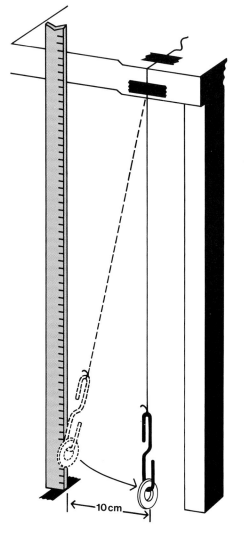

10 cm

Número de arandelas	1	2	3	4
Tiempo en segundos (por 20 períodos)				

GRÁFICAS DE BARRAS DOBLES

Una gráfica de barras dobles se puede
usar para comparar varias cosas al mismo tiempo.

En esta gráfica, la barra roja representa el
punto más alto del estado.

La barra azul representa el punto más
bajo del estado.

Estudia la gráfica. Luego, contesta cada pregunta.

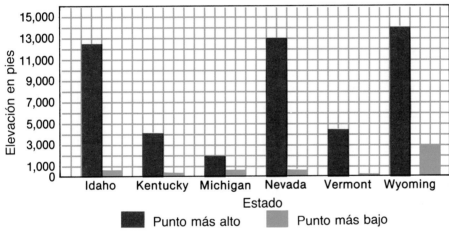

PUNTOS MÁS ALTOS Y MÁS BAJOS EN 6 ESTADOS

1. ¿Qué estado tiene la mayor diferencia entre el punto
   más alto y el más bajo?

2. ¿Qué estado tiene la menor diferencia entre el punto
   más alto y el más bajo?

3. A los 500 pies más cercanos, ¿cuál es la diferencia
   entre el punto más alto y el más bajo en Nevada?

4. A los 500 pies más cercanos, ¿cuánto más alto es el
   punto más alto de Wyoming que el de Vermont?

5. A los 500 pies más cercanos, ¿cuánto más bajo es el
   punto más bajo de Idaho que el de Wyoming?

6. ¿El punto más bajo de qué estado es mayor que el
   punto más alto de Michigan?

7. ¿Qué estados tienen su punto más bajo por debajo de
   los 500 pies?

PERFECCIONAMIENTO DE DESTREZAS

Escoge la respuesta correcta. Escribe A, B, C o D.

1. Redondea $21,750 al millar de dólares más cercano.

   A $21,000   **C** $22,000

   B $20,000   **D** no se da

---

2. 1,002 − 99

   A 1,001   **C** 903

   B 913   **D** no se da

---

3. Estima. $3 \times 3,264$

   A 6,000   **C** 12,000

   B 9,000   **D** no se da

---

4. $37 \div 6$

   A 6 R1   **C** 4 R5

   B 5 R1   **D** no se da

---

5. ¿Cuál es el promedio de $6.52, $15.90 y $18.50?

   A $12.92   **C** $15.61

   B $13.64   **D** no se da

---

6. $23\overline{)7,658}$

   A 333   **C** 332 R46

   B 332 R22   **D** no se da

---

7. ¿Cuáles son los factores de 16?

   A 1, 2, 4, 8, 16   **C** 2, 4, 8

   B 1, 2, 3, 5   **D** no se da

Usa la gráfica para 8 y 9.

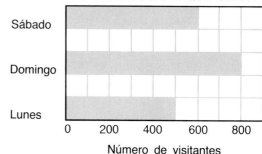

VISITANTES AL PARQUE GRANT

8. ¿Qué día hubo más visitantes?

   A sábado   **C** lunes

   B domingo   **D** no se da

9. ¿Cuántos visitantes hubo el lunes?

   A 200   **C** 500

   B 400   **D** no se da

---

10. ¿Qué hora es 18 minutos antes de la 1:12 A.M.?

   A 12:54 A.M.   **C** 1:30 A.M.

   B 12:54 P.M.   **D** no se da

Usa el método de adivinar y comprobar.

$25.95 $7.95 $3.95 $23.50

11. Linda gastó $29.90. ¿Cuáles dos compró?

   A botas y zapatos   **C** pantuflas y zapatos

   B medias y botas   **D** no se da

Tema: El progreso del transporte

Décimas

La diligencia pasó por 2 de los 10
peajes. Pasó por 0.2 peajes.

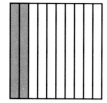 0.2 es un número decimal que
es menos que 1.

Piensa en 1 entero dividido
en 10 partes iguales.
2 partes son verdes.

decimal	0.2
• lee	2 décimas
• número en palabras	dos décimas

Escribe 0 antes
del punto decimal
en un número menor
que 1.

Este dibujo muestra un número decimal que es mayor que 1.

decimal	1.6
• lee	1 y 6 décimas
• número en palabras	uno *y* seis décimas

Lee los puntos
decimales como **y** en
un número mayor que 1.

Podemos mostrar los decimales en una recta numérica.

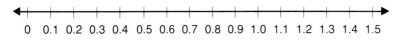

```
0   0.1  0.2  0.3  0.4  0.5  0.6  0.7  0.8  0.9  1.0  1.1  1.2  1.3  1.4  1.5
```

TRABAJO EN CLASE

Escribe el decimal para cada uno. Lee el decimal.

1.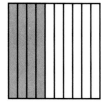

2.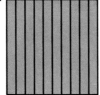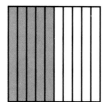

3.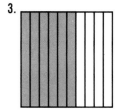

4. nueve décimas **5.** dos y siete décimas **6.** 3 décimas

PRÁCTICA

Escribe el decimal para cada uno. Lee el decimal.

1.

2.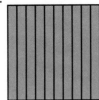

3.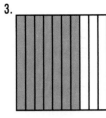

4. ocho décimas

5. tres y una décima

6. 5 décimas

7. seis décimas

8. cuatro y cuatro décimas

9. 7 y 2 décimas

10. una décima

11. uno y nueve décimas

12. 15 y 9 décimas

Escribe cada número en palabras.

13. 1.4

14. 5.8

15. 0.7

16. 8.2

17. 0.1

18. 11.1

Nombra los decimales para los puntos A–L.

19.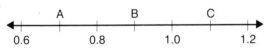

20.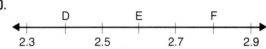

★ 21.

★ 22.

APLICACIÓN

Cuatro colonos están construyendo un camino de tablas. Cada colono tiene su abastecimiento de tablas. Escribe un decimal para mostrar cuántas pilas y partes de pila tiene cada colono.

23. John

24. Joseph

25. Isabel

26. Lucas

NÚMERO DE TABLAS DE MADERA		
Colonos	Pilas de 10 tablas	Tablas individuales
John	8	6
Joseph	0	9
Isabel	14	0
Lucas	9	7

★ 27. Isabel tiene 6 tablas más. ¿Qué decimal muestra cuántas tablas tiene ella ahora?

★ 28. ¿Cuántas tablas necesita Joseph para tener una pila completa?

Centésimas

El primer carro a gasolina tenía un motor de 0.85 caballos de fuerza.

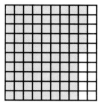

decimal

0.85 es un decimal menor que 1. Piensa en 1 como un entero dividido en 100 partes iguales.

85 partes son azules

0.85

- lee   85 centésimas
- número en   ochenta y cinco centésimas
  palabras

Este dibujo muestra una parte decimal mayor que 1.

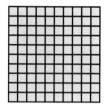

decimal   1.27

- lee   1 y 27 centésimas
- número en   uno y veintisiete
  palabras   centésimas

Lee los decimales en un cuadro de valores posicionales.

unidades	décimas	centésimas
0.	3	
2.	4	
0.	0	9
1.	4	6

lee
3 décimas
2 y 4 décimas
9 centésimas
1 y 46 centésimas

El valor de cada dígito depende de su posición en un número.

3 decenas   6 unidades   2 décimas   5 centésimas

TRABAJO EN CLASE

Escribe el decimal para cada uno.

1. siete centésimas

2. 3 y 4 centésimas

3. 1 centésima

Lee cada decimal. Da el valor de cada dígito.

4. 4.06

5. 2.65

6. 6.31

7. 0.06

8. 17.61

PRÁCTICA

Escribe el decimal para cada uno. Lee el decimal.

1.

2.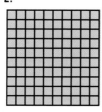

3.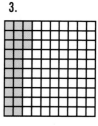

4. ocho centésimas

5. dos y tres centésimas

6. cuatro centésimas

7. 9 y 53 centésimas

8. 2 centésimas

9. 6 décimas

Une.

10. 0.05

a. quince centésimas

11. 0.15

b. uno y cinco centésimas

12. 0.5

c. cinco centésimas

13. 1.05

d. cinco décimas

Escribe cada número en palabras. Da el valor del dígito 3.

14. 1.36   **15.** 0.03   **16.** 3.15   **17.** 0.39   **18.** 32.45

Escribe el decimal.

19. dieciséis centésimas

20. veintidós y dos centésimas

21. seis y cuatro centésimas

22. uno y seis décimas

★ **23.** tres más que cuatro y una centésima

★ **24.** seis menos que diez y nueve centésimas

★ **25.** dos décimas más que uno y cinco décimas

★ **26.** nueve centésimas menos que nueve y nueve centésimas

APLICACIÓN

La gasolina costaba 25¢ el galón.
El decimal 0.25 muestra una parte de 100 centavos, ó 1 dólar.

Usa el signo de dólar y el punto decimal para mostrar cada uno.

27. un centavo

28. 10 centavos

29. 50 centavos

30. 75 centavos

★ **31.** 5 dólares y 50 centavos

★ **32.** 50 dólares y 5 centavos

Milésimas

Después de manejar 625 millas hacia el norte
desde Jacksonville, Florida, se llega
a 0.625 de la distancia a New York.

Piensa el 1 entero dividido en 1,000 partes iguales.

decimal	0.625
• lee	625 milésimas
• número en palabras	seiscientas veinticinco milésimas

Lee el número entero primero. Luego, lee el punto decimal
como y. Luego, lee el número decimal tal como leerías un número
entero. Luego, lee el valor posicional del último dígito.

Lee los decimales en un cuadro de valores posicionales.

unidades	décimas	centésimas	milésimas
1.	4	0	6
3.	5	1	
0.	7		
0.	0	8	9

lee
1 y 406 milésimas
3 y 51 centésimas
7 décimas
89 milésimas

El valor de un dígito depende de su posición en un número.

5   3 . 5   3   5

5 decenas   3 unidades   5 décimas   3 centésimas   5 milésimas

TRABAJO EN CLASE

Escribe el decimal para cada uno.

1. siete milésimas

2. cuatrocientas nueve milésimas

3. 18 milésimas

4. 2 milésimas

5. 2 y 3 milésimas

Lee cada decimal. Da el valor de cada dígito subrayado.

6. 1_4_.003

7. 3.09_2_

8. 0.0_1_2

9. 26.8_1_0

10. 5.27_6_

Escribe el decimal para cada uno.

1. ocho milésimas

2. 205 milésimas

3. uno y cuatro centésimas

4. 3 y 90 milésimas

5. dos y nueve décimas

6. 26 milésimas

7. uno y seis milésimas

8. 5 y 357 milésimas

Lee cada decimal. Da el valor de cada dígito subrayado.

9. 16.<u>7</u>23

10. 0.9<u>8</u>1

11. 5.00<u>7</u>

12. <u>2</u>.016

13. 41.30<u>9</u>

Escribe cada número en palabras.

14. 1.05

15. 2.005

16. 8.1

17. 37.149

18. 0.008

 Muestra cada decimal. Luego, escribe cada decimal.

19. dos y cuatrocientas seis milésimas

20. tres y quince centésimas

21. nueve y sesenta y tres milésimas

★ 22. seis más que siete y cinco centésimas

★ 23. ocho décimas más que dos y seis milésimas

★ 24. cuatro centésimas menos que ciento setenta y cinco milésimas

APLICACIÓN

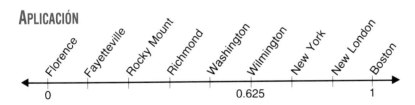

La recta numérica representa la distancia entre Florence, S.C., y Boston. Nombra las ciudades situadas en estos puntos a lo largo del camino.

25. 0.25

26. 0.75

27. 0.5

28. 0.875

29. 0.125

30. 0.375

★ 31. Localiza el punto 0.687 en la recta.

★ 32. Localiza el punto 0.437 en la recta.

Comparar y ordenar decimales

El TGV, un tren de gran velocidad en Francia, se desplaza a 125.76 millas por hora (mph). El Hikari de Japón se desplaza a 125.68 mph. ¿Cuál viaja más rápido?

Para comparar decimales, sigue los pasos siguientes.

Paso 1 Alínea los puntos decimales.
$$1\ 2\ 5\ .\ 7\ 6$$
$$1\ 2\ 5\ .\ 6\ 8$$

Paso 2 Empieza a la izquierda. Compara los dígitos en las mismas posiciones.
$$1\ 2\ 5\ .\ 7\ 6$$
$$1\ 2\ 5\ .\ 6\ 8$$
iguales   iguales   iguales

Paso 3 El primer dígito mayor muestra el decimal mayor.
$$1\ 2\ 5\ .\ 7\ 6$$
$$1\ 2\ 5\ .\ 6\ 8$$
$$7 > 6$$
$$125.76 > 125.68$$

El TGV viaja más rápido que el Hikari.

▶Haz una lista de decimales en orden de menor a mayor comparando dos a la vez.

Haz una lista en orden.   4.6   4.68   0.462

$$4.6 = 4.60$$
$$4.60 < 4.68$$
$$0.462 < 4.60$$

Escribe 0 al final de un decimal sin cambiar su valor.

Los decimales están en orden de menor a mayor. $0.462 < 4.6 < 4.68$

TRABAJO EN CLASE

Compara. Usa >, < ó = en lugar de ●

1. 0.125 ● 0.136

2. 0.03 ● 0.003

3. 1.08 ● 1.8

4. 0.16 ● 0.160

5. 0.5 ● 0.400

6. 1.46 ● 0.146

Haz una lista en orden de menor a mayor.

7. 5.01; 5.9; 5.003

8. 42.86; 9.77; 42.913

9. 6.4; 60.4; 6.004

Compara. Usa >, < ó = en lugar de ●.

1. 0.2 ● 0.4

2. 0.6 ● 0.3

3. 0.07 ● 0.09

4. 0.06 ● 0.16

5. 0.183 ● 0.187

6. 0.206 ● 0.201

7. 0.8 ● 0.80

8. 0.6 ● 0.66

9. 0.104 ● 0.1

10. 0.04 ● 0.4

11. 0.2 ● 0.02

12. 0.3 ● 0.333

13. 1.3 ● 1.62

14. 1.08 ● 0.8

15. 1.90 ● 1.900

16. 5.12 ● 5.21

17. 21.009 ● 21.010

18. 10.05 ● 10.051

Haz una lista en orden de menor a mayor.

19. 0.04; 0.08; 0.03

20. 0.9; 0.09; 0.009

21. 1.2; 1.22; 1.022

22. 0.7; 0.71; 0.077

23. 1.9; 10.9; 1.090

24. 2.5; 2.51; 2.005

★25. 0.5; 1.5; 0.15; 1.05

★26. 1.8; 1.08; 1.88; 1.088

★27. 0.62; 0.623; 0.621; 0.618

APLICACIÓN

28. En Canadá, el tren de Guildwood a Kingston va a 82.9 mph. Amtrak va de Newark a Trenton a 82.5 mph. ¿Cuál tren es más rápido?

29. En 1980, un tren eléctrico regular de pasajeros se desplazaba a 106.25 mph. En 1938, una locomotora a vapor se desplazaba a 126 mph. ¿Qué velocidad es mayor?

Usa la tabla para 30–32.

30. ¿Qué vehículo tiene el récord de menor velocidad en tierra, el jet sobre rieles o el auto a propulsión?

31. ¿Qué vehículo tiene el récord de mayor velocidad en tierra?

★32. Escribe las velocidades en orden, de la más rápida a la más lenta.

RÉCORDS DE VELOCIDAD EN TIERRA		
Año	Vehículo	Máxima velocidad (mph)
1959	Cohete sobre rieles	3.090
1965	Auto a propulsión	600.60
1979	Auto cohete	739.67
1980	Jet sobre rieles	255.3

RAZONAMIENTO LÓGICO

Usa los dígitos 0, 1, 2, 3, 4, y 5 para escribir el número mayor y el número menor.

Redondear decimales

La velocidad de un barco se da en nudos.
Un nudo es igual a 1.152 millas por hora.

Redondea la velocidad a la décima más
cercana.
Sigue estos pasos.

Paso 1	Halla la posición a redondear.	1.1$\underline{5}$2
Paso 2	Halla el dígito a la derecha.	1.15$\underline{2}$
	Si es menos de 5, deja el dígito en la posición a redondear sin cambiarlo.	5 = 5
	Si es 5 ó más, aumenta el dígito en la posición a redondear por 1.	1.2
Paso 3	Quita los dígitos a la derecha de la posición a redondear.	1.2

La velocidad es alrededor de 1.2 mph, redondea a la décima más cercana.

Más ejemplos

a. Redondea a la unidad más cercana.

37.623 redondea a 38.

6 > 5

b. Redondea a la centésima más cercana.

0.293 redondea a 0.29.

3 < 5

c. Redondea al dólar más cercano.

$63.83 redondea a $64.

8 > 5

d. Redondea a los 10 centavos más cercano.

$1.72 redondea a $1.70.

2 < 5

A veces, se da el número redondeado como un decimal y el nombre de la posición.

17,300,000 = 17.3 millones
2,400,000,000 = 2.4 mil millones

TRABAJO EN CLASE

Redondea a la unidad más cercana.

1. 3.2   2. 105.54

Redondea a la décima más cercana.

3. 0.552   4. 15.81

Redondea a la centésima más cercana.

5. 2.167   6. 0.943

Redondea al dólar más cercano.

7. $4.65   8. $25.15

PRÁCTICA

Redondea a la unidad más cercana.

1. 1.5   2. 12.09   3. 0.89

Redondea a la décima más cercana.

4. 0.49   5. 6.25   6. 23.072

Redondea a la centésima más cercana.

7. 5.016   8. 14.272   9. 8.395

Redondea al dólar más cercano.

10. $6.53   11. $17.39   12. $109.98

Redondea a los diez centavos más cercanos.

13. $1.67   14. $7.96   15. $4.04

Escoge la forma usual correcta para cada número redondeado.

16. 9.6 millones   17. 22.2 mil

   a. 9,600   b. 9,600,000   a. 2,222   b. 22,022
   c. 960,000   d. 906,000   c. 22,200   d. 222,000

Escribe la forma usual para cada número redondeado.

18. 6.2 millones   19. 19.8 millones   20. 4.5 mil millones

★21. 0.8 millones ★22. 0.14 millones ★23. 0.7 mil millones

APLICACIÓN

24. El *Mayflower* era un navío de dos niveles que pesaba alrededor de 179.62 toneladas. Redondeada a la tonelada más cercana, ¿cuántas toneladas pesaba?

25. El *Mayflower II* es una copia del *Mayflower* construida en Inglaterra. Tiene 90.14 pies de largo. ¿Qué largo tiene el *Mayflower II* redondeado a la décima más cercana?

★26. El buque *Alcoa Partner* es un carguero que se desplaza a 15.5 nudos. Otros dos cargueros se desplazan a 15.213 y 14.98 nudos. ¿Cuál es velocidad promedio redondeada a la décima más cercana?

Práctica mixta

1. $9 + 3 = n$

2. $14 - 5 = n$

3.
$$\begin{array}{r} 7{,}342 \\ + 1{,}437 \end{array}$$

4.
$$\begin{array}{r} 56{,}320 \\ + 4{,}899 \end{array}$$

5.
$$\begin{array}{r} 8{,}436 \\ - 6{,}125 \end{array}$$

6.
$$\begin{array}{r} 73{,}006 \\ - 26{,}717 \end{array}$$

7.
$$\begin{array}{r} 28 \\ \times 7 \end{array}$$

8.
$$\begin{array}{r} \$607 \\ \times 450 \end{array}$$

9. $4\overline{)79}$

10. $8\overline{)1{,}624}$

11. $6\overline{)32{,}814}$

12. $21\overline{)564}$

13. $35\overline{)\$6{,}790}$

14. $21\overline{)5{,}136}$

Redondea a la decena más cercana.

15. 319

16. 857

17. 4,623

Problemas para resolver

LÓGICA

Una manera de resolver problemas es usando lógica.
Decide cual es la respuesta usando los datos del problema.

Alicia, Beverly y Carolina juegan de diferentes maneras.
Una anda en zancos, otra en patines y otra en uniciclo.
Carolina no usa ruedas. Beverly no usa patines. ¿Quién
maneja el uniciclo?

PIENSA **¿Cuál es la pregunta?**

¿Quién maneja el uniciclo?

¿Cuáles son los datos?

Carolina, Alicia y Beverly se desplazan de diferentes
maneras. Cada una usa lo siguiente: zancos, patines
o uniciclo. Carolina no usa ruedas. Beverly no usa
patines.

PLANEA **¿Cómo puedes hallar la respuesta?**

Primero, haz una tabla de los datos. Luego, usa
lógica para hallar la respuesta.

RESUELVE **Sigue con el plan. Haz una tabla para mostrar los datos.**

1. Carolina no usa ruedas. Los patines y el
   uniciclo tienen ruedas. Por lo tanto,
   Carolina debe andar en zancos.

2. Alicia o Beverly deben ir en
   uniciclo.

3. Beverly no usa patines. Por lo
   tanto, Alicia debe usar patines.

4. Beverly maneja el uniciclo.

	Zancos	Patines	Uniciclo
Carolina	Sí	No	No
Alicia		Sí	
Beverly		No	Sí

REVISA **¿Has contestado la pregunta?**
¿Tiene sentido tu respuesta?

Comprueba los datos. Cada niña tiene una manera diferente
de jugar. Carolina no usa ruedas. Beverly no usa patines.
Eso significa que Alicia usa los patines. Por lo tanto, Beverly
maneja en uniciclo. La respuesta es correcta.

PRÁCTICA

Lee y resuelve cada problema.

1. Pat y Lee son amigos. Uno es niña, el otro es niño. La niña es mayor que el niño. Pat es más joven que Lee. ¿Quién es la niña?

2. Peggy, Marcos y Stacy corren una carrera. Marcos no llegó primero. Stacy llegó entre los otros dos. ¿Quién ganó la carrera?

3. Alfonso, Roberto y Cheryl tienen animalitos domésticos. Uno tiene un gatito, otro un lorito y el otro un conejo. Cheryl es amiga del niño que tiene el gatito. Roberto tiene el conejo. ¿Quién tiene el lorito?

4. Ralph, Susan y Tom tienen empleos en el transporte. Uno es piloto de avión. Tom es chofer de autobús. El tercero es conductor de trenes. Ralph está casado con el conductor. ¿Quién es el piloto de avión?

5. Cuatro amigos son miembros de la tripulación de un avión. Andrés y el capitán juegan juntos al golf. Serena y Rosario juegan al tenis con el capitán y el ingeniero. Serena es aeromoza. Está casada con Carl. ¿Quién es el capitán?

★ 6. Un número entero es menos que 10. El doble del número es mayor que 12. Tres veces el número es menos que 24. ¿Cuál es el número?

CREA TU PROPIO PROBLEMA

Crea *un nuevo dato* para cada problema.
Luego, resuelve los problemas que has creado.

1. Marty es mayor que Gerry. Uno de ellos es niña, el otro es niño.

   (Agrega un dato.)

   ¿Quién es el niño?

2. Ricardo, Benjamín y Raúl son hermanos. Benjamín no es el mayor.

   (Agrega un dato.)

   ¿Quién es el hermano menor?

Sumar décimas y centésimas

En 1851, el clíper *Flying Cloud* navegó dos veces de New York a San Francisco. El primer viaje tomó 97.8 días. El segundo viaje estableció un récord de 89.4 días. ¿Cuántos días tomaron en total los dos viajes?

$97.8 + 89.4 = n$

Paso 1
Alinea los puntos decimales.

$$\begin{array}{r} 97.8 \\ +\,89.4 \\ \hline \end{array}$$

Paso 2
Suma las décimas. Reagrupa.

$$\begin{array}{r} {\scriptstyle 1} \\ 97.8 \\ +\,89.4 \\ \hline 2 \end{array}$$

12 décimas = 1 unidad 2 décimas

Paso 3
Suma unidades. Reagrupa.

$$\begin{array}{r} {\scriptstyle 1\,1} \\ 97.8 \\ +\,89.4 \\ \hline 7\,2 \end{array}$$

Paso 4
Suma decenas. Pon el punto decimal.

$$\begin{array}{r} {\scriptstyle 1\,1} \\ 97.8 \\ +\,89.4 \\ \hline 187.2 \end{array}$$

Los dos viajes tomaron 187.2 días.

Más ejemplos

a. $43.4 + 17.96 + 5 = n$

$$\begin{array}{r} {\scriptstyle 1\,1} \\ 43.40 \\ 17.96 \\ +\ \ 5.00 \\ \hline 66.36 \end{array}$$

Usa ceros para conservar los lugares.

b. $\$3.20 + \$4 + \$.98 = n$

$$\begin{array}{r} {\scriptstyle 1} \\ \$3.20 \\ 4.00 \\ +\ \ \ .98 \\ \hline \$8.18 \end{array}$$

Comprueba sumando hacia arriba.

Suma. Comprueba sumando hacia arriba.

1. $\begin{array}{r} 0.7 \\ +\,0.5 \\ \hline \end{array}$

2. $\begin{array}{r} 9.9 \\ +\,0.4 \\ \hline \end{array}$

3. $\begin{array}{r} 6.59 \\ +\,8.6 \\ \hline \end{array}$

4. $\begin{array}{r} 5.4 \\ +\,9.38 \\ \hline \end{array}$

5. $\begin{array}{r} \$79.86 \\ +\ \ 54.29 \\ \hline \end{array}$

6. $82.7 + 9.36$

7. $5.23 + 14.98 + 0.6$

8. $\$2.06 + \$5.90 + \$16.83$

PRÁCTICA

Suma. Comprueba sumando hacia arriba.

1. 9.7 +6.2	2. 8.3 +0.9	3. 52.6 +19.8	4. 83.7 +26.7	5. 71.5 +46.8
6. 4.63 +8.95	7. $5.02 + 3.89	8. 14.72 +65.93	9. $36.04 + 18.96	10. 27.75 +53.88
11. $7.62 + 0.58	12. 9.5 +8.49	13. 21.48 +10.9	14. 57.82 + 6.7	15. 82.9 +16.35
16. 56.3 62.7 +87.9	17. $48.32 85.07 + 21.52	18. $42.61 74.38 + 86.95	19. 23.6 98.54 +41.9	20. 63.78 91.9 +23.12
21. 7.1 21.4 + 4.25	22. 15.7 132.4 + 3.6	23. 1.77 8.15 +93.02	24. 44.19 3.3 +256.8	25. 147.9 813.01 + 71.25

26. 5.4 + 8.2 + 1.4   27. 19.1 + 4.6 + 0.8   28. 2.25 + 5.07 + 9.13

29. 4.6 + 2.13 + 7.21   30. 31.7 + 24.36 + 56.1   31. 3.95 + 26 + 93.9

32. 42.35 + 22.53   33. 6.8 + 7.45   34. 71.81 + 9.3

35. 31.72 + 4.21 + 8   36. 687.42 + 41.35 + 10.7   37. 590.3 + 0.8 + 26.58

**Copia cada problema. Pon los puntos decimales
en los sumandos para que cada suma sea correcta.**

38. 53 + 27 = 8.0   39. 938 + 654 = 15.92

★40. 71 + 605 + 133 = 80.9   ★41. 84 + 109 + 26 = 35.49

APLICACIÓN

42. Los pasajeros pagaron $105.80 para navegar a California. El viaje de regreso costó $118.95. ¿Cuál es el total de los dos pasajes? Redondea el total al dólar más cercano.

★43. Un barco clíper navegó 199.65 millas, 250.4 millas y 374.52 millas en tres días. Redondea cada distancia al número entero más cercano. ¿Cuál es la suma de los números redondeados?

Restar décimas y centésimas

Un hidrofoil estableció un récord de velocidad en el agua de 70.5 millas por hora en 1918. Actualmente pueden viajar a 99.2 mph. ¿Cuánto más rápido son los hidrofoil actualmente?

$$99.2 - 70.5 = n$$

Paso 1
Alinea los puntos decimales.

Paso 2
Resta las décimas. Reagrupa si es necesario.

Paso 3
Resta unidades. Reagrupa si es necesario.

Paso 4
Resta decenas. Pon el punto decimal.

```
   9 9.2
 - 7 0.5
```

```
     8 12
   9 9̸.2̸
 - 7 0.5
   ─────
        7
```
9 unidades 2 décimas = 8 unidades 12 décimas

```
     8 12
   9 9̸.2̸
 - 7 0.5
   ─────
      8 7
```

```
     8 12
   9 9̸.2̸
 - 7 0.5
   ─────
    2 8.7
```

Los hidrofoil son 28.7 mph más rápidos hoy que en 1918.

Más ejemplos

a. Halla $9.64 - 0.59$.

```
      5 14
   0.6̸ 4̸
 - 0.5 9
   ──────
   0.0 5
```

b. Halla $\$50 - \$9.65$.

```
        9 9
      4 1̸0̸ 1̸0̸ 10
   $ 5̸ 0̸.0̸ 0̸
 -       9.6 5
   ───────────
   $ 4 0.3 5
```

```
     1  1  1
   $ 4 0.3 5
 +      9.6 5
   ───────────
   $ 5 0.0 0
```
Comprueba sumando.

Trabajo en clase

Resta. Comprueba sumando.

1.
```
   4.5
 - 2.3
```

2.
```
   7.3
 - 1.8
```

3.
```
   5.04
 - 4.9
```

4.
```
   0.7
 - 0.05
```

5.
```
   $20.10
 -   8.53
```

6. $31.6 - 24.8$

7. $\$51.36 - \$29.70$

8. $84 - 2.38$

Resta. Comprueba sumando.

1. 7.4 − 6.2	2. 0.9 − 0.3	3. 2.7 − 1.8	4. 5.3 − 2.9	5. 8.0 − 5.6
6. $.16 − .09	7. 6.93 − 6.87	8. 8.16 − 4.39	9. 56.21 − 9.75	10. $8.41 − 6.97
11. 38.2 − 6.57	12. $75.01 − 19.43	13. 40.06 − 25.8	14. $81.93 − 14.97	15. 52.18 − 39.7
16. 65.81 − 7.9	17. $39.99 − 1.50	18. 19.8 − 7.24	19. 48.37 − 19.49	20. 80.5 − 10.6

21. 90.2 − 67.45

22. 21.3 − 14.89

23. $90 − $35.26

24. 6.9 − 4.8

25. 0.21 − 0.16

26. 14.2 − 4.19

27. $85.16 − $17.73

28. 70.1 − 8.8

29. $50 − $46.27

Halla los números que faltan. La suma de cada fila, columna y diagonal debe ser la misma.

30.

	1.2	5.8
6	3.4	
1		3.6

31.

6.4		9.0
9.2		
4.2		6.8

★ 32.

	13.53	
9.48	2.73	12.18

33. El hidrofoil *H/F Comfort* navega a 6.07 pies sobre las olas. El *Jetfoil* navega a 7.3 pies sobre las olas. ¿Cuánto más alto navega el *Jetfoil?*

34. Juana, David y Ana están haciendo cada uno un modelo de barco. Cada barco tardará alrededor de 6 horas en ser construido. Ana necesita una hora más para terminar. David ha trabajado tres horas. Juana dedicó una hora menos que Ana. ¿Quién terminará primero?

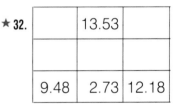

LA CALCULADORA

Usa la tecla ⊟ en tu calculadora para restar el valor del 8 a cada número. Escribe el número que restas y el número que queda.

1. 58.76   2. 897.02

3. 480.9   4. 96.87

5. 3.08   6. 0.886

Estimar sumas y diferencias

Un ingeniero francés inventó el hidroavión en 1910. Recorrió 0.51 kilómetros en su primer vuelo. Después, recorrió 0.79 kilómetros. Estima el total de la distancia de los dos vuelos.

Estima 0.51 + 0.79.

▶ Para estimar una suma o diferencia, halla la posición mayor que no sea cero, del número mayor. Redondea cada número a esa posicion. Luego, suma o resta.

0.79 > 0.51

Redondea a décimas.

	0.79	se redondea a	0.8
	+0.51	se redondea a	+0.5
			1.3

suma estimada

La distancia total fue de alrededor de 1.3 kilómetros.

Más ejemplos

a. Estima 0.079 − 0.051.

Redondea a centésimas.

0.079	se redondea a	0.08
−0.051	se redondea a	−0.05
		0.03

b. Estima 0.63 − 0.093.

Redondea a décimas.

0.63	se redondea a	0.6
−0.093	se redondea a	−0.1
		0.5

TRABAJO EN CLASE

Estima cada suma o diferencia.

1. 0.27 +0.19	**2.** 2.08 −0.96	**3.** 1.7 +2.3	**4.** $5.30 − 2.75	**5.** 4.07 +1.63

6. 0.329 −0.162	**7.** 7.83 +19.5	**8.** 6.614 −0.856	**9.** 47.3 +12.9	**10.** 0.281 −0.07

11. 2.530 + 1.07   **12.** 4.09 − 0.916   **13.** 0.623 − 0.08

196

PRÁCTICA

Estima cada suma o diferencia.

1. $\quad 0.57$ $\underline{+0.42}$	**2.** $\quad 0.18$ $\underline{+0.31}$	**3.** $\quad 2.7$ $\underline{+3.4}$	**4.** $\quad \$4.52$ $\underline{+\ 1.49}$	**5.** $\quad 3.13$ $\underline{+5.82}$

6. $\quad 0.36$ $\underline{-0.12}$	**7.** $\quad 4.6$ $\underline{-1.8}$	**8.** $\quad 1.59$ $\underline{-0.61}$	**9.** $\quad 0.917$ $\underline{-0.275}$	**10.** $\quad \$4.26$ $\underline{-\ 1.97}$

11. $\quad 4.245$ $\underline{-3.35}$	**12.** $\quad 3.506$ $\underline{+2.938}$	**13.** $\quad 50.01$ $\underline{-25.3}$	**14.** $\quad 8.29$ $\underline{+1.7}$	**15.** $\quad 2.503$ $\underline{-0.918}$

16. $1.2 + 9.82$

17. $0.41 + 2.6$

18. $\$5.23 + \$1.85$

19. $1.026 - 0.73$

20. $\$78.01 - \$43.52$

21. $0.67 + 1.308$

22. $0.09 + 0.16 + 0.42$

23. $9.862 - 4.604$

★ **24.** $21.73 + 43.57 + 10.02$

★ **25.** $34.1 - 12.38 - 10.76$

APLICACIÓN

Estima cada respuesta. Luego, usa la calculadora para hallar la medida exacta.

26. ¿Cuál es la diferencia de longitud en la envergadura de las alas del *Flying Fish* y del *Curtiss NC?*

★ **27.** ¿Cuál es la longitud promedio de los 3 hidroaviones?

TAMAÑOS DE MODELOS DE HIDROAVIÓN		
Hidroavión	Envergadura de las alas	Longitud
Princess	0.9 m	0.666 m
Flying Fish	0.37 m	0.25 m
Curtiss NC	0.753 m	0.542 m

ESTIMAR

1. Estima la producción total de autos y la producción total de camiones al millón más cercano.

2. ¿Qué país produce el mayor número de autos y camiones? ¿Alrededor de cuántos millones de vehículos produce en total?

3. ¿Alrededor de cuántos millones menos de vehículos produce Estados Unidos que el mayor productor?

PRODUCCIÓN EN MILLONES		
País	Autos	Camiones
Francia	3	—
Japón	8.5	2.4
Estados Unidos	6.5	2.3
URSS	—	0.8
Alemania Federal	3	—

Sumar milésimas

El primer vuelo espacial del transbordador *Columbia* duró 54.35 horas. El segundo viaje duró 54.195 horas. ¿Cuántas horas de viaje tuvo el *Columbia* en los dos vuelos?

54.35 + 54.195 = n

Paso 1
Alinea los puntos decimales. Usa ceros para conservar las posiciones.

```
  54.350
+ 54.195
```

Paso 2
Empieza a la derecha. Suma los dígitos, posición por posición. Reagrupa si es necesario.

```
   1
  54.350
+ 54.195
 108 545
```

Paso 3
Ubica el punto decimal.

```
   1
  54.350
+ 54.195
 108.545
```

Estima para asegurarte de que la respuesta tiene sentido.

```
   1
  54.350   se redondea a      50
+ 54.195   se redondea a    + 50
 108.545                     100
```

El *Columbia* tuvo 108.545 horas de vuelo en total.

Más ejemplos

```
  1 1
a. 0.695   se redondea a     0.7
 + 0.258   se redondea a   + 0.3
   0.953                     1.0
```

```
        1
b. 21.324   se redondea a     20
 +  7.750   se redondea a   + 10
   29.074                     30
```

TRABAJO EN CLASE

Suma. Estima para asegurarte de que cada respuesta tiene sentido.

1.
```
  1.453
+ 0.675
```

2.
```
  0.286
+ 0.919
```

3.
```
  97.483
+  6.924
```

4.
```
  2.13
+ 7.571
```

5.
```
   8.7
+ 25.086
```

6. 5.9 + 45.823

7. 3.29 + 8.476 + 5.562

8. 1.7 + 4.098 + 2.53

PRÁCTICA

Suma. Estima para asegurarte de que cada respuesta tiene sentido.

1.	1.326 + 3.051	**2.**	0.987 + 0.004	**3.**	6.324 + 0.198	**4.**	7.169 + 5.387	**5.**	0.412 + 9.875
6.	28.515 + 63.792	**7.**	19.065 + 36.827	**8.**	34.008 + 47.924	**9.**	8.193 + 24.765	**10.**	22.907 + 9.387
11.	4.96 + 6.872	**12.**	87.609 + 23.49	**13.**	15.461 + 7.37	**14.**	10.533 + 287.28	**15.**	71.88 + 9.487

16. 5.96 + 12.758   **17.** 47.8 + 902.04   **18.** 89.061 + 126.3

19. 0.682 + 70.8   **20.** 0.425 + 2.076   **21.** 16.1 + 4.23

22. 9.7 + 5.08 + 3.246   **23.** 9.31 + 0.8 + 6.9   **24.** 4.3 + 87 + 7.356

**Copia. Pon el punto decimal en cada sumando
para que cada suma sea correcta.**

25. 4630 + 219 = 26.53   **26.** 1308 + 1372 = 138.508

★ **27.** 7610 + 25104 + 2613 = 35.327   ★ **28.** 12 + 39864 + 40 + 1985 = 43.449

APLICACIÓN

29. Halla un camino en el rompecabezas que sume 16.455.
   Dato: Prueba redondear y estimar.

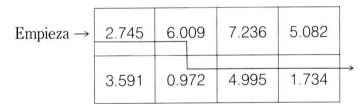

Empieza →	2.745	6.009	7.236	5.082
	3.591	0.972	4.995	1.734

LA CALCULADORA

Observa la pantalla de la calculadora a medida que entras los dos
primeros ejemplos. Luego, halla los sumandos que faltan en **3** y **4**.

1. Entra 1 + .1 + .01 + .001 = ____?____

2. Entra 2 + .2 + .02 + .002 = ____?____

3. Entra 3 + ? + ? + ? = 3.333

4. Entra 4 + ? + ? + ? = 4.444

Restar milésimas

Los Ryan arrendaron un carro cohete y recorrieron 86.25 kilómetros para visitar a unos amigos. Luego, recorrieron 50.057 kilómetros para ir a comprar en la Estación Espacial 1. ¿Cuánto más distante fue el primer viaje?

$86.25 - 50.057 = n$

Paso 1
Alinea los puntos decimales. Usa ceros para conservar las posiciones.

$$
\begin{array}{r}
86.250 \\
-50.057 \\
\hline
\end{array}
$$

Paso 2
Empieza a la derecha. Resta dígitos, posición por posición. Reagrupa si es necesario.

$$
\begin{array}{r}
{}^{1}\,{}^{14}_{\cancel{4}}\,{}^{10} \\
8\ 6.2\ \cancel{5}\ \cancel{0} \\
-5\ 0.0\ 5\ 7 \\
\hline
3\ 6\ 1\ 9\ 3
\end{array}
$$

Paso 3
Pon el punto decimal.

$$
\begin{array}{r}
{}^{1}\,{}^{14}_{\cancel{4}}\,{}^{10} \\
8\ 6.2\ \cancel{5}\ \cancel{0} \\
-5\ 0.0\ 5\ 7 \\
\hline
3\ 6.1\ 9\ 3
\end{array}
$$

Estima para asegurarte de que la respuesta tiene sentido.

86.250	se redondea a	90
−50.057	se redondea a	−50
36.193		40

El primer viaje fue 36.193 km más distante.

TRABAJO EN CLASE

Resta. Estima para asegurarte de que cada respuesta tiene sentido.

1.
$$\begin{array}{r} 8.301 \\ -7.416 \\ \hline \end{array}$$

2.
$$\begin{array}{r} 0.153 \\ -0.086 \\ \hline \end{array}$$

3.
$$\begin{array}{r} 0.02 \\ -0.008 \\ \hline \end{array}$$

4.
$$\begin{array}{r} 18.358 \\ -\ 9.01 \\ \hline \end{array}$$

5.
$$\begin{array}{r} 22.5 \\ -17.006 \\ \hline \end{array}$$

6.
$$\begin{array}{r} 8.294 \\ -3.605 \\ \hline \end{array}$$

7.
$$\begin{array}{r} 462 \\ -\ 94.716 \\ \hline \end{array}$$

8.
$$\begin{array}{r} 0.921 \\ -0.53 \\ \hline \end{array}$$

9.
$$\begin{array}{r} 5.125 \\ -4.9 \\ \hline \end{array}$$

10.
$$\begin{array}{r} 32.8 \\ -29.142 \\ \hline \end{array}$$

Resta. Suma para comprobar.

11. $3.618 - 1.053$

12. $0.713 - 0.089$

13. $2.6 - 1.357$

Resta. Estima para asegurarte de que cada respuesta tiene sentido.

1. 2.698 − 0.532	2. 0.369 − 0.104	3. 0.078 − 0.056	4. 8.201 − 3.914	5. 9.459 − 8.098
6. 24.108 − 18.532	7. 36.210 − 29.538	8. 60.01 − 17.625	9. 84.300 − 9.586	10. 57.6 − 28.239

Resta. Suma para comprobar.

11. 32.032 − 28.19	12. 17.143 − 12.68	13. 81.010 − 66.48	14. 73.006 − 25.97	15. 48.031 − 39.63
16. 151.214 − 9.04	17. 390.02 − 45.205	18. 577.914 − 238.8	19. 923.4 − 802.062	20. 661.003 − 4.7

21. 0.490 − 0.036　　　　22. 8.526 − 2.658　　　　23. 3.54 − 1.987

24. 0.2 − 0.079　　　　25. 91 − 15.342　　　　26. 125.328 − 68.54

Copia. Pon el punto decimal en cada número para que cada respuesta sea correcta.

27. 6503 − 1502 = 50.01　　　　28. 437 − 221 = 2.16

★ 29. 126905 − 8869 = 38.215　　　　★ 30. 143 − 10029 = 4.271

Sigue la regla para hallar cada número que falta.

Regla: Resta 2.7.

	Entrada	Salida
31.	5.9	
32.	10.1	
33.	7.63	
34.	2.79	

Regla: Resta 3.46.

	Entrada	Salida
35.	4.87	
36.	38.09	
37.	12.45	
38.	8.56	

Regla: Resta 0.698.

	Entrada	Salida
39.	0.999	
40.	5.834	
41.		7.408
42.		0.698

APLICACIÓN

43. El carro cohete alcanzó un promedio de 104.125 km por hora en el primer viaje de salida. Alcanzó un promedio de 98.75 km por hora al regresar. ¿Cuánto más lento fue el viaje de regreso.

★ 44. Los Ryan deben recorrer 903.849 km para visitar las cinco estaciones espaciales. Han recorrido 186.25 km, 450.057 km y 103.849 km. ¿Cuánto más les falta por recorrer?

Problemas para resolver

Resuelve cada problema.

1. El lunes, estaban reparando 0.15 de los trenes subterráneos. El martes, estaban reparando 0.07 más. ¿Qué decimal muestra el número total de trenes que estaban reparando?

2. Entre las 8 A.M. y las 12 del mediodía, 0.719 de los viajeros de la mañana había llegado a su destino. Entre las 4:00 P.M. y las 8:00 P.M., 0.77 de los pasajeros de la tarde había llegado a su estación. ¿Qué decimal muestra el mayor número?

3. El tren a Chicago tenía un coche comedor, un coche de segunda y un coche cama. El coche cama no estaba detrás de los otros dos. El coche comedor estaba entre los otros dos. ¿Qué coche estaba más cerca de la parte delantera del tren?

4. La ensalada de frutas que sirvieron tenía 6.17 onzas de duraznos y 2.75 onzas de peras. También tenía 3.033 onzas de uvas y 0.77 onzas de cerezas. ¿Cuánto pesaba la ensalada, redondeada a la onza más cercana?

5. En un tren a la costa oeste hay 15 coches de segunda y coches dormitorios. Hay 9 coches de segunda más que coches dormitorios. ¿Cuántos coches de segunda hay?

6. En un viaje, David pasó 7 horas y 45 minutos durmiendo. Pasó 1 hora y 50 minutos comiendo. Leyó un libro el resto del tiempo. El viaje duró 12 horas y 30 minutos. ¿Por cuánto tiempo leyó David?

★ 7. Un tren se detiene en Masonville, Sycamore y Clarkstown antes de llegar a Green Dell. Masonville está a 9.35 millas al oeste de Clarkstown. Clarkstown está a 3.4 millas al este de Sycamore. Green Dell está a 10.05 millas al este de Sycamore. ¿A qué distancia está Green Dell de Masonville? Dibuja un diagrama para hallar la respuesta.

Une una o más de las estrategias a la derecha con cada problema. Luego, resuelve el problema.

8. Un avión jet lleva 90 pasajeros. Hay 22 hombres más que mujeres. ¿Cuántos pasajeros son mujeres?

9. Jorge, Francisco y Tomás viajan en una diligencia. Uno es banquero, otro comericante y el otro herrero. Tomás y el banquero son hermanos. Jorge se sienta entre el banquero y el herrero. ¿Cuál es la identidad de cada persona?

10. Un corredor de maratón corrió por 3 horas. Una parte del tiempo corrió 10.8 millas y el resto del tiempo corrió 11.35 millas. ¿Cuánta distancia corrió en total?

11. Un camello anduvo 10 millas el primer día. El segundo día anduvo 2 millas más que el primero. Cada día anduvo 2 millas más que el día anterior. ¿Cuánta distancia caminó el camello en 4 días?

12. Un barco fue al sur, parando en 4 ciudades. Empezó en Allenport y paró en Bakertown. Fue a Carolville y paró en Denton. Allenport está a 3.74 millas de Carolville. Bakertown está a 1.5 millas de Carolville y a 9.08 millas de Denton. ¿A qué distancia está Denton de Allenport?

★ 13. Una compañía compró 35 pasajes de ida y vuelta entre Boston y New York por $1,645. La compañía también gastó $858 en 26 pasajes de ida y vuelta entre Washington y New York. ¿Cuánto le costaría a una persona hacer los dos viajes?

Estrategias
a. Usar lógica
b. Trabajar con demasiada información
c. Hacer y usar tablas
d. Hacer y usar dibujos
e. Adivinar y comprobar
f. Resolver problemas con muchos pasos

Escribe el decimal. págs. 180-185

1. tres décimas   **2.** cinco centésimas   **3.** veinticuatro milésimas

Da el valor del dígito 6. págs. 180-185

4. 0.6   **5.** 62.013   **6.** 35.106   **7.** 116.435   **8.** 5.467

Compara. Usa >, < ó = en lugar de ●. págs. 186-187

9. 0.53 ● 0.059   **10.** 0.03 ● 0.300   **11.** 0.9 ● 0.090

Haz una lista en orden de menor a mayor. págs. 186-187

12. 1.4, 3.27, 1.39   **13.** 0.568, 0.876, 0.421

Redondea a la décima más cercana; luego a la centésima más cercana. págs. 188-189

14. 0.874   **15.** 1.035   **16.** 8.269   **17.** 49.741

Suma o resta. págs. 192-195, 198-201

18. $\begin{array}{r} 17.9 \\ +23.8 \\ \hline \end{array}$ **19.** $\begin{array}{r} 46.28 \\ -\ 9.09 \\ \hline \end{array}$ **20.** $\begin{array}{r} 5.7 \\ +0.6 \\ \hline \end{array}$ **21.** $\begin{array}{r} 3.07 \\ -2.94 \\ \hline \end{array}$ **22.** $\begin{array}{r} 23.8 \\ -10.7 \\ \hline \end{array}$

23. $\begin{array}{r} 6.01 \\ -0.45 \\ \hline \end{array}$ **24.** $\begin{array}{r} 12.361 \\ -10.487 \\ \hline \end{array}$ **25.** $\begin{array}{r} \$48.07 \\ -\ 25.39 \\ \hline \end{array}$ **26.** $\begin{array}{r} 20.602 \\ -\ 8.936 \\ \hline \end{array}$ **27.** $\begin{array}{r} 37.74 \\ -\ 4.99 \\ \hline \end{array}$

28. $\begin{array}{r} 3.5 \\ 16.8 \\ +27.2 \\ \hline \end{array}$ **29.** $\begin{array}{r} 84.26 \\ 0.9 \\ +\ 2.845 \\ \hline \end{array}$ **30.** $\begin{array}{r} 0.18 \\ 5.653 \\ +81.2 \\ \hline \end{array}$ **31.** $\begin{array}{r} 78.359 \\ 4.96 \\ +53.7 \\ \hline \end{array}$ **32.** $\begin{array}{r} 6 \\ 8.03 \\ +28.569 \\ \hline \end{array}$

33. 3.65 + 2.8   **34.** 85.3 − 47.956   **35.** 19 + 56.28

36. 518 − 378.595   **37.** 81.4 + 695.03 + 20.9   **38.** 99.07 − 76.983

Estima cada suma o diferencia. págs. 196-197

39. $\begin{array}{r} 0.109 \\ +0.085 \\ \hline \end{array}$ **40.** $\begin{array}{r} 7.89 \\ -0.62 \\ \hline \end{array}$ **41.** $\begin{array}{r} 0.063 \\ +0.018 \\ \hline \end{array}$ **42.** $\begin{array}{r} \$5.28 \\ -\ 3.76 \\ \hline \end{array}$ **43.** $\begin{array}{r} 18.205 \\ +13.092 \\ \hline \end{array}$

Resuelve. págs. 190-191, 202-203

44. En un día, Arturo manejó su taxi tres veces más lejos que Benjamín. Carla manejó su taxi la mitad de la distancia que Arturo. ¿Quién manejó la menor distancia?

45. Sandra manejó 43.687 millas un día y 24.58 millas el día siguiente. Su odómetro marca 975 millas. A la décima más cercana, ¿cuánto marcaba el odómetro antes de que empezara?

Escribe el decimal.

1. tres milésimas

2. seis y dos décimas

Da el valor del dígito 2.

3. 1.259

4. 5.832

5. 1.32

Compara. Usa >, < ó = en lugar de ●.

6. 21.03 ● 213.03

7. 50.05 ● 50.050

Haz una lista en orden de menor a mayor.

8. 4.09, 3.1, 6

9. 2.02, 2.202, 1.098

Redondea a la unidad más cercana; luego a la décima más cercana.

10. 258.19

11. 18.951

Suma o resta.

12.
$$\begin{array}{r} 6.38 \\ +8.95 \\ \hline \end{array}$$

13.
$$\begin{array}{r} 415.3 \\ -\;76.48 \\ \hline \end{array}$$

14.
$$\begin{array}{r} 56.105 \\ +\;7.968 \\ \hline \end{array}$$

15.
$$\begin{array}{r} 96.1 \\ -\;8.375 \\ \hline \end{array}$$

16.
$$\begin{array}{r} \$34.83 \\ -\;21.69 \\ \hline \end{array}$$

17. 9.71 + 0.6 + 1.263

18. 6.12 − 0.743

19. 82.4 + 6.357 + 0.98

Estima cada suma o diferencia.

20.
$$\begin{array}{r} 3.543 \\ -0.82 \\ \hline \end{array}$$

21.
$$\begin{array}{r} 0.093 \\ +0.41 \\ \hline \end{array}$$

22.
$$\begin{array}{r} \$26.01 \\ -\;\;5.89 \\ \hline \end{array}$$

23.
$$\begin{array}{r} 0.081 \\ +0.096 \\ \hline \end{array}$$

Resuelve.

24. Enrique gastó $19.52, $31.80 y $8.20 en gasolina en tres semanas. ¿Cuánto gastó en total redondeando al dólar más cercano?

25. Amalia, Sonia y Gerardo tomaron diferentes rutas al museo. Sonia llegó cuando abrían el museo. Amalia ya estaba cuando llegó Gerardo. El museo había abierto hacía diez minutos cuando llegó Amalia. ¿Quién llegó el último?

El carro A puede llevar el doble que el carro B. El carro C puede llevar 346.1 kg menos que el carro A. El carro B puede llevar 269.22 kg ¿Cuántos kg pueden llevar los tres?

JUEGO DE TARJETAS DECIMALES

Vas a necesitar:

- 26 tarjetas
- un marcador

Haz 18 tarjetas con los decimales y las letras que se muestran. Trabaja con un compañero.

Halla las tarjetas que faltan, que deben ponerse en los cuadritos de abajo, de manera que los decimales estén en orden. Arregla tus tarjetas y lee el mensaje.

P 0.193	B 0.813	L 0.935	E 0.752
S 0.515	H 0.804	E 0.385	E 0.426
C 0.523	J 0.05	S 0.671	R 0.307
R 0.331	L 0.4	E 0.135	T 0.14
		O 0.25	I 0.37

0.045	☐	☐	☐	0.155	☐	☐	☐

0.325	☐	☐	☐	☐	☐	0.645

Ahora, halla los decimales que van entre los que están arriba de los cuadritos y los que están debajo de los cuadritos.

0.520	0.23	0.801	0.130	0.139	0.749	0.510
☐	☐	☐	☐	☐	☐	☐
0.525	0.27	0.806	0.139	0.142	0.760	0.52

0.669	0.23	0.809	0.329	0.750
☐	☐	☐	☐	☐
0.675	0.261	0.822	0.34	0.76

0.306	0.369	0.424	0.915	0.133	0.513
☐	☐	☐	☐	☐	☐
0.31	0.372	0.430	0.942	0.139	0.519

Haz tarjetas adicionales para cada letra del alfabeto. Escribe un decimal para cada letra. Usa tu código para mandar mensajes secretos a tus amigos.

SECUENCIA

Una secuencia es un grupo de números dispuestos en un patrón. También, podemos decir que una secuencia es un grupo de números que siguen una regla. Los números se llaman **términos:** primero, segundo, tercero, . . . Tres puntos (. . .) significan que el patrón continúa de la misma manera.

Considera el patrón para cada secuencia y halla la regla. Mira la diferencia que hay entre los números.

```
      −3    −3    −3    −3
1. 57,   54,   51,   48,   45,   . . .        Regla: Resta 3.

        +2    +2    +2    +2
2. 1.5,   3.5,   5.5,   7.5,   9.5,   . . .    Regla:

      +5   −3   +5   −3   +5   −3
3. 0,   5,   2,   7,   4,   9,   6,   . . .    Regla:


4. 3,   6,   5,   10,   9,   . . .            Regla:


5. 0.5,   1,   0.75,   1.25,   1,   . . .      Regla:
```

Escribe los 4 términos siguientes para cada secuencia en 1–5 de más arriba.

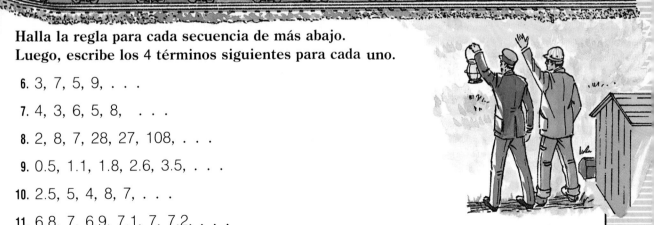

Halla la regla para cada secuencia de más abajo. Luego, escribe los 4 términos siguientes para cada uno.

6. 3, 7, 5, 9, . . .

7. 4, 3, 6, 5, 8, . . .

8. 2, 8, 7, 28, 27, 108, . . .

9. 0.5, 1.1, 1.8, 2.6, 3.5, . . .

10. 2.5, 5, 4, 8, 7, . . .

11. 6.8, 7, 6.9, 7.1, 7, 7.2, . . .

12. 7.2, 6.7, 6, 5.5, 4.8, 4.3, . . .

13. 1.11, 1.113, 1.112, 1.115, 1.114, . . .

ENUNCIADOS LET E INPUT

El enunciado LET es una manera de entrar y guardar
información o *datos* en una computadora.

$$\text{LET A} = 99.4$$

Esto le dice a la computadora que debe guardar el valor 99.4 en
un lugar de la memoria llamada A. Los nombres en letras,
variables, pueden ser 1 letra, 2 letras o una letra seguida
de un número.

A recibe el valor 99.4 $\longrightarrow$
B recibe el valor 63.21 $\longrightarrow$
Para hallar el valor de D,
la computadora resta el valor de B
del valor de A.

```
10 LET A = 99.4
20 LET B = 63.21
30 LET D = A - B
40 PRINT A
50 PRINT B
60 PRINT "LA DIFERENCIA ES ";D
70 END

RUN
99.4
63.21
LA DIFERENCIA ES 36.19
```

Di cual será la salida para cada programa.

1.
```
10 LET A = 2.845
20 LET B = 76.31
30 LET S = A + B
40 PRINT "LA SUMA ES ";S
50 END
```

2.
```
10 LET X = 6.01
20 LET Y = 28.569
30 LET Z = 3.2
40 LET S = X + X + Z
50 PRINT "LA SUMA ES ";S
60 END
```

3.
```
10 LET D = 7
20 LET H = D * 24
30 PRINT "HORAS EN UNA SEMANA = ";H
40 END
```

4.
```
10 LET M = 540
20 LET H = M/60
30 PRINT "NÚMERO DE HORAS = ";H
40 END
```

5.
```
10 LET E = 8
20 LET F = 6
30 LET G = 52
40 LET P = E * F * G
50 PRINT "EL PRODUCTO ES ";P
60 END
```

6.
```
10 LET J = 108
20 LET K = 2
30 LET L = 6
40 LET M = J/(K * L)
50 PRINT "EL COCIENTE ES ";M
60 END
```

Otra manera de entrar datos en una computadora es con el enunciado INPUT.
Es una manera de entrar datos mientras se ejecuta el programa.

La computadora exhibe un signo de
interrogación en la pantalla y espera a que
tú entres un número.
La computadora suma 1.5 al número que
tú entraste.

Entrada 6. ⟶

```
10 PRINT "ENTRA UN NÚMERO"
20 INPUT N
30 LET X = N + 1.5
40 PRINT X
50 END

RUN
ENTRA UN NÚMERO
? 6
7.5
```

**Usa el programa de más arriba. Di cuál será la salida
para cada entrada.**

7. 10   **8.** 600   **9.** 35

10. 62.5   **11.** 143.21   **12.** 79.05

13. 98.5   **14.** 30.77   **15.** 26.5

16. 1.05   **17.** 0.7   **18.** 0.06

19. 59.3   **20.** 187.96   **21.** 4.867

═══════════════ CON LA COMPUTADORA ═══════════════

1. Entra y RUN **1–6**, página 208 y **7–12** de arriba.

2. Compara la salida de la computadora con tus respuestas.

★ **3.** Por tu cuenta: Escribe un programa usando INPUT
que duplique cualquier número que tú entres.
RUN el programa para comprobarlo.

PERFECCIONAMIENTO DE DESTREZAS

Escoge la respuesta correcta. Escribe A, B, C o D.

1. 12×794

   A 7,980   **C** 1,588

   B 9,528   **D** no se da

2. $\$412.20 \div 6$

   A $66.70   **C** $68.70

   B $67.80   **D** no se da

3. $12\overline{)3,612}$

   A 301   **C** 31

   B 300 R1   **D** no se da

4. ¿Cuál número es un número primo?

   A 13   **C** 15

   B 18   **D** no se da

5. ¿Qué número es factor de 8, 12 y 20?

   A 4   **C** 5

   B 3   **D** no se da

6. ¿Cuánto tiempo ha pasado entre las 7:34 P. M. y las 10:35 P.M.?

   A 2 h 59 min   **C** 2 h 1 min

   B 3 h 1 min   **D** no se da

7. 4 días = ___ horas

   A 89   **C** 96

   B 69   **D** no se da

8. ¿Cómo se escribe en palabras 0.04?

   A cuatro decenas   **C** cuatro décimas

   B cuatro   **D** no se da

9. ¿Cuál es el decimal para 3 y dos milésimas?

   A 32   **C** 0.32

   B 3.002   **D** no se da

10. Compara. 0.28 ● 0.2800

    A $<$ **C** $=$

    B $>$ **D** no se da

11. $0.56 - 0.45$

    A 0.011   **C** 1.1

    B 1.01   **D** no se da

Usa la gráfica para responder a **12** y **13**.

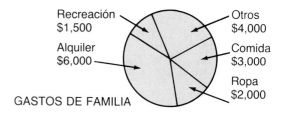

GASTOS DE FAMILIA

12. ¿Cuánto se gasta en ropa?

    A $2,000   **C** $4,000

    B $6,000   **D** no se da

13. ¿Cuánto más se gasta en alquiler que en comida y recreación?

    A $6,000   **C** $1,500

    B $4,500   **D** no se da

Tema: Los deportes

Estimar productos

Julia montó 1.75 horas por semana durante 13 semanas con el Club de Personas con Impedimentos. ¿Cuántas horas montó en total?

Estima para hallar la respuesta.

▶ Para estimar el producto, redondea cada factor a su lugar mayor que no sea cero. Luego, multiplica.

$$
\begin{array}{rl}
1.75 & \text{se redondea a} \quad 2 \\
\times \ \ 13 & \text{se redondea a} \ \times 10 \\
\hline
& \quad\quad 20 \ \leftarrow \text{producto estimado}
\end{array}
$$

Julia montó 20 horas.

Más ejemplos

a. Estima 27 × $71.30.

$$
\begin{array}{rl}
\$71.30 & \text{se redondea a} \quad \$70 \\
\times \ \ \ \ 27 & \text{se redondea a} \ \times \ 30 \\
\hline
& \quad\quad \$2,100
\end{array}
$$

b. Estima 16 × 40.75.

$$
\begin{array}{rl}
40.75 & \text{se redondea a} \quad 40 \\
\times \ \ \ 16 & \text{se redondea a} \ \times 20 \\
\hline
& \quad\quad 800
\end{array}
$$

c. Estima 60.1 × 341.56.

$$
\begin{array}{rl}
341.56 & \text{se redondea a} \quad 300 \\
\times \ \ 60.1 & \text{se redondea a} \ \times \ 60 \\
\hline
& \quad\quad 18,000
\end{array}
$$

d. Estima 49.98 × 32.54.

$$
\begin{array}{rl}
32.54 & \text{se redondea a} \quad 30 \\
\times 49.98 & \text{se redondea a} \ \times 50 \\
\hline
& \quad\quad 1,500
\end{array}
$$

TRABAJO EN CLASE

Estima cada producto.

| 1. 4.7 × 21 | 2. 3.75 × 301 | 3. 23.1 × 2.3 | 4. $7.54 × 41.3 | 5. 3.785 × 97.6 |

6. 4 × $37.54   **7.** 8.2 × 78.1   **8.** 9.57 × 21.785   **9.** 89.7 × 88.657

212

Estima cada producto.

1. 65
   × 2.1

2. 4.7
   × 31

3. 2.75
   × 3.1

4. 19
   × 0.97

5. 2.311
   × 4.9

6. 9.6
   × 11

7. 3.1
   × 27

8. $10.75
   × 34

9. 301
   × 4.1

10. 2,985
    × 3.01

11. 8.7
    × 2.9

12. 9.9
    × 4.9

13. 2.35
    × 1.92

14. $71.67
    × 4.2

15. 47.125
    × 3.201

16. 701.5
    × 2.1

17. 4.12
    × 3.33

18. 9.87
    × 234

19. 6.282
    × 4.798

20. 60.1
    × 89.79

21. 3.2 × 3.9

22. 1.985 × 21.01

23. 79 × 19.235

24. 32.8 × 1.1

25. 5.2 × $7.99

26. 27.35 × 8.77

27. 41.2 × 89.732

28. 0.95 × 12

29. 18 × $43.95

30. 5.8 × 9.6

31. 1.72 × 15

32. 27.3 × 71.543

Estima cada producto. Luego, escoge el producto exacto.

33. 9.2 × 7.3
    a. 6,716
    b. 67.16
    c. 6.716
    d. 671.6

34. 12.05 × 4.12
    a. 0.49646
    b. 4.9646
    c. 496.46
    d. 49.646

★35. 10.35 × 5.751
    a. 59.52285
    b. 51.4603
    c. 54.9321
    d. 63.6792

APLICACIÓN

36. Andrea montó 2.5 horas por día durante 5 días. Estima para hallar alrededor de cuántas horas montó en 5 días.

37. El año pasado, Mario montó 7.25 horas cada mes. Estima para hallar alrededor de cuántas horas montó el año pasado.

★38. Julia compró 3 cepillos a $6.25 cada uno. Pagó con $20, Estima cuanto cambio recibió.

Multiplicar un decimal y un número entero

David corrió 1.5 vueltas a la pista en la mañana y 1.5 vueltas en la tarde. ¿Cuántas vueltas corrió ese día?

Puedes hallar la respuesta sumando.

$$\begin{array}{r} 1.5 \\ +\,1.5 \\ \hline 3.0 \end{array}$$

También, puedes multiplicar para hallar la respuesta.

$$\begin{array}{r} 1.5 \\ \times\;\;2 \\ \hline \end{array}$$

Paso 1	Paso 2	Paso 3
Multiplica como con números enteros.	Cuenta el número de lugares decimales en ambos factores.	Pon en posición el punto decimal. El número de lugares decimales en el producto es el número total de posiciones decimales en los factores.

$$\begin{array}{r} \overset{1}{1}.5 \\ \times\;\;2 \\ \hline 3\,0 \end{array}$$

$$\begin{array}{r} 1.5 \;\;\leftarrow\; \text{1 lugar decimal}\\ \times\;\;2 \\ \hline 3\,0 \end{array}$$

$$\begin{array}{r} 1.5 \;\;\leftarrow\; \text{lugar decimal}\\ \times\;\;2 \\ \hline 3.0 \;\;\leftarrow\; \text{1 lugar decimal} \end{array}$$

Estima para asegurarte de que la respuesta tiene sentido.

$$\begin{array}{lll} 1.5 & \text{se redondea a} & 2 \\ \times\;\,2 & \text{se redondea a} & \times\,2 \\ & & \overline{\quad 4\quad} \end{array}$$

La respuesta exacta y el estimado están cerca.

David corrió 3 vueltas.

Más ejemplos

a.
$$\begin{array}{r} 0.86 \;\;\leftarrow\; \text{2 lugares decimales}\\ \times\;\;\;\;8 \\ \hline 6.88 \;\;\leftarrow\; \text{2 lugares decimales} \end{array}$$

b.
$$\begin{array}{r} 0.775 \;\;\leftarrow\; \text{3 lugares decimales}\\ \times\;\;\;\;15 \\ \hline 3\,875 \\ 7\,750 \\ \hline 11.625 \;\;\leftarrow\; \text{3 lugares decimales} \end{array}$$

TRABAJO EN CLASE

Multiplica. Estima para asegurarte de que cada respuesta tiene sentido.

1.
$$\begin{array}{r} 0.5 \\ \times\;\,3 \\ \hline \end{array}$$

2.
$$\begin{array}{r} 0.64 \\ \times\;\,34 \\ \hline \end{array}$$

3.
$$\begin{array}{r} \$3.25 \\ \times\;\;\;17 \\ \hline \end{array}$$

4.
$$\begin{array}{r} 0.102 \\ \times\;\;\;6 \\ \hline \end{array}$$

5.
$$\begin{array}{r} 4.126 \\ \times\;\;\;9 \\ \hline \end{array}$$

6. 19×8.2

7. $6 \times \$1.25$

8. 25×0.015

Pon en posición el punto decimal en cada producto.

1.	0.5	**2.**	0.26	**3.**	0.05	**4.**	0.013	**5.**	0.246
	× 8		× 14		× 35		× 62		× 125
	40		364		175		806		30750
6.	1.2	**7.**	7.13	**8.**	34.16	**9.**	2.718	**10.**	2.67
	× 3		× 29		× 4		× 37		× 112
	36		20677		13664		100566		29904

Multiplica. Estima para asegurarte de que cada respuesta tiene sentido.

11.	0.2	**12.**	0.9	**13.**	4.3	**14.**	1.5	**15.**	2.7
	× 8		× 6		× 8		× 29		× 38
16.	0.08	**17.**	2.06	**18.**	$1.15	**19.**	$3.82	**20.**	0.19
	× 4		× 36		× 21		× 8		× 13
21.	0.103	**22.**	0.213	**23.**	1.628	**24.**	2.146	**25.**	3.157
	× 21		× 52		× 48		× 18		× 64
26.	532	**27.**	515	**28.**	327	**29.**	768	**30.**	906
	× 0.017		× 0.5		× 0.48		× 0.03		× 0.058

31. 25 × 0.178 **32.** 9 × $1.37 **33.** 79 × 7.9

34. 0.50 × 0.09 **35.** 2.215 × 415 **36.** 0.597 × 687

★**37.** 12 × 16 × 0.29 ★**38.** 1.35 × 20 × 50 ★**39.** 4 × 1.003 × 2

★**40.** 4 × 25 × 0.55 ★**41.** 0.75 × 9 × 9 ★**42.** 26 × 32 × 4.15

APLICACIÓN

43. El promedio de la vuelta a la pista de Carol era 1.8 minutos. ¿Cuánto le tomó correr 4 vueltas?

44. David corrió 2.5 vueltas cada mañana durante 5 días. ¿Cuántas vueltas corrió en total?

★**45.** Guillermo, Jorge y Rita corrieron una carrera de 4.5 vueltas a la pista. Guillermo llegó segundo, y su hermano llegó justo detrás de él. ¿Quién ganó la carrera?

★**46.** Micaela corrió la carrera en 7 minutos. Su tiempo para la misma carrera el año pasado fué 1.2 veces más rápido. ¿Cuál fue el tiempo de su carrera el año pasado? ¿Cuántos minutos más rápido fue su tiempo en la carrera de este año?

Multiplicar dos decimales

El pedómetro de los Rienzi mostró que caminaron 2.5 millas el lunes. El martes caminaron 1.5 veces esa distancia. ¿Qué distancia caminaron el martes?

$1.5 \times 2.5 = n$

Paso 1
Multiplica como con números enteros.

Paso 2
Cuenta el número de decimales en ambos factores.

Paso 3
Pon en posición el punto decimal. El número de decimales en el producto es el número total de decimales en los factores.

2.5	2.5 ← 1 lugar decimal	2.5 ← 1 lugar decimal
×1.5	×1.5 ← 1 lugar decimal	×1.5 ← 1 lugar decimal
1 2 5	1 2 5	1 2 5
2 5 0	2 5 0	2 5 0
3 7 5	3 7 5	3.7 5 ← 2 lugares decimales

Los Rienzi caminaron 3.75 millas el martes.

Más ejemplos

a.
$$\begin{array}{r} 0.9 \\ \times 0.6 \\ \hline 0.54 \end{array}$$
← 1 lugar decimal
← 1 lugar decimal
← 2 lugares decimales

Si el producto es menos que uno, escribe cero antes del punto decimal.

b.
$$\begin{array}{r} 18.2 \\ \times 0.74 \\ \hline 728 \\ 12\ 740 \\ \hline 13.468 \end{array}$$
← 1 lugar decimal
← 2 lugares decimales

← 3 lugares decimales

TRABAJO EN CLASE

Multiplica.

1. 0.8
× 0.7

2. 11.6
× 0.9

3. 2.4
×0.12

4. $4.80
× 0.6

5. 0.98
× 0.2

6. 0.4 × 25.4

7. 3.3 × $25.50

8. 0.23 × 1.4

Pon en posición el punto decimal en cada producto.

1. 51.7	2. 6.8	3. 4.8	4. 2.09	5. 0.35
×11.2	×9.42	×0.7	× 5.6	× 3.1
57904	64056	336	11704	1085

Multiplica.

6. 3.7	7. $8.12	8. 6.83	9. 9.8	10. 6.89
×0.2	× 9.5	× 7.4	×2.6	× 3.5

11. 0.5	12. 0.16	13. 6.02	14. 4.37	15. 23.5
×0.2	× 1.4	× 9.7	× 0.6	×0.08

16. $19.26	17. 5.29	18. 1.03	19. 24.1	20. 2.04
× 0.5	× 6.4	× 5.8	×0.49	× 0.3

21. 61.8 × 0.26   22. 33.5 × 0.45   23. $9.00 × 3.8   24. 6.53 × 7.6

25. 0.7 × 31.2   26. 5.28 × 0.6   27. 17.6 × 2.3   28. 0.96 × 4.7

Compara. Usa >, < ó = en lugar de ●.

★ 29. 8.47 × 0.65 ● 4.55   ★ 30. 3.5 × 6.2 ● 4.6 × 4.9

31. Guillermo dice que él corre 1.25 millas en cada juego de básquetbol. ¿Qué distancia corre en 4.5 juegos?

★ 32. Los boletos para el partido de básquetbol cuestan $3.50. De esta cantidad, 0.3 paga por la cancha. El resto es donado para investigación médica. ¿Qué parte del precio del boleto se dio a cada propósito?

LA CALCULADORA

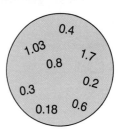

□ × △ = 1.36

¿Qué factores harían correcta la oración matemática? Prueba 1.7 × 0.8.

¿Hay otros factores que den el mismo producto?

Prueba éstos.

1. □ × △ = 0.18   2. □ × △ = 0.206   3. □ × △ = 0.072

217

Ceros en el producto

Raúl marca 0.2 de sus lanzamientos. Marcos hace 0.4 de los goles que hace Raúl. ¿Con qué frecuencia marca Marcos?

$0.4 \times 0.2 = n$

A veces debes escribir ceros en el producto para tener el número correcto de decimales.

Paso 1	Paso 2	Paso 3
Multiplica como con números enteros.	Cuenta el número de decimales en ambos factores.	Escribe ceros en el producto. Pon el punto decimal.

Paso 1
$$\begin{array}{r} 0.4 \\ \times 0.2 \\ \hline 8 \end{array}$$

Paso 2
$$\begin{array}{r} 0.4 \\ \times 0.2 \\ \hline 8 \end{array}$$
← 1 lugar decimal
← 1 lugar decimal
← 2 lugares decimales

Paso 3
$$\begin{array}{r} 0.4 \\ \times 0.2 \\ \hline 0.08 \end{array}$$
← 2 lugares decimales

Marcos marca en 0.08 de sus lanzamientos.

Más ejemplos

a.
$$\begin{array}{r} 1.9 \\ \times 0.03 \\ \hline 0.057 \end{array}$$
← 1 lugar
← 2 lugares
← 3 lugares

Llena este espacio con un 0.

b.
$$\begin{array}{r} 0.15 \\ \times\ 0.5 \\ \hline 0.075 \end{array}$$

c.
$$\begin{array}{r} 0.04 \\ \times\ 0.2 \\ \hline 0.008 \end{array}$$

TRABAJO EN CLASE

Multiplica.

1.
$$\begin{array}{r} 0.02 \\ \times\ \ \ 3 \end{array}$$

2.
$$\begin{array}{r} 0.16 \\ \times\ 0.6 \end{array}$$

3.
$$\begin{array}{r} 0.04 \\ \times\ 0.4 \end{array}$$

4.
$$\begin{array}{r} 0.025 \\ \times\ \ \ 2 \end{array}$$

5.
$$\begin{array}{r} 1.02 \\ \times 0.05 \end{array}$$

6. 0.1×0.3

7. 5×0.004

8. 0.08×0.45

9. 0.7×0.14

218

Completa y pon el punto decimal. Quizá no llenes
todos los lugares que se muestran.

1.	0.5	2.	0.5	3.	0.05	4.	0.01	5.	0.1
	× 1		×0.1		× 0.1		× 5		× 5
	▪▪▪5		▪▪▪5		▪▪▪5		▪▪▪5		▪▪▪5

6.	0.03	7.	0.3	8.	0.3	9.	3	10.	0.03
	× 2		× 2		×0.2		×0.02		× 0.2
	▪▪▪6		▪▪▪6		▪▪▪6		▪▪▪6		▪▪▪6

Multiplica.

11.	0.2	12.	0.01	13.	0.65	14.	8.8	15.	0.04
	×0.2		× 9		× 6		×0.8		× 0.9

16.	0.03	17.	7.009	18.	600	19.	0.003	20.	0.05
	× 0.7		× 9		×0.009		× 3		× 0.5

21. 0.01 × 10   **22.** 5,000 × 0.02   **23.** 0.6 × 0.06   **24.** 2.2 × 0.05

Multiplica. Luego haz una lista de tus respuestas y sus
letras de menor a mayor. Halla la palabra secreta en inglés.

★ 25. Y	★ 26. U	★ 27. K	★ 28. L	★ 29. C
0.93	0.103	1.29	1.52	0.08
×0.07	× 0.6	×0.05	×0.04	× 0.8

APLICACIÓN

30. Guillermina patina 3.25 kilómetros
todos los días. ¿Qué distancia patina en
6 días?

★ **31.** El récord de la escuela para la carrera
de 1,000 metros solía ser 1 minuto 25
segundos. El nuevo récord es 0.9 del
anterior. ¿Cuál es el nuevo récord?

=== ESTIMAR ===

Estima cada producto. Luego, une cada
producto con la respuesta exacta.

1. 63.3 × 0.9   **a.** 1,910.83

2. 221 × 1.7   **b.** 375.7

3. 79 × 2.6   **c.** 86.33

4. 56.5 × 33.82   **d.** 56.97

5. 9.7 × 8.9   **e.** 205.4

Dividir un decimal por un número entero

Ruth nadó el estilo libre en 6.15 minutos. Nadó 5 vueltas. ¿Cuál fue su tiempo promedio por cada vuelta?

$6.15 \div 5 = n$

Usa estos pasos para dividir un decimal por un número entero.

Paso 1	Paso 2	
Coloca el punto decimal en el cociente directamente sobre el punto decimal en el dividendo.	Divide como con números enteros.	Comprueba multiplicando.

```
                    1.23                    1 1
5)6.15            5)6.15                   1.23
                  -5                      ×    5
                   1 1                     6.15
                  -1 0
                     15
                    -15
                      0
```

El tiempo promedio de Ruth para cada vuelta fue de 1.23 minutos.

Más ejemplos

```
        $ 2.14                                        0.226
a. 12)$25.68         Comprueba          b. 43)9.718           Comprueba
      -24              $2.14               -8 6                    2
       1 6           ×    12                1 11                 1 1
      -1 2               4 28               - 86                0.226
         48            21 40                 258              ×    43
        -48           $25.68                -258                 678
          0                                    0               9 040
                                                               9.718
```

TRABAJO EN CLASE

Divide. Comprueba multiplicando.

1. 8)29.6

2. 7)9.751

3. 16)143.04

4. 29)$91.64

5. $14.742 \div 9$

6. $734.4 \div 6$

7. $269.16 \div 12$

8. $1,949.15 \div 35$

PRÁCTICA

Divide. Comprueba multiplicando.

1. $3\overline{)5.52}$

2. $7\overline{)535.5}$

3. $4\overline{)15.72}$

4. $2\overline{)2.664}$

5. $9\overline{)13.806}$

6. $8\overline{)502.4}$

7. $6\overline{)24.756}$

8. $5\overline{)\$14.45}$

9. $2\overline{)33.18}$

10. $4\overline{)387.2}$

11. $9\overline{)19.143}$

12. $3\overline{)497.4}$

13. $6\overline{)1,390.2}$

14. $5\overline{)12.075}$

15. $8\overline{)\$611.44}$

16. $7\overline{)864.92}$

Halla cada cociente.

17. $16.8 \div 2$

18. $9.904 \div 4$

19. $429.6 \div 8$

20. $6.414 \div 3$

21. $25.368 \div 7$

22. $242.5 \div 5$

23. $\$152.28 \div 6$

24. $\$214.83 \div 9$

25. $12\overline{)19.2}$

26. $18\overline{)47.34}$

27. $32\overline{)38.848}$

28. $41\overline{)352.6}$

29. $54\overline{)282.42}$

30. $29\overline{)67.164}$

31. $63\overline{)\$180.18}$

32. $71\overline{)114.523}$

33. $39\overline{)487.5}$

34. $68\overline{)310.08}$

35. $45\overline{)\$282.15}$

36. $58\overline{)76.328}$

Halla cada factor que falta.

37. $n \times 18 = 45.54$

38. $12 \times n = 315.6$

39. $32 \times n = 819.2$

Divide. Redondea el cociente al lugar nombrado.

★ 40. $43.297 \div 6$; décimas

★ 41. $12.740 \div 8$; décimas

★ 42. $26.715 \div 9$; centésimas

APLICACIÓN

43. Juana ganó 68.25 puntos en tres competiciones de natación. ¿Cuántos puntos hizo como promedio en cada una?

44. Adela hizo un promedio de 52.75 puntos un año y 59.13 puntos el año siguiente. ¿Cuál fue su promedio en los dos años?

★ 45. Un ayudante en la piscina ganó $75.92 en 4 días. ¿Qué promedio ganó por día? A ese paso, ¿cuánto ganará en 6 días?

★ 46. Doce amigos pagaron $30.96 en entradas para un torneo. Pagaron $42.60 en entradas para otro. ¿Cuál fue la diferencia en las entradas individuales de los dos torneos?

Ceros en la división

Mariana esquió 0.168 millas en 4 minutos.
¿A qué distancia llegó en 1 minuto?

$0.168 \div 4 = n$

A veces, hay que escribir ceros en el cociente.

Paso 1	Paso 2	
Pon el punto decimal. Escribe ceros en los lugares de las unidades y las décimas.	Continúa dividiendo hasta que el residuo sea cero.	Comprueba multiplicando.

```
     0.0              0.042                  1
  4)0.168    Piensa  4)0.168              0.042
             No hay suficientes  -0 16    ×    4
             décimas para dividir.  08     0.168
             Divide centésimas.    -08
                                     0
```

Mariana esquió 0.042 de milla en 1 minuto.

Algunas veces puedes escribir ceros en el dividendo y luego dividir hasta que no quede ningún residuo.

Halla $1.8 \div 15$.

Paso 1	Paso 2	
Pon el punto decimal. Escribe cero en la posición de las unidades. Divide hasta llegar al residuo.	Escribe cero en el dividendo para poder dividir.	Comprueba multiplicando.

```
     0.1            0.12               1
  15)1.8         15)1.80            0.12
     15            -15↓             ×  15
      3             30                60
                   -30              1 20
                     0              1.80
```

TRABAJO EN CLASE

Divide.

1. $5)\overline{13.6}$ 2. $8)\overline{0.64}$ 3. $25)\overline{18}$ 4. $51)\overline{2.550}$ 5. $36)\overline{0.144}$

6. $24 \div 5$ 7. $5.2 \div 8$ 8. $\$38 \div 4$ 9. $40.8 \div 20$

Divide. Comprueba multiplicando.

1. 8)0.56   2. 6)1.5   3. 7)0.35   4. 4)0.16   5. 5)2.7

6. 6)0.42   7. 8)3.6   8. 2)9.1   9. 2)0.168   10. 6)56.1

Halla cada cociente.

11. 1.809 ÷ 9   12. $50 ÷ 8   13. $18.81 ÷ 9   14. 8.016 ÷ 2

15. 25)2.9   16. 16)22   17. 75)1.5   18. 92)7.636

19. 18)4.5   20. 32)20   21. 16)0.4   22. 20)3.7

Sigue la regla para hallar cada número que falta.

Regla: Divide por 4.

	Entrada	Salida
23.	2.54	
24.	185	
25.	$5	
26.	20.084	

Regla: Divide por 8.

	Entrada	Salida
★ 27.	12	
★ 28.		2.09
★ 29.		2.875
★ 30.	$72.16	

Regla: Divide por 5 y suma 2.1.

	Entrada	Salida
★ 31.	1.2	
★ 32.	15.35	
★ 33.	27	
★ 34.	20.05	

APLICACIÓN

35. Marga esquió cerro abajo en 2.1 minutos. Su tiempo fue el doble más largo que el de José. ¿Cuál fue el tiempo de José?

★ 36. Los tres mejores tiempos de Rogelio fueron 0.98 minutos, 1.06 minutos y 1.14 minutos. ¿Cuál fue su tiempo promedio?

LA CALCULADORA

La calculadora muestra automáticamente el número correcto de ceros en un cociente o producto decimal. Multiplica 0.3 × 0.06.

Aprieta

Multiplica o divide.

1. 0.004 × 6   2. 1.03 ÷ 5   3. 0.01 × 0.8   4. 2.001 ÷ 3

5. 100 × 0.007   6. 0.2 ÷ 5   7. 2 × 0.015   8. 0.2 × 0.015

Multiplicar y dividir por 10, 100 y 1,000

Si una pelota de básquetbol pesa 0.617 kilogramos, ¿cuánto pesa cada embarque?

Usa patrones de multiplicación para hallar la respuesta.

ENVÍOS DE PELOTAS DE BÁSQUETBOL	
Enviar a	Número enviado
Escuela Primaria Kennedy	10
Liga de Recreación de Cleveland	100
Conferencia Nacional de Básquetbol	1,000

▶ Para multiplicar un decimal por 10, por 100, o por 1,000, mueve el punto decimal a la *derecha*. Mueve el punto decimal un lugar por cada cero en el factor.

$$10 \times 0.617 = 6.17$$
$$100 \times 0.617 = 61.7$$
$$1,000 \times 0.617 = 617$$

Los embarques pesaban 6.17 kg, 61.7 kg y 617 kg.

▶ Para dividir un decimal por 10, por 100, o por 1,000, mueve el punto decimal a la *izquierda*. Mueve el punto decimal un lugar por cada cero en el divisor.

$$14.6 \div 10 = 1.46$$
$$14.6 \div 100 = 0.146$$
$$14.6 \div 1,000 = 0.0146$$ Lee 146 diez milésimas

Trabajo en clase

Usa un patrón para hallar cada producto.

1. 10×2.5
100×2.5
$1,000 \times 2.5$

2. 10×0.48
100×0.48
$1,000 \times 0.48$

3. 10×0.059
100×0.059
$1,000 \times 0.059$

4. 10×0.6
100×0.6
$1,000 \times 0.6$

Usa un patrón para hallar cada cociente.

5. $23.6 \div 10$
$23.6 \div 100$
$23.6 \div 1,000$

6. $7 \div 10$
$7 \div 100$
$7 \div 1,000$

7. $687.9 \div 10$
$687.9 \div 100$
$687.9 \div 1,000$

8. $396 \div 10$
$396 \div 100$
$396 \div 1,000$

PRÁCTICA

Multiplica.

1. 10×8.2 **2.** 100×8.2 **3.** $1,000 \times 8.2$

4. 10×0.64 **5.** 100×0.64 **6.** $1,000 \times 0.64$

7. 10×0.013 **8.** 100×0.013 **9.** $1,000 \times 0.013$

Divide.

10. $72.4 \div 10$ **11.** $72.4 \div 100$ **12.** $72.4 \div 1,000$

13. $218.69 \div 10$ **14.** $21.8 \div 100$ **15.** $5.17 \div 10$

16. $517 \div 100$ **17.** $412 \div 10$ **18.** $41.2 \div 100$

Multiplica o divide.

19. 100×42.5 **20.** $0.19 \div 10$ **21.** $1,000 \times 6.03$

22. $\begin{array}{r} 0.3 \\ \times\,1,000 \end{array}$ **23.** $100\overline{)0.8}$ **24.** $10\overline{)27.3}$

Halla cada número que falta.

25. $4.652 \times n = 465.2$ **26.** $216.8 \div n = 2.168$

★**27.** $n \times 100 = 69.42$ ★**28.** $n \div 1,000 = 0.487$

APLICACIÓN

29. La escuela pagó $327.50 por 10 chaquetas. ¿Cuánto costó cada chaqueta?

30. Un par de zapatos de básquetbol pesa 1.181 kilogramos. ¿Cuánto pesan 10 pares? ¿100 pares?

★**31.** Los provisiones deportivos para 100 días costaron $1,765. ¿Cuánto costaron por día? ¿Cuánto costarían los provisiones para 10 días?

Práctica mixta

1. $\begin{array}{r} 734 \\ 25 \\ +201 \\ \hline \end{array}$

2. $\begin{array}{r} 901 \\ -336 \\ \hline \end{array}$

3. $9 \times 20,931$

4. $\begin{array}{r} 598 \\ \times\ 46 \\ \hline \end{array}$

5. $\begin{array}{r} 40.4 \\ +6.74 \\ \hline \end{array}$

6. $7.92 - 3.86$

7. $\begin{array}{r} \$212.56 \\ +\ \ 387.25 \\ \hline \end{array}$

8. $6\overline{)351}$

9. $13\overline{)73,645}$

10. $8,935 \div 38$

11. $4,275 \div 9$

Estima.

12. $396 + 112$

13. $\begin{array}{r} 4,321 \\ -1,987 \\ \hline \end{array}$

14. $590 - 301$

15. 49×221

16. $6,243 \div 58$

Problemas para resolver

HALLAR PATRONES Y USARLOS

Hallar un patrón te puede
ayudar a resolver un problema.

El equipo de carreras de relevo corrió cada vez más rápido en cada uno
de los últimos 4 torneos. Corrieron 11.2, 5.6, 2.8 y 1.4 segundos más
rápido que la primera vez. ¿Cuánto más rápido va a ser su próximo tiempo?

¿Cuál es la pregunta?

¿Cuánto más rápido va a ser su próximo tiempo?

¿Cuáles son los datos?

Los números en el patrón son 11.2, 5.6, 2.8 y 1.4.

¿Cómo se puede resolver el problema?

Mira los dos primeros números en el patrón. Decide qué se le debe
hacer a 11.2 para llegar a 5.6. Observa si este patrón continúa.
Si continúa, úsalo para hallar el siguiente número en la secuencia.

Sigue con el plan para hallar la respuesta.

$$11.2 \div 2 = 5.6$$
$$5.6 \div 2 = 2.8$$
$$2.8 \div 2 = 1.4$$

Hay un patrón: cada número está dividido por 2.

Ya que $1.4 \div 2 = 0.7$, su próximo tiempo será 0.7
segundos más rápido si el patrón continúa.

¿Contestaste la pregunta? ¿Seguiste el patrón?

Comprueba para ver si el patrón tiene sentido. Ya que dividiste por 2
cada vez, 0.7 es el número siguiente en el patrón. Las reducciones
se hacen más pequeñas a medida que el equipo mejora.

PRÁCTICA

Halla el patrón. Luego, escribe el siguiente número en cada secuencia.

1. 1.1, 2.2, 3.3, 4.4, 5.5, . . .

2. 1, 0.9, 0.8, 0.7, 0.6, . . .

3. 100, 20, 4, 0.8, 0.16, . . .

4. 1.1, 1.19, 1.28, 1.37, 1.46, . . .

5. 0.05, 0.1, 0.15, 0.2, 0.25, . . .

6. 0, 1.25, 2.5, 3.75, 5.0, . . .

Halla el patrón y resuelve cada problema.

7. Cada jugador en un juego de béisbol tiene una camiseta con un número. La primera camiseta tiene el número 1, la segunda tiene el 3 y la tercera el 5. Siguiendo este patrón, ¿qué número tiene la novena camiseta?

8. El primer lanzamiento fue una pelota rápida. Los dos siguientes fueron curvas, seguidas de uno deslizante. Si el patrón se repite, ¿qué puede esperar el bateador en el sexto lanzamiento?

9. Los primeros 3 jugadores en el equipo de básquetbol miden 5 pies 6 pulgadas, 5 pies 9 pulgadas, y 6 pies de estatura. Si el patrón continúa, ¿qué estatura tendrán los dos jugadores siguientes?

★ **10.** Después de jugar 4 juegos, el equipo de básquetbol había ganado 3. A este paso, ¿cuántos juegos habrá ganado el equipo al cabo de 16 juegos?

Dibuja la figura siguiente en cada secuencia.

11. . . .

12.   . . .

CREA TU PROPIO PROBLEMA

1. Haz una secuencia de decimales que tenga un patrón. Escribe los primeros 5 números en la secuencia.

2. Dibuja una secuencia de figuras que tenga un patrón. Haz que un amigo halle el patrón y dibuje la figura siguiente de la secuencia.

Metro y kilómetro

Una red de tenis tiene alrededor de 1 metro de alto.

▶El **metro (m)** es una unidad de longitud en el sistema métrico.

I metro

Un campo de fútbol tiene 100 metros de largo.

▶El **kilómetro (km)** se usa para medir distancias más largas.

Un kilómetro es 10 veces el largo de un campo de fútbol.

Tú puedes caminar 1 kilómetro aproximadamente en 10 minutos.

1 kilómetro = 1,000 metros

Multiplica para cambiar **km** a **m.**

5 km = _____ m
5 × 1,000 = 5,000
5 km = 5,000 m

Divide para cambiar **m** a **km.**

10,000 m = _____ km
10,000 ÷ 1,000 = 10
10,000 m = 10 km

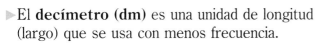

100 metros

▶El **decímetro (dm)** es una unidad de longitud (largo) que se usa con menos frecuencia.
1 metro = 10 decímetros

1 decímetro

TRABAJO EN CLASE

Escoge metros o kilómetros para medir cada uno.

1. la altura del asta de una bandera   **2.** el largo del Río Mississippi

3. la distancia a la ciudad siguiente   **4.** el largo de un auto

Completa.

5. 2,000 m = 2 _____   **6.** 1 km = 1,000 _____   **7.** 17,000 m = 17 _____

8. 7 km = _____ m   **9.** _____ km = 5,000 m   **10.** 39 km = _____ m

PRÁCTICA

Escoge metros o kilómetros para medir cada uno.

1. el largo del río Columbia
2. la distancia de la casa a la escuela
3. el ancho de un barco crucero
4. la altura de un rascacielos
5. la distancia que vuela un avión
6. el largo del sofá
7. la altura de la Estatua de la Libertad
8. el largo de un autobús

Estima cada largo. Luego, mídelo al metro más cercano.

9. la altura de un escritorio
10. el ancho de un escritorio
11. la altura del pizarrón
12. el largo del pizarrón
13. el ancho del salón de clase
14. el largo del salón de clase
15. el ancho del pasillo
16. el largo del pasillo

Escoge la medida más razonable.

17. el largo de una mesa de la biblioteca
    a. 30 metros   b. 3 metros   c. 3 kilómetros

18. la altura de la torre de una iglesia
    a. 50 metros   b. 50 kilómetros   c. 500 metros

19. la distancia de Maine a California
    a. 48,000 metros   b. 480,000 kilómetros   c. 4,800 kilómetros

Completa.

20. 50 km = 50,000 _____
21. 9,000 m = _____ km
22. _____ km = 45,000 m
★ 23. 597 m = _____ km
★ 24. 600 dm = 60 _____
★ 25. 3.981 km = _____ m

APLICACIÓN

26. Una pista tiene 400 metros de largo. Marcia corrió 2 vueltas en la mañana y 2 vueltas en la tarde. ¿Cuántos metros corrió en total?

★ 27. Había 12 corredores en la última carrera. Cada corredor llevaba un número del 1 al 12. ¿Cuál es la suma de sus números?

RAZONAMIENTO LÓGICO

Halla el patrón y completa el cuadro.

2.0		1.0	0.5	0
	3			
5.0	4.5			
6.5	6.0	5.5	5.0	
8.0	7.5			

Milímetro y centímetro

Las cuchillas de los patines miden alrededor de 43 centímetros de largo y 0.8 milímetros de ancho.

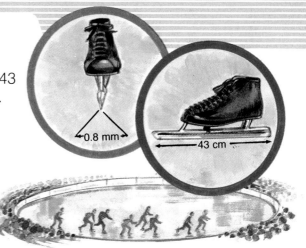

0.8 mm

43 cm

▶ El **centímetro (cm)** se usa para medir largos cortos. Un dedo pequeño tiene alrededor de 1 centímetro de ancho.

▶ El **milímetro (mm)** se usa para medir largos muy cortos. Una moneda de diez tiene alrededor de 1 milímetro de espesor.

centímetros

1 cm	= 10 mm
0.1 cm	= 1 mm
1 m	= 100 cm
0.01 m	= 1 cm
1 m	= 1,000 mm
0.001 m	= 1 mm

Al centímetro más cercano, la medalla tiene 4 cm de ancho.

Al milímetro más cercano, la medalla tiene 44 mm de ancho.

TRABAJO EN CLASE

Estima cada largo. Luego, mide al centímetro y al milímetro más cercano.

1.

2.

Completa.

3. 400 cm = _____ m
   40 cm = _____ m
   4 cm = _____ m

4. 300 mm = _____ m
   3,000 mm = _____ m
   30,000 mm = _____ m

5. 50 mm = _____ cm
   500 mm = _____ cm
   5,000 mm = _____ cm

Estima cada largo. Luego, mide al centímetro más cercano y al milímetro más cercano.

1.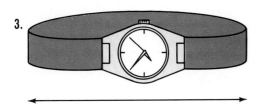

2.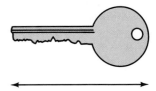

3.

4.

Escoge centímetros o milímetros para medir cada uno.

5. el grosor de un lápiz

6. el ancho de un libro

7. el largo de una calculadora

8. el grosor de una moneda de 5 centavos

Completa.

9. 70 mm = _____ cm

10. 10 _____ = 1,000 cm

11. 200 cm = _____ m

12. 9 cm = _____ mm

13. 10,000 mm = 10 _____

14. _____ mm = 2 cm

★**15.** 3.7 m = _____ cm

★**16.** 50 _____ = 0.5 m

★**17.** 17 mm = _____ cm

Haz un dibujo de cada uno.

18. un peine 13 cm de largo

19. un lápiz 95 mm de largo

20. una flor 18 cm de alto

21. Cristián mide 1.32 m de estatura. Alberto es 9 cm más alto. ¿Cuánto mide Alberto?

★**22.** Susana es 7 cm más alta que Verónica. Juana es 10 cm más baja que Susana. Verónica mide 1.52. ¿Cuánto mide Juana?

RAZONAMIENTO LÓGICO

¿Qué monedas escogerías?

a. 1 pila de 5 centavos 150 mm de alto
b. 1 pila de 25 centavos 18 mm de alto

Una moneda de 5 tiene 2 mm de grosor. Cinco de 25 tienen 9 mm.

Relacionar unidades de largo

Heidi rema 3,000 metros todas las mañanas.
Fritz rema 3 kilómetros. Ambos reman
la misma distancia.

Usa esta tabla para cambiar de una unidad
de largo a otra.

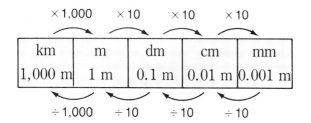

×1,000	×10	×10	×10	
km	m	dm	cm	mm
1,000 m	1 m	0.1 m	0.01 m	0.001 m
÷1,000	÷10	÷10	÷10	

▶Para cambiar a una unidad más pequeña,
multiplica. Para cambiar kilómetros a
metros, multiplica por 1,000.

$$3 \text{ km} = \underline{\quad} \text{ m}$$
$$3 \times 1,000 = 3,000$$
$$3 \text{ km} = 3,000 \text{ m}$$

▶Para cambiar a una unidad más grande,
divide. Para cambiar milímetros
a centímetros, divide por 10.

$$25 \text{ mm} = \underline{\quad} \text{ cm}$$
$$25 \div 10 = 2.5$$
$$25 \text{ mm} = 2.5 \text{ cm}$$

Más ejemplos

Piensa

a. $1,365 \text{ m} = \underline{\quad} \text{ km}$ m a km → ÷ 1,000 $1,365 \text{ m} = 1.365 \text{ km}$

b. $5.7 \text{ cm} = \underline{\quad} \text{ mm}$ cm a mm → × 10 $5.7 \text{ cm} = 57 \text{ mm}$

TRABAJO EN CLASE

**Di si multiplicarías o dividirías para completar cada
oración. Luego, halla la respuesta.**

1. $6 \text{ cm} = \underline{\quad} \text{ mm}$ 2. $4,000 \text{ m} = \underline{\quad} \text{ km}$ 3. $4 \text{ mm} = \underline{\quad} \text{ cm}$

4. $2.5 \text{ m} = \underline{\quad} \text{ cm}$ 5. $1.6 \text{ dm} = \underline{\quad} \text{ mm}$ 6. $300 \text{ m} = \underline{\quad} \text{ km}$

7. $2,125 \text{ m} = \underline{\quad} \text{ km}$ 8. $25.6 \text{ cm} = \underline{\quad} \text{ mm}$ 9. $10 \text{ cm} = \underline{\quad} \text{ dm}$

Completa.

1. 45 km = _____ m

2. 1,400 cm = _____ m

3. 38 m = _____ cm

4. _____ cm = 7 m

5. 100 mm = _____ dm

6. 16 m = _____ cm

7. 570 mm = _____ cm

8. 8,000 m = _____ km

9. _____ cm = 90 dm

10. 2 km = _____ m

11. _____ cm = 8 m

12. 840 cm = _____ dm

13. 2.8 cm = _____ mm

14. 35.2 cm = _____ m

15. 41.2 dm = _____ mm

16. 210 cm = _____ m

17. 3.6 mm = _____ cm

18. 17 mm = _____ cm

Completa. Escribe km, m, dm, cm o mm.

19. 1 km = 1,000 _____

20. 1 m = 10 _____

21. 1 m = 0.001 _____

22. 20 cm = 0.2 _____

23. 300 m = 0.3 _____

24. 2 m = 200 _____

Compara. Usa >, < ó = en lugar de ⬤.

★ **25.** 4 km ⬤ 40 m

★ **26.** 7.1 km ⬤ 7,100 m

★ **27.** 2,500 mm ⬤ 2.5 m

★ **28.** 7.5 m ⬤ 7,500 cm

★ **29.** 70 cm ⬤ 7 m

★ **30.** 435 km ⬤ 4.35 m

APLICACIÓN

31. Fritz compite en un camino de 6,452 m de largo. ¿Cuántos kilómetros tiene el camino?

32. La persona que va al frente de la canoa usa un remo de 135 cm de largo. La persona que va atrás tiene un remo que es 20 cm más corto. ¿Cuántos metros tiene el remo de atrás?

★ **33.** Hilda terminó la carrera 575 cm adelante del barco azul y 4,000 mm adelante del barco rojo. ¿Qué barco llegó segundo? ¿Cuántos centímetros había entre el segundo y el tercero?

RAZONAMIENTO VISUAL

Sigue estas instrucciones. ¿En qué dirección terminas mirando: al norte, al sur, al este o al oeste?

Dirígete hacia el norte . . . da vuelta a la izquierda . . . luego, a la izquierda otra vez . . . da vuelta a la derecha . . . da vuelta a la izquierda.

Gramo y kilogramo

Una pelota de tenis pesa alrededor de 58 gramos.
Una de bolos alrededor de 7 kilogramos.

▶El **gramo (g)** es una unidad de masa en
el sistema métrico. Se usa para medir el
peso de los objetos livianos.

Fuera del campo de las ciencias, es común
usar *peso* para significar lo mismo que *masa*.

Un clip pesa alrededor de un gramo.

5 gramos

50 gramos

500 gramos

▶El **kilogramo (kg)** es una unidad de peso en el sistema métrico.
Tu libro de matemáticas pesa alrededor de 1 kilogramo.

2 kilogramos   20 kilogramos   2,000 kilogramos

1 kilogramo = 1,000 gramos

▶Multiplica para hallar una unidad más
pequeña. Para cambiar kilogramos a
gramos, divide por 1,000.

$$6 \text{ kg} = \underline{} \text{ g}$$
$$6 \times 1,000 = 6,000$$
$$6 \text{ kg} = 6,000 \text{ g}$$

▶Divide para hallar una unidad más
grande. Para cambiar gramos a
kilogramos, divide por 1,000.

$$4,000 \text{ g} = \underline{} \text{ kg}$$
$$4,000 \div 1,000 = 4$$
$$4,000 \text{ g} = 4 \text{ kg}$$

TRABAJO EN CLASE

**Escoge gramos a kilogramos para medir el peso de
cada uno.**

1. una moneda de 10   2. un perro   3. una nuez   4. una hoja de papel   5. un escritorio

Completa.

6. 3,000 g = _____ kg   7. 8 kg = _____ g   8. _____ kg = 14,000 g

PRÁCTICA

Escoge el peso que mejor describe cada objeto.

1.

a. 560 kg
b. 560 g
c. 56 g

2.

a. 1 g
b. 1 kg
c. 10 kg

3.

a. 3 kg
b. 3 g
c. 30 g

4.

a. 20 g
b. 2 g
c. 2 kg

Escribe g o kg para completar cada oración.

5. Un borrador pesa 50 ____.

6. Un caballo pesa 450 ____.

7. Un niño de 9 años pesa 35 ____.

8. Una pera pesa 200 ____.

9. Un bate de béisbol pesa 1 ____.

10. Un gato pesa 5 ____.

Completa.

11. 8 kg = _____ g

12. 6,000 g = _____ kg

13. 3 kg + 2 kg = _____ g

14. 4 kg − 1 kg = _____ g

★15. 1 kg + 125 g = _____ g

★16. 3,241 g − 1 kg = _____ g

Compara. Usa >, < ó = en lugar de ⬤.

17. 2 kg ⬤ 200 g

18. 45,000 g ⬤ 45 kg

19. 6,000 g ⬤ 60 kg

★20. 3.5 kg ⬤ 350 g

★21. 580 g ⬤ 5.8 kg

★22. 1.86 kg ⬤ 1,860 g

APLICACIÓN

ESTIMAR

La camioneta de repartos de la tienda de deportes puede llevar 100 kg más. Estima para saber si puede llevar todos estos artículos. ¿Alrededor de cuántos kilogramos de más o de menos pesa el cargamento?

LISTA DE ENVÍOS		
Número	Artículo	Peso en gramos
100	Pelotas de fútbol	50,250
10	Pelotas de básquetbol	6,500
100	Pelotas de tenis de mesa	350
10	Pelotas de vóleibol	2,750
100	Discos de hockey	16,300

Mililitro y litro

Los jugadores de fútbol sedientos beben de botellas de plástico que contienen alrededor de un litro de agua.

▶ El **litro (L)** es una unidad de capacidad en el sistema métrico.

▶ El **mililitro (mL)** se usa para medir capacidades más pequeñas.

1 litro = 1,000 mililitros

▶ Para cambiar litros a mililitros, multiplica por 1,000.

$$4 \text{ L} = \underline{\hspace{1cm}} \text{ mL}$$
$$4 \times 1,000 = 4,000$$
$$4 \text{ L} = 4,000 \text{ mL}$$

▶ Para cambiar mililitros a litros, divide por 1,000.

$$8,000 \text{ mL} = \underline{\hspace{1cm}} \text{ L}$$
$$8,000 \div 1,000 = 8$$
$$8,000 \text{ mL} = 8 \text{ L}$$

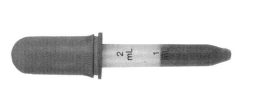

Trabajo en clase

Escoge litros o mililitros para medir cada uno.

1.    2.   3.    4.

Completa.

5. $16 \text{ L} = \underline{\hspace{1.5cm}} \text{ mL}$ 6. $\underline{\hspace{1.5cm}} \text{ L} = 2,000 \text{ mL}$ 7. $21 \text{ L} = \underline{\hspace{1.5cm}} \text{ mL}$

Escoge litros o mililitros para medir cada uno.

1.

2.

3.

4. un camión de combustible

5. un vaso de leche

6. una taza de medir

7. un tanque de gasolina de un auto

8. un tanque de agua

9. una cucharada

10. un tubo de ensayo

11. una taza de té

12. una ponchera

Escribe mL o L para completar cada oración.

13. Un jarro contiene alrededor de 2 _____ de sidra.

14. El florero de Vera contiene alrededor de 50 _____ de agua.

15. La nueva olla de Luciano contiene alrededor de 3 _____ de sopa.

Completa.

16. 8 L = _____ mL

17. 9,000 mL = _____ L

18. _____ mL = 27 L

19. 45 L = _____ mL

20. _____ L = 45,000 mL

21. 4,000 mL = _____ L

22. 6,000 mL = _____ L

23. 60,000 mL = _____ L

24. 7 L = _____ mL

25. 6 L = _____ mL

26. 38,000 mL = _____ L

27. _____ L = 5,000 mL

28. 16,000 mL = _____ L

29. 600 mL = _____ L

30. 462 L = _____ mL

★ 31. 7.32 L = _____ mL

★ 32. _____ L = 13,250 mL

★ 33. 38.9 mL = _____ L

Compara. Usa >, < ó = en lugar de ●.

★ 34. 45,216 mL ● 452.16 L

★ 35. 1.426 L ● 1.426 mL

★ 36. 6.218 L ● 6,218 mL

★ 37. 307 mL ● 0.30 L

APLICACIÓN

38. Cada jugador de fútbol usa alrededor de 19 litros de agua en una baño de un minuto. ¿Cuántos litros de agua usan 25 jugadores tomando baños de un minuto?

★ 39. El entrenador compró 160 mililitros de jugo para cada uno de los 25 jugadores. Un litro de jugo cuesta $1.95. ¿Cuánto costó el jugo en total?

ᵣrado Celsius

Dentro del estadio, la temperatura es de
20°C. Afuera, la temperatura es de −5°C.

▶ El **grado Celsius** (°C) es la unidad de
temperatura en el sistema métrico.

20°C   **lee**   veinte grados Celsius

−5°C   **lee**   cinco grados Celsius bajo cero

Es mejor deslizarse en trineo sobre nieve
compacta cuando la temperatura está bajo
0°C.

Nadar al aire libre es agradable cuando la
temperatura está sobre 20°C.

TRABAJO EN CLASE

**Lee y escribe cada temperatura del termómetro de más
arriba.**

1. punto de congelación del   2. un día muy frío
   agua

3. temperatura ambiente
   agradable en un cuarto

Escoge la mejor temperatura para cada actividad.

4. patinar sobre hielo
   a. −8°C   **b.** 27°C

5. nadar en el mar
   a. 0°C   **b.** 31°C

6. jugar al fútbol
   a. −10°C   **b.** 17°C

Escribe cada temperatura que se muestra. Di si el día
está frío, agradable o caluroso.

1.

2.

3.

4.

Escoge la mejor temperatura para cada actividad.

5. esquí acuático
   a. 24°C   B. 10°C

6. leer
   a. 22°C   b. −2°C

7. palear nieve
   a. 40°C   b. − 1°C

Completa.

8. La temperatura del agua hirviendo es alrededor de _____.

9. La temperatura de Ana era 2°C sobre lo normal. Era de _____.

10. La temperatura era −8°C. Subió 2 grados, a _____.

11. La temperatura bajó 6 grados de 4°C a _____.

APLICACIÓN

Usa la tabla para contestar estas
preguntas sobre actividades en abril.

12. ¿Dónde puedes nadar al aire libre?

13. ¿Tú crees que deslizarse en trineo es
    popular en Dallas?

14. ¿Cuál sería el mejor lugar para
    deslizarse en trineo?

★ 15. Halla el promedio de temperatura alto
    de las cinco ciudades.

TEMPERATURAS DE ABRIL EN GRADOS CELSIUS		
Ciudad	Alta	Baja
Atlanta	17	9
Dallas	19	6
Phoenix	28	12
San Francisco	18	10
Anchorage	5	−2

Problemas para resolver

Resuelve cada problema.

1. Julia saltó 1.82 metros. Arturo saltó 0.9 de esa distancia. ¿Qué distancia saltó Arturo?

2. Sylvia saltó 1.1 veces más lejos que Julia. ¿Qué distancia saltó Sylvia? ¿Cuánto más saltó Sylvia que Arturo?

3. ¿Qué largo tuvo el salto de Arturo al centímetro más cercano?

4. ¿De qué largo fue el salto de Sylvia al metro más cercano?

5. El tiempo total de una carrera de relevo de 6 corredores fue de 84.12 segundos. ¿Cuál fue el tiempo promedio de cada uno?

6. El lanzamiento de Corina en softball fue de 37.3 m. El récord de su clase fue 1.07 veces más. ¿Cuál fue el récord de la clase al más decímetro cercano?

7. A las 9:00 A.M., la temperatura era de 25°C. Bajó 3°C cada dos horas. ¿Cuál era la temperatura a las 3:00 P.M.?

8. La fuente de agua contiene 5 litros de agua. Cada taza contiene 250 mililitros. ¿Cuántas tazas pueden servirse?

★ 9. El tiempo de María en la carrera de 100 metros fue de 21 segundos. El de Berta fue de 22.26 segundos. ¿Cuántas veces más le tomó a Berta?

★ 10. El mejor salto de Guillermo fue de 4.3 metros. El mejor de Roberto fue 0.8 de esa distancia. ¿Cuántos centímetros más lejos saltó Guillermo que Roberto?

Problemas para resolver

¿QUÉ PASARÍA SI . . . ?

Miguel
Veces al bate: 40
Promedio
de bateo: 0.375

Equipo de
Miguel
Juegos: 12
Promedio de
victorias: 0.750

Sara
Veces al bate: 50
Promedio
de bateo: 0.360

Equipo de
Sara
Juegos: 15
Promedio de
victorias: 0.800

Resuelve cada problema.

11. ¿Quién tiene el promedio más alto de bateo?

12. ¿Qué equipo tiene el promedio más alto de victorias?

13. ¿Cuántos puntos hizo Miguel?

14. ¿Cuántos puntos hizo Sara?

15. ¿Cuántos juegos ha ganado el equipo de Miguel?

16. ¿Cuántos juegos ha perdido el equipo de Sara?

¿Qué pasaría si Miguel tuviera un promedio de bateo de 0.400?

17. ¿Cuántos puntos más tendría él?

18. ¿Cuántos puntos más necesitaría para tener los mismos que Sara?

¿Qué pasaría si el equipo de Sara tuviera un promedio de victorias de 0.600?

19. ¿Cuántos juegos menos habría ganado su equipo?

20. ¿Cuántos más juegos habría ganado el equipo de Sara que el de Miguel?

¿Qué pasaría si Sara tuviera un promedio de bateo de 0.500?

21. ¿Cuánto más alto sería su promedio de bateo?

22. ¿Cuántos más puntos tendría ella que cuando Miguel marco 0.375?

¿Qué pasaría si el equipo de Miguel tuviera un promedio de victorias de 0.800 y jugara 8 juegos más?

★ 23. ¿Cuántos más habría ganado su equipo?

★ 24. ¿Cuántos juegos habría perdido?

241

DECIMALES

Estima cada producto. págs. 212–213

1. 7.8
   × 5.3

2. 32.2
   × 3.1

3. 43.27
   × 2.814

4. 62.749
   ×   8.3

5. 5.10
   × 3.7

6. 136.13
   × 4.607

7. 9.91
   × 0.82

8. 59
   × 9.2

9. 25 × 12.112

10. 351 × 7.32

11. 73.5 × $6.74

Multiplica. págs. 214–219, 224–225

12. 79
   × 2.3

13. 0.02
   × 0.4

14. 1.357
   ×   24

15. 0.25
   ×   10

16. 1.63
   × 157

17. $5.10
   ×   5.7

18. 1,000
   × 3.75

19. 3.05
   × 2.9

20. 2.14
   ×   37

21. 14.7
   × 0.14

22. 3.032
   ×   100

23. 0.94
   × 0.7

24. 3.5 × 14.06

25. 17.6 × 39.2

26. 100 × 2.87

Divide. págs. 220–225

27. 4)6.76

28. 10)7.35

29. 4)11

30. 3)$18.60

31. 8)8.056

32. 32)120.96

33. 22)60.72

34. 41)$100.45

35. 10)114.3

36. 3)0.042

37. 5)678.5

38. 10)231.17

39. 731 ÷ 1,000

40. 112.925 ÷ 25

41. 701.2 ÷ 100

Resuelve. págs. 226–227, 240–241

42. En cinco días consecutivos, Ricardo corrió una vuelta en 1.32, 1.28, 1.24, 1.20 y 1.16 minutos. Si él continúa este patrón, ¿cuál va a ser su tiempo en el sexto día?

43. Tomás se está entrenando para un torneo de carreras. Ha corrido 22.56 millas en las últimas 4 semanas. ¿Qué promedio de millas hizo cada semana?

DECIMALES

Estima cada producto.

1. 9.9 × 1.3

2. 65.7 × 4.1

3. 32.25 × 3.712

4. 72 × 5.7

5. 2.8 × 4.2

6. 5.637 × 39.04

7. 1.6 × $6.98

8. 8.09 × 35

9. 2.7 × $10.45

Multiplica.

10. 86.4 × 7	11. 5.25 × 10	12. 0.02 × 0.4	13. 27.6 × 0.74
14. 0.934 × 254	15. $1.09 × 0.7	16. 1,000 × 2.65	17. 7.64 × 8.3
18. 32 × 0.5	19. 8.5 × 0.07	20. 1.99 × 58	21. 100 × 6.65

Divide.

22. 6)‾42.6‾

23. 8)‾$187.20‾

24. 10)‾13‾

25. 25)‾282.5‾

26. 69.3 ÷ 100

27. 0.048 ÷ 6

28. 9.048 ÷ 12

29. 417.2 ÷ 10

30. 58.76 ÷ 52

31. 393.45 ÷ 43

Resuelve.

32. Alfonso corrió 1.45 millas durante la práctica en la pista. Carlos corrió 0.92 veces esa distancia. ¿Qué distancia corrió Carlos?

33. Un amigo de Juan prometió que le daría 5 cacahuates por su primer punto en las finales de básquetbol. Le daría 10 cacahuates por el segundo, quince por el tercero. Juan hizo 12 tantos. ¿Cuántos cacahuates le dio su amigo?

Susana corrió 0.96, 1.24, y 1.58 millas en tres días diferentes. Tara corrió 1.15, 0.82, y 2.02 millas. ¿Qué promedio es más alto? ¿Por cuánto más?

MEDIDAS MÉTRICAS

Escoge kilómetros, metros, centímetros o milímetros para medir cada uno. págs. 228–231

1. el largo de un camión
2. el largo de tu brazo
3. la distancia de París a Roma
4. el ancho de un sello de correos
5. el largo del autobús de la escuela
6. el largo de tu dedo pulgar
7. la distancia a la Luna
8. el ancho de un auto
9. el grosor de una moneda de 1 centavo
10. el ancho de tu escritorio

Escribe g ó kg para completar cada oración. págs. 234–235

11. Un gato pesa alrededor de 6 _____.
12. Un ratón pesa alrededor de 21 _____.

Escoge mililitros o litros para medir cada uno. págs. 236–237

13. un tubo de ensayo
14. un tanque de gasolina de un auto
15. una piscina
16. una pecera

Completa. págs. 232–233

17. 27 cm = _____ mm
18. 60 m = _____ cm
19. 5 m = _____ km
20. 700 m = _____ km
21. 250 cm = _____ m
22. 3.1 kg = _____ g
23. 4,000 g = _____ kg
24. 10 L = _____ mL
25. 8,000 mL = _____ L
26. 30,000 g = _____ kg
27. 7 m = _____ cm
28. 16,000 mL _____ L

Escoge la mejor temperatura para cada actividad. págs. 238–239

29. tomar sol
    a. 27°C   b. 0°C
30. deslizarse en tobogán
    a. 35°C   b. −5°C
31. pintar una casa
    a. 0°C   b. 16°C

Resuelve. págs. 226–227, 240–241

32. Para poder nadar al mediodía debe haber 23°C. La temperatura a las 9.00 A.M. era de 16°C; subió 3° a las 10 A.M. Si continúa subiendo, ¿se podrá nadar? ¿cuál será la temperatura al mediodía?

33. Un cartón contiene 750 mililitros de jugo. ¿Cuántos litros hay en 4 cartones?

MEDIDAS MÉTRICAS

Escoge kilómetros, metros, centímetros, o milímetros para medir cada uno.

1. el largo de un zapato

2. la altura de un poste de teléfonos

3. el largo de una carretera

4. el largo de un creyón

5. el grosor de una moneda de 25 centavos

6. la distancia de Maine a la Florida

Completa.

7. 6 cm = _____ mm

8. 300 cm = _____ m

9. 7 kg = _____ g

10. 3.4 L = _____ mL

11. 7,500 m = _____ km

12. 20,000 mL = _____ L

13. 5 mm = _____ cm

14. 35,000 g = _____ kg

15. 1,500 g = _____ kg

Escribe mL o L para completar cada oración.

16. Una tina de baño contiene alrededor de 150 _____ de agua.

17. Una cucharita contiene alrededor de 5 _____ de medicina.

18. Un vaso contiene alrededor de 250 _____ de leche.

19. Una botella contiene alrededor de 2 _____ de jugo.

20. Un frasco contiene alrededor de 75 _____ de pintura.

Escoge la mejor temperatura para cada actividad.

21. trabajar en el jardín
    a. 28°C   b. 75°C

22. usar pantalones cortos
    a. 10°C   b. 35°C

23. hacer bolas de nieve
    a. 5°C   b. −5°C

Resuelve.

24. Una pista tiene 400 metros de largo. Francisco corrió 5 vueltas. ¿Cuántos kilómetros corrió?

25. Osvaldo mide 1.6 m de alto. Miguel mide 157 cm. ¿Quién es más alto? ¿Cuánto más?

Ayer la temperatura más alta fue de 28°C. La más baja fue de 18°C. ¿Cuál fue el promedio de temperatura ayer?

JUEGO AL BLANCO 21

Blanco 21 es un juego para dos o más jugadores.

Vas a necesitar:

10 tarjetas para cada jugador
un marcador   una hoja de papel

Cada jugador hace un grupo de tarjetas con un dígito de 0 a 9 en cada tarjeta. Luego, los jugadores dibujan un patrón de cuadrados y óvalos como se muestra abajo.

Todos los jugadores se ponen de acuerdo en dos operaciones: $+$, $-$, $\times$, o $\div$ para la vuelta.

El objeto del juego es colocar los 2 signos de operaciones y los 6 dígitos en una oración matemática. La respuesta debe ser 21 o un número cerca de 21. El que llega más cerca de 21 gana.

Se juega de esta manera.

Un jugador mezcla las tarjetas y las pone boca abajo. Cada jugador saca 6 tarjetas y escribe cada uno de esos dígitos en una hoja de papel. Se regresan las tarjetas a la pila. Los jugadores tienen 3 minutos para estudiar los dígitos y crear una oración matemática. Cada círculo debe contener uno de los signos de las operaciones elegidas. Uno de los dígitos que se han sacado debe aparecer en cada cuadrado. La respuesta debe ser 21 o un número cercano a 21. Se pueden usar decimales.

En una vuelta, los jugadores escogieron las operaciones $+$ y $-$.

El jugador A sacó $\boxed{9}$ $\boxed{4}$ $\boxed{0}$ $\boxed{3}$ $\boxed{8}$ $\boxed{5}$.
El jugador B sacó $\boxed{6}$ $\boxed{2}$ $\boxed{1}$ $\boxed{4}$ $\boxed{4}$ $\boxed{5}$.

Después de estudiar, el jugador A escribió los dígitos de esta manera.
$\boxed{9}\,.5\,\oplus\,\boxed{8}\,.4\,\ominus\,.\boxed{0}\,\boxed{3} = \underline{17.87}$

El jugador B escribió los dígitos de esta manera.
$\boxed{2}\,\boxed{1}\,\oplus\,\boxed{4}\,.6\,\ominus\,\boxed{4}\,.5 = \underline{21.1}$

Puesto que 21.1 está más cerca de 21 que 17.87, el jugador B ganó.

ORDEN DE LAS OPERACIONES

A veces en una oración matematica se usa más de una operación. Cuando esto sucede, el orden en que tú haces las operaciones es muy importante.

Estas reglas te van a ayudar a resolver problemas con más de una operación.

$$5 \times (16 + 14) + (42 \div 7) \div 2 - 53 = n$$

1. Primero, haz el trabajo dentro de los paréntesis ( ).
$$5 \times 30 + 6 \div 2 - 53 = n$$

2. Luego, haz la multiplicación y la división en orden de izquierda a derecha.
$$150 + 3 - 53 = n$$

3. Luego, haz la suma y la resta en orden de izquierda a derecha.
$$153 - 53 = n$$
$$100 = n$$

Escoge la respuesta correcta. Escribe *a*, *b* o *c*.

1. $4 \times (2 + 3) + 5 = n$ **a.** 16   **b.** 25   **c.** 40

2. $16 \times 2 + 3 - (4 \times 2) = n$ **a.** 62   **b.** 72   **c.** 27

3. $(3 + 12) \times 5 + 10 \div 5 = n$ **a.** 17   **b.** 77   **c.** 45

4. $2 \times (0.8 + 0.2) + 5.7 = n$ **a.** 25.7   **b.** 7.7   **c.** 37.7

Copia cada oración. Luego usa paréntesis para que cada oración sea verdadera.

5. $3 + 8 \times 2 - 1 = 21$

6. $2 \times 7 - 3 = 11$

7. $6 \div 3 + 8 = 10$

8. $20 - 3 \times 5 + 2 = 7$

9. $18 \div 2 + 1 + 1 = 11$

10. $6 \times 5 + 12 \div 3 = 34$

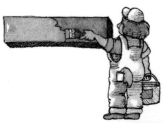

11. $5 \times 10.06 + 1.94 \div 3 = 20$

12. $3.0 + 40 \div 8 \times 7 = 38$

REPASO ACUMULATIVO

Escoge la respuesta correcta. Escribe A, B, C o D.

1. Estima.

   A 2,730   **C** 2,800

   B 2,100   **D** no se da

2. ¿Cuál es el MCM de 5 y 9?

   A 4   **C** 14

   B 45   **D** no se da

3. 216×935

   A 200,960   **C** 201,930

   B 201,960   **D** no se da

4. $17 \div 3$

   A 5   **C** 5 R3

   B 5 R1   **D** no se da

5. $2\overline{)1,276}$

   A 638   **C** 637 R1

   B 600   **D** no se da

6. $\$29.16 \div 6$

   A $4.50   **C** $4.86

   B $4.81   **D** no se da

7. ¿Cuál es el promedio de 16, 27, 32 y 13?

   A 22   **C** 44

   B 88   **D** no se da

8. $3,500 \div 70$

   A 500   **C** 5

   B 50   **D** no se da

9. Estima. $625 \div 41$

   A 20   **C** 200

   B 100   **D** no se da

10. $17\overline{)189}$

   A 11   **C** 11 R2

   B 11 R19   **D** no se da

11. $4,513 \div 56$

   A 8 R33   **C** 80 R33

   B 81   **D** no se da

12. ¿Cuáles son los factores primos de 45?

   A 1, 5, 9   **C** 5, 9

   B 3, 3, 5   **D** no se da

13. 132 min = _____ h _____ min

   A 2 h 12 min   **C** 1 h 72 min

   B 2 h 32 min   **D** no se da

14. ¿Qué hora es 3 horas y 47 minutos después de las 3:22 P.M.?

   A 6:22 P.M.   **C** 6:09 P.M.

   B 7:09 P.M.   **D** no se da

Escoge la respuesta correcta. Escribe A, B, C o D.

Usa la gráfica para 15 y 16.

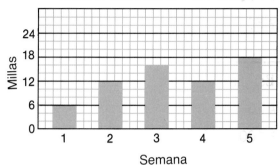

MILLAS CORRIDAS POR CELIA

15. ¿Cuántas millas corrió Celia en la semana 4?

   A 18   C 12

   B 15   D no se da

16. ¿Cuántas millas más corrió Celia en la semana 5 que en la semana 2?

   A 12   C 3

   B 6   D no se da

17. Compara. 3.25 ● 3.2

   A >   C =

   B <   D no se da

18. Redondea 17.23 a la décima más cercana.

   A 20   C 17.3

   B 17.2   D no se da

19. 76.014 + 2.35

   A 76.249   C 783.64

   B 78.364   D no se da

20. Estima. 4.3×36

   A 144   C 172

   B 154.8   D no se da

21. Estima. 67.5×6.614

   A 77   C 360

   B 490   D no se da

22. 0.75×16

   A 12   C 0.12

   B 1.2   D no se da

23.
$$\begin{array}{r} 31.56 \\ \times\ \ \ 2.7 \\ \hline \end{array}$$

   A 8,521.2   C 85.212

   B 852.12   D no se da

24. $6\overline{)456.12}$

   A 76.02   C 76.2

   B 7.62   D no se da

25. $17.6 \div 8$

   A 22   C 0.22

   B 2.2   D no se da

26. $24.8 \div 5$

   A 49.6   C 4.96

   B 0.496   D no se da

REPASO ACUMULATIVO

Escribe la respuesta correcta. Escribe A, B, C o D.

Usa el método de adivinar y comprobar para resolver 27–28.

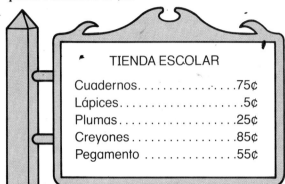

TIENDA ESCOLAR

Cuadernos................75¢
Lápices...................5¢
Plumas..................25¢
Creyones................85¢
Pegamento ....55¢

27. Catalina tiene $1.55. ¿Cuáles tres artículos puede comprar?

A 2 cuadernos y una pluma

C un cuaderno, creyones y pegamento

B un cuaderno, una pluma y pegamento

D no se da

28. Jaime gastó $2.55. Compró 4 lápices, creyones, y dos de un tercer artículo. ¿Cuál fue el tercer artículo?

A 2 cuadernos

C 2 creyones

B 2 frascos de pegamento

D no se da

29. El padre de Eugenio gastó $55 para llevar a Eugenio y sus amigos a un juego de béisbol. Gastó $5 para estacionar el auto y $25 en comida. Las entradas costaron $5 cada una. ¿Cuántos amigos llevó Eugenio?

A 5 amigos

C 3 amigos

B 2 amigos

D no se da

Usa lógica para resolver 30–33.

30. A Carlos y a Ron les gustan dos deportes a cada uno. Hockey, fútbol, béisbol y básquetbol. A ninguno le gusta el mismo deporte que al otro. A Ron no le gusta el fútbol. Al que le gusta el hockey no le gusta el béisbol. A Carlos le gusta el hockey. ¿Cuáles dos deportes le gustan a Carlos?

A hockey y fútbol

C hockey y básquetbol

B béisbol y básquetbol

D no se da

31. Cuatro niñas tienen diferentes edades. La menor tiene 8 años y cada niña es un año mayor que la anterior. Sandra tiene 10 años. Carolina no es la menor. Juana es mayor que Sandra. ¿Cuál es la menor?

A Juana

C Sandra

B Carolina

D no se da

32. Soy un número de 3 dígitos. La suma de mis dígitos es 13. Mi dígito de las decenas es 4. Mi dígito de las unidades es el doble de mi dígito de las centenas. ¿Qué número soy?

A 244

C 346

B 448

D no se da

33. Daniel es más alto que Manuel. Guillermo es más alto que Pepe. Leo es más alto que todos. Manuel es más alto que Guillermo. Si estos cinco niños se alinean de acuerdo con la estatura, ¿quién queda en el medio?

A Pepe

C Daniel

B Guillermo

D no se da

Tema: Días de fiesta

Fracciones

Cristián dobló una hoja de papel en 4 partes iguales. Decoró 3 partes para hacer una tarjeta para el día de San Valentín.

Una fracción puede nombrar una parte de una región.

$$\frac{\text{partes decoradas}}{\text{partes iguales}} \qquad \frac{3}{4} \qquad \frac{\text{numerador}}{\text{denominador}}$$

▶ El **numerador** y el **denominador** se llaman **términos** de una fracción.

▶ En una **fracción propia,** el numerador es menor que el denominador.

$\frac{3}{4}$, $\frac{1}{2}$, $\frac{2}{6}$, $\frac{3}{9}$ son fracciones propias.

Una fracción puede nombrar una parte de un grupo.

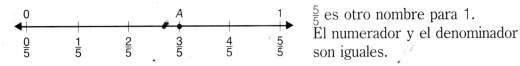

Dos quintos de los corazones son rojos.

Escribe $\frac{2}{5}$.

Una fracción se puede usar para nombrar puntos en una recta numérica.

$\frac{5}{5}$ es otro nombre para 1. El numerador y el denominador son iguales.

La fracción $\frac{3}{5}$ es un nombre para el punto **A.**

TRABAJO EN CLASE

Escribe la fracción que dice qué parte es roja.

1.

2.

3.

4.

Escribe una fracción para nombrar cada punto.

5.

6.

PRÁCTICA

Escribe la fracción que dice qué parte es roja.

1.
2.
3.
4.

5.
6.
7.
8.

Escribe una fracción para nombrar cada punto.

9.
10.

11.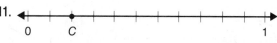
12.

Escribe la fracción que dice qué parte es azul.
Escribe otra fracción que diga qué parte no es azul.

★ 13.
★ 14.
★ 15.
★ 16.

APLICACIÓN

17. Josefa hizo 10 tarjetas. Decoró 3 con brillo. Escribe una fracción para decir qué parte tenía brillo.

18. Halla el patrón. Dibuja la próxima tarjeta.

★ 19. ¿Qué fracción de las tarjetas de Laura no tenía brillo?

HAZLO MENTALMENTE

Di qué fracción sigue.

1. $\frac{1}{4}$, $\frac{2}{4}$, $\frac{3}{4}$, ▮
2. $\frac{3}{8}$, $\frac{4}{8}$, $\frac{5}{8}$, ▮
3. $\frac{2}{7}$, $\frac{3}{7}$, $\frac{4}{7}$, ▮
4. $\frac{8}{10}$, $\frac{7}{10}$, $\frac{6}{10}$, ▮

Halla cada fracción que falta.

5. $\frac{1}{5}$, ▮, $\frac{3}{5}$, ▮
6. ▮, $\frac{3}{7}$, $\frac{4}{7}$, ▮, ▮
7. $\frac{4}{12}$, $\frac{6}{12}$, ▮, $\frac{10}{12}$
8. $\frac{3}{9}$, ▮, ▮, $\frac{6}{9}$

253

Fracciones equivalentes

El Día del Árbol la gente planta árboles para
ayudar al suelo y embellecer la tierra. La Sra. Powless
plantó $\frac{1}{2}$ acre. Ofelia plantó $\frac{2}{4}$ de acre. ¿Quién plantó más?

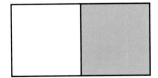   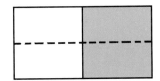

$\frac{1}{2}$ acre está plantado. $\frac{2}{4}$ de acre está plantado.

$\frac{1}{2} = \frac{2}{4}$ $\frac{1}{2}$ y $\frac{2}{4}$ son **fracciones equivalentes.**

La Sra. Powless y Ofelia plantaron la misma cantidad.

▶Para hallar fracciones equivalentes, multiplica el
numerador y el denominador por el mismo número.

   a. $\frac{1}{2} \times \boxed{\frac{2}{2}} = \frac{2}{4}$ **b.** $\frac{2}{3} \times \boxed{\frac{3}{3}} = \frac{6}{9}$ Recuerda que
                                                               $\frac{2}{2}$ y $\frac{3}{3}$ son
                                                               nombres de 1.

Más ejemplos

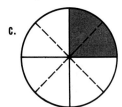   **d.** $\frac{3}{4} \times \boxed{\frac{4}{4}} = \frac{12}{16}$

$\frac{1}{4}$ del círculo es rojo.

$\frac{2}{8}$ del círculo son rojos. $\frac{1}{4} = \frac{2}{8}$

TRABAJO EN CLASE

Escribe 2 fracciones equivalentes para la parte que es azul.

1. 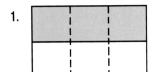   2. 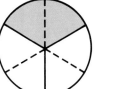   3.

Halla 2 fracciones equivalentes para cada uno.

4. $\frac{2}{5}$ **5.** $\frac{3}{7}$ **6.** $\frac{1}{6}$ **7.** $\frac{2}{8}$ **8.** $\frac{3}{6}$

254

Escribe 2 fracciones equivalentes para la parte que es azul.

1.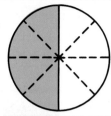

2.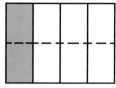

3.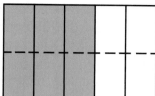

4.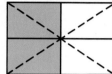

5.

6.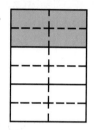

Halla 2 fracciones equivalentes para cada uno.

7. $\frac{3}{10}$ 8. $\frac{5}{6}$ 9. $\frac{8}{9}$ 10. $\frac{6}{7}$ 11. $\frac{4}{9}$

Completa. Usa el cuadro de fracciones para ayudarte.

12. $\frac{1}{2} = \frac{n}{4}$ 13. $\frac{1}{3} = \frac{n}{6}$

14. $\frac{3}{6} = \frac{n}{2}$ 15. $\frac{4}{6} = \frac{2}{n}$

★ 16. Completa el cuadro de fracciones. Escribe 2 fracciones equivalentes, usando el cuadro.

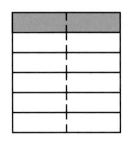

$\frac{1}{2}$				$\frac{1}{2}$		
$\frac{1}{3}$		$\frac{1}{3}$		$\frac{1}{3}$		
$\frac{1}{4}$		$\frac{1}{4}$		$\frac{1}{4}$	$\frac{1}{4}$	
$\frac{1}{5}$	$\frac{1}{5}$	$\frac{1}{5}$	$\frac{1}{5}$	$\frac{1}{5}$		
$\frac{1}{6}$	$\frac{1}{6}$	$\frac{1}{6}$	$\frac{1}{6}$	$\frac{1}{6}$	$\frac{1}{6}$	

APLICACIÓN

17. Dobla una hoja de papel como en **a**. Sombrea una parte. Luego, dóblala otra vez como en **b**. Escribe una oración que muestre fracciones equivalentes para las partes sombreadas.

★ 18. Dobla el papel a lo largo otra vez. Escribe otra fracción equivalente para la parte sombreada.

a. 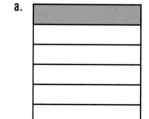   b.

Expresión mínima

El día de la elección, la Sra. Pérez ganó la elección para senador. Ganó en 18 de los 24 distritos que votaban.

Escribe $\frac{18}{24}$ como una fracción en su expresión mínima.

▶ Una fracción está en su **expresión mínima** cuando el **máximo común divisor (MCD)** del numerador y el denominador es 1.

Halla los factores y el máximo común divisor de 18 y 24.

Los factores de 18:   1, 2, 3, 6, 9, 18
Los factores de 24:   1, 2, 3, 4, 6, 8, 12, 24

Máximo común divisor: 6

▶ Para escribir una fracción en su expresión mínima, divide el numerador y el denominador por su MCD.

$$\frac{18 \div 6}{24 \div 6} = \frac{3}{4}$$

$\frac{18}{24}$ en su expresión mínima es $\frac{3}{4}$.

La Sra. Pérez ganó $\frac{3}{4}$ de los distritos votantes.

▶ A veces, es más fácil dividir el numerador y el denominador por cualquier factor común. Continúa dividiendo hasta alcanzar la expresión mínima.

Escribe $\frac{36}{48}$ como una fracción en su expresión mínima.

$\frac{36 \div 6}{48 \div 6} = \frac{6}{8}$ y $\frac{6 \div 2}{8 \div 2} = \frac{3}{4}$, ó $\frac{36 \div 12}{48 \div 12} = \frac{3}{4}$.

TRABAJO EN CLASE

Escribe los factores y los factores comunes. Subraya el MCD.

1. 6, 18   2. 4, 20   3. 12, 27   4. 20, 30   5. 15, 45

Escribe cada fracción en su expresión mínima.

6. $\frac{4}{20}$ 7. $\frac{8}{24}$ 8. $\frac{18}{48}$ 9. $\frac{12}{36}$ 10. $\frac{20}{44}$ 11. $\frac{14}{35}$

Escribe los factores y los factores comunes. Subraya el MCD.

1. 6, 9

2. 4, 8

3. 4, 12

4. 10, 15

5. 9, 12

6. 5, 40

7. 8, 24

8. 6, 30

9. 12, 60

10. 28, 56

Escribe cada fracción en su expresión mínima.

11. $\frac{5}{10}$

12. $\frac{8}{12}$

13. $\frac{3}{6}$

14. $\frac{8}{10}$

15. $\frac{14}{16}$

16. $\frac{16}{24}$

17. $\frac{27}{36}$

18. $\frac{6}{15}$

19. $\frac{12}{36}$

20. $\frac{10}{15}$

21. $\frac{25}{75}$

22. $\frac{3}{21}$

23. $\frac{15}{20}$

24. $\frac{9}{15}$

25. $\frac{50}{100}$

26. $\frac{75}{100}$

27. $\frac{90}{100}$

28. $\frac{4}{12}$

29. $\frac{15}{90}$

30. $\frac{24}{96}$

31. $\frac{42}{189}$

32. $\frac{5}{125}$

33. $\frac{17}{153}$

34. $\frac{64}{112}$

35. $\frac{78}{104}$

36. $\frac{132}{231}$

37. $\frac{66}{154}$

38. $\frac{70}{84}$

Usa las claves para hallar la fracción descrita.

★ 39. Expresión mínima $= \frac{2}{3}$

El denominador es 6 más que el numerador.

★ 40. Expresión mínima $= \frac{4}{5}$

El denominador es 5 más que el numerador.

APLICACIÓN

41. En la oficina principal había 30 trabajadores. Diez de ellos habían trabajado por más de 8 horas. ¿Qué fracción de los trabajadores había estado allí más de 8 horas?

★ 42. La Sra. Pérez trabajó desde la oficina principal 12 de los 60 últimos días de la campaña. Viajó los días restantes. ¿Qué fracción de esos días no pasó en la oficina principal?

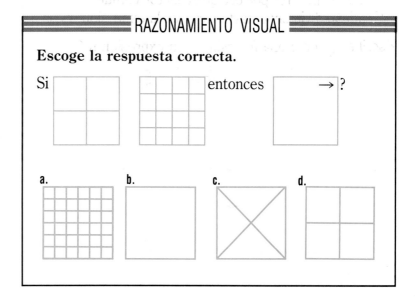

RAZONAMIENTO VISUAL

Escoge la respuesta correcta.

Si [ ] [ ] entonces [ ] → ?

a. b. c. d.

Mínimo común denominador

Casi hubo empate en el juego de *softball* el Día del Trabajo. Los Leones anotaron $\frac{1}{4}$ de las carreras y los Halcones $\frac{1}{6}$.

$\frac{1}{4}$ y $\frac{1}{6}$ son fracciones **heterogéneas.** Tienen denominadores diferentes.

$\frac{2}{6}$, $\frac{3}{6}$ y $\frac{5}{6}$ son fracciones **homogéneas.** Tienen el mismo denominador.

▶ Para cambiar fracciones heterogéneas a fracciones homogéneas, primero debes hallar el mínimo común denominador.

▶ El **mínimo común denominador (MCD)** de fracciones heterogéneas es el mínimo común múltiplo de sus denominadores.

Los múltiplos de 4: 4, 8, 12, 16, 20, 24 . . .
Los múltiplos de 6: 6, 12, 18, 24, 30, 36 . . .

El mínimo común múltiplo: 12

Usa el MCD para escribir fracciones homogéneas para $\frac{1}{4}$ y $\frac{1}{6}$.

$\frac{1}{4} = \frac{n}{12}$ **Piensa** $4 \times 3 = 12$ $\frac{1}{6} = \frac{n}{12}$ **Piensa** $6 \times 2 = 12$

$\frac{1}{4} \times \frac{3}{3} = \frac{3}{12}$ $\frac{1}{6} \times \frac{2}{2} = \frac{2}{12}$

$\frac{3}{12}$ y $\frac{2}{12}$ son fracciones homogéneas de $\frac{1}{4}$ y $\frac{1}{6}$.

TRABAJO EN CLASE

Escribe el mínimo común denominador (MCD).

1. $\frac{1}{2}$, $\frac{1}{8}$ 2. $\frac{1}{5}$, $\frac{5}{6}$ 3. $\frac{3}{4}$, $\frac{1}{2}$ 4. $\frac{3}{5}$, $\frac{2}{3}$ 5. $\frac{5}{6}$, $\frac{1}{8}$

Escribe fracciones homogéneas usando el MCD.

6. $\frac{2}{3}$, $\frac{3}{4}$ 7. $\frac{1}{2}$, $\frac{3}{5}$ 8. $\frac{5}{12}$, $\frac{5}{6}$ 9. $\frac{4}{5}$, $\frac{7}{10}$ 10. $\frac{1}{6}$, $\frac{2}{3}$

Escribe el mínimo común denominador.

1. $\frac{2}{5}, \frac{3}{10}$

2. $\frac{1}{2}, \frac{3}{4}$

3. $\frac{1}{3}, \frac{2}{9}$

4. $\frac{3}{10}, \frac{5}{6}$

5. $\frac{3}{8}, \frac{1}{12}$

6. $\frac{2}{3}, \frac{1}{4}$

7. $\frac{2}{5}, \frac{3}{7}$

8. $\frac{1}{6}, \frac{3}{4}$

9. $\frac{2}{3}, \frac{3}{8}$

10. $\frac{6}{10}, \frac{3}{4}$

Halla cada número que falta.

11. $\frac{2}{3} = \frac{n}{6}$

12. $\frac{1}{2} = \frac{n}{8}$

13. $\frac{5}{7} = \frac{15}{n}$

14. $\frac{3}{4} = \frac{n}{12}$

15. $\frac{6}{10} = \frac{n}{50}$

16. $\frac{2}{8} = \frac{4}{n}$

17. $\frac{5}{9} = \frac{10}{n}$

18. $\frac{4}{12} = \frac{n}{24}$

19. $\frac{4}{5} = \frac{12}{n}$

20. $\frac{2}{10} = \frac{6}{n}$

Escribe fracciones homogéneas, usando el MCD.

21. $\frac{1}{2}, \frac{1}{3}$

22. $\frac{1}{4}, \frac{1}{5}$

23. $\frac{3}{4}, \frac{5}{8}$

24. $\frac{7}{9}, \frac{1}{2}$

25. $\frac{2}{3}, \frac{5}{12}$

26. $\frac{5}{7}, \frac{2}{9}$

27. $\frac{1}{2}, \frac{2}{3}$

28. $\frac{1}{2}, \frac{5}{6}$

29. $\frac{3}{8}, \frac{2}{3}$

30. $\frac{4}{5}, \frac{2}{8}$

31. $\frac{2}{9}, \frac{1}{3}$

32. $\frac{3}{8}, \frac{2}{9}$

★ 33. $\frac{4}{7}, \frac{1}{2}, \frac{2}{3}$

★ 34. $\frac{3}{8}, \frac{2}{3}, \frac{1}{2}$

★ 35. $\frac{1}{2}, \frac{3}{5}, \frac{4}{9}$

Aplicación

36. En la segunda entrada, los Leones conectaron $\frac{2}{3}$ de los lanzamientos de los Halcones. Una séptima parte de ellos resultaron en dobletes. Escribe éstos como fracciones homogéneas.

★ 37. En la última entrada, seis bateadores de los Leones hicieron un punto. Dos tercios de ellos llegaron a segunda base. ¿Cuántos bateadores llegaron a segunda? ¿Cuántos bateadores no llegaron a segunda?

PRODUCTOS CRUZADOS

Hallar los productos cruzados te puede ayudar a comprobar fracciones equivalentes.

$2 \times 2 \stackrel{?}{=} 1 \times 4$

$4 = 4$

$\stackrel{?}{=}$ significa es igual a?

$\frac{1}{2}$ y $\frac{2}{4}$ son fracciones equivalentes.

¿Son equivalentes estas fracciones? Escribe *sí* o *no*.

1. $\frac{2}{3} \stackrel{?}{=} \frac{4}{6}$

2. $\frac{1}{2} \stackrel{?}{=} \frac{5}{12}$

3. $\frac{5}{6} \stackrel{?}{=} \frac{7}{12}$

4. $\frac{1}{6} \stackrel{?}{=} \frac{2}{18}$

5. $\frac{3}{4} \stackrel{?}{=} \frac{15}{20}$

6. $\frac{1}{8} \stackrel{?}{=} \frac{4}{32}$

7. $\frac{2}{8} \stackrel{?}{=} \frac{6}{24}$

8. $\frac{3}{5} \stackrel{?}{=} \frac{6}{10}$

9. $\frac{9}{27} \stackrel{?}{=} \frac{18}{44}$

Problemas para resolver

RESOLVER UN PROBLEMA MÁS SENCILLO

Si un problema resulta difícil, piensa en un problema parecido que sea más fácil. Esto te puede ayudar a resolver el más difícil.

El día que Guillermo cumplió 10 años, sus papás abrieron una cuenta de ahorros para él. Para cada cumpleaños, por los próximos diez años, van a depositar $1 por cada año de su edad. Cuando Guillermo cumpla veinte años, ¿cuánto dinero habrán depositado? ¿Cómo puede averiguar Guillermo?

Guillermo podría hallar su respuesta así.

$10 + 11 + 12 + 13 + \ldots + 20 = ?$

Esto es difícil, porque Guillermo debe sumar muchos números juntos. Es fácil equivocarse.

Hay una manera más simple de resolver el problema.

Guillermo sabe que por lo menos $10 van a ser agregados a su cuenta todos los cumpleaños. También sabe que cada año van a depositar $1 más que el año anterior.

$10 + (10 + 1) + (10 + 2) + (10 + 3) + \ldots + (10 + 10) = ?$

Para simplificar esta oración matemática sigue los pasos.

1. Multiplica 10×11.

2. Halla la suma de los números del 1 al 10.

3. Suma las respuestas.

$(10 \times 11) + (1 + 2 + 3 + 4 + \ldots + 10) = ?$

$\qquad 110 + 55 = 165$

Los papás de Guillermo habrán depositado $165 para cuando Guillermo cumpla veinte años.

PRÁCTICA

Une cada problema difícil con uno similar que sea más fácil de resolver.

1. ¿Cuál es la suma de los primeros 50 números impares?

2. ¿Cuántos cuadrados de 1 por 1 hay en un tablero de 4 por 4?

3. ¿Cuál es el residuo cuando 4 × 4 × 4 × 4 × 4 × 4 × 4 × 4 × 4 se divide por 3?

a. ¿Cuántos cuadrados de 1 por 1 hay en
 1. tablero cuadrado de 1 por 1?
 2. tablero cuadrado de 2 por 2?

b. ¿Cuál es el residuo cuando
 1. 4 es dividido por 3?
 2. 4 × 4 es dividido por 3?

c. ¿Cuál es la suma de los primeros
 1. dos números impares?
 3. tres números impares?

Resuelve cada problema.

4. Halla el residuo cuando se divide 4 por 3. Ahora, halla el residuo cuando 4 × 4 se divide por 3.

5. ¿Cuál es el patrón en 4? Prueba 4 × 4 × 4 × 4 dividido se divide por 3. ¿Continúa el patrón?

6. ¿Cuál es el residuo cuando 4 × 4 × 4 × 4 × 4 × 4 × 4 × 4 × 4 se divide por 3?

7. ¿Cuál es la suma de los primeros 2 números impares? ¿Cuál es la suma de los primeros 3 números impares?

8. Copia y completa el cuadro a la derecha. ¿Qué patrón encuentras entre los números impares y las sumas?

★9. ¿Cuál es la suma de los primeros 50 números impares? Usa el patrón en el cuadro para ayudarte.

Números impares	Suma
Primeros 2	4
Primeros 3	9
Primeros 4	16
Primeros 5	
Primeros 6	
Primeros 7	
Primeros 8	
Primeros 9	

CREA TU PROPIO PROBLEMA

1. ¿Cuál es el residuo cuando 5 × 5 es dividido por 4? Crea un problema similar que sea más difícil de resolver.

2. ¿Cuál es la suma de los primeros dos números pares? Crea un problema más difícil. ¿Qué plan vas a usar para resolver el problema?

Comparar y ordenar fracciones

En la mesa de Ana se usaron $\frac{3}{8}$ de taza de pegamento para hacer decoraciones de Halloween. En la mesa de Pedro se usaron $\frac{5}{8}$ de taza. ¿Qué grupo usó más?

▶Para comparar fracciones homogéneas compara los numeradores.

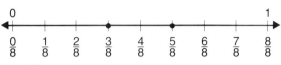

$\frac{3}{8}$ ● $\frac{5}{8}$ **Piensa** $3 < 5$

$\frac{3}{8} < \frac{5}{8}$

La mesa de Pedro usó lo más.

▶Para comparar fracciones heterogéneas, conviértelas a fracciones homogéneas.

Compara $\frac{2}{3}$ y $\frac{3}{5}$.

Paso 1	Paso 2
Convierte $\frac{2}{3}$ y $\frac{3}{5}$ a fracciones homogéneas.	Compara los numeradores.

$\frac{2}{3} \times \boxed{\frac{5}{5}} = \frac{10}{15}$ ⠀⠀⠀$10 > 9$

$\frac{3}{5} \times \boxed{\frac{3}{3}} = \frac{9}{15}$ ⠀⠀Por lo tanto, $\frac{10}{15} > \frac{9}{15}$ y $\frac{2}{3} > \frac{3}{5}$.

▶Para ordenar fracciones de menor a mayor, conviértelas a homogéneas. Luego, compara las fracciones de dos en dos.

Usa $<$ para ordenar $\frac{3}{10}$, $\frac{1}{2}$ y $\frac{2}{5}$ de menor a mayor.

El MCD es 10.

$\frac{3}{10} < \frac{4}{10} < \frac{5}{10}$, por lo tanto, $\frac{3}{10} < \frac{2}{5} < \frac{1}{2}$.

TRABAJO EN CLASE

Compara. Usa $>$, $<$ ó $=$ en lugar de ●.

1. $\frac{3}{4}$ ● $\frac{5}{6}$
2. $\frac{2}{6}$ ● $\frac{1}{3}$
3. $\frac{3}{4}$ ● $\frac{1}{4}$
4. $\frac{5}{12}$ ● $\frac{7}{8}$
5. $\frac{3}{5}$ ● $\frac{4}{5}$

Usa $<$ para ordenar las fracciones de menor a mayor.

6. $\frac{4}{5}$, $\frac{3}{5}$, $\frac{7}{10}$
7. $\frac{2}{3}$, $\frac{3}{4}$, $\frac{1}{2}$
8. $\frac{7}{8}$, $\frac{9}{10}$, $\frac{4}{5}$

Compara. Usa $>$, $<$ ó $=$ en lugar de ●.

1. $\frac{4}{5}$ ● $\frac{2}{3}$ 2. $\frac{1}{6}$ ● $\frac{3}{6}$ 3. $\frac{1}{3}$ ● $\frac{4}{12}$ 4. $\frac{1}{2}$ ● $\frac{9}{16}$ 5. $\frac{1}{6}$ ● $\frac{1}{10}$

6. $\frac{3}{4}$ ● $\frac{1}{4}$ 7. $\frac{5}{8}$ ● $\frac{10}{16}$ 8. $\frac{1}{4}$ ● $\frac{3}{6}$ 9. $\frac{3}{5}$ ● $\frac{4}{7}$ 10. $\frac{5}{12}$ ● $\frac{7}{18}$

11. $\frac{4}{9}$ ● $\frac{3}{5}$ 12. $\frac{1}{2}$ ● $\frac{4}{8}$ 13. $\frac{7}{10}$ ● $\frac{3}{4}$ 14. $\frac{1}{3}$ ● $\frac{1}{2}$ 15. $\frac{2}{3}$ ● $\frac{7}{15}$

16. $\frac{2}{3}$ ● $\frac{1}{5}$ 17. $\frac{7}{8}$ ● $\frac{5}{6}$ 18. $\frac{1}{3}$ ● $\frac{4}{9}$ 19. $\frac{3}{7}$ ● $\frac{6}{7}$ 20. $\frac{5}{12}$ ● $\frac{1}{3}$

Usa $<$ para ordenar las fracciones de menor a mayor.

21. $\frac{1}{2}$, $\frac{1}{4}$, $\frac{1}{8}$ 22. $\frac{2}{3}$, $\frac{1}{2}$, $\frac{5}{6}$ 23. $\frac{1}{4}$, $\frac{2}{3}$, $\frac{1}{6}$

★ 24. $\frac{5}{16}$, $\frac{1}{3}$, $\frac{6}{8}$, $\frac{5}{6}$ ★ 25. $\frac{2}{8}$, $\frac{3}{6}$, $\frac{4}{10}$, $\frac{4}{5}$ ★ 26. $\frac{1}{12}$, $\frac{2}{9}$, $\frac{5}{6}$, $\frac{2}{3}$

Usa las siguientes fracciones para nombrar cada punto de la recta numérica.

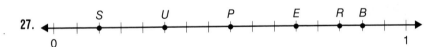

27.

Usa la recta numérica de más arriba. Escribe verdadero o falso en cada oración.

★ 28. $P > U$ ★ 29. $S > U$ ★ 30. $P = \frac{8}{16}$ ★ 31. $R < B$ ★ 32. $E < U$

APLICACIÓN

33. Tanya quiere hacer un disfraz de fantasma. Tiene $\frac{7}{8}$ de yarda de tela blanca. Dora tiene $\frac{3}{4}$ de yarda. ¿Quién tiene más?

34. Bobby necesita $\frac{3}{4}$ de yarda de tela para su traje de calabaza. Tiene $\frac{4}{6}$ de yarda ¿Tiene suficiente tela para su disfraz?

35. Marcia quiere pedir prestado un poco de brillo para terminar su proyecto de Halloween. Bobby tiene $\frac{3}{5}$ de botella. Tanya tiene $\frac{2}{4}$ de botella. ¿Quién tiene más brillo para prestarle a Marcia?

★ 36. Cora tiene $12\frac{1}{2}$ yardas de tiras de algodón negro. Pablo tiene $7\frac{3}{4}$ yardas de tiras anaranjadas. Saúl tiene $5\frac{1}{4}$ yardas de tiras anaranjadas también. ¿Pueden Pablo y Saúl hacer una tira del largo de la de Cora?

Números mixtos

El desfile del 4 de Julio comienza en la escuela. Los participantes pasan por la biblioteca, el cuartel de bomberos y la alcaldía.

La biblioteca está a $\frac{10}{10}$, o sea 1 milla de la escuela.

$\frac{10}{10}$ es una **fracción impropia.**

Su numerador y su denominador son iguales.

$\frac{10}{10} = 1$

El cuartel de bomberos está a $\frac{13}{10}$ millas de la escuela.

$\frac{13}{10}$ es una **fracción impropia.**

Su numerador es mayor que su denominador.

▶ En una **fracción impropia,** el numerador es mayor o igual que el denominador.

$\frac{4}{3}$, $\frac{8}{8}$, $\frac{5}{5}$, $\frac{17}{12}$ y $\frac{3}{2}$ son fracciones impropias.

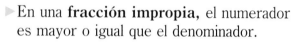

La alcaldía está a $1\frac{7}{10}$ millas de la escuela.
$1\frac{7}{10}$ es un **número mixto.**

▶ Un **número mixto** tiene un número entero y una fracción. $1\frac{2}{3}$, $3\frac{7}{8}$, $5\frac{1}{5}$ y $12\frac{1}{2}$ son número mixtos.

TRABAJO EN CLASE

Escribe un número mixto para la parte que es azul.

1.

2.

3. (cuadros)

Escribe *I* para cada fracción impropia, *P* para cada fracción propia, y *M* para cada número mixto.

4. $3\frac{1}{4}$ 5. $\frac{5}{8}$ 6. $\frac{7}{7}$ 7. $2\frac{6}{8}$ 8. $5\frac{2}{5}$

PRÁCTICA

Escribe un número mixto para la parte que es azul.

1.

2.

3.

4.

5.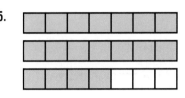

6.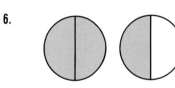

Escribe *I* para cada fracción impropia, *P* para cada fracción propia, y *M* para cada número mixto.

7. $\frac{8}{3}$ 8. $\frac{4}{5}$ 9. $1\frac{8}{10}$ 10. $\frac{5}{5}$ 11. $2\frac{1}{4}$ 12. $\frac{2}{10}$

13. $\frac{2}{2}$ 14. $3\frac{7}{8}$ 15. $1\frac{2}{3}$ 16. $\frac{3}{2}$ 17. $\frac{3}{4}$ 18. $7\frac{1}{5}$

Haz un dibujo para mostrar cada número mixto o fracción impropia.

★ 19. $2\frac{3}{4}$ ★ 20. $\frac{7}{2}$ ★ 21. $3\frac{2}{3}$ ★ 22. $\frac{14}{5}$

APLICACIÓN

RAZONAMIENTO LÓGICO

1. Soy una fracción impropia.
   Mi numerador y denominador
   son múltiplos de 4.
   Mi numerador es 5 veces
   mi denominador.
   Mi denominador es el MCD de
   16 y 24.
   ¿Qué fracción soy?

2. Soy un número mixto.
   Mi denominador es el
   segundo número primo impar.
   Mi numerador es 1 menos
   que mi denominador.
   Digo un número mixto
   entre 2 y 3.
   ¿Qué número mixto soy?

Fracciones y números mixtos

Rebeca necesita $2\frac{1}{3}$ tazas de arándanos para hacer una salsa para el día de Acción de Gracias. Su taza de medir está marcada en tercios. ¿Cuántos necesita?

Escribe $2\frac{1}{3}$ como fracción impropia.

$$2\frac{1}{3} = \frac{7}{3}$$

Sigue estos pasos para escribir un número mixto como fracción impropia.

Paso 1
Multiplica el número entero por el denominador de la fracción.

Paso 2
Suma el numerador de la fracción al producto.

Paso 3
Escribe la suma como el numerador de la fracción. El denominador es el mismo.

$2\frac{1}{3}$ $3 \times 2 = 6$ $2\frac{1}{3}$ $6 + 1 = 7$ $2\frac{1}{3} = \frac{7}{3}$

Rebeca necesita $\frac{7}{3}$ tazas de arándanos

Sigue estos pasos para escribir $\frac{5}{4}$ como número mixto.

Paso 1
Divide el numerador por el denominador.

Paso 2
Escribe el residuo como el numerador de la fracción. El divisor es el denominador.

$$\frac{5}{4} = \begin{array}{r} 1 \\ 4\overline{)5} \\ -4 \\ \hline 1 \end{array} \qquad \begin{array}{r} 1\frac{1}{4} \\ 4\overline{)5} \\ -4 \\ \hline 1 \end{array}$$

$\frac{5}{4}$ como número mixto es $1\frac{1}{4}$.

TRABAJO EN CLASE

Escribe cada uno como fracción impropia.

1. $3\frac{1}{2}$ 2. $4\frac{1}{5}$ 3. $2\frac{5}{8}$ 4. $1\frac{6}{10}$ 5. $3\frac{5}{7}$

Escribe cada fracción impropia como número entero o número mixto en su expresión mínima.

6. $\frac{16}{3}$ 7. $\frac{18}{8}$ 8. $\frac{8}{4}$ 9. $\frac{27}{5}$ 10. $\frac{35}{7}$

PRÁCTICA

Escribe cada uno como fracción impropia.

1. $2\frac{1}{2}$ 2. $3\frac{1}{4}$ 3. $1\frac{3}{8}$

4. $3\frac{5}{6}$ 5. $8\frac{6}{7}$ 6. $5\frac{3}{4}$

7. $6\frac{7}{8}$ 8. $9\frac{9}{10}$ 9. $4\frac{2}{5}$

10. $40\frac{5}{8}$ 11. $50\frac{4}{5}$ 12. $20\frac{2}{3}$

13. $32\frac{2}{6}$ 14. $14\frac{3}{10}$ 15. $27\frac{3}{4}$

Escribe cada fracción impropia como número entero o número mixto en su expresión mínima.

16. $\frac{9}{2}$ 17. $\frac{10}{3}$ 18. $\frac{11}{5}$

19. $\frac{28}{8}$ 20. $\frac{30}{5}$ 21. $\frac{16}{6}$

22. $\frac{26}{4}$ 23. $\frac{10}{10}$ 24. $\frac{100}{25}$

25. $\frac{37}{6}$ 26. $\frac{50}{8}$ 27. $\frac{54}{6}$

28. $\frac{41}{7}$ 29. $\frac{64}{10}$ 30. $\frac{22}{5}$

Escribe cada número que falta en su expresión mínima.

31.

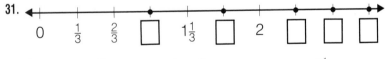

0   $\frac{1}{3}$ $\frac{2}{3}$ ☐ $1\frac{1}{3}$ ☐   2   ☐   ☐   ☐

★ 32. $\frac{1}{8}$, _____, $\frac{3}{8}$, _____, $\frac{5}{8}$, $\frac{3}{4}$, _____, _____, $1\frac{1}{8}$, _____

APLICACIÓN

33. Cara usó $\frac{10}{3}$ de tazas de nueces para su pan de arándanos. Usó $3\frac{2}{3}$ tazas de nueces para su pan de plátano. ¿Qué clase de pan llevaba más nueces?

34. El pan de plátano fue horneado en un molde de 8 pulgadas por 8 pulgadas. ¿Cuántos cuadrados de pan de 4 pulgadas habían?

Práctica mixta

1. $465 + n = 1{,}213$

2. $n - 6{,}875 = 481$

3. 28×671

4. $674 \div 16$

5. $82{,}135 \div 87$

6. $\begin{array}{r} 7.2 \\ +\,4.31 \\ \hline \end{array}$ 7. $\begin{array}{r} 67.5 \\ +\,10.35 \\ \hline \end{array}$

8. $\begin{array}{r} 72.4 \\ \times\,3.02 \\ \hline \end{array}$ 9. $\begin{array}{r} 43.4 \\ \times\,5.032 \\ \hline \end{array}$

10. $123.033 - 16.25$

11. 4.78×100

12. $5{,}616 \div 1.2$

13. $37.56 \div 1{,}000$

14. $\begin{array}{r} 156.98 \\ 3.075 \\ +\,26.376 \\ \hline \end{array}$

15. 1.76×0.05

Redondea al lugar subrayado.

16. $6\underline{7}.43$

17. $381.\underline{6}79$

18. $1{,}495.1\underline{3}2$

19. $340.1\underline{5}2$

20. $51\underline{3}.94$

Fracciones y decimales

La fiesta de la rana saltarina se celebra en California todos los meses de mayo. La rana de Pepe saltó $\frac{7}{10}$ del largo de la pista.

Escribe $\frac{7}{10}$ como decimal.

$\frac{7}{10}$ es azul.

0.7 es azul.

Escribe $1\frac{2}{10}$ como decimal.

$1\frac{2}{10}$ es azul.

1.2 es azul.

▶ Para cambiar una fracción a un decimal, divide el numerador por el denominador.

Escribe $\frac{1}{2}$ como decimal.   Escribe $1\frac{3}{4}$ como decimal.

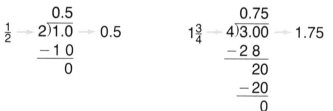

$$\frac{1}{2} \longrightarrow 2\overline{)1.0} \longrightarrow 0.5$$
$$\begin{array}{r} 0.5 \\ -1\ 0 \\ \hline 0 \end{array}$$

$$1\frac{3}{4} \longrightarrow 4\overline{)3.00} \longrightarrow 1.75$$
$$\begin{array}{r} 0.75 \\ -2\ 8 \\ \hline 20 \\ -20 \\ \hline 0 \end{array}$$

Trabajo en clase

Escribe una fracción o número mixto y un número decimal para la parte sombreada. Escribe cada fracción en su expresión mínima.

1.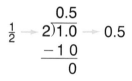

2.

3.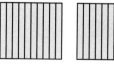

Escribe un decimal para cada número mixto.

4. $5\frac{3}{4}$ 5. $3\frac{2}{25}$ 6. $4\frac{3}{10}$ 7. $2\frac{25}{50}$ 8. $1\frac{4}{5}$

Escribe una fracción o número mixto y un decimal para la parte sombreada. Escribe cada fracción en su expresión mínima.

1.

2.

3. △ △ △ △ △
   △ △ △ △ △

Escribe una fracción o número mixto en su expresión mínima para cada decimal.

4. 0.2 **5.** 0.03 **6.** 3.9 **7.** 0.75 **8.** 2.65

9. 0.31 **10.** 0.8 **11.** 4.04 **12.** 10.01 **13.** 5.25

14. 2.5 **15.** 0.08 **16.** 1.24 **17.** 4.6 **18.** 7.02

Escribe un decimal para cada fracción o número mixto.

19. $\frac{1}{4}$ **20.** $\frac{3}{5}$ **21.** $2\frac{7}{20}$ **22.** $\frac{9}{25}$ **23.** $3\frac{6}{50}$

24. $2\frac{4}{5}$ **25.** $\frac{1}{2}$ **26.** $3\frac{3}{4}$ **27.** $\frac{3}{50}$ **28.** $5\frac{8}{40}$

29. $\frac{4}{80}$ **30.** $7\frac{25}{100}$ ★ **31.** $\frac{6}{125}$ ★ **32.** $\frac{7}{8}$ ★ **33.** $\frac{3}{16}$

APLICACIÓN

34. Había 10 ranas en la competencia. De esas 10 ranas, 2 no saltaron. Escribe decimales para mostrar las ranas que saltaron y las que no saltaron.

★ **35.** La rana de Nora dio un salto que era $\frac{2}{25}$ de larga de la pista. La rana de Al dio un salto que era $\frac{4}{20}$ de la pista. Escribe cada fracción como decimal. ¿Qué rana dio el salto más largo?

RAZONAMIENTO LÓGICO

El padre de Denise la desafió: "Tienes 26 ejercicios de aritmética. Te voy a dar 5 centavos por cada ejercicio que hagas correctamente. Debes darme 8 centavos por cada ejercicio incorrecto.

Cuando Carla terminó, nadie le debía dinero a nadie. ¿Cuántos de los 26 ejercicios estaban correctos? ¿Cuántos estaban incorrectos?

Problemas para resolver

La familia Marston va a pasar el día de Acción de Gracias en la casa. Han invitado a la tía Marta y al tío Enrique a cenar.

1. ¿Qué fracción de la gente a la mesa son niños?

2. ¿Qué fracción de la gente es adulta?

3. La tía Marta y el tío Enrique viven en Chicago. Viajaron 2 días para llegar a la casa de los Marston. Manejaron 256.8 millas el primer día y 317.9 millas el segundo día. ¿Cuántas millas más manejaron el segundo día?

4. Los Marston quieren invitar a dos personas más para el día de Acción de Gracias del año próximo. Si invitan 2 personas más cada año durante 6 años, ¿cuántas personas habrá a cenar en el sexto año?

5. La Sra Marston sirve la comida a las 3:00 P.M. Debe cocinar el guajolote 20 minutos por cada libra a 325°F. ¿A qué hora debe empezar a cocinar el guajolote? ¿Qué información falta?

6. Un plato de verduras contiene $\frac{1}{2}$ de libra de chícharos y $\frac{2}{5}$ de libra de cebollas. Luego se le agregan $\frac{3}{8}$ de libra de zanahorias. ¿Qué verdura pesa más? ¿Cuál pesa menos?

El Sr. Marston hizo una tabla para planear su tiempo.

HORA	ACTIVIDADES
1 h 15 min	Visitar a un amigo.
20 min	Poner la mesa.
15 min	Hacer el ponche del día de Acción de Gracias.
20 min	Hacer los panecillos.
45 min	Sacudir el polvo de los muebles.

Usa la tabla para responder a cada pregunta.

7. ¿Cuánto tiempo le tomó al Sr. Marston poner la mesa y sacudir el polvo de los muebles?

★ 8. ¿Cuánto tiempo le tomó en total completar las actividades?

Usa la gráfica a la derecha para responder 9–12.

PRODUCCIÓN DE TRIGO EN EE.UU.

9. ¿Qué estado es el principal productor de trigo en los Estados Unidos?

10. ¿Qué 4 estados producen entre ellos $\frac{1}{2}$ del trigo de este país?

11. ¿Qué número decimal muestra cuánto trigo se produce en Nebraska y Minnesota?

12. ¿Produce Iowa más o menos de $\frac{1}{4}$ del trigo del país?

Illinois
Minnesota
Indiana
Nebraska
Iowa
Otros estados

Resuelve cada problema.

13. Estas 4 ciudades están en la costa de Massachusetts. Salem está al sur de Gloucester. Boston está al norte de Plymouth y al sur de Salem. Plymouth es la que está más al sur. Lista las ciudades en orden de norte a sur.

14. La clase de la Sra. Allen presentó un informe sobre el día de Acción de Gracias. Ella planeó cinco clases de 45 minutos. Cada uno de los 22 alumnos habló 10 minutos. ¿Hablaron todos los alumnos durante las 5 clases?

15. Jaime y Diana investigaron los tipos de comida servidos en el primer día de Acción de Gracias. Como parte de su presentación, sirvieron pan de maíz. Cada pan alcanzaba para 8 personas. ¿Cuántos panes necesitaron para 25 personas?

★ 16. La biblioteca de Laurelville tiene 800 libros de historia. Un 0.25 de ellos son de historia americana. Se informa sobre los peregrinos en alrededor de $\frac{1}{2}$ de esos libros. ¿Cuántos libros tienen información sobre los peregrinos?

ALGO EXTRA

El problema de un granjero

Un granjero viajaba con un zorro, un ganso y un canasto de maíz. En el camino tuvo que cruzar un arroyo. Podía llevar una sola cosa cada vez que atravesaba el arroyo. Si dejaba solos al zorro y el ganso, el zorro se podía comer al ganso. Si dejaba solo al ganso, se podía comer el maíz. ¿Cómo cruzó a los tres?

══ REPASO DEL CAPÍTULO ══

Escribe una fracción para la parte sombreada. págs. 252–253

1.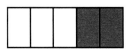

2.

3.

Escribe 2 fracciones equivalentes para cada uno. págs. 254–255

4. $\frac{3}{8}$
5. $\frac{5}{6}$
6. $\frac{1}{4}$
7. $\frac{3}{10}$

Escribe cada fracción en su expresión mínima. págs. 256–257

8. $\frac{6}{8}$
9. $\frac{12}{18}$
10. $\frac{9}{27}$
11. $\frac{16}{48}$
12. $\frac{4}{28}$

Escribe fracciones homogéneas usando el mínimo común denominador. págs. 258–250

13. $\frac{3}{4}, \frac{2}{3}$
14. $\frac{3}{8}, \frac{3}{16}$
15. $\frac{4}{5}, \frac{5}{6}$
16. $\frac{7}{8}, \frac{3}{4}$
17. $\frac{3}{4}, \frac{5}{6}$

Compara. Usa $<, >$ **ó** $=$ **en lugar de** ●. págs. 262–263

18. $\frac{4}{5}$ ● $\frac{3}{10}$
19. $\frac{7}{8}$ ● $\frac{3}{4}$
20. $\frac{5}{9}$ ● $\frac{7}{12}$
21. $\frac{2}{3}$ ● $\frac{24}{36}$

Usa $<$ **para ordenar las fracciones de menor a mayor.** págs. 262–263

22. $\frac{3}{4}, \frac{1}{3}, \frac{5}{6}$
23. $\frac{1}{5}, \frac{1}{6}, \frac{1}{3}$
24. $\frac{1}{2}, \frac{2}{3}, \frac{3}{4}$

Escribe cada fracción impropia como número entero o número mixto en su expresión mínima. Escribe cada número mixto como fracción impropia. págs. 266–267

25. $\frac{30}{16}$
26. $6\frac{3}{4}$
27. $\frac{36}{6}$
28. $3\frac{4}{5}$
29. $5\frac{3}{8}$

Escribe un decimal o fracción en su expresión mínima. págs. 268–269

30. $\frac{3}{10}$
31. 0.05
32. $\frac{3}{20}$
33. 0.16
34. $\frac{3}{25}$

Resuelve. págs. 260–261, 270–271

35. Doce de los 50 árboles en el Parque Winding están en flor. Escribe esta cantidad como fracción en su expresión mínima.

36. El día de Acción de Gracias, Rebeca leyó la adivinanza de la derecha a su hermano:

3 elfos tenían 3 cajas cada uno.
Cada caja tenía 3 partes.
Cada parte contenía 3 monedas de oro.
Uno de los elfos huyó y dejó su caja abandonada.
Los otros dos dividieron su oro entre ellos.
¿Cuántas monedas quedaron?

Escribe una fracción para la parte sombreada.

1.

2.

3.

Escribe 2 fracciones equivalentes para cada uno.

4. $\frac{3}{4}$
5. $\frac{2}{5}$
6. $\frac{7}{8}$
7. $\frac{2}{3}$

Escribe fracciones homogéneas usando el mínimo común denominador.

8. $\frac{2}{5}$, $\frac{3}{10}$
9. $\frac{2}{3}$, $\frac{5}{8}$
10. $\frac{5}{9}$, $\frac{5}{6}$
11. $\frac{1}{6}$, $\frac{3}{9}$

Escribe cada fracción impropia como número entero o número mixto en su expresión mínima.

12. $\frac{10}{4}$
13. $\frac{12}{3}$

Escribe cada número mixto como fracción impropia.

14. $2\frac{5}{6}$
15. $6\frac{2}{8}$

Compara. Usa <, > ó = en lugar de ●.

16. $\frac{1}{2}$ ● $\frac{2}{3}$
17. $\frac{3}{4}$ ● $\frac{6}{8}$

Usa < para ordenar las fracciones de menor a mayor.

18. $\frac{3}{25}$, $\frac{2}{5}$, $\frac{1}{5}$
19. $\frac{3}{4}$, $\frac{7}{8}$, $\frac{1}{3}$

Escribe un decimal o fracción en su expresión mínima.

20. 0.13
21. $\frac{6}{25}$
22. 0.4
23. $\frac{37}{100}$

Resuelve.

24. Toña empaquetó 116 huevos en cajas de cartón de 12 cada una. Escribe un número mixto en su expresión mínima para mostrar cuántas cajas empaquetó.

25. Escribe un problema más simple para responder a esta pregunta. ¿Cuál es el residuo cuando se divide 66,666 por 5?

Carlos tiene 13 monedas de 5 centavos. Cora tiene 7 monedas de 10 centavos. Escribe cada cantidad como decimal. ¿Quién tiene más dinero?

PLANOS DE FRACCIONES

Las formas de más abajo se pueden usar para construir un objeto.

Para empezar, vas a necesitar:

- papel de calcar
- regla
- lápiz
- tijeras

Calca cada forma en una hoja de papel y copia la fracción en cada borde. Luego, recorta cada forma.

Usa las formas como tu plano.

Aquí está cómo hacerlo.

- Escribe cada fracción en su expresión mínima.

- Une cada fracción en un borde con la misma fracción en otro borde. Pon ambos bordes uno junto al otro. Continúa haciéndolo hasta que hayas aparejado cada borde.

- Cuando termines, verás la respuesta a esta adivinanza.

    Soy algo que puedes ver todos los días. Generalmente te mantengo seco cuando llueve y caliente cuando hace frío. ¿Quién soy?

Usa las formas para construir otros objetos. Cambia las fracciones para crear nuevas adivinanzas para que tus amigos los resuelvan.

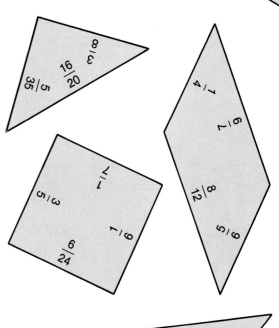

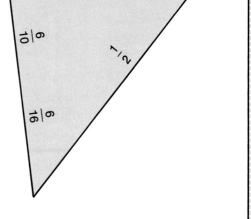

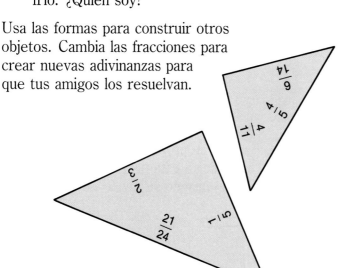

FRACCIONES ENTRE FRACCIONES

Entre dos fracciones cuales quiera siempre hay otra fracción. Al convertir cada fracción usando un común denominador, puedes hallar fracciones equivalentes. Halla una fracción entre $\frac{1}{3}$ y $\frac{2}{3}$.

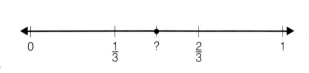

Convierte $\frac{1}{3}$ y $\frac{2}{3}$ a un común denominador mayor.

$\frac{1}{3} \times \boxed{\frac{2}{2}} = \frac{2}{6}$

$\frac{2}{3} \times \boxed{\frac{2}{2}} = \frac{4}{6}$

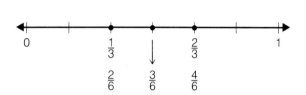

La fracción $\frac{3}{6}$ ó $\frac{1}{2}$ está entre $\frac{1}{3}$ y $\frac{2}{3}$.

Halla una fracción entre $\frac{1}{4}$ y $\frac{1}{3}$.

$\frac{1}{4} = \frac{3}{12}$ $\qquad\qquad$ $\frac{1}{3} = \frac{4}{12}$

Convierte cada fracción nuevamente.

$\frac{3}{12} = \frac{6}{24}$ $\qquad\qquad$ $\frac{4}{12} = \frac{8}{24}$

La fracción $\frac{7}{24}$ está entre $\frac{1}{4}$ y $\frac{1}{3}$.

Halla un número mixto entre $2\frac{1}{2}$ y $2\frac{2}{3}$.

Convierte otra vez.

$2\frac{1}{2} = 2\frac{3}{6}$ $\qquad = 2\frac{6}{12}$

$2\frac{2}{3} = 2\frac{4}{6}$ $\qquad = 2\frac{8}{12}$

El número mixto $2\frac{7}{12}$ está entre $2\frac{1}{2}$ y $2\frac{2}{3}$.

Halla una fracción o número mixto entre cada par.

1. $\frac{4}{7}$ y $\frac{5}{7}$

2. $\frac{1}{2}$ y $\frac{3}{4}$

3. $\frac{5}{9}$ y $\frac{3}{5}$

4. $\frac{5}{6}$ y $\frac{7}{8}$

5. $1\frac{3}{4}$ y $1\frac{4}{5}$

6. $2\frac{2}{3}$ y $2\frac{4}{5}$

7. $1\frac{1}{8}$ y $1\frac{1}{4}$

8. $\frac{1}{2}$ y $\frac{9}{16}$

ENUNCIADOS *READ* Y *DATA*

Sabemos que los enunciados LET y los enunciados de
INPUT pueden ser usados para introducir datos a una
computadora. También se pueden usar los enunciados
READ y los enunciados DATA. Cuando hay un enunciado
READ, también tiene que haber un enunciado DATA.

La línea 10 le dice a la computadora que
halle el enunciado DATA y que lea los dos
números listados allí.

La línea 60 contiene la lista de datos.

```
10 READ D1 , D2
20 LET P = D1 * D2
30 PRINT D1
40 PRINT D2
50 PRINT "EL PRODUCTO ES " ; P
60 DATA 62,5 , 4,3
70 END

62,5
4,3
EL PRODUCTO ES 268,75
```

Para cada programa, di cuál será la salida.

1.
```
10 READ X , Y
20 LET Q = X/Y
30 PRINT Q
40 DATA 508 , 63,5
50 END
```

2.
```
10 READ A
20 LET M = 5 * A
30 PRINT M
40 DATA 77,9
50 END
```

3.
```
10 READ KG
20 LET G = KG * 1000
30 PRINT "NUMERO DE GRAMOS" = " ; G
40 DATA 25,5
50 END
```

4.
```
10 READ A , B , C
20 LET S = A + B + C
30 PRINT "SUMA =" ; S
40 DATA 49,1 , 6,02 , 998
50 END
```

Se usa un enunciado GOTO cuando queremos que la computadora lea más datos y repita el programa.

```
10 PRINT "COMPUTA TU PROMEDIO"
20 READ T1 , T2 , T3
30 LET A = (T1 + T2 + T3)/3
40 PRINT "TU PROMEDIO ES" ;A
50 GOTO 10
60 DATA 98 , 82 , 75 , 66 , 89 , 94
70 END
```

GOTO 10 le dice a la computadora⟶ que vaya a la línea 10 y siga las instrucciones desde allí. En la línea 20, la computadora halla DATA y lee los *tres valores siguientes* enumerados allí.

```
RUN
COMPUTA TU PROMEDIO
TU PROMEDIO ES 85

COMPUTA TU PROMEDIO
TU PROMEDIO ES 83
```

La computadora trata de leer más DATA, pero no hay más. ⟶ Muestra un error en el mensaje.

```
COMPUTA TU PROMEDIO
? NO HAY DATA ERROR EN 20
```

Usa el programa anterior. Di cuál será el promedio para estos enunciados de DATA.

5. `60 DATA 64 , 73 , 82 , 97 , 100 , 91`

6. `60 DATA 75 , 85 , 95 , 71 , 68 , 74`

7. `60 DATA 80 , 100 , 100 , 0 , 90 , 76`

8. `60 DATA 100 , 95 , 96`

═══ CON LA COMPUTADORA ═══

1. Entra y RUN **1–4**, página 276, y **5–8** de más arriba.

2. Compara la salida de la computadora con tu respuesta.

3. Por tu cuenta: Escribe un programa usando READ, DATA y GOTO para encontrar el promedio de 4 notas para 3 estudiantes. Usa enunciados adicionales de DATA en el programa. RUN tu programa para comprobarlo.

PERFECCIONAMIENTO DE DESTREZAS

Escoge la respuesta correcta. Escribe A, B, C o D.

1. $6,406 - 2,507$

   A 4,101   **C** 4,899

   B 3,899   **D** no se da

8. ¿Cuánto es $\frac{8}{24}$ en su expresión mínima?

   A $\frac{2}{6}$ **C** $\frac{1}{3}$

   B $\frac{4}{12}$ **D** no se da

2. $1,710 \div 23$

   A 73 R31   **C** 74 R8

   B 70 R23   **D** no se da

9. ¿Cuánto es $\frac{10}{3}$ como número mixto?

   A $3\frac{1}{3}$ **C** $3\frac{2}{3}$

   B $2\frac{4}{3}$ **D** no se da

3.   3 h 26 min
   $\underline{+\ 2\ h\ 43\ min}$

   A 5 h 69 min   **C** 6 h 9 min

   B 5 h 9 min   **D** no se da

10. ¿Cuánto es $3\frac{2}{5}$ como fracción impropia?

   A $\frac{16}{5}$ **C** $\frac{17}{5}$

   B $\frac{30}{5}$ **D** no se da

4. Estima. $2.43 + 0.73$

   A 3.4   **C** 4

   B 3.16   **D** no se da

Halla un patrón y resuelve.

11. Carolina cortó 4 pedazos de cuerda para un móvil. El primer pedazo tenía 10 cm de largo, el segundo 25 cm y el tercero 40 cm. ¿Cuánto medía el cuarto pedazo de cuerda de Carolina?

   A 70 cm   **C** 60 cm

   B 55 cm   **D** no se da

5. $124.017 - 96.12$

   A 114.405   **C** 27.897

   B 278.97   **D** no se da

6. $35 \text{ cm} = \underline{\hspace{1.5cm}} \text{ m}$

   A 0.35   **C** 3

   B 3.5   **D** no se da

12. La Sra. Albertson hizo 4 disfraces para Halloween. Usó 3.5 metros de tela para el disfraz más pequeño. Para los otros disfraces usó 0.5 metros más. ¿Cuántos metros de tela usó la Sra. Albertson para el disfraz más grande?

   A 4 metros   **C** 4.5 metros

   B 5 metros   **D** no se da

7. $16 \text{ L} = \underline{\hspace{1.5cm}} \text{ mL}$

   A 1,600   **C** 160

   B 16,000   **D** no se da

Tema: Las artesanías

Sumar y restar fracciones homogéneas

Rolando está haciendo una marioneta para una obra de teatro en su clase. Necesita $\frac{2}{8}$ de yarda de tela para la camisa de la marioneta y $\frac{4}{8}$ de yarda para los pantalones. ¿Cuánta tela necesita?

$\frac{2}{8} + \frac{4}{8} = n$

▶Para sumar fracciones homogéneas, suma los numeradores. Usa el denominador común. Escribe la suma en su expresión mínima.

$\frac{2}{8} + \frac{4}{8} = \frac{6}{8}$ **Piensa** 2 octavos $\frac{6 \div 2}{8 \div 2} = \frac{3}{4}$
$+ 4$ octavos
$\overline{6 \text{ octavos}}$

Rolando precisa $\frac{3}{4}$ de yarda de tela.

Halla $\frac{5}{6} - \frac{2}{6}$.

▶Para restar fracciones homogéneas, resta los numeradores. Usa el denominador común. Escribe la diferencia en su expresión mínima.

$\frac{5}{6} - \frac{2}{6} = \frac{3}{6}$ **Piensa** 5 sextos $\frac{3 \div 3}{6 \div 3} = \frac{1}{2}$
$- 2$ sextos
$\overline{3 \text{ sextos}}$

Más ejemplos

a. $\frac{3}{4}$
$+ \frac{1}{4}$
$\overline{\frac{4}{4}} = 1$

b. $\frac{3}{10}$
$+ \frac{5}{10}$
$\overline{\frac{8}{10}} = \frac{4}{5}$

c. $\frac{3}{8}$
$+ \frac{7}{8}$
$\overline{\frac{10}{8}} = 1\frac{2}{8} = 1\frac{1}{4}$

Trabajo en clase

Suma o resta. Escribe cada respuesta en su expresión mínima.

1. $\frac{3}{8}$
$+ \frac{2}{8}$

2. $\frac{2}{4}$
$- \frac{1}{4}$

3. $\frac{6}{10}$
$- \frac{4}{10}$

4. $\frac{1}{6}$
$+ \frac{1}{6}$

5. $\frac{3}{5}$
$- \frac{1}{5}$

6. $\frac{4}{7} + \frac{1}{7}$

7. $\frac{2}{3} - \frac{1}{3}$

8. $\frac{2}{9} + \frac{1}{9}$

9. $\frac{7}{8} - \frac{1}{8}$

Escribe un dato de suma o de resta para cada dibujo.

1.

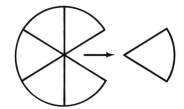

2.

Suma o resta. Escribe cada respuesta en su expresión mínima.

3. $\frac{9}{10}$ $-\frac{6}{10}$

4. $\frac{1}{6}$ $+\frac{4}{6}$

5. $\frac{7}{10}$ $-\frac{2}{10}$

6. $\frac{10}{12}$ $-\frac{6}{12}$

7. $\frac{12}{16}$ $-\frac{8}{16}$

8. $\frac{2}{7}$ $+\frac{3}{7}$

9. $\frac{5}{9}$ $+\frac{1}{9}$

10. $\frac{7}{8}$ $+\frac{1}{8}$

11. $\frac{4}{4}$ $-\frac{1}{4}$

12. $\frac{12}{24}$ $+\frac{8}{24}$

13. $\frac{17}{25}$ $-\frac{12}{25}$

14. $\frac{5}{6}$ $-\frac{3}{6}$

15. $\frac{2}{5} + \frac{2}{5}$

16. $\frac{5}{6} - \frac{2}{6}$

17. $\frac{4}{9} + \frac{3}{9}$

18. $\frac{8}{10} - \frac{6}{10}$

★19. $\frac{1}{8} + \frac{2}{8} + \frac{3}{8}$

★20. $\frac{5}{6} + \frac{1}{6} + \frac{2}{6}$

★21. $\frac{3}{4} + \frac{2}{4} + \frac{3}{4}$

★22. $\frac{2}{3} + \frac{1}{3} + \frac{2}{3}$

Completa el triángulo para que la suma a cada lado sea igual. Usa cada fracción sólo una vez.

23. $\frac{4}{9}, \frac{5}{9}$

Suma: 1

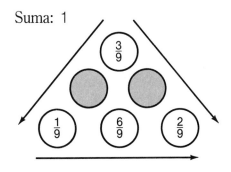

★24. $\frac{1}{10}, \frac{3}{10}, \frac{4}{10}, \frac{7}{10}, \frac{9}{10}$

Suma: 2

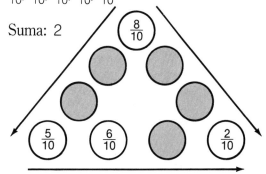

APLICACIÓN

25. Susana usó $\frac{1}{8}$ de yarda de tela para un traje de títere. Usó $\frac{3}{8}$ de yarda para otros trajes. ¿Qué parte de una yarda usó?

★26. Leonel rellenó las marionetas. Usó $\frac{3}{10}$ de relleno para el cuerpo y $\frac{1}{10}$ de relleno para los brazos. ¿Qué parte del relleno quedó en un paquete que estaba $\frac{8}{10}$ lleno?

Sumar y restar números mixtos homogéneos

Rolando necesita dos piezas en forma de cruz para el palo de control de su marioneta. Cada pieza debe tener $5\frac{2}{3}$ pulgadas de largo. ¿Cuántas pulgadas de madera necesita?

$$5\frac{2}{3} + 5\frac{2}{3} = n$$

Paso 1
Suma fracciones homogéneas.

$$5\frac{2}{3}$$
$$+5\frac{2}{3}$$
$$\overline{\frac{4}{3}}$$

Paso 2
Suma números enteros.

$$5\frac{2}{3}$$
$$+5\frac{2}{3}$$
$$\overline{10\frac{4}{3}}$$

Paso 3
Escribe la suma en expresión mínima.

$$5\frac{2}{3}$$
$$+5\frac{2}{3}$$
$$\overline{10\frac{4}{3}} = 10 + 1 + \frac{1}{3} = 11\frac{1}{3}$$

Rolando necesita $11\frac{1}{3}$ pulgadas de madera.

Halla $7\frac{3}{4} - 6\frac{1}{4}$.

Paso 1
Resta fracciones homogéneas.

$$7\frac{3}{4}$$
$$-6\frac{1}{4}$$
$$\overline{\frac{2}{4}}$$

Paso 2
Resta números enteros.

$$7\frac{3}{4}$$
$$-6\frac{1}{4}$$
$$\overline{1\frac{2}{4}}$$

Paso 3
Escribe la diferencia en expresión mínima.

$$7\frac{3}{4}$$
$$-6\frac{1}{4}$$
$$\overline{1\frac{2}{4}} = 1\frac{1}{2}$$

Más ejemplos

a. $3\frac{5}{10} + 6\frac{3}{10} = 9\frac{8}{10} = 9\frac{4}{5}$

b. $4\frac{5}{8} - 1\frac{3}{8} = 3\frac{2}{8} = 3\frac{1}{4}$

TRABAJO EN CLASE

Escribe cada número mixto en su expresión mínima.

1. $2\frac{4}{8}$ **2.** $10\frac{6}{18}$ **3.** $4\frac{6}{8}$ **4.** $3\frac{6}{10}$ **5.** $6\frac{9}{21}$

Resta o suma. Escribe cada respuesta en su expresión mínima.

6. $2\frac{3}{5} + 1\frac{1}{5}$ **7.** $6\frac{5}{6} - 2\frac{3}{6}$ **8.** $8\frac{6}{12} - 3\frac{4}{12}$ **9.** $1\frac{2}{3} + 2\frac{2}{3}$

Escribe cada número mixto en su expresión mínima.

1. $1\frac{6}{15}$ **2.** $6\frac{12}{16}$ **3.** $17\frac{4}{6}$ **4.** $3\frac{4}{28}$ **5.** $8\frac{2}{6}$

Suma. Escribe cada suma en su expresión mínima.

6. $\begin{aligned}2\frac{1}{2}\\+3\frac{1}{2}\end{aligned}$ **7.** $\begin{aligned}3\frac{3}{5}\\+1\frac{1}{5}\end{aligned}$ **8.** $\begin{aligned}4\frac{1}{6}\\+5\frac{3}{6}\end{aligned}$ **9.** $\begin{aligned}3\frac{1}{4}\\+8\end{aligned}$ **10.** $\begin{aligned}7\frac{5}{6}\\+7\frac{4}{6}\end{aligned}$

Resta. Escribe cada diferencia en su expresión mínima.

11. $\begin{aligned}3\frac{4}{5}\\-1\frac{2}{5}\end{aligned}$ **12.** $\begin{aligned}4\frac{5}{6}\\-1\frac{3}{6}\end{aligned}$ **13.** $\begin{aligned}2\frac{3}{4}\\-2\frac{1}{4}\end{aligned}$ **14.** $\begin{aligned}7\frac{1}{2}\\-4\frac{1}{2}\end{aligned}$ **15.** $\begin{aligned}9\frac{2}{3}\\-5\frac{1}{3}\end{aligned}$

Resta o suma. Escribe cada respuesta en su expresión mínima.

16. $\frac{1}{3} + 5\frac{2}{3}$ **17.** $7\frac{3}{6} - 5\frac{1}{6}$ **18.** $9 + 5\frac{3}{4}$ **19.** $1\frac{6}{8} - \frac{2}{8}$

20. $3\frac{1}{6} + 8\frac{2}{6}$ **21.** $1\frac{9}{10} - \frac{4}{10}$ **22.** $13\frac{5}{16} + 7\frac{3}{16}$ **23.** $2\frac{9}{12} - 1\frac{5}{12}$

Halla cada número que falta.

★ **24.** $3\frac{1}{4} + \square = 5\frac{3}{4}$ ★ **25.** $\square + 3\frac{1}{8} = 5\frac{2}{8}$ ★ **26.** $4\frac{3}{4} - 2\frac{1}{4} - \square = \frac{2}{4}$

APLICACIÓN

27. Carlos está haciendo el palo de control para su marioneta. Necesita una tira de $6\frac{1}{4}$ pulgadas de largo. La cortará de una tabla de $20\frac{3}{4}$ pulgadas de largo. ¿Cuánta madera va a sobrar?

28. Cara necesita tiras de madera de 7 pulgadas de largo y 3 de ancho. ¿Cuántas tiras puede cortar de 3 tablas que tienen cada una 14 pulgadas de largo y $6\frac{1}{2}$ de ancho?

RAZONAMIENTO VISUAL

Nombra los pares que son iguales.

A   B   C   D   E   F   G

H   I   J   K   L   M   N

Denominar antes de restar

Elena quiere hacer su propia masa.
Necesita $4\frac{1}{4}$ tazas de harina. Sólo tiene $2\frac{3}{4}$
tazas. ¿Cuánta más harina necesita?

$$4\frac{1}{4} - 2\frac{3}{4} = n$$

Paso 1
Trata de restar. Denomina
si es necesario.

$$\begin{array}{r} 4\frac{1}{4} = 3\frac{5}{4} \\ -2\frac{3}{4} = 2\frac{3}{4} \\ \hline \end{array}$$

Piensa $\frac{1}{4} < \frac{3}{4}$

Denomina $4\frac{1}{4} = 3 + 1 + \frac{1}{4}$
$= 3 + \frac{4}{4} + \frac{1}{4}$
$= 3\frac{5}{4}$

Paso 2
Resta las fracciones y luego
los números enteros. Escribe
la diferencia en su expresión
mínima.

$$\begin{array}{r} 4\frac{1}{4} = 3\frac{5}{4} \\ -2\frac{3}{4} = 2\frac{3}{4} \\ \hline 1\frac{2}{4} = 1\frac{1}{2} \end{array}$$

Elena necesita $1\frac{1}{2}$ taza más de harina.

Más ejemplos

a. $6\frac{1}{3} = 5 + 1 + \frac{1}{3} = 5 + \frac{3}{3} + \frac{1}{3} = 5\frac{4}{3}$
$-2\frac{2}{3}$ $\qquad\qquad\qquad\qquad\qquad -2\frac{2}{3}$
$\qquad\qquad\qquad\qquad\qquad\qquad\qquad\quad \overline{3\frac{2}{3}}$

b. $9 = 8 + 1 = 8\frac{7}{7}$
$-4\frac{3}{7} \qquad\qquad\quad -4\frac{3}{7}$
$\qquad\qquad\qquad\quad \overline{4\frac{4}{7}}$

TRABAJO EN CLASE

Halla cada número que falta.

1. $4 = 3\frac{\square}{4}$

2. $3\frac{2}{8} = 2\frac{\square}{8}$

3. $8\frac{4}{5} = 7\frac{9}{\square}$

4. $2\frac{7}{9} = \square\frac{16}{9}$

5. $5\frac{1}{3} = 4\frac{\square}{3}$

Resta. Escribe cada diferencia en su expresión mínima.

6. $\begin{array}{r} 4 \\ -2\frac{1}{2} \\ \hline \end{array}$

7. $\begin{array}{r} 8\frac{1}{5} \\ -2\frac{3}{5} \\ \hline \end{array}$

8. $\begin{array}{r} 3\frac{3}{7} \\ -1\frac{4}{7} \\ \hline \end{array}$

9. $\begin{array}{r} 7\frac{2}{6} \\ -3\frac{4}{6} \\ \hline \end{array}$

10. $\begin{array}{r} 8 \\ -3\frac{6}{8} \\ \hline \end{array}$

PRÁCTICA

Halla cada número que falta.

1. $5\frac{2}{3} = 4\frac{\square}{3}$　　　　2. $2\frac{7}{8} = \square\frac{15}{8}$　　　　3. $1\frac{1}{6} = \frac{7}{\square}$

4. $4\frac{3}{7} = 3\frac{\square}{7}$　　　　5. $7\frac{3}{5} = 6\frac{\square}{5}$　　　　6. $4\frac{1}{4} = \square\frac{5}{4}$

Resta. Escribe cada diferencia en su expresión mínima.

7. $3\frac{1}{4}$ $-1\frac{3}{4}$　　8. $4\frac{3}{8}$ $-2\frac{5}{8}$　　9. 5 $-3\frac{6}{15}$　　10. $6\frac{5}{6}$ $-5\frac{4}{6}$

11. $7\frac{2}{5}$ $-4\frac{3}{5}$　　12. 8 $-6\frac{1}{2}$　　13. $4\frac{5}{10}$ $-1\frac{9}{10}$　　14. $1\frac{5}{8}$ $-\frac{7}{8}$

15. $5\frac{1}{3}$ $-2\frac{2}{3}$　　16. $7\frac{1}{8}$ $-5\frac{5}{8}$　　17. $2\frac{4}{5}$ $-1\frac{1}{5}$　　18. $12\frac{6}{10}$ $-8\frac{8}{10}$

19. $10\frac{4}{9}$ $-6\frac{7}{9}$　　20. 15 $-9\frac{1}{3}$　　21. $4\frac{7}{12}$ $-3\frac{10}{12}$　　22. $9\frac{2}{5}$ $-2\frac{4}{5}$

23. $8 - 2\frac{2}{3}$　　　　24. $4\frac{3}{16} - 1\frac{5}{16}$　　　　25. $6\frac{1}{6} - 1\frac{5}{6}$

26. $17 - 12\frac{8}{9}$　　　　27. $12 - 4\frac{1}{4}$　　　　28. $10\frac{1}{7} - 7\frac{4}{7}$

★ 29. $4\frac{4}{20} - (1\frac{7}{20} - \frac{11}{20})$　　　　★ 30. $5\frac{1}{2} - (12 - 9\frac{1}{2})$

APLICACIÓN

31. Cuando Patricia hizo la masa, había 3 tazas de sal en la caja. Usó $\frac{3}{4}$ de taza. ¿Cuánta sal quedó?

32. Patricia necesita $2\frac{1}{4}$ tazas de harina. Tiene $\frac{3}{4}$ de taza. ¿Cuánta más harina necesita?

★ 33. Patricia usó $4\frac{1}{4}$ tazas de harina, $2\frac{1}{8}$ tazas de sal y $2\frac{4}{5}$ tazas de agua. ¿Cuánto le sobró de 5 tazas de harina y 4 tazas de sal?

Práctica mixta

1. $3{,}584$
   265
   $+6{,}387$

2. 68.74
   1.8
   $+ 8.021$

3. $6{,}724$
   $\times \quad 9$

4. 359
   $\times \ 26$

5. $9\overline{)8{,}045}$

6. $25\overline{)67{,}432}$

7. 56.3
   $- 8.97$

8. 72
   $- 5.068$

Estima.

9. $654 - 289$

10. $5{,}498 + 6{,}273$

11. 6×823

12. 10×795

13. $8{,}760 \div 91$

14. $35\overline{)1{,}263}$

15. $29\overline{)856}$

16. $42\overline{)905}$

17. 18×326

Problemas para resolver

EXPERIMENTO

A veces se puede usar un experimento para hallar la respuesta.

Alicia quiere pintar 4 franjas en algunos potes de arcilla. Usa sólo franjas rojas y amarillas. En total puede hacer 16 diseños diferentes.

Aquí hay 9 diseños.

¿Cuáles son otros 7 diseños que Alicia puede hacer?

Experimenta con franjas de papel rojo y amarillo. Arregla las franjas de diferentes maneras hasta encontrar 7 diseños más, todos diferentes. Usa cuatro franjas cada vez. Haz un dibujo de cada diseño.

¿Tiene cada pote 4 franjas? Sí.
Comprueba para ver que cada pote tenga un patrón diferente de franjas rojas y amarillas.

Tu respuesta es correcta.

Usa los dibujos en la página 286 para contestar a cada pregunta.

1. ¿Qué fracción de los potes tiene franjas que son todas del mismo color?

2. ¿Qué fracción tiene franjas que *no* son del mismo color?

3. ¿Qué fracción de los potes tiene 2 franjas amarillas y 2 rojas?

4. ¿Qué fracción tiene por lo menos 2 franjas amarillas?

5. ¿Qué fracción de los potes tiene 3 franjas de un mismo color?

★ 6. ¿Qué fracción de los potes *no* tiene 2 franjas del mismo color lado a lado?

Halla un vaso de papel y tíralo al suelo. Puede caer de tres maneras.

Boca arriba   Boca abajo    De lado

7. Tira el vaso 30 veces. Haz una tabla para mostrar qué pasa.

8. ¿Qué fracción de veces cayó el vaso boca arriba?

9. ¿Qué fracción de veces cayó el vaso boca abajo?

10. ¿Qué fracción de veces cayó el vaso boca arriba o boca abajo?

11. ¿Qué pasó con más frecuencia?

12. ¿Qué pasó con menos frecuencia?

CREA TU PROPIO PROBLEMA

1. Usa 20 palillos para este experimento. Arréglalos en la forma que ves a la derecha. Luego, saca sólo 4 palillos para formar 5 cuadrados iguales. Crea tu propio experimento usando sólo 10 palillos.

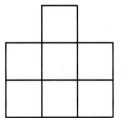

★ 2. Para este experimento vas a necesitar 10 monedas de 1 centavo. Arréglalos en 5 líneas rectas con 4 monedas en cada línea. ¿Qué forma hiciste? Usa las monedas para crear un rompecabezas y que alguien lo resuelva.

Sumar y restar fracciones heterogéneas

Marisol usó $\frac{3}{4}$ de yarda de estambre beige para hacer un mantelito individual. También usó $\frac{2}{3}$ de yarda de estambre azul.

¿Cuánto estambre usó Marisol para el mantelito individual?

$$\frac{3}{4} + \frac{2}{3} = n$$

Paso 1
Halla el MCD. Escribe fracciones equivalentes.

$$\frac{3}{4}$$
$$+\frac{2}{3}$$
MCD = 12

Paso 2
Escribe fracciones equivalentes usando el MCD.

$$\frac{3}{4} \times \frac{3}{3} = \frac{9}{12}$$
$$+\frac{2}{3} \times \frac{4}{4} = \frac{8}{12}$$

Paso 3
Suma. Escribe la suma en su expresión mínima.

$$\frac{3}{4} = \frac{9}{12}$$
$$+\frac{2}{3} = \frac{8}{12}$$
$$\frac{17}{12} = 1\frac{5}{12}$$

Marisol usó $1\frac{5}{12}$ yardas de estambre.

Halla $\frac{4}{5} - \frac{1}{2}$.

Paso 1
Halla el MCD

$$\frac{4}{5}$$
$$-\frac{1}{2}$$
MCD = 10

Paso 2
Escribe las fracciones equivalentes.

$$\frac{4}{5} \times \frac{2}{2} = \frac{8}{10}$$
$$-\frac{1}{2} \times \frac{5}{5} = \frac{5}{10}$$

Paso 3
Resta. Escribe la diferencia en su expresión mínima.

$$\frac{4}{5} = \frac{8}{10}$$
$$-\frac{1}{2} = \frac{5}{10}$$
$$\frac{3}{10}$$

TRABAJO EN CLASE

Escribe fracciones equivalentes usando el MCD.

1. $\frac{2}{3}$, $\frac{4}{12}$ 2. $\frac{3}{4}$, $\frac{2}{8}$ 3. $\frac{2}{5}$, $\frac{1}{4}$ 4. $\frac{3}{5}$, $\frac{2}{6}$ 5. $\frac{1}{3}$, $\frac{3}{4}$

Suma o resta. Escribe cada respuesta en su expresión mínima.

6. $\frac{1}{2}$
   $+\frac{1}{6}$

7. $\frac{5}{6}$
   $-\frac{2}{3}$

8. $\frac{1}{3}$
   $+\frac{7}{9}$

9. $\frac{1}{2}$
   $+\frac{3}{8}$

10. $\frac{1}{2}$
    $-\frac{1}{3}$

Escribe fracciones equivalentes, usando el MCD.

1. $\frac{1}{3}, \frac{4}{7}$ 2. $\frac{2}{3}, \frac{5}{6}$ 3. $\frac{7}{9}, \frac{1}{2}$ 4. $\frac{3}{8}, \frac{1}{6}$ 5. $\frac{2}{3}, \frac{1}{9}$

6. $\frac{4}{5}, \frac{7}{10}$ 7. $\frac{3}{4}, \frac{1}{2}$ 8. $\frac{1}{6}, \frac{4}{9}$ 9. $\frac{3}{4}, \frac{5}{6}$ 10. $\frac{5}{8}, \frac{2}{3}$

Suma. Escribe cada suma en su expresión mínima.

11. $\frac{1}{4} + \frac{2}{16}$ 12. $\frac{3}{5} + \frac{3}{10}$ 13. $\frac{5}{8} + \frac{1}{2}$ 14. $\frac{2}{4} + \frac{2}{8}$ 15. $\frac{2}{3} + \frac{1}{6}$ 16. $\frac{5}{7} + \frac{1}{4}$

Resta. Escribe cada diferencia en su expresión mínima.

17. $\frac{3}{5} - \frac{3}{10}$ 18. $\frac{6}{8} - \frac{1}{2}$ 19. $\frac{7}{8} - \frac{3}{4}$ 20. $\frac{2}{3} - \frac{5}{12}$ 21. $\frac{4}{9} - \frac{1}{3}$ 22. $\frac{5}{6} - \frac{2}{6}$

Suma o resta. Escribe cada respuesta en su expresión mínima.

23. $\frac{1}{4} + \frac{1}{16}$ 24. $\frac{1}{2} - \frac{1}{10}$ 25. $\frac{1}{12} + \frac{1}{6}$ 26. $\frac{3}{5} - \frac{2}{5}$ 27. $\frac{9}{10} - \frac{4}{5}$ 28. $\frac{2}{3} + \frac{2}{5}$

★ 29. $\frac{2}{3} + \frac{3}{4} + \frac{1}{6}$ ★ 30. $\frac{1}{2} + \frac{3}{5} + \frac{2}{3}$ ★ 31. $\frac{5}{6} + \frac{1}{8} + \frac{1}{2}$

Escoge la oración matemática correcta y resuelve.

32. Una mañana, Lionel trabajó $\frac{1}{3}$ de hora en su jardín. Federico trabajó $\frac{3}{4}$ de hora. ¿Cuánto más trabajó Federico que Lionel?

     a. $\frac{1}{3} + \frac{3}{4} = n$ b. $\frac{3}{4} - \frac{1}{3} = n$ c. $\frac{1}{3} - \frac{3}{4} = n$

33. Antonio trabajó $\frac{1}{2}$ hora antes del almuerzo y $\frac{1}{3}$ de hora después del almuerzo. ¿Cuánto trabajó ese día?

     a. $\frac{1}{3} - \frac{1}{2} = n$ b. $\frac{1}{2} - \frac{1}{3} = n$ c. $\frac{1}{2} + \frac{1}{3} = n$

APLICACIÓN

34. Corina hizo la forma de más abajo con palillos. ¿Cuáles 3 palillos podría mover para formar 3 cuadrados?

35. Carmen completó $\frac{1}{5}$ de una cobija en una semana. Completó $\frac{2}{3}$ a la semana siguiente. ¿Cuánto más completó la segunda semana?

Sumar números mixtos heterogéneos

Luisa forra sus libros con papel que ella ha decorado.
Su libro de estudios sociales tiene $9\frac{3}{4}$ pulgadas de largo.
Corta el papel $4\frac{1}{2}$ pulgadas más largo para poder doblarlo.
¿Qué largo debe tener su papel?

$$9\frac{3}{4} + 4\frac{1}{2} = n$$

Paso 1	**Paso 2**	**Paso 3**
Halla el mínimo común denominador.	Escribe fracciones equivalentes, usando el MCD.	Suma. Escribe la suma en su expresión mínima.

$$\begin{array}{r} 9\frac{3}{4} \\ +4\frac{1}{2} \end{array} \quad \text{MCD} = 4$$

$$\frac{3}{4} = \frac{3}{4}$$
$$\frac{1}{2} \times \frac{2}{2} = \frac{2}{4}$$

$$\begin{array}{r} 9\frac{3}{4} = 9\frac{3}{4} \\ +4\frac{1}{2} = 4\frac{2}{4} \\ \hline 13\frac{5}{4} = 14\frac{1}{4} \end{array}$$

El papel de Luisa debe tener $14\frac{1}{4}$ pulgadas de largo.

Halla $4\frac{2}{6} + 2\frac{2}{4}$.

Paso 1	**Paso 2**	**Paso 3**
Halla el MCD.	Escribe fracciones equivalentes.	Suma. Escribe la suma en su expresión mínima.

$$\begin{array}{r} 4\frac{2}{6} \\ +2\frac{2}{4} \end{array} \quad \text{MCD} = 12$$

$$\frac{2}{6} \times \frac{2}{2} = \frac{4}{12}$$
$$\frac{2}{4} \times \frac{3}{3} = \frac{6}{12}$$

$$\begin{array}{r} 4\frac{2}{6} = 4\frac{4}{12} \\ +2\frac{2}{4} = 2\frac{6}{12} \\ \hline 6\frac{10}{12} = 6\frac{5}{6} \end{array}$$

TRABAJO EN CLASE

Suma. Escribe cada suma en su expresión mínima.

1. $\begin{array}{r} 4\frac{1}{5} \\ +1\frac{2}{3} \\ \hline \end{array}$

2. $\begin{array}{r} 9\frac{1}{4} \\ +5\frac{1}{9} \\ \hline \end{array}$

3. $\begin{array}{r} 6\frac{5}{8} \\ +7\frac{3}{12} \\ \hline \end{array}$

4. $\begin{array}{r} 6\frac{7}{10} \\ +4\frac{2}{5} \\ \hline \end{array}$

5. $\begin{array}{r} 2\frac{4}{15} \\ +3\frac{1}{3} \\ \hline \end{array}$

6. $3\frac{2}{5} + 4\frac{3}{4}$

7. $6\frac{1}{2} + 3\frac{2}{3}$

8. $6\frac{7}{12} + 3\frac{2}{3}$

9. $4\frac{3}{8} + 2\frac{1}{6}$

PRÁCTICA

Suma. Escribe cada suma en su expresión mínima.

1. $4\frac{5}{6}$
$+2\frac{1}{3}$

2. $8\frac{6}{9}$
$+1\frac{1}{2}$

3. $3\frac{8}{10}$
$+1\frac{1}{5}$

4. $6\frac{1}{2}$
$+3\frac{4}{5}$

5. $2\frac{1}{2}$
$+5\frac{1}{4}$

6. $2\frac{2}{3}$
$+1\frac{1}{2}$

7. $2\frac{3}{4}$
$+3\frac{5}{8}$

8. $4\frac{10}{12}$
$+2\frac{2}{3}$

9. $5\frac{1}{2}$
$+3\frac{1}{10}$

10. $1\frac{5}{8}$
$+1\frac{1}{8}$

11. $\frac{6}{8} + \frac{2}{4}$

12. $6\frac{2}{3} + 1\frac{1}{6}$

13. $7\frac{5}{8} + 4\frac{1}{3}$

14. $3\frac{3}{5} + 2\frac{4}{10}$

15. $5\frac{1}{12} + 3\frac{2}{6}$

16. $11\frac{4}{8} + 3\frac{2}{4}$

17. $5\frac{1}{3} + 2\frac{2}{8}$

18. $10\frac{2}{3} + 7\frac{3}{9}$

★ 19. $6\frac{3}{4} + 8\frac{1}{2} + 2\frac{1}{4}$

★ 20. $2\frac{1}{5} + 1\frac{7}{10} + 3\frac{4}{15}$

Sigue la regla para hallar cada número que falta.

Regla: Suma $2\frac{3}{4}$.

	Entrada	Salida
21.	$2\frac{3}{5}$	
22.	$2\frac{1}{12}$	
23.	$5\frac{1}{2}$	

Regla: Suma $3\frac{1}{3}$.

	Entrada	Salida
24.	$6\frac{5}{12}$	
25.	$8\frac{1}{3}$	
26.	$5\frac{5}{6}$	

Regla: Suma $5\frac{2}{5}$.

	Entrada	Salida
27.	$1\frac{1}{2}$	
28.	$3\frac{3}{20}$	
29.	$3\frac{1}{2}$	

APLICACIÓN

30. Luisa quiere forrar dos libros. Necesita $11\frac{1}{2}$ pulgadas de papel para un libro. Necesita $7\frac{7}{8}$ pulgadas de papel para el otro. ¿Cuánto papel necesita para ambos libros?

★ 31. Las dos cubiertas del libro de Elisa miden $7\frac{1}{2}$ pulgadas de ancho cada una. El lomo mide $\frac{5}{8}$ de pulgada de ancho. Necesita $6\frac{3}{4}$ pulgadas más para doblar. ¿Qué ancho debe tener su papel?

HAZLO MENTALMENTE

Hazlo mentalmente. Da la respuesta en su expresión mínima.

1. $\frac{1}{2} + \frac{1}{2}$

2. $\frac{1}{4} + \frac{1}{4}$

3. $\frac{5}{8} - \frac{1}{8}$

4. $\frac{1}{6} + \frac{2}{6}$

5. $\frac{6}{10} - \frac{4}{10}$

6. $\frac{6}{20} - \frac{2}{20}$

7. $\frac{1}{2} + \frac{1}{2} + \frac{1}{2}$

8. $\frac{1}{4} + \frac{1}{4} + \frac{1}{4} + \frac{1}{4}$

Restar números mixtos heterogéneos

Ken es un artesano del cuero. Tiene un pedazo de cuero de $10\frac{3}{6}$ pulgadas de largo. Va a usar $8\frac{1}{4}$ pulgadas para hacer un monedero.

¿Qué largo tiene el pedazo que queda?

$10\frac{3}{6} - 8\frac{1}{4} = n$

Paso 1 Halla el mínimo común denominador.	**Paso 2** Escribe fracciones equivalentes, usando el MCD.	**Paso 3** Resta. Escribe la diferencia en su expresión mínima.
$\begin{array}{r} 10\frac{3}{6} \\ -\ 8\frac{1}{4} \\ \hline \end{array}$ MCD = 12	$\frac{3}{6} \times \frac{2}{2} = \frac{6}{12}$ $\frac{1}{4} \times \frac{3}{3} = \frac{3}{12}$	$\begin{array}{r} 10\frac{3}{6} = 10\frac{6}{12} \\ -\ 8\frac{1}{4} = \ 8\frac{3}{12} \\ \hline 2\frac{3}{12} = 2\frac{1}{4} \end{array}$

El pedazo que queda tiene $2\frac{1}{4}$ pulgadas de largo.

Halla $6\frac{6}{8} - 1\frac{1}{4}$.

Paso 1 Halla el MCD.	**Paso 2** Escribe fracciones equivalentes.	**Paso 3** Resta. Escribe la diferencia en su expresión mínima.
$\begin{array}{r} 6\frac{6}{8} \\ -1\frac{1}{4} \\ \hline \end{array}$ MCD = 8	$\frac{6}{8} \qquad = \frac{6}{8}$ $\frac{1}{4} \times \frac{2}{2} = \frac{2}{8}$	$\begin{array}{r} 6\frac{6}{8} = 6\frac{6}{8} \\ -1\frac{1}{4} = 1\frac{2}{8} \\ \hline 5\frac{4}{8} = 5\frac{1}{2} \end{array}$

TRABAJO EN CLASE

Resta. Escribe cada diferencia en su expresión mínima.

1. $\begin{array}{r} 5\frac{1}{2} \\ -3\frac{1}{4} \\ \hline \end{array}$

2. $\begin{array}{r} 10\frac{5}{7} \\ -\ 3\frac{2}{10} \\ \hline \end{array}$

3. $\begin{array}{r} 7\frac{5}{6} \\ -1\frac{4}{9} \\ \hline \end{array}$

4. $\begin{array}{r} 30\frac{4}{5} \\ -19\frac{2}{6} \\ \hline \end{array}$

5. $\begin{array}{r} 27\frac{3}{4} \\ -20\frac{3}{6} \\ \hline \end{array}$

6. $12\frac{11}{12} - 4\frac{5}{6}$

7. $8\frac{8}{9} - 1\frac{1}{2}$

8. $9\frac{6}{9} - 7\frac{1}{4}$

9. $25\frac{3}{4} - 15\frac{1}{2}$

PRÁCTICA

Resta. Escribe cada diferencia en su expresión mínima.

1. $9\frac{3}{12}$
   $-7\frac{1}{6}$

2. $12\frac{3}{4}$
   $-2\frac{2}{3}$

3. $14\frac{5}{6}$
   $-4\frac{4}{5}$

4. $20\frac{1}{3}$
   $-15\frac{4}{21}$

5. $17\frac{3}{4}$
   $-8\frac{4}{9}$

6. $13\frac{2}{3}$
   $-7\frac{4}{7}$

7. $7\frac{2}{3}$
   $-4\frac{1}{5}$

8. $17\frac{2}{3}$
   $-11\frac{1}{2}$

9. $10\frac{2}{3}$
   $-8\frac{2}{6}$

10. $3\frac{6}{8}$
    $-1\frac{2}{4}$

11. $5\frac{3}{5}$
    $-2\frac{1}{2}$

12. $12\frac{8}{10}$
    $-6\frac{2}{4}$

13. $16\frac{2}{3}$
    $-12\frac{3}{8}$

14. $14\frac{4}{6}$
    $-6\frac{1}{3}$

15. $15\frac{3}{5}$
    $-9\frac{6}{15}$

16. $7\frac{4}{6} - 5\frac{1}{2}$

17. $10\frac{7}{10} - 4\frac{2}{5}$

18. $20\frac{1}{3} - 1\frac{1}{15}$

19. $32\frac{1}{3} - 12\frac{1}{8}$

20. $5\frac{2}{5} - 3\frac{2}{8}$

21. $15\frac{11}{18} - 6\frac{4}{9}$

22. $40\frac{6}{7} - 5\frac{18}{21}$

23. $18\frac{8}{13} - 17\frac{1}{2}$

24. $27\frac{2}{5} - 14\frac{3}{20}$

25. $17\frac{1}{2} - 13\frac{3}{18}$

26. $44\frac{3}{4} - 23\frac{3}{9}$

27. $36\frac{5}{8} - 17\frac{1}{6}$

★ 28. $10\frac{2}{9} + 22\frac{1}{4} - 8\frac{1}{6}$

★ 29. $5\frac{3}{4} + 7\frac{2}{3} - 3\frac{1}{3}$

Escoge la oración matemática correcta y resuelve.

30. Samuel levantó $37\frac{1}{4}$ libras. Gabriel levantó $43\frac{1}{2}$ libras. ¿Cuántas más libras levantó Gabriel que Samuel?

   a. $37\frac{1}{4} + 43\frac{1}{2} = n$
   b. $37\frac{1}{4} - 43\frac{1}{2} = n$
   c. $43\frac{1}{2} - 37\frac{1}{4} = n$

31. Susana necesita $6\frac{2}{3}$ yardas de tela para un disfraz. María necesita $4\frac{2}{5}$ yardas. ¿Cuánta más tela necesita Susana que María?

   a. $4\frac{2}{5} + 6\frac{2}{3} = n$
   b. $6\frac{2}{3} - 4\frac{2}{5} = n$
   c. $4\frac{2}{5} - 6\frac{2}{3} = n$

APLICACIÓN

32. Leo hizo un cinturón de $38\frac{1}{4}$ pies de largo. Lo cortó de un pedazo de cuero de $43\frac{6}{8}$ pies de largo. ¿De qué tamaño era el pedazo de cuero que quedó?

★ 33. Sandra usó retazos de cuero para un cojín. Usó $6\frac{3}{10}$ pulgadas en los lados largos y $5\frac{1}{4}$ pulgadas en los lados cortos. ¿Cuánto menos cuero usó en los lados cortos? Haz un dibujo.

Denominar antes de restar

Chela pasó $2\frac{1}{4}$ horas en una feria de artesanía. Miró una demostración de cerámica durante $\frac{1}{2}$ hora.

¿Cuánto tiempo pasó visitando los demás puestos?

$$2\frac{1}{4} - \frac{1}{2} = n$$

Paso 1
Halla el MCD. Escribe fracciones equivalentes.

Paso 2
Trata de restar. Denomina si es necesario.

Paso 3
Resta las fracciones y luego los números enteros. Escribe la diferencia en su expresión mínima.

$$\begin{array}{r} 2\frac{1}{4} = 2\frac{1}{4} \\ - \frac{1}{2} = \frac{2}{4} \\ \hline \end{array}$$

$$\begin{array}{r} 2\frac{1}{4} = 2\frac{1}{4} = 1\frac{5}{4} \\ - \frac{1}{2} = \frac{2}{4} = \frac{2}{4} \\ \hline \end{array}$$

Piensa
$$2\frac{1}{4} = 1 + 1 + \frac{1}{4}$$
$$= 1 + \frac{4}{4} + \frac{1}{4}$$
$$= 1\frac{5}{4}$$

$$\begin{array}{r} 2\frac{1}{4} = 2\frac{1}{4} = 1\frac{5}{4} \\ - \frac{1}{2} = \frac{2}{4} = \frac{2}{4} \\ \hline 1\frac{3}{4} \end{array}$$

Chela pasó $1\frac{3}{4}$ de hora visitando los otros puestos.

Más ejemplos

a.
$$\begin{array}{r} 7\frac{1}{3} = 7\frac{2}{6} = 6\frac{8}{6} \\ -5\frac{5}{6} = 5\frac{5}{6} = 5\frac{5}{6} \\ \hline 1\frac{3}{6} = 1\frac{1}{2} \end{array}$$

b.
$$\begin{array}{r} 10\frac{1}{3} = 10\frac{5}{15} = 9\frac{20}{15} \\ - 2\frac{3}{5} = 2\frac{9}{15} = 2\frac{9}{15} \\ \hline 7\frac{11}{15} \end{array}$$

TRABAJO EN CLASE

Halla cada número que falta.

1. $12\frac{1}{9} = 11\frac{\square}{9}$

2. $10\frac{1}{5} = \square\frac{6}{5}$

3. $4\frac{1}{2} = 3\frac{3}{\square}$

4. $1\frac{4}{5} = \frac{\square}{5}$

5. $8\frac{2}{3} = 7\frac{\square}{3}$

Resta. Escribe cada diferencia en su expresión mínima.

6.
$$\begin{array}{r} 3\frac{3}{5} \\ -1\frac{7}{10} \\ \hline \end{array}$$

7.
$$\begin{array}{r} 9\frac{1}{6} \\ -6\frac{2}{3} \\ \hline \end{array}$$

8.
$$\begin{array}{r} 17\frac{1}{2} \\ -15\frac{5}{6} \\ \hline \end{array}$$

9.
$$\begin{array}{r} 8\frac{7}{20} \\ -4\frac{3}{4} \\ \hline \end{array}$$

10.
$$\begin{array}{r} 16 \\ - 9\frac{1}{2} \\ \hline \end{array}$$

PRÁCTICA

Halla cada número que falta.

1. $6\frac{5}{6} = 5\frac{\square}{6}$
2. $9\frac{1}{3} = \square\frac{4}{3}$
3. $2\frac{5}{9} = 1\frac{14}{\square}$
4. $7\frac{3}{6} = \square\frac{9}{6}$
5. $1\frac{3}{4} = \frac{\square}{4}$

6. $6\frac{3}{10} = \square\frac{13}{10}$
7. $4\frac{4}{5} = \square\frac{9}{5}$
8. $4\frac{7}{12} = 3\frac{\square}{12}$
9. $6\frac{5}{8} = 5\frac{\square}{8}$
10. $2\frac{1}{6} = 1\frac{\square}{6}$

Resta. Escribe cada diferencia en su expresión mínima.

11. $3\frac{3}{10}$ $-1\frac{1}{2}$
12. $9\frac{5}{12}$ $-7\frac{2}{3}$
13. $7\frac{3}{16}$ $-4\frac{3}{8}$
14. $4\frac{1}{6}$ $-3\frac{2}{3}$
15. 17 $-8\frac{3}{5}$

16. $8\frac{1}{2}$ $-6\frac{3}{4}$
17. $6\frac{1}{3}$ $-5\frac{7}{12}$
18. $3\frac{1}{5}$ $-\frac{7}{10}$
19. $9\frac{1}{4}$ $-7\frac{3}{8}$
20. $12\frac{6}{9}$ $-4\frac{2}{3}$

21. $7\frac{1}{3} - 5\frac{1}{2}$
22. $7\frac{2}{6} - 3\frac{3}{4}$
23. $5\frac{1}{8} - 3\frac{3}{8}$
24. $10\frac{1}{2} - 5\frac{2}{3}$
25. $4\frac{1}{12} - 2\frac{3}{4}$

Completa los cuadrados mágicos. La suma debe ser igual en cada fila, columna y diagonal.

★ 26.

$\frac{2}{3}$	$\frac{5}{12}$	$1\frac{5}{12}$
	$\frac{5}{6}$	
		1

★ 27.

		$1\frac{3}{4}$
	$1\frac{5}{8}$	
$1\frac{1}{2}$		$1\frac{1}{4}$

APLICACIÓN

28. Una artesana lino $1\frac{3}{8}$ madejas de lino. Necesita 2 madejas. ¿Cuánto más hilo debe hilar?

★ 29. Corina quiere hacer dos colgadores para plantas. Necesita $1\frac{1}{4}$ carretes de estambre de macramé para un colgador y $2\frac{1}{2}$ carretes para el otro. Tiene 2 carretes. ¿Cuánta más necesita?

=== ESTIMAR ===

Estima $1\frac{3}{4} + 2\frac{5}{6}$. **Piensa** $1\frac{3}{4} < 2$ La suma es menos que 5.

$2\frac{5}{6} < 3$

Estima. Di si cada suma es menos que 5 o más que 5.

1. $1\frac{1}{2} + 2\frac{3}{4}$
2. $3\frac{5}{8} + 1\frac{2}{3}$
3. $3\frac{1}{6} + 2\frac{1}{3}$

4. $4\frac{9}{10} + \frac{1}{2}$
5. $\frac{7}{8} + 4\frac{4}{5}$
6. $3\frac{1}{2} + 2\frac{1}{2}$

Problemas para resolver

REPASO DE DESTREZAS Y ESTRATEGIAS Artesanía nativa

Los artesanos nativos exhiben y venden sus artesanías en New Mexico.

Resuelve cada problema.

1. Un brazalete zuni está hecho de plata y turquesas. Una tercera parte de su peso es turquesa. ¿Qué fracción es plata?

2. Un artesano tiene 120 piezas de coral y 80 de turquesa. ¿Qué fracción de sus piezas es de coral?

3. Una mujer navajo vendió 4 mantas por $30 cada una. ¿Cuánto cobró?

4. ¿Qué fracción de ese dinero cobró vendiendo 3 mantas?

5. La mujer navajo también vendió 5 anillos a $12 cada uno. ¿Cuánto cobró por los anillos y las mantas?

6. ¿Qué fracción del dinero total reunió por los anillos?

7. Un pequeño cuadro de arena cuesta $2. Un cuadro de tamaño mediano cuesta $3 más que el pequeño. Uno grande cuesta $4 más que la de tamaño mediano. ¿Cuánto cuesta un cuadro grande de arena?

8. La Dra. Martínez compró 3 cuadros pequeños. Más tarde regresó y compró 1 cuadro grande y 2 medianos. ¿Cuánto dinero gastó en total? Completa la tabla para hallar la respuesta.

9. ¿Qué fracción de dinero gastó la Dra. Martínez en cuadros de tamaño mediano?

Tamaño del cuadro	Costo de uno	Número comprado	Cantidad total gastada
Pequeño	$2	3	
Mediano			
Grande			

★ 10. Un artista vendió $\frac{1}{4}$ de sus anillos en la mañana. Vendió $\frac{1}{3}$ de ellas en la tarde y $\frac{1}{6}$ en la noche. ¿Qué fracción de anillos no vendió?

Los niños vendían artesanías y algunas comidas especiales en la feria de la escuela.

Resuelve cada problema.

11. El séptimo grado del Sr. Jonás pasó 15 horas poniendo los quioscos y decorándolos. Trabajaron en 5 días diferentes. ¿Qué promedio de horas trabajaron cada día?

12. Sonia compró 3 melones y los partió para venderlos en la feria. Vendió $\frac{5}{6}$ de un melón y $\frac{2}{3}$ de otro. ¿Cuántos melones quedaron?

13. Ricardo nació en mayo. Leona tenía 5 meses cuando nació Ricardo. Cora nació 3 meses después que Leona. ¿Quién es menor? ¿En qué mes nació cada persona?

14. Raúl tenía una tira de madera de $4\frac{1}{2}$ pies de largo. Cortó 2 pedazos de madera. Cada pedazo tenía $1\frac{1}{4}$ pies de largo. ¿Cuánta madera sobró?

15. Los niños de los grados 1 a 6 fueron invitados a la feria. El grado 1 asistió a las 9:15 y cada clase siguió a intervalos de 45 minutos. Nadie fue de 11:30 a 12:30. ¿A qué hora asistió cada clase? Haz una tabla para mostrar las horas.

16. Había tres mesas con artesanías para la venta. Tres décimos del dinero reunido vino de la primera mesa. Dos quintos del dinero vinieron de la segunda mesa. ¿Qué fracción del dinero vino de la tercera mesa?

17. Jorge rellenó bolsas con frijoles para vender en la feria. Cuando terminó le sobraban 2 cajas de frijoles. Una caja estaba $\frac{3}{4}$ llena y la otra estaba $\frac{5}{6}$ llena. ¿Cuántas cajas de frijoles le sobraron?

18. Un quiosco tenía libros de segunda mano en venta. Los libros de bolsillo costaban 40¢. Los libros costaban 1.5 veces más que los libros de bolsillo. Los libros con ilustraciones costaban $\frac{1}{2}$ del precio de los libros de bolsillo. ¿Cuánto costaba cada tipo de libro?

19. Carmín compró 6 libros por $2. Compró un libro. ¿Cuántos libros con ilustraciones y libros de bolsillo compró?

★ 20. Los estudiantes reunieron $540 en la feria. La mitad se usó para comprar libros. El resto se dividió en partes iguales y se donó a 2 organizaciones de caridad locales. ¿Cuánto dinero se usó para comprar libros? ¿Cuánto recibió cada organización?

Suma o resta. Escribe cada respuesta en su expresión mínima. págs. 280–283

1. $\dfrac{3}{8}$
$+\dfrac{3}{8}$

2. $2\dfrac{5}{9}$
$-1\dfrac{1}{9}$

3. $\dfrac{2}{3}$
$+\dfrac{2}{3}$

4. $\dfrac{6}{9}$
$-\dfrac{3}{9}$

5. $3\dfrac{6}{10}$
$+1\dfrac{2}{10}$

6. $\dfrac{7}{10} - \dfrac{3}{10}$

7. $8\dfrac{1}{4} + 2\dfrac{2}{4}$

8. $\dfrac{6}{8} - \dfrac{4}{8}$

9. $8\dfrac{5}{6} - 6\dfrac{1}{6}$

Resta. Escribe cada diferencia en su expresión mínima. págs. 284–285

10. $6\dfrac{2}{5}$
$-5\dfrac{3}{5}$

11. $7\dfrac{3}{8}$
$-5\dfrac{7}{8}$

12. $10\dfrac{3}{6}$
$-7\dfrac{4}{6}$

13. $8\dfrac{2}{5}$
$-6\dfrac{4}{5}$

14. $3\dfrac{3}{9}$
$-2\dfrac{6}{9}$

Suma o resta. Escribe cada respuesta en su expresión mínima. págs. 288–293

15. $\dfrac{7}{8}$
$-\dfrac{3}{5}$

16. $4\dfrac{3}{8}$
$+6\dfrac{1}{2}$

17. $\dfrac{2}{12}$
$+\dfrac{4}{9}$

18. $\dfrac{3}{4}$
$-\dfrac{1}{3}$

19. $\dfrac{7}{10}$
$+\dfrac{2}{5}$

20. $7\dfrac{1}{4}$
$+6\dfrac{6}{8}$

21. $9\dfrac{8}{10}$
$-1\dfrac{3}{5}$

22. $8\dfrac{6}{7}$
$+3\dfrac{4}{5}$

23. $\dfrac{5}{20}$
$-\dfrac{1}{8}$

24. $7\dfrac{2}{3}$
$-5\dfrac{2}{4}$

25. $\dfrac{2}{3} - \dfrac{2}{6}$

26. $5\dfrac{6}{8} - 3\dfrac{2}{5}$

27. $\dfrac{3}{8} - \dfrac{1}{6}$

28. $6\dfrac{1}{3} - 4\dfrac{1}{6}$

Resta. Escribe cada diferencia en su expresión mínima. págs. 294–295

29. $14\dfrac{3}{8}$
$-6\dfrac{1}{2}$

30. $8\dfrac{5}{8}$
$-3\dfrac{4}{5}$

31. $8\dfrac{2}{5}$
$-1\dfrac{2}{4}$

32. $6\dfrac{3}{4}$
$-5\dfrac{15}{16}$

33. $7\dfrac{3}{5}$
$-5\dfrac{4}{6}$

34. $7\dfrac{1}{2} - 6\dfrac{2}{3}$

35. $8\dfrac{2}{3} - 5\dfrac{8}{10}$

36. $4\dfrac{2}{5} - 2\dfrac{1}{2}$

37. $6\dfrac{2}{8} - 3\dfrac{2}{3}$

Resuelve. págs. 286–287, 296–297

38. Extiende la mano. Observa la distancia entre tu dedo meñique y tu dedo pulgar. ¿Qué hay en tu salón de clase que tenga aproximadamente el largo de esa distancia?

39. Nina trabaja en un museo los fines de semana. Trabaja $3\dfrac{1}{2}$ horas el sábado y $2\dfrac{1}{4}$ horas el domingo. ¿Cuántas horas trabaja cada fin de semana?

Suma o resta. Escribe cada respuesta en su expresión mínima.

1. $\dfrac{6}{7}$
$-\dfrac{4}{7}$

2. $\dfrac{4}{5}$
$+\dfrac{3}{5}$

3. $3\dfrac{3}{4}$
$-2\dfrac{1}{4}$

4. $6\dfrac{7}{8}$
$+4\dfrac{5}{8}$

5. $\dfrac{9}{12}$
$-\dfrac{3}{12}$

6. $8\dfrac{9}{10} - 2\dfrac{4}{10}$

7. $\dfrac{9}{10} + \dfrac{3}{10}$

8. $6\dfrac{2}{3} + 5\dfrac{1}{3}$

9. $\dfrac{5}{6} + \dfrac{3}{6}$

Resta. Escribe cada diferencia en su expresión mínima.

10. $3\dfrac{1}{4} - 2\dfrac{3}{4}$

11. $6\dfrac{1}{8} - 4\dfrac{3}{8}$

12. $5\dfrac{5}{9} - 4\dfrac{7}{9}$

13. $8\dfrac{1}{3} - 4\dfrac{2}{3}$

Suma o resta. Escribe cada respuesta en su expresión mínima.

14. $\dfrac{3}{4}$
$-\dfrac{3}{5}$

15. $\dfrac{4}{6}$
$+\dfrac{4}{8}$

16. $10\dfrac{1}{8}$
$+ 6\dfrac{3}{4}$

17. $\dfrac{5}{6}$
$-\dfrac{5}{10}$

18. $5\dfrac{7}{9}$
$+8\dfrac{1}{2}$

19. $4\dfrac{1}{3} + 6\dfrac{2}{9}$

20. $\dfrac{3}{4} - \dfrac{3}{8}$

21. $6\dfrac{5}{8} - 3\dfrac{2}{5}$

22. $\dfrac{12}{15} + \dfrac{2}{5}$

23. $7\dfrac{5}{6} - 4\dfrac{7}{12}$

24. $\dfrac{4}{6} + \dfrac{4}{10}$

25. $8\dfrac{1}{2} - 6\dfrac{1}{3}$

26. $\dfrac{6}{8} - \dfrac{5}{12}$

Resta. Escribe cada diferencia en su expresión mínima.

27. $13\dfrac{1}{2}$
$- 2\dfrac{2}{3}$

28. $8\dfrac{1}{3}$
$-6\dfrac{3}{4}$

29. $4\dfrac{5}{12}$
$-3\dfrac{12}{16}$

30. $8\dfrac{2}{6}$
$-5\dfrac{4}{7}$

31. $9\dfrac{4}{6}$
$-4\dfrac{6}{8}$

Resuelve.

32. La abuela de Juana le está enseñando a hacer arreglos de flores de seda. Juana tiene $1\dfrac{1}{4}$ docena de pensamientos. Necesita $\dfrac{1}{2}$ docena para su arreglo. ¿Cuántos pensamientos le van a sobrar?

33. Dobla un pedazo de papel por la mitad. Hazle un agujero. Dóblalo otra vez hazle otro agujero. ¿Cuántos agujeros tendrás después de doblar el papel 4 veces?

 Usa las fracciones de más abajo para hacer cada suma. Usa cada fracción una sola vez.

$\dfrac{1}{6}, \dfrac{5}{6}, \dfrac{1}{4}, \dfrac{3}{4}, \dfrac{1}{12}, \dfrac{7}{12}$

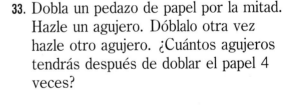

EXPLORA

DIBUJOS EN PAPEL CUADRICULADO

Puedes usar papel cuadriculado y lápices de colores para mostrar las fracciones.

El papel cuadriculado de más abajo está marcado en una sección de 12 por 12.

$\frac{1}{12}$ está sombreado. $\frac{6}{12}$ ó $\frac{1}{2}$ está sombreado.

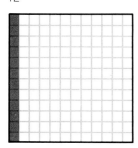   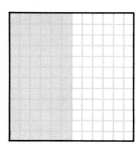

También puedes mostrar la suma de fracciones en papel cuadriculado.

Muestra $\frac{1}{12} + \frac{5}{12}$.   Muestra $\frac{1}{3} + \frac{1}{4}$.

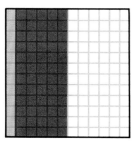   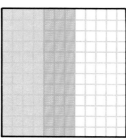

$\frac{1}{12}$ es verde. $\frac{1}{3} = \frac{4}{12}$ $\frac{4}{12}$ es azul.

$\frac{5}{12}$ es rojo. $\frac{1}{4} = \frac{3}{12}$ $\frac{3}{12}$ es verde.

$\frac{1}{12} + \frac{5}{12} = \frac{6}{12}$, ó $\frac{1}{2}$ $\frac{4}{12} + \frac{3}{12} = \frac{7}{12}$

Halla cada suma. Luego, haz un dibujo en papel cuadriculado para mostrar la suma.

1. $\frac{1}{2} + \frac{1}{6}$ 2. $\frac{7}{12} + \frac{1}{4}$

3. $\frac{1}{3} + \frac{5}{12}$ 4. $\frac{3}{4} + \frac{1}{6}$

Haz tu propio problema. Dáselo a un amigo para que haga un dibujo en papel cuadriculado.

FRACCIONES DE UNIDAD

Una fracción de unidad es una fracción cuyo numerador es 1. $\frac{1}{2}$, $\frac{1}{4}$ y $\frac{1}{6}$ son fracciones de unidad.

Cualquier fracción de unidad puede ser nombrada como la suma de otras dos fracciones de unidad.

$$\frac{1}{2} = \frac{1}{\square} + \frac{1}{\square}$$

Sigue estos pasos.

1. Suma 1 al denominador de la fracción original. Éste será el denominador de la primera fracción.

$$2 + 1 = 3$$

$$\frac{1}{2} = \frac{1}{3} + \frac{1}{\square}$$

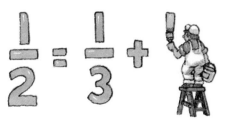

2. Multiplica el denominador original por la suma del denominador original más 1. Éste será el denominador de la segunda fracción.

$$2 \times (2 + 1) = 6$$

$$\frac{1}{2} = \frac{1}{3} + \frac{1}{6}$$

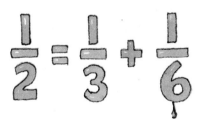

Usa los denominadores comunes para comprobar.

$$\frac{3}{6} = \frac{2}{6} + \frac{1}{6}$$

$$\frac{3}{6} = \frac{1}{2} \text{ Tu respuesta es correcta.}$$

Escribe cada fracción de unidad como la suma de otras dos fracciones de unidad.

1. $\frac{1}{4}$ 2. $\frac{1}{10}$ 3. $\frac{1}{8}$

4. $\frac{1}{3}$ 5. $\frac{1}{9}$ 6. $\frac{1}{7}$

7. $\frac{1}{12}$ 8. $\frac{1}{15}$ 9. $\frac{1}{25}$

PERFECCIONAMIENTO DE DESTREZAS

Escoge la respuesta correcta. Escribe A, B, C o D.

1. ¿Cuál es el valor de 5 en 3,508,629?

   A 50,000   **C** 500,000

   B 5,000,000   **D** no se da

2. Estima.   4,423 − 1,896

   A 6,000   **C** 3,000

   B 2,000   **D** no se da

3. Estima. 6.42 + 5.803

   A 1   **C** 11

   B 12   **D** no se da

4.   64.504
    − 31.263

   A 33.241   **C** 95.767

   B 33.361   **D** no se da

5. 24 ÷ 48

   A 2   **C** 0.5

   B 5   **D** no se da

6. 60,000 m = _____ km

   A 600   **C** 0.6

   B 60   **D** no se da

7. ¿Qué fracción equivale $\frac{2}{3}$?

   A $\frac{4}{9}$ **C** $\frac{10}{12}$

   B $\frac{6}{9}$ **D** no se da

8. ¿Cuál es la fracción impropia para $3\frac{2}{5}$?

   A $\frac{17}{5}$ **C** $\frac{10}{5}$

   B $\frac{13}{5}$ **D** no se da

9. $\frac{3}{7} + \frac{2}{7}$

   A $\frac{5}{14}$ **C** $\frac{6}{14}$

   B $\frac{6}{7}$ **D** no se da

10. $\frac{2}{5} + \frac{1}{10}$

   A $\frac{1}{4}$ **C** $\frac{1}{2}$

   B $\frac{3}{10}$ **D** no se da

11. $5\frac{1}{8} - 2\frac{3}{4}$

   A $3\frac{1}{2}$ **C** $3\frac{5}{8}$

   B $2\frac{3}{8}$ **D** no se da

Escoge el problema más simple para ayudarte a resolver 12 y 13.

12. ¿Cuál es el residuo cuando se divide 6 × 6 × 6 × 6 × 6 por 5?

   A 6 ÷ 5   **C** (6 × 6) ÷ 5

   B (6 × 5) ÷ 2   **D** no se da

13. ¿Cuántos cuadrados de 2 por 2 hay en un cuadrado de 8 por 8?

   A 8 ÷ 2   **C** 8 − 2

   B 2 × 8   **D** no se da

Tema: El mar

Entender partes de un entero

La Panadería: Un juego de Estrategia de fracciones para 2–4 jugadores

Dos a cuatro jugadores se turnan haciendo de clientes en una panadería. La panadería abre con 36 panes. Como cliente, puedes comprar cualquier parte fraccionaria de los panes disponibles, siempre que compres panes enteros.

El juego termina cuando quedan 2 panes en la panadería.

TRABAJAR JUNTOS

Trabaja con los otros jugadores.

- Haz las seis tarjetas de fracciones que se muestran abajo.

- Usa las fichas para representar las 36 panes.

- Pon las fichas y las tarjetas cara arriba sobre la mesa.

- Túrnense. Escoge una tarjeta y toma esa fracción de los panes que quedan en la panadería. Devuelve la tarjeta a la mesa.

- Trata de ser el último jugador que quita un pan. El último jugador que quita un pan va primero en el juego siguiente.

- Los estudiantes pierden sus turnos si escogen tarjetas de fracciones que no permitan comprar un número entero de panes.

- Juega este juego varias veces.

1. Cuando juegas, ¿cómo afecta a tu estrategia el número de jugadores? Da varios ejemplos para explicar tu razonamiento.

2. Nombra una secuencia de tarjetas de fracciones que te ayudarán a ser la última persona que quita un pan.

3. En este juego, ¿qué significarían las tarjetas $\boxed{\frac{1}{1}}$ y $\boxed{\frac{2}{2}}$? ¿Tendría sentido incluirlas? Explica.

4. ¿Puedes pensar en un grupo de fracciones que no servirían en este juego? Explica.

RAZONAR A FONDO

Trabaja con tu grupo.

1. Escoge una de las tarjetas de fracciones que podrías usar para comenzar el juego de "La Panadería". Habla sobre métodos para anotar todo lo que podría pasar en el juego si el primer jugador escogiera esta fracción. Escoge un método y anota los datos.

2. Usa lo que aprendiste en el juego de "La Panadería" para hacer estas actividades.

- Un panadero vendió $\frac{3}{13}$ de los panes en su panadería. ¿Cuántos panes pudo haber tenido? Halla diversas respuestas posibles. Anota tu trabajo. ¿Cuál es el menor número de panes que pudo haber tenido?

- Túrnense para inventar problemas como éste para que tu grupo los resuelva. Dos tercios de los panes en la panadería son de pasas. ¿Cuántos panes podría haber en la panadería? ¿Cuántos podrían ser de pasas?

Explorar partes de un entero

El Panadero Olvidadizo

¡Pobre panadero! ¡Se le olvidó contar cuántos panes tenía ayer por la mañana! ¿Puedes calcularlo?

- El primer cliente compró $\frac{1}{3}$ del pan.

- El segundo cliente compró $\frac{1}{2}$ de lo que quedaba.

- El tercer cliente compró 1 pan.

- El cuarto cliente compró $\frac{2}{3}$ de lo que quedaba.

- El quinto cliente compró 4 panes.

- Quedó 1 pan.

TRABAJAR JUNTOS

Trabaja en equipo.

- Comenta sobre los diferentes métodos que podrías usar para resolver el problema.

- Decide cómo anotar tu trabajo mientras pruebas diferentes métodos.

- Halla el número de panes que tenía el panadero.

COMPARTIR IDEAS

Compara tu trabajo con el de otros en la clase.

1. Comparte la estrategia de tu equipo para resolver el problema del panadero olvidadizo. Habla del método que usaste para anotar los datos.

2. Comenta sobre las ventajas y desventajas de la estrategia de cada equipo.

RAZONAR A FONDO

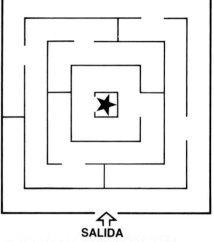

1. Pide a los estudiantes de la clase que compartan diferentes maneras que han usado para resolver laberintos. Comenta sobre cómo el resolver el problema del panadero olvidadizo puede parecerse a resolver un laberinto.

2. Piensa en un problema parecido al del panadero olvidadizo.

3. Pon tu problema en un tablero de anuncios como reto para que otros estudiantes lo resuelvan.

SALIDA

Explorar una fracción de una fracción

¿Qué quiere decir Mamá cuando dice
—Puedes tomar $\frac{1}{5}$ de $\frac{1}{2}$?—

¿Cuál tomaré?

Puedes tomar
$\frac{1}{5}$ de $\frac{1}{2}$.

Trabajar juntos

Trabaja en pareja.

- Haz una tabla como la que aparece a la derecha.

- Usa papel de un color para representar un pan de maíz y de otro color para representar su "bandeja". Recorta rectángulos para por lo menos cuatro panes de diferentes tamaños. Pon cada pan en una "bandeja" del mismo tamaño.

- Marca y luego recorta uno de los panes en pedazos del mismo tamaño.

- Nombra una fracción del pan. Anota la fracción.

- Pide a un amigo que tome una fracción de la parte que nombraste. Anota lo que toma tu amigo.

- Determina qué parte del pan entera toma tu amigo.

- Pon todas las partes del pan nuevamente en la bandeja. Usa fracciones diferentes del mismo pan. Repite la actividad varias veces. Luego experimenta con otros panes cortados en un número distinto de pedazos iguales.

Empieza con ésta parte	Toma una fracción de la parte	Recibe ésta parte del total
$\frac{1}{2}$	$\frac{1}{5}$ of $\frac{1}{2}$	$\frac{1}{10}$

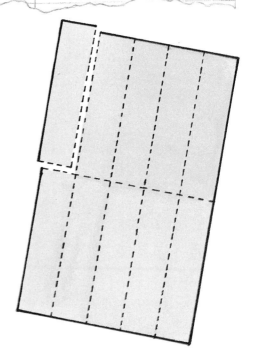

Comparte tu trabajo. Compara tus tablas.

1. Para cada ejemplo en una tabla, mira las fracciones en la primera y la tercera columna. ¿Cómo se comparan estas fracciones? Explica por qué.

2. Comenta sobre maneras diferentes en que puedes mostrar $\frac{1}{3}$ de $\frac{1}{2}$. Usa dos panes de maíz, cada uno cortado en un número diferente de partes.

3. Comenta sobre lo que haces para nombrar la parte del pan que tiene la segunda persona, cuando la primera persona nombra una fracción con 1 como numerador.

RAZONAR A FONDO

1. Compara lo que sucede cuando tomas $\frac{1}{3}$ de $\frac{1}{4}$ con lo que secede cuando tomas $\frac{1}{4}$ de $\frac{1}{3}$ del mismo pan.

2. Muestra cómo puedes tomar $\frac{1}{6}$ de $\frac{3}{5}$. Luego muestra cómo puedes tomar $\frac{1}{6}$ de $\frac{3}{5}$, si se corta un pan entero en sólo 5 pedazos.

3. Una persona dijo que $\frac{2}{3}$ de $\frac{3}{5}$ es $\frac{6}{15}$. Otra dijo que $\frac{2}{3}$ de $\frac{3}{5}$ es $\frac{2}{5}$. ¿Pueden tener razón las dos? Usa los panes de ejemplo y explica.

4. Haz un dibujo y escribe sobre una situación donde puedes tomar $\frac{3}{4}$ de $1\frac{1}{2}$. Explica cómo puedes tomar $\frac{3}{4}$ de $1\frac{1}{2}$.

Multiplicar fracciones y números mixtos

El capitán Moreno diseñó una bandera para su barco pesquero. Coloreó $\frac{2}{3}$ de un papel blanco con lápiz azul. Luego, dibujó un atún dorado en $\frac{1}{2}$ de la parte azul. ¿Qué parte de la bandera tiene un atún dibujado? $\frac{1}{2}$ de $\frac{2}{3}$ significa $\frac{1}{2} \times \frac{2}{3}$.

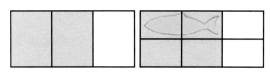

Paso 1
Multiplica los numeradores.

$$\frac{1}{2} \times \frac{2}{3} = \frac{2}{\ }$$

Paso 2
Muliplica los denominadores.

$$\frac{1}{2} \times \frac{2}{3} = \frac{2}{6}$$

Paso 3
Escribe la respuesta en su expresión mínima.

$$\frac{2}{6} = \frac{2 \div 2}{6 \div 2} = \frac{1}{3}$$

Hay un atún dibujado en $\frac{1}{3}$ de la bandera.

Halla $\frac{1}{4} \times 24$.

Escribe el número entero como fracción.

$$\frac{1}{4} \times \frac{24}{1}$$

Multiplica los numeradores y luego los denominadores.

$$\frac{1}{4} \times \frac{24}{1} = \frac{24}{4}$$

Escribe la respuesta en su expresión mínima.

$$\frac{24}{4} = 6$$

Halla $\frac{1}{2} \times 2\frac{3}{5}$.

Escribe el número mixto como fracción impropia.

$$\frac{1}{2} \times 2\frac{3}{5} = \frac{1}{2} \times \frac{13}{5}$$

Multiplica las fracciones.

$$\frac{1}{2} \times \frac{13}{5} = \frac{13}{10} = 1\frac{3}{10}$$

Escribe la respuesta en su expresión mínima.

Halla $4\frac{1}{2} \times 9\frac{1}{2}$.

Escribe cada número mixto como fracción impropia.

$$4\frac{1}{2} \times 9\frac{1}{2}$$

Multiplica las fracciones.

$$\frac{9}{2} \times \frac{19}{2}$$

Escribe la respuesta en su expresión mínima.

$$\frac{9}{2} \times \frac{19}{2} = \frac{171}{4} = 42\frac{3}{4}$$

TRABAJO EN CLASE

Multiplica. Escribe cada producto en su expresión mínima.

1. $\frac{1}{2} \times \frac{1}{3}$ 2. $\frac{2}{3} \times \frac{1}{4}$ 3. $\frac{3}{4} \times \frac{1}{2}$ 4. $\frac{7}{8} \times \frac{8}{7}$ 5. $\frac{1}{5} \times 10$

6. $\frac{3}{4} \times 8$ 7. $\frac{3}{8} \times 2$ 8. $\frac{5}{7} \times 3$ 9. $\frac{1}{3} \times 3\frac{1}{4}$ 10. $3\frac{1}{5} \times \frac{3}{4}$

11. $\frac{7}{8} \times 1\frac{1}{2}$ 12. $1\frac{1}{8} \times 2\frac{3}{4}$ 13. $4\frac{1}{2} \times 1\frac{1}{3}$ 14. $3\frac{3}{5} \times 1\frac{2}{5}$ 15. $3\frac{1}{4} \times 2\frac{1}{3}$

Multiplica. Escribe cada producto en su expresión mínima.

1. $\frac{1}{4} \times \frac{1}{3}$ 2. $\frac{1}{2} \times \frac{2}{5}$ 3. $\frac{3}{4} \times \frac{1}{2}$ 4. $\frac{1}{2} \times \frac{4}{5}$ 5. $\frac{1}{4} \times \frac{1}{5}$

6. $\frac{1}{2} \times 8$ 7. $\frac{3}{5} \times 15$ 8. $\frac{2}{3} \times 6$ 9. $\frac{3}{8} \times 4$ 10. $\frac{4}{5} \times 40$

11. $\frac{2}{3} \times 5\frac{1}{6}$ 12. $\frac{3}{4} \times 1\frac{1}{6}$ 13. $\frac{7}{8} \times 8\frac{3}{4}$ 14. $\frac{9}{10} \times 6\frac{1}{2}$ 15. $5\frac{1}{2} \times \frac{1}{3}$

16. $2\frac{2}{3} \times 1\frac{1}{2}$ 17. $1\frac{3}{4} \times 2\frac{1}{2}$ 18. $5\frac{1}{6} \times 3\frac{1}{3}$ 19. $1\frac{1}{9} \times 2\frac{7}{10}$ 20. $2\frac{3}{8} \times 3\frac{1}{5}$

21. $\frac{2}{5} \times \frac{1}{6}$ 22. $3 \times \frac{5}{6}$ 23. $\frac{3}{8} \times 1\frac{1}{4}$ 24. $1\frac{6}{10} \times 4\frac{1}{2}$ 25. $\frac{5}{6} \times 54$

26. $\frac{2}{7} \times 3\frac{1}{2}$ 27. $\frac{1}{6} \times \frac{2}{3}$ 28. $\frac{3}{5} \times 70$ 29. $\frac{1}{2} \times 5\frac{2}{3}$ 30. $8\frac{1}{2} \times 2$

★ 31. $\frac{2}{3} \times \frac{1}{2} \times 18$ 32. $\frac{3}{5} \times \frac{5}{8} \times 48$ 33. $\frac{3}{4} \times \frac{3}{8} \times 96$

Halla cada número que falta.

34. $\frac{1}{3} \times \frac{n}{2} = \frac{1}{6}$ 35. $\frac{n}{4} \times \frac{1}{2} = \frac{3}{8}$ 36. $\frac{2}{3} \times \frac{n}{4} = \frac{6}{12}$

★ 37. $\frac{5}{6} \times \frac{3}{n} = \frac{5}{8}$ ★ 38. $\frac{7}{8} \times \frac{n}{3} = \frac{7}{12}$ ★ 39. $\frac{5}{8} \times \frac{n}{5} = \frac{3}{4}$

APLICACIÓN

40. Siete octavos de los peces pescados por el capitán Moreno son atunes. Tres cuartos de los atunes pescados son de aletas azules del norte. ¿Qué parte fraccional del total de los peces pescados es de aletas azules?

41. El capitán Miller dio a Roger 35 pedazos de madera para construir una balsa. Usó $\frac{3}{5}$ de los pedazos. ¿Cuántos pedazos de madera se usaron para la balsa?

★ 42. Haz una tabla que muestre el total semanal de comida de peces para cada grupo en un acuario.

COMIDA PARA LOS PECES DEL ACUARIO			
	Total de comida diaria	Comida mañana	Comida tarde
Peces grandes de arrecife	$6\frac{3}{4}$ lb		
Peces pequeños de arrecife	$2\frac{1}{2}$ lb		
Delfines	$27\frac{1}{8}$ lb		

Números recíprocos

Linda y Nicolás llenaron una canasta de almejas que compartirán 5 familias. ¿Qué parte le corresponde a cada familia?

1 canasta ÷ 5 familias = $\frac{1}{5}$

A cada familia le corresponde $\frac{1}{5}$ de almejas.

$$5 \times \frac{1}{5} = 1$$

▶ Dos números cuyos productos es 1 son **recíprocos.**

Halla el número recíproco de 5.

Paso 1	Paso 2
Escribe el número como fracción.	Intercambia el numerador por el denominador.

$5 = \frac{5}{1}$ $\frac{5}{1} \diagup\!\!\!\!\diagdown \frac{1}{5}$

Compbrueba.

Multiplica los números recíprocos. El producto debe ser 1.

$$\frac{5}{1} \times \frac{1}{5} = \frac{5}{5} = 1$$

Más ejemplos

	Número	Recíproco	Comprueba
a.	$\frac{3}{4}$	$\frac{4}{3}$	$\frac{3}{4} \times \frac{4}{3} = \frac{12}{12} = 1$
b.	$2\frac{1}{6} = \frac{13}{6}$	$\frac{6}{13}$	$\frac{13}{6} \times \frac{6}{13} = \frac{78}{78} = 1$

TRABAJO EN CLASE

Halla cada número recíproco. Comprueba multiplicando.

1. $\frac{2}{3}$ 2. 7   3. $\frac{3}{8}$ 4. $1\frac{1}{5}$ 5. $6\frac{1}{4}$ 6. 10

Halla cada número que falta.

7. $\frac{3}{4} \times n = 1$ 8. $n \times \frac{9}{10} = 1$ 9. $6 \times n = 1$ 10. $n \times 1\frac{5}{8} = 1$

Halla cada número recíproco. Comprueba multiplicando.

1. $\frac{2}{9}$ 2. $\frac{5}{6}$ 3. $\frac{3}{10}$ 4. $\frac{11}{12}$

5. 71 6. $\frac{12}{25}$ 7. $\frac{1}{8}$ 8. $\frac{13}{24}$

9. $4\frac{1}{8}$ 10. $1\frac{3}{5}$ 11. 50 12. $2\frac{3}{4}$

13. $\frac{99}{100}$ 14. $3\frac{1}{3}$ 15. 18 16. $1\frac{8}{9}$

Halla cada producto.

17. $\frac{5}{7} \times \frac{7}{5}$ 18. $1\frac{1}{8} \times \frac{8}{9}$ 19. $\frac{1}{5} \times 5$

20. $1\frac{3}{7} \times \frac{7}{10}$ 21. $\frac{3}{9} \times \frac{9}{3}$ 22. $\frac{6}{20} \times 3\frac{2}{6}$

Halla cada número que falta. Escribe cada respuesta en su expresión mínima.

23. $\frac{1}{8} \times n = 1$ 24. $n \times \frac{6}{11} = 1$

★ 25. $10\frac{1}{2} \times n = 1$ ★ 26. $n \times \frac{3}{47} = 1$

APLICACIÓN

27. El barco ostrero *Mary Beth* reunió 1 tonelada de ostras. La tripulación de 8 las compartió por igual. ¿Qué parte fraccionaria le tocó a cada miembro de la tripulación?

★ 28. ¿Cuántas libras de ostras recibió cada miembro de la tripulación del *Mary Beth?*

HISTORIA DE LAS MATEMÁTICAS

Este conjunto de números se llama el triángulo de Pascal. Cada número está formado por la suma de los dos números en la fila encima de éste. Completa la línea siguiente. Luego, busca patrones. Empieza comparando las sumas.

Práctica mixta

1. $4{,}532 + 341$

2. $14{,}346 - 7{,}861$

3. $34.61 + 2.052$

4. $67.43 + 27$

5. $61.2 - 43.17$

6. $31.7 - 16.843$

7. $3\frac{1}{4} + 2\frac{1}{6}$

8. $5\frac{3}{8} - 2\frac{1}{2}$

9. $6\frac{1}{2} + 4\frac{3}{4}$

10. $16 \times 3{,}427$

11. $\$14.70 \div 35$

12. 16.4×1.35

13. $167.5 \div 25$

14. $43{,}216 \div 21$

Compara. Usa >, <, ó = para ●.

15. $6.74 \;●\; 67.4$

16. $110.16 \;●\; 11.016$

17. $23.1 \;●\; 23.100$

Escribe en su expresión mínima.

18. $\frac{13}{2}$ 19. $\frac{243}{5}$ 20. $\frac{127}{3}$

Dividir fracciones

Las diatomeas son plantas muy pequeñas de las que se alimentan los peces en el mar. Las plantas se multiplican dividiéndose repetidamente por la mitad. Para hallar cuántas mitades hay en 3 diatomeas, divide 3 por $\frac{1}{2}$.

$$3 \div \frac{1}{2} = n$$

▶ Para dividir fracciones, multiplica por el número recíproco del divisor.

Paso 1	Paso 2
Halla el recíproco del divisor.	Multiplica por el recíproco.

$$3 \div \frac{1}{2}$$

El recíproco es $\frac{2}{1}$.

$$3 \div \frac{1}{2} = 3 \times \frac{2}{1} = 6$$

números recíprocos

Ahora hay 6 diatomeas.

Más ejemplos

¿Cuántos $\frac{3}{4}$ hay en 12?

$$12 \div \frac{3}{4} = 12 \times \frac{4}{3}$$
$$= \frac{48}{3} = 16$$

b. ¿Cuántos $\frac{5}{12}$ hay en $\frac{2}{3}$?

$$\frac{2}{3} \div \frac{5}{12} = \frac{2}{3} \times \frac{12}{5}$$
$$= \frac{24}{15} = 1\frac{9}{15} = 1\frac{3}{5}$$

TRABAJO EN CLASE

Divide. Escribe cada cociente en su expresión mínima.

1. ¿Cuántos $\frac{4}{5}$ hay en 8?

2. ¿Cuántos $\frac{2}{3}$ hay en $\frac{6}{7}$?

3. $6 \div \frac{1}{3}$

4. $\frac{3}{4} \div \frac{1}{8}$

5. $\frac{3}{8} \div \frac{1}{2}$

6. $2 \div \frac{5}{10}$

7. $\frac{5}{6} \div \frac{9}{10}$

Divide. Escribe cada cociente en su expresión mínima.

1. ¿Cuántos $\frac{1}{3}$ hay en 12?

2. ¿Cuántos $\frac{1}{4}$ hay en 7?

3. $2 \div \frac{1}{5}$

4. $\frac{3}{4} \div \frac{2}{3}$

5. $\frac{5}{6} \div \frac{2}{9}$

6. $6 \div \frac{1}{2}$

7. $9 \div \frac{2}{3}$

8. $\frac{1}{4} \div \frac{1}{2}$

9. $\frac{5}{8} \div \frac{15}{32}$

10. $\frac{5}{9} \div \frac{5}{18}$

11. $25 \div \frac{5}{8}$

12. $3 \div \frac{2}{3}$

13. $\frac{3}{5} \div \frac{9}{10}$

14. $\frac{3}{11} \div \frac{1}{33}$

15. $50 \div \frac{1}{2}$

16. $\frac{9}{10} \div \frac{3}{5}$

17. $15 \div \frac{3}{5}$

18. $10 \div \frac{1}{2}$

19. $4 \div \frac{3}{4}$

20. $\frac{15}{16} \div \frac{5}{8}$

21. $\frac{7}{13} \div \frac{4}{26}$

22. $20 \div \frac{4}{5}$

23. $6 \div \frac{3}{8}$

24. $\frac{7}{12} \div \frac{1}{6}$

25. $4 \div \frac{5}{8}$

26. $\frac{2}{7} \div \frac{3}{8}$

27. $\frac{3}{4} \div \frac{3}{5}$

28. $25 \div \frac{1}{2}$

29. $\frac{1}{8} \div \frac{7}{16}$

30. $\frac{4}{9} \div \frac{1}{9}$

31. $\frac{3}{10} \div \frac{3}{5}$

32. $18 \div \frac{3}{8}$

★33. $\frac{3}{8} \div \frac{n}{5} = \frac{15}{32}$

★34. $\frac{3}{10} \div \frac{5}{n} = \frac{12}{25}$

★35. $\frac{n}{11} \div \frac{4}{20} = 1\frac{9}{11}$

Sigue la regla para hallar cada número que falta.

Regla: Divide por $\frac{1}{2}$.

	Entrada	Salida
36.	5	
37.	$\frac{1}{2}$	
38.	$\frac{3}{16}$	

Regla: Divide por $\frac{2}{3}$.

	Entrada	Salida
39.	16	
40.	$\frac{1}{4}$	
41.	$\frac{2}{9}$	

Regla: Divide por $\frac{3}{4}$.

	Entrada	Salida
★42.		$1\frac{1}{3}$
★43.		8
★44.		$10\frac{2}{3}$

Resuelve.

★45. $\left(\frac{4}{5} \times \frac{2}{3}\right) \div \frac{2}{5}$

★46. $\left(\frac{3}{8} \div \frac{4}{5}\right) \div \frac{5}{16}$

★47. $\left(\frac{8}{9} \div \frac{3}{4}\right) \times \frac{5}{6}$

APLICACIÓN

48. Un atún come $\frac{1}{2}$ galón de peces al día. ¿Cuántos días alimentarán a un atún 10 galones de peces?

49. Una receta pide $\frac{3}{4}$ de lata de atún. ¿Cuántas veces se puede hacer la receta con 3 latas de atún?

50. Un pez come $\frac{3}{4}$ de libra de diatomeas por día. ¿Cuánto tiempo le toma a un pez comerse 10 libras?

★51. Diez diatomeas se dividen por la mitad. Luego, cada una se divide otra vez por la mitad. ¿Cuántas diatomeas hay?

Expresar cocientes de diferentes maneras

Durante un período de 4 días, una buceadora pasó 26 horas explorando un arrecife. ¿Qué promedio de horas pasó cada día en el arrecife?

$26 \div 4 = 6 \text{ R}2$

▶Para escribir el residuo como fracción, pon el residuo sobre el divisor.

$$
\begin{array}{r}
6 \text{ R}2 \\
4\overline{)26} \\
-24 \\
\hline
2
\end{array}
\quad = 6\frac{2}{4} = 6\frac{1}{2}
$$

▶Para escribir el residuo como decimal, pon el punto decimal y ceros en el dividendo. Luego, continúa dividiendo.

$$
\begin{array}{r}
6.5 \\
4\overline{)26.0} \\
-24 \\
\hline
2\ 0 \\
-2\ 0 \\
\hline
0
\end{array}
$$

Pasó un promedio de $6\frac{1}{2}$ o 6.5 horas en el arrecife cada día.

▶En muchos casos, los residuos no se escriben como fracciones, ni como decimales. O no se usan, o se aumenta el cociente.

Cuesta $5 rellenar un tanque de aire. ¿Cuántos se pueden rellenar por $43?

$$
\begin{array}{r}
8 \\
\$5\overline{)\$43} \\
-40 \\
\hline
3
\end{array}
$$
Se pueden llenar 8 tanques.
Sobraron $3.
El residuo no se usa.

Un barco lleva 9 buceadores. ¿Cuántos barcos hacen falta para llevar 25?

$$
\begin{array}{r}
2 \\
9\overline{)25} \\
-18 \\
\hline
7
\end{array}
$$
Hacen falta 3 barcos.
Las 7 personas en el residuo necesitan un barco extra.

TRABAJO EN CLASE

Divide. Escribe cada residuo como número entero, como fracción y como decimal.

1. $52 \div 8$
2. $41 \div 4$
3. $134 \div 16$
4. $44 \div 20$

5. $17 \div 5$
6. $61 \div 4$
7. $108 \div 5$
8. $73 \div 8$

Divide. Escribe cada residuo como fracción en su expresión mínima.

1. $29 \div 8$ **2.** $94 \div 10$ **3.** $154 \div 12$ **4.** $287 \div 8$ **5.** $320 \div 25$

Divide. Escribe cada residuo como número decimal.

6. $219 \div 15$ **7.** $539 \div 14$ **8.** $49 \div 8$ **9.** $55 \div 4$ **10.** $259 \div 8$

Divide. Escribe cada residuo como número entero, como fracción y como decimal.

11. $195 \div 12$ **12.** $129 \div 24$ **13.** $1{,}884 \div 24$ **14.** $125 \div 50$

15. $170 \div 68$ **16.** $3{,}000 \div 16$ **17.** $1{,}956 \div 32$ **18.** $2{,}256 \div 50$

Usa una calculadora para dividir. El residuo estará en forma decimal.

19. $564 \div 24$ **20.** $5{,}864 \div 32$ **21.** $6{,}820 \div 25$ **22.** $1{,}776 \div 15$

23. $3{,}694 \div 25$ **24.** $6{,}440 \div 80$ **25.** $785 \div 8$ **26.** $501 \div 20$

Usa una calculadora para dividir. Redondea a la centena más cercana.

★**27.** $9{,}643 \div 15$ ★**28.** $4{,}526 \div 22$ ★**29.** $4{,}861 \div 44$ ★**30.** $6{,}843 \div 85$

APLICACIÓN

31. En un período de 8 semanas, el submarino *Alvin* pasó 60 horas bajo el agua. ¿Qué promedio de horas pasó bajo el agua cada semana?

★**32.** El *Alvin* puede sumergirse durante 10 horas cada vez. ¿Cuántas veces debe sumergirse para completar un trabajo que toma 34 horas?

LA CALCULADORA

Usa tu calculadora para dividir 109 por 25.
Sigue las instrucciones para cambiar el residuo a fracción.

1. Divide 109 por 25. $109 \div 25 = 4.36$

2. Escribe el número entero en el cociente. Réstalo de tu respuesta. $4.36 - 4 = 0.36$

3. Multiplica la parte decimal del cociente por el divisor. $0.36 \times 25 = 9$

4. Pon la respuesta sobre el divisor y forma una fracción. $\frac{9}{25}$

5. Escribe la respuesta como número mixto. $4\frac{9}{25}$

Prueba con éstos. $85 \div 8$ $1{,}446 \div 12$ $258 \div 32$

Problemas para resolver

HACER UNA LISTA

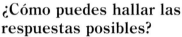

Un problema puede tener más de una respuesta. Una lista puede ayudarte a ver las respuestas posibles.

La Compañía Global tiene menos de 100 barcos en su flota. Tres cuartos de los barcos están en el mar. Una séptima parte de los barcos en el mar lleva vainilla. ¿Cuántos barcos llevan vainilla?

¿Cómo puedes hallar las respuestas posibles?

Multiplica $\frac{1}{7} \times \frac{3}{4}$ para hallar la fracción de los barcos que llevan vainilla. Luego, escribe las fracciones equivalentes para hallar las respuestas posibles.

Halla las respuestas posibles.

$\frac{1}{7} \times \frac{3}{4} = \frac{3}{28}$

3 de 28 barcos lleva vainilla.

Fracciones equivalentes	Barcos que llevan vainilla	Número total de barcos
$\frac{3}{28}$	3	28
$\frac{6}{56}$	6	56
$\frac{9}{84}$	9	84
$\frac{12}{112}$	No es posible	112

3, 6 ó 9 barcos podrían llevar vainilla.

¿Has respondido a la pregunta? ¿Son razonables las respuestas posibles?

Asegúrate de que todos los números de barcos sean números enteros. Comprueba la multiplicación. Asegúrate de que no haya otras respuestas posibles. Hay 3, 6 ó 9 barcos que posiblemente lleven vainilla. Éstas son las únicas respuestas posibles.

Haz una lista para ayudarte a resolver cada problema.

1. Haz una lista de todas las fracciones mayores de 0 y menores de 1 cuyo denominador sea 7.

2. La suma del numerador y el denominador de una fracción es 7. Haz una lista de todas las fracciones posibles.

3. El número del salón de la Srta. Martínez es impar. Es menos que 20 y mayor que 9. La suma de sus dos dígitos es menos de 5. ¿Cuál puede ser el número?

4. El número de la casa de Antonio es $\frac{3}{11}$ del número de Guillermina. El de ella está entre 80 y 100. ¿Cuál puede ser el número de la casa de Antonio?

5. Hay menos de 50 marineros en la estación de guardacostas. Exactamente $\frac{7}{17}$ de ellos son mujeres. ¿Cuántas mujeres podría haber en la estación?

6. Dos quintos de los cadetes de la Guardia Costera han sido entrenados como salvavidas. Hay menos de 15 cadetes. ¿Cuántos son salvavidas?

★7. Guillermo, Esteban y Robert son 3 hermanos. Todos cumplen años hoy. Guillermo tiene $\frac{2}{3}$ de la edad de Esteban. Robert tiene $\frac{1}{4}$ de la edad de Guillermo. Esteban tiene menos de 20 años. ¿Qué edad puede tener Esteban?

★8. En la clase, $\frac{3}{4}$ de los niños hablan inglés. A cinco sextos de ellos les gusta resolver problemas, y a $\frac{2}{3}$ les gustan los estudios sociales. Hay menos de 40 niños ¿A cuántos niños que les gusta resolver problemas podría haber?

=== CREA TU PROPIO PROBLEMA ===

Para cada uno de los siguientes enunciados, escribe el número que falta.
Luego haz una lista de todas las fracciones que harían verdadero al enunciado.

1. Mi numerador es ____ y mi denominador es menos de ____.

2. Mi denominador es ____ y mi numerador es menos de ____.

3. Mi numerador y denominador suman ____.

4. Soy $\frac{3}{5}$ de un número entero y mi valor es menos de ____.

Medir el largo

Los anzuelos son pequeños. Se pueden medir en pulgadas y en fracciones de pulgadas.

La **pulgada (plg)** es una unidad estándar de longitud en el **sistema de medidas usual.** Una pulgada tiene el ancho de dos dedos aproximadamente.

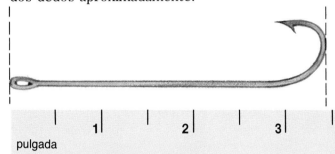

Este anzuelo tiene 3 pulgadas de largo a la pulgada más cercana.
Tiene $3\frac{1}{2}$ pulgadas de largo a la $\frac{1}{2}$ pulgada más cercana.

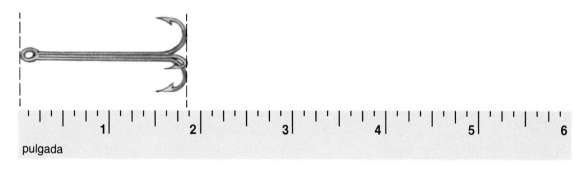

El anzuelo triple tiene $1\frac{3}{4}$ pulgada de largo al $\frac{1}{4}$ de pulgada más cercana. Tiene $1\frac{7}{8}$ pulgadas de largo al $\frac{1}{8}$ de pulgada más cercana.

TRABAJO EN CLASE

Mide el caballo de mar a la unidad o fracción de unidad indicada.

1. pulgada

2. $\frac{1}{2}$ pulgada

3. $\frac{1}{4}$ pulgada

4. $\frac{1}{8}$ pulgada

Estima el largo de cada pececito a la pulgada más cercana. Luego, mide.

1.

2.

Estima el largo de cada plomada a la $\frac{1}{2}$ pulgada más cercana. Luego, mide.

3.

4.

5.

Mide cada cebo al $\frac{1}{4}$ de pulgada más cercana. Luego, al $\frac{1}{8}$ de pulgada más cercana.

6.

7.

8.

Usa una cinta de medir. Halla tus medidas al $\frac{1}{8}$ de pulgada más cercana.

★9. estatura

★10. largo del brazo

★11. los 2 brazos abiertos

★12. Compara tu estatura con el largo de tus brazos. ¿Cómo se comparan?

APLICACIÓN

ESTIMAR

Estima cada largo. Luego, comprueba midiendo. Trabaja con un compañero. Desafía a un par de amigos a hallar el estimado más cercano para cada largo.

1. el largo de tu libro de matemáticas al $\frac{1}{4}$ de pulgada más cercana

2. el largo de la cubierta de tu escritorio a la pulgada más cercana

3. el ancho de la puerta a la pulgada más cercana

4. el largo de un lápiz a la $\frac{1}{2}$ pulgada más cercana

321

Cambiar unidades de largo

En 1902, se construyó en Alemania el *Preussen,* el barco a vela más grande del mundo. Tenía 18 yardas de ancho y 438 pies de largo. ¿Cuántos pies de ancho tenía el barco? ¿Cuántas yardas tenía de largo?

El **pie,** la **yarda (yd)** y la **milla (mi)** son unidades estándar de largo en el sistema de medidas usuales. Para cambiar unidades de largo, usa esta tabla.

12 pulgadas (plg) = 1 pie
3 pies = 1 yarda (yd)
36 pulgadas = 1 yarda
5,280 pies = 1 milla (mi)

▶Para cambiar a una unidad más pequeña, multiplica.

18 yd = ____ pies

Piensa   1 yd = 3 pies
             18 × 3 = 54

18 yd = 54 pies

▶Para cambiar a una unidad más grande, divide.

438 pies = ____ yd

Piensa   3 pies = 1 yd
             438 ÷ 3 = 146

438 pies = 146 yd

El barco tenía 54 pies de ancho y 146 yardas de largo.

Más ejemplos

a. 8 pies = ____ plg
1 pie = 12 plg
8 × 12 = 96
8 pies = 96 plg

b. 72 plg = ____ yd
36 plg = 1 yd
72 ÷ 36 = 2
72 plg = 2 yd

c. $\frac{1}{2}$ mi = ____ pies
1 mi = 5,280 pies
$\frac{1}{2}$ × 5,280 = 2,640
$\frac{1}{2}$ mi = 2,640 pies

TRABAJO EN CLASE

Completa.

1. 21 yd = ____ pies

2. 84 plg = ____ pies

3. 10 pies = ____ plg

4. 15 pies = ____ yd

5. 10,560 pies = ____ mi

6. 180 plg = ____ yd

Escoge pulgada, pie, yarda o milla para medir cada uno.

7. longitud de un cuarto

8. ancho de un periódico

9. longitud de un campo de fútbol

10. distancia de Chicago a Toledo

PRÁCTICA

Completa.

1. 31 yd = _____ pies

2. 7 pies = _____ plg

3. 45 pies = _____ yd

4. 48 plg = _____ pies

5. 18 pies = _____ yd

6. 4 mi = _____ pies

7. 5 yd = _____ plg

8. 288 plg = _____ yd

9. 15,840 pies = _____ mi

10. 144 plg = _____ pies

11. 9 yd = _____ pies

12. 5 pies = _____ plg

13. 108 plg = _____ yd

14. 4 yd = _____ plg

15. $1\frac{1}{2}$ mi = _____ pies

16. 1 yd 2 pies = _____ plg

17. 3 pies 8 plg = _____ plg

18. 4 yd 24 plg = _____ pies

★19. 6 yd 18 plg = _____ pies

★20. $4\frac{1}{2}$ pies = _____ plg

★21. 5,280 yd = _____ mi

Escoge la medida más razonable.

22. longitud de la costa de California

   a. 15,000 pies   **b.** 8,000 yd   **c.** 840 mi

23. altura de las cataratas del Niágara

   a. 193 pies   **b.** 1,000 yd   **c.** 1 mi

24. ancho de un barco a remo

   a. 42 plg   **b.** $1\frac{1}{2}$ pies   **c.** 2 yd

25. longitud de una línea de pescar

   a. 60 plg   **b.** 50 yd   **c.** 12 pies

26. altura de un faro

   a. $\frac{1}{4}$ mi   **b.** 200 yd   **c.** 100 pies

Completa. Sigue cada regla.

Regla: Cambia a yardas.

	Entrada	Salida
27.	36 pies	
28.	7 pies	
29.	10 pies	–

Regla: Cambia a pies.

	Entrada	Salida
30.	72 plg	
31.	18 plg	–
32.	51 plg	–

Regla: Cambia a pulgadas.

	Entrada	Salida
★33.	$18\frac{1}{3}$ pies	
★34.	$1\frac{2}{3}$ yd	
★35.	$\frac{1}{3}$ mi	

APLICACIÓN

36. *Yankee Girl,* uno de los barcos más pequeños que cruzó el océano Atlántico, tiene 120 pulgadas de largo. ¿Cuántos pies son?

★37. Las ballenas azules hacen un sonido que puede oírse a 88,000 yardas de distancia. ¿A cuántas millas de distancia puede oírse?

Medir el peso

Los animales en el mar son muy diferentes entre sí, van desde los livianos camarones hasta las pesadas ballenas.

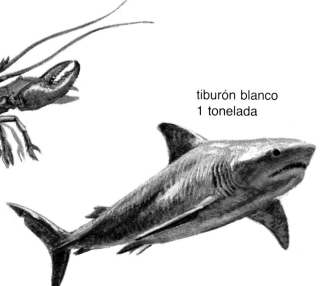

tiburón blanco
1 tonelada

camarón 1 onza

langosta 1 libra

La **onza (oz),** la **libra (lb)** y la **tonelada (T)** son unidades de peso del sistema de medidas usual.

> **16 onza (oz) = 1 libra (lb)**
> **2,000 libras = 1 tonelada (T)**

▶Para cambiar a unidades más pequeñas, multiplica.

4 lb = _____ oz

Piensa   1 lb = 16 oz
          4 × 16 = 64

4 lb = 64 oz

▶Para cambiar a unidades más grandes, divide.

12,000 lb = _____ T

Piensa   2,000 lb = 1 T
          12,000 ÷ 2,000 = 6

12,000 lb = 6 T

Más ejemplos

a. 56 oz = _____ lb
16 oz = 1 lb
$56 \div 16 = 3\frac{1}{2}$
56 oz $= 3\frac{1}{2}$ lb

b. 5 lb 4 oz = _____ oz
1 lb = 16 oz
(5 × 16) + 4 = 84
5 lb 4 oz = 84 oz

c. $2\frac{1}{2}$ T = _____ lb
1 T = 2,000 lb
$2\frac{1}{2} \times 2,000 = 5,000$
$2\frac{1}{2}$ T $= 5,000$ lb

Completa.

1. 128 oz = _____ lb

2. 3 T = _____ lb

3. 60 oz = _____ lb

4. 6 lb = _____ oz

5. 5 T 50 lb = _____ lb

6. $1\frac{1}{2}$ lb = _____ oz

Escoge onzas, libras o toneladas para medir cada uno.

7. un atún

8. un barco crucero

9. una almeja

10. una caja de avíos

Escoge las medidas más razonables.

1. un balde de agua

   a. 8.5 onzas
   b. 8.5 libras
   c. 8.5 toneladas

2. una foca

   a. 197 onzas
   b. 197 libras
   c. 197 toneladas

3. un remo

   a. 9 oz
   b. 9 lb
   c. 9 T

4. una ballena azul

   a. 153.5 onzas
   b. 153.5 libras
   c. 153.5 toneladas

5. ancla de barco a remo

   a. 80 onzas
   b. 80 libras
   c. 80 toneladas

6. cebo para pescar

   a. $1\frac{1}{2}$ oz
   b. $1\frac{1}{2}$ lb
   c. $1\frac{1}{2}$ T

Completa.

7. 144 oz = ____ lb

8. 12 T = ____ lb

9. 5 lb = ____ oz

10. 6 lb 4 oz = ____ oz

11. 2 T 1,000 lb = ____ lb

12. $\frac{1}{4}$ lb = ____ oz

13. 34 oz = ____ lb

14. 8,000 lb = ____ T

15. 196 oz = ____ lb ____ oz

16. 5,600 lb = ____ T ____ lb

★ **17.** 750 lb = ____ T

★ **18.** 4,000 oz = ____ lb = ____ T

APLICACIÓN

19. Juana compró 32 oz de huachinango. Liliana compró 2 lb de lenguado. ¿Quién compró más pescado?

20. El barco a vela más grande del mundo pesaba 11,150 toneladas cuando estaba cargado. ¿Cuántas libras son?

★ **21.** Luis compró 4 langostas pequeñas. Pesaban 17 oz, 19 oz, 16 oz y 20 oz. ¿Cuánto pagó si las langostas cuestan $3 por libra?

★ **22.** La ballena azul más grande que se ha cazado pesaba tanto como 2,240 seres humanos que pesan un promedio de 150 lb cada uno. ¿Cuántas toneladas pesaba la ballena?

HAZLO MENTALMENTE

¿Cuál es la mejor compra?

1. a. 5 oz/$.75   **b.** 7 oz/$.98

2. a. 8 oz/$.96   **b.** 12 oz/$1.20

3. a. 6 oz/$1.26   **b.** 9 oz/$2.70

4. a. 13 oz/$2.60   **b.** 15 oz/$2.25

5. a. 2 lb/$.25   **b.** 28 oz/$.25

6. a. 3,000 lb/$15   **b.** 2 T/$18

7. a. 1 lb 6 oz/$.44   **b.** 24 oz/$.45

8. a. $\frac{3}{4}$ lb/$1.20   **b.** 12 oz/$1.25

Medir la capacidad

El Sr. Pérez pone 1 cuarto de aceite en el tanque de gasolina de su barco. Hace ésto cada vez que llena el tanque de gasolina. Tiene 1 galón de aceite. ¿Cuántas veces puede volver a llenar el tanque de gasolina?

2 cucharadas

1 taza

1 pinta

1 cuarto

1 medio galón

1 galón

La **onza líquida (oz liq)**, la **taza (t)**, la **pinta (pt)**, el **cuarto (ct)** y el **galón (gal)** son unidades de capacidad.

> **2 cucharadas (chda) = 1 onza líquida (oz liq)**
> **8 onzas líquidas = 1 taza (t)**
> **2 tazas = 1 pinta (pt)**
> **2 pintas = 1 cuarto (ct)**
> **2 cuartos = 1 medio galón ($\frac{1}{2}$ gal)**
> **4 cuartos = 1 galón (gal)**

De acuerdo con esta tabla, el Sr. Pérez puede llenar el tanque 4 veces.

▶Para cambiar a una unidad más pequeña, multiplica.

6 ct = _____ pt

Piensa 1 ct = 2 pt
6 × 2 = 12

6 ct = 12 pt

▶Para cambiar a una unidad mayor, divide.

24 oz liq = _____ t

Piensa 8 oz liq = 1 t
24 ÷ 8 = 3

24 oz liq = 3 t

TRABAJO EN CLASE

Completa.

1. 16 oz liq = _____ t

2. 18 pt = _____ ct

3. 8 t = _____ pt

4. 6 ct = _____ $\frac{1}{2}$ gal

5. $2\frac{1}{2}$ t = _____ oz liq

6. 40 ct = _____ gal

7. 1 pt 1 t = _____ oz liq

8. 5 ct = _____ t

9. $1\frac{1}{2}$ gal = _____ t

Escoge la medida más razonable.

1. un vaso de agua

   a. 1 oz liq
   b. 10 oz liq
   c. 100 oz liq

2. una piscina

   a. 5,000 t
   b. 5,000 pt
   c. 5,000 gal

3. un acuario

   a. 10 oz liq
   b. 10 t
   c. 10 gal

4. un cuentagotas

   a. 0.1 oz liq
   b. 1 oz liq
   c. 10 oz liq

5. un baño para pájaros

   a. 8 oz liq
   b. 8 ct
   c. 8 gal

6. el tanque de gasolina de un auto

   a. 20 pt
   b. 20 ct
   c. 20 gal

Completa.

7. 2 gal = _____ ct

8. 16 pt = _____ gal

9. 40 oz liq = _____ t

10. 3 pt = _____ t

11. 12 ct = _____ gal

12. 14 pt = _____ ct

13. 3 gal = _____ pt

14. 7 t = _____ pt

15. 10 ct = _____ $\frac{1}{2}$ gal

16. 12 ct 1 pt = _____ pt

17. 13 ct = _____ gal

18. 6 pt t = _____ t

★19. 32 pt 8 t = _____ gal

★20. 260 oz liq = _____ ct

★21. $2\frac{1}{2}$ gal = _____ ct = _____ t

APLICACIÓN

22. El Sr. Gómez lleva 1 cuarto de agua para cada persona en su barco. Iban cinco personas. ¿Cuántos galones de agua llevó el Sr. Gómez?

23. Lalo Ávila compró 4 cuartos de carnada de pescado. Usó 6 pintas. ¿Cuántos cuartos le sobraron?

24. Algunos buceadores tomaron un barco para salir por el día. En el barco cabían 30 personas solamente. Dos novenos eran buceadores experimentados. ¿Cuántos eran experimentados?

★25. Susana Correa usó $3\frac{1}{2}$ pintas de barniz para la cubierta de su barco a vela. Terminó $\frac{2}{3}$ de la cubierta. ¿Cuánto más barniz necesita?

RAZONAMIENTO LÓGICO

Halla el valor de A, B y C.

A + A + A = 21   A × B = 56   B − C = 6   C = ?   B × C = ?

Usar unidades usuales

Hace muchos años, los marineros contaban historias de monstruos con brazos tan largos como barcos. En realidad, son cuentos sobre calamares y pulpos gigantes.

¿Cuánto más largo es el calamar que el pulpo?

$$53 \text{ pies } 8 \text{ plg} - 19\frac{3}{4} \text{ pies} = n$$

Paso 1
Escribe cada medida en la misma unidad.

Paso 2
Reagrupa y resta.

$$
\begin{array}{l}
53 \text{ pies } 8 \text{ plg} \\
- 19\frac{3}{4} \text{ pies}
\end{array}
=
\begin{array}{r}
53 \text{ pies } 8 \text{ plg} \\
- 19 \text{ pies } 9 \text{ plg}
\end{array}
$$

$$
\begin{array}{r}
\overset{52}{\cancel{53}} \text{ pies } \overset{20}{\cancel{8}} \text{ plg} \\
- 19 \text{ pies } 9 \text{ plg} \\
\hline
33 \text{ pies } 11 \text{ plg}
\end{array}
$$

El calamar gigante es 33 pies 11 pulgadas más largo que el pulpo.

pulpo
$19\frac{3}{4}$ pies

Más Ejemplos

a.
$$
\begin{array}{r}
6 \text{ lb } 11 \text{ oz} \\
4 \text{ lb } 13 \text{ oz} \\
+ 8 \text{ lb } 10 \text{ oz} \\
\hline
18 \text{ lb } 34 \text{ oz} = \\
20 \text{ lb } 2 \text{ oz}
\end{array}
$$

b.
$$
\begin{array}{r}
3 \text{ ct} \\
- 1 \text{ ct } 3 \text{ t} \\
\hline
\end{array}
=
\begin{array}{r}
2 \text{ ct } 4 \text{ t} \\
- 1 \text{ ct } 3 \text{ t} \\
\hline
1 \text{ ct } 1 \text{ t}
\end{array}
$$

calamar gigante
53 pies 8 plg

TRABAJO EN CLASE

Suma o resta.

1.
$$
\begin{array}{r}
9 \text{ lb } 12 \text{ oz} \\
5 \text{ lb } 10 \text{ oz} \\
+ 3 \text{ lb } 6 \text{ oz} \\
\hline
\end{array}
$$

2.
$$
\begin{array}{r}
6 \text{ mi } 1{,}000 \text{ pies} \\
- 2 \text{ mi } 2{,}875 \text{ pies} \\
\hline
\end{array}
$$

3.
$$
\begin{array}{r}
2 \text{ ct } 1 \text{ pt } 3 \text{ t} \\
3 \text{ ct } 1 \text{ pt } 2 \text{ t} \\
+ 1 \text{ ct } \phantom{1 \text{ pt }} 1 \text{ t} \\
\hline
\end{array}
$$

4. 3 gal 2 ct $-$ 1 gal 1 pt 1 t

5. 8 yd 2 pies 3 plg $+$ 5 pies 6 plg $+$ 9 yd 10 plg

Compara. Usa $>$, $<$ ó $=$ en lugar de ●.

6. $5\frac{1}{2}$ pies ● 63 plg

7. $2\frac{1}{4}$ gal ● 9 ct

8. 12 lb ● 200 oz

Suma.

1. 8 lb 12 oz
    +6 lb 9 oz

2. 16 pies 9 plg
    + 3 pies 3 plg

3. 4 gal 3 ct
    +2 gal 2 ct

4. 2 ct 1 pt 3 t
    +3 ct 1 pt 1 t

5. 1 T 1,200 lb
    +   950 lb

6. 5 yd 2 pies 6 plg
    +1 yd   8 plg

Resta.

7. 6 mi 1,000 yd
    −2 mi   750 yd

8. 14 lb 13 oz
    − 8 lb 12 oz

9. 9 t 28 oz liq
    −8 t 36 oz liq

10. 3 pies 5 plg
    −1 pie 7 plg

11. 15 ct
    −11 ct 3 t

12. 7 lb 6 oz
    −6 lb 9 oz

Escoge la respuesta correcta.

13. En la dársena había 12 galones de aceite el viernes. El lunes quedaban 6 galones 3 cuartos y 1 pinta. ¿Cuánto aceite se usó durante el fin de semana?

    a. 6 gal
    b. 5 gal 1 pt
    c. 5 gal 1 ct 1 pt
    d. no se da

14. El muelle tiene 23 pies 6 pulgadas de largo y 12 pies de ancho. ¿Cuánto mide el perímetro del muelle en yardas?

    a. 11 yd 30 plg
    b. 71 pies
    c. $23\frac{2}{3}$ yd
    d. no se da

Compara. Usa >, <, ó = en lugar de ●.

15. $5\frac{1}{2}$ ct ● 22 t

16. $6\frac{1}{2}$ yd ● 19 pies

17. 4,500 lb ● $2\frac{1}{2}$ T

18. 80 oz ● $5\frac{1}{2}$ lb

19. 28 oz liq ● 3 t 6 oz liq

20. 325 plg ● 9 yd

★21. $3\frac{1}{2}$ yd ● $10\frac{1}{4}$ pies

★22. $6\frac{3}{4}$ pt ● $13\frac{1}{2}$ t

★23. $3\frac{3}{8}$ lb ● $53\frac{1}{2}$ oz

Escribe en orden de menor a mayor.

★24. 1 gal, 13 ct, 48 t

★25. 52 plg, 4 pies, $1\frac{1}{2}$ yd

★26. 16 oz, 2 T, $\frac{1}{2}$ lb

APLICACIÓN

27. David pescó 3 robalos rayados. Pesaban 12 libras 3 onzas, 7 libras 8 onzas y 18 libras 11 onzas. ¿Cuánto pesaban en total los 3 robalos?

★28. El barco de Susana está a 18 yardas de un grifo. Tiene unas mangueras que miden 25 pies, 13 pies 8 pulgadas y 12 pies 6 pulgadas de largo. ¿Cuántas pulgadas necesita para alcanzar el barco?

Problemas para resolver

REPASO DE DESTREZAS Y ESTRATEGIAS

Los Rodríguez hicieron un crucero a las Bahamas.

Resuelve los siguientes problemas por ellos.

1. Había 81 marineros a bordo del barco. Dos novenas partes de ellos eran oficiales. ¿Cuántos de ellos eran oficiales?

2. Los Rodríguez gastaron $\frac{4}{5}$ del dinero en los pasajes para el crucero. Un octavo del costo fue para los pasajes de los niños. ¿Qué fracción del dinero para las vacaciones era para los pasajes de los niños?

3. "Nuestra cabina tiene $4\frac{1}{2}$ pasos de ancho" —dijo Julieta. Un paso de Julieta mide $2\frac{1}{2}$ pies. ¿Cuál es el ancho de la cabina?

4. Jaime se las arregló para que 3 amigos repartieran periódicos por igual. Tenía 45 clientes y ganaba $12.15 por semana. ¿Cuántos repartirá cada amigo?

5. ¿Cuánto dinero ganará cada amigo en dos semanas?

6. Los Rodríguez planean gastar $\frac{1}{12}$ del dinero para sus vacaciones en entretenimientos. Van a gastar $\frac{1}{25}$ de ese dinero en regalos. El total es $3,000. ¿Cuánto planean gastar en total?

★7. Cuando el barco atracó en el muelle, Julieta y Jaime salieron a dar un paseo. Caminaron $5\frac{1}{4}$ millas a una velocidad de $1\frac{3}{4}$ millas por hora. ¿Cuántas horas caminaron?

★8. A esa velocidad, ¿cuánto les tomaría caminar 7 millas?

Problemas para resolver

¿QUÉ PASARÍA SI . . . ?

Van a ir 480 personas a la cena del capitán.

Resuelve cada problema.

1. Cada mesa tiene 81 pulgadas de largo. ¿Cuánto es eso en pies y pulgadas?

2. En cada mesa pueden sentarse 8 personas. ¿Cuántas mesas faltan para que puedan sentarse 480 personas?

3. Los mozos juntaron 3 mesas para formar una mesa. ¿Qué largo tiene la mesa en pies y pulgadas? ¿Cuántas mesas hacen falta para hacer una mesa de unos 50 pies de largo?

4. La sala tiene $44\frac{1}{3}$ yardas de largo. ¿Cuántas mesas caben de punta a punta en la sala? Deja un espacio de 4 pies entre las mesas y en ambas puntas. ¿Cuántas filas harán falta para que se sienten todos?

5. Cada mesa va a tener $\frac{1}{2}$ pinta de crema. ¿Cuántos cuartos de crema hacen falta para todas las mesas?

6. El chef planea servir 15 libras de carne asada por cada 40 personas. ¿Cuántas onzas de carne le tocarán a cada persona?

¿Qué pasaría si 5 personas se sentaran a cada mesa?

7. ¿Cuántas mesas harían falta para servir a todos?

8. ¿Cuántas onzas de crema habría para cada mesa?

¿Qué pasaría si hubiera $1\frac{1}{2}$ veces más invitados a la cena?

9. ¿Cuántos invitados habría en total?

10. ¿Cuántos cuartos de crema harían falta?

11. ¿Cuántas más mesas para 8 personas harían falta?

★ 12. ¿Cuántos más asados de 15 libras tendrá que cocinar el chef?

331

FRACCIONES

Multiplica. Escribe cada respuesta en su expresión mínima. págs. 304–311

1. $\frac{1}{2} \times \frac{1}{4}$ 2. $\frac{2}{3} \times \frac{2}{5}$ 3. $\frac{1}{4} \times \frac{3}{4}$ 4. $\frac{3}{8} \times \frac{1}{5}$ 5. $\frac{3}{4} \times \frac{4}{3}$

6. $\frac{2}{7} \times \frac{3}{9}$ 7. $\frac{1}{8} \times 12$ 8. $\frac{3}{4} \times 15$ 9. $\frac{1}{3} \times 8$ 10. $\frac{1}{5} \times \$35$

11. $3 \times \frac{7}{8}$ 12. $\frac{1}{9} \times \$54$ 13. $\frac{1}{3} \times 4\frac{1}{8}$ 14. $\frac{4}{5} \times 1\frac{1}{4}$ 15. $\frac{2}{3} \times 3\frac{3}{8}$

16. $16 \times \frac{3}{4}$ 17. $\frac{2}{5} \times 1\frac{5}{8}$ 18. $1\frac{1}{2} \times \frac{1}{6}$ 19. $\frac{2}{7} \times 6\frac{1}{3}$ 20. $7\frac{1}{5} \times \frac{2}{9}$

21. $2\frac{1}{2} \times 5\frac{1}{4}$ 22. $1\frac{1}{4} \times 2\frac{1}{3}$ 23. $4\frac{2}{5} \times 1\frac{1}{5}$ 24. $2\frac{1}{7} \times 3\frac{1}{9}$ 25. $\frac{5}{16} \times \frac{2}{3}$

Halla cada número que falta. págs. 312–313

26. $\frac{2}{5} \times n = 1$ 27. $n \times \frac{5}{12} = 1$ 28. $3 \times \frac{1}{3} = n$ 29. $7 \times n = 1$

30. $8\frac{1}{2} \times n = 1$ 31. $\frac{8}{15} \times 1\frac{7}{8} = n$ 32. $n \times 10\frac{1}{4} = 1$ 33. $3\frac{8}{9} \times n = 1$

Divide. Escribe cada respuesta en su expresión mínima. págs. 314–315

34. $3 \div \frac{1}{5}$ 35. $\frac{2}{3} \div \frac{3}{4}$ 36. $\frac{3}{6} \div \frac{1}{9}$ 37. $\frac{2}{11} \div \frac{1}{7}$ 38. $45 \div \frac{3}{5}$

39. $\frac{5}{8} \div \frac{5}{6}$ 40. $\frac{1}{10} \div \frac{1}{2}$ 41. $\frac{7}{12} \div \frac{1}{3}$ 42. $\frac{6}{7} \div \frac{1}{9}$ 43. $18 \div \frac{3}{8}$

Divide. Escribe cada residuo como fracción en su expresión mínima. págs. 316–317

44. $12 \div 7$ 45. $9 \div 2$ 46. $44 \div 8$ 47. $17 \div 6$ 48. $28 \div 9$

49. $66 \div 12$ 50. $89 \div 14$ 51. $125 \div 6$ 52. $92 \div 25$ 53. $50 \div 11$

Divide. Escribe cada residuo como número decimal. págs. 316–317

54. $18 \div 5$ 55. $68 \div 8$ 56. $53 \div 8$ 57. $43 \div 4$ 58. $112 \div 10$

59. $110 \div 4$ 60. $130 \div 8$ 61. $134 \div 16$ 62. $156 \div 15$ 63. $225 \div 12$

Resuelve. págs. 318–319, 330–331

64. De menos de 20 invitados a cenar, $\frac{3}{7}$ prefirieron atún a salmón. ¿Cuántos de los invitados prefirieron atún?

65. Los Gómez navegaron durante $3\frac{1}{4}$ horas a una velocidad de $10\frac{1}{2}$ millas por hora. ¿Qué distancia recorrieron?

FRACCIONES

Completa. Escribe cada respuesta en su expresión mínima.

1.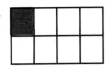

   $\frac{1}{4}$ de $\frac{1}{2} = n$

2.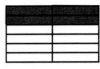

   $\frac{2}{6}$ de $12 = n$

3. ★ ★ ★ ★ ★
   ★ ★ ★ ★ ★

   $\frac{2}{5}$ de $10 = n$

Multiplica. Escribe cada respuesta en su expresión mínima.

4. $\frac{1}{8} \times \frac{2}{3}$

5. $\frac{2}{5} \times \frac{1}{4}$

6. $\frac{6}{7} \times \frac{1}{2}$

7. $\frac{1}{10} \times \frac{5}{6}$

8. $\frac{3}{8} \times 3$

9. $\frac{1}{10} \times 80$

10. $\frac{2}{5} \times 7$

11. $3 \times \frac{5}{6}$

12. $\frac{2}{6} \times 6\frac{1}{2}$

13. $\frac{3}{8} \times 3\frac{1}{2}$

14. $\frac{3}{5} \times 6\frac{1}{3}$

15. $2\frac{1}{4} \times \frac{9}{10}$

16. $3\frac{1}{3} \times 1\frac{3}{5}$

17. $2\frac{1}{2} \times 1\frac{2}{3}$

18. $4\frac{1}{4} \times 1\frac{3}{4}$

19. $1\frac{1}{3} \times 2\frac{5}{6}$

Halla cada número que falta.

20. $\frac{5}{16} \times n = 1$

21. $n \times 8\frac{1}{2} = 1$

22. $1\frac{5}{8} \times \frac{8}{13} = n$

23. $n \times 8\frac{2}{3} = 1$

Divide. Escribe cada respuesta en su expresión mínima.

24. $5 \div \frac{1}{6}$

25. $\frac{9}{10} \div \frac{3}{5}$

26. $15 \div \frac{3}{8}$

27. $\frac{6}{7} \div \frac{5}{6}$

Divide. Escribe cada residuo como fracción y como decimal.

28. $66 \div 12$

29. $755 \div 25$

30. $149 \div 50$

31. $105 \div 24$

Resuelve.

32. Un grupo de pescadores pescó menos de 25 peces. Los niños pescaron $\frac{3}{8}$ de los peces. ¿Cuántos pueden haber pescado los adultos?

33. Los cangrejos que miden menos de 3 pulgadas de ancho se vuelven a echar al agua. De los 48 cangrejos atrapados, $\frac{3}{8}$ fueron devueltos. ¿Cuántos cangrejos se guardaron?

José navegó $12\frac{1}{2}$ millas el sábado.
Hizo $\frac{2}{3}$ del camino por la mañana.
¿Cuántas millas navegó por la tarde?

SISTEMA DE MEDIDAS USUALES

Mide la cuerda a la unidad o fracción de unidad indicada. <small>págs. 320–321</small>

1. pulgada   **2.** $\frac{1}{2}$ pulgada   **3.** $\frac{1}{4}$ pulgada   **4.** $\frac{1}{8}$ pulgada

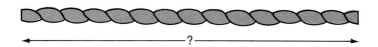

?

Completa. <small>págs. 322–327</small>

5. 64 oz = _____ lb   **6.** $2\frac{1}{2}$ mi = _____ pies   **7.** 5 yd = _____ plg

8. $4\frac{1}{2}$ T = _____ lb   **9.** 24 oz = _____ lb   **10.** 2 t = _____ oz liq

11. 3 yd = _____ pies   **12.** 3 ct = _____ t   **13.** 4 lb 4 oz = _____ oz

14. 10 pt = _____ ct   **15.** 7 pies = _____ plg   **16.** 10 ct = _____ gal

17. 144 plg = _____ pies   **18.** 32 oz liq = _____ pt   **19.** $\frac{1}{8}$ lb = _____ oz

20. 90 plg = _____ yd   **21.** 15 lb = _____ oz   **22.** 6 gal = _____ ct

23. 5,500 lb = _____ T   **24.** 1 oz liq = _____ chda.   **25.** 10 mi = _____ pies

Suma o resta. <small>págs. 328–329</small>

26.   16 pies 8 plg
  + 8 pies 7 plg

27.   6 yd 2 pies
  − 1 yd 5 pies

28.   9 gal 7 t
  +   12 t

29.   6 lb 10 oz
  +3 lb 5 oz

30.   13 t 4 oz liq
  − 10 t 7 oz liq

31.   18 lb 12 oz
  − 3 lb 9 oz

Resuelve. <small>págs. 318–319, 330–331</small>

32. El aceite para el motor fuera de borda viene en latas de 1 pinta. Si necesitas $1\frac{1}{2}$ galón, ¿cuántas latas tienes que comprar?

33. Los tres estantes deben ser de 4 pies, 3 pies 6 pulgadas, y 3 pies 8 pulgadas de largo. La madera se vende por pies. ¿Qué largo debe tener la tabla que vas a comprar?

MEDIDAS USUALES

Mide cada barra a la unidad mostrada.

1. $\frac{1}{4}$ pulgada

2. $\frac{1}{8}$ pulgada

Completa.

3. $\frac{3}{4}$ mi = _____ pies

4. 32 oz = _____ lb

5. 2 yd = _____ plg

6. 2 lb 8 oz = _____ oz

7. 4 yd = _____ pies

8. 12 oz liq = _____ t

9. 10 pies = _____ plg

10. 20 oz = _____ lb

11. 12 t = _____ c

12. 4 pt = _____ $\frac{1}{2}$ gal

13. 60 plg = _____ pies

14. $3\frac{1}{2}$ gal = _____ c

15. $\frac{3}{8}$ lb = _____ oz

16. 4 t = _____ oz liq

17. $1\frac{1}{2}$ T = _____ lb

Suma o resta.

18.   8 yd 2 pies
    $+$ 3 yd 4 pies

19.   11 pies 4 plg
    $-$ 8 pies 8 plg

20.   24 gal 9 c
    $+$ 13 gal 7 c

21.   15 lb 12 oz
    $+$ 5 lb 5 oz

22.   2 t 6 oz liq
    $-$ 1 t 14 oz liq

23.   1 T
    $-$ 800 lb

Resuelve.

24. El carro de Marta puede remolcar 1,500 libras. Su barco pesa $\frac{1}{2}$ tonelada y el remolque pesa 450 libras. ¿Puede remolcar el barco?

25. Marta navegó $\frac{1}{2}$ milla a través de la bahía. Luego, fue 880 yardas hacia el faro y 1,320 pies hacia el muelle. ¿Cuántas millas navegó en total?

La leche se vende en envases de un galón, de medio galón y de un cuarto. ¿Cuál es el menor número de envases en que se puede contener $1\frac{3}{4}$ galón de leche?

BINGO DE FRACCIONES

El bingo de fracciones se puede jugar entre 2 ó 3 jugadores.

Materiales

- cartulina ($8\frac{1}{2} \times 11$)
- papel de construcción en 2 ó 3 colores
- una pluma
- cinta adhesiva
- tijeras

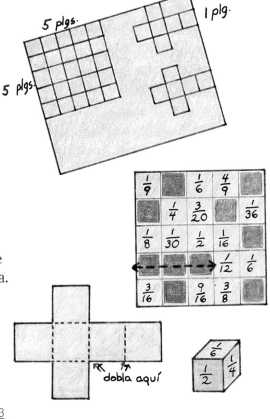

Haz los siguientes artículos:

Tablero de juego

Corta un cuadrado de 5 pulgadas de cartulina. Dibuja un tablero como el de la derecha. Escribe fracciones en los cuadrados, tal como se muestra.

Dados

Usa la cartulina restante para hacer 2 dados. Dibuja y recorta la forma a la derecha. Dobla por las líneas de puntos y pega los bordes con la cinta adhesiva. Marca cada lado del dado con las siguientes fracciones: $\frac{1}{6}$, $\frac{1}{5}$, $\frac{1}{4}$, $\frac{1}{2}$, $\frac{2}{3}$, $\frac{3}{4}$.

Marcadores

Usa el papel de construcción para recortar 10 cuadrados para cada jugador. Córtalos de manera que cubran los cuadrados del tablero. Cada jugador usa un color diferente.

Reglas del juego

1. El primer jugador tira los dados y multiplica las dos fracciones. Luego, el jugador pone un marcador sobre el producto en el tablero.

2. Los jugadores se turnan para tirarlos. Si un producto ya está cubierto, el jugador debe tirar otra vez.

3. El primer jugador que tenga tres marcadores en fila, ya sea vertical, horizontal o diagonal, es el ganador.

4. Si un jugador no puede hallar la respuesta correcta, los otros jugadores pueden ayudarlo.

ENRIQUECIMIENTO

RECETAS

Algunos cocineros no miden los ingredientes. Pueden usar un poquito de esto o un poquito de lo otro. La mayoría de los cocineros prefieren usar la cantidad exacta que pide la receta.

Generalmente, una receta comienza con una lista de ingredientes y sus cantidades. Casi siempre indica cuántas porciones salen.

A veces querrás hacer más o menos de la cantidad que indica la receta. En estas ocasiones es útil saber cómo multiplicar y dividir fracciones.

Contesta las preguntas sobre las recetas que aparecen más abajo.

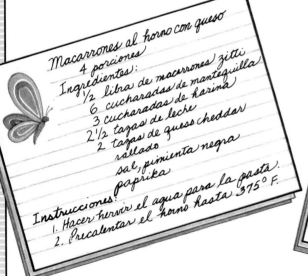

Macarrones al horno con queso
4 porciones
Ingredientes:
½ libra de macarrones zitti
6 cucharadas de mantequilla
3 cucharadas de harina
2½ tazas de leche
2 tazas de queso cheddar rallado
sal, pimienta negra
paprika
Instrucciones:
1. Hacer hervir el agua para la pasta.
2. Precalentar el horno hasta 375° F.

Ensalada verde revuelta
6 porciones
Ingredientes:
1 lechuga
½ lechuga romana
2 cucharadas de vinagre de vino
1 cucharada de mostaza Dijon
1 diente de ajo, picado
6 cucharadas de aceite de oliva
sal
pimienta negra
Instrucciones:
1. Quitarle el corazón a la lechuga y separar las hojas. Lavar las hojas y secarlas con toallas de papel.

1. Felipe va a servir una cena para 8 personas. ¿Cuánta leche necesita?

2. Diana está haciendo la cena para un amigo y para ella. ¿Qué cantidad de macarrones va a necesitar?

3. Imagínate que estás usando estos ingredientes para hacer una comida para 12 personas. Escribe la cantidad de cada ingrediente que vas a necesitar. Escribe todas las fracciones en su expresión mínima.

LAS COMPUTADORAS EN EL GOBIERNO

La Sra. Vega va a la oficina del Seguro Social para obtener información sobre sus beneficios de jubilación. Las computadoras se usan para preparar los cheques de jubilados.

Las computadoras se usan de muchas maneras en oficinas del gobierno, locales, estatales y federales. Guardan información sobre fincas, negocios, salud, impuestos, autos, libros y otras cosas. Estos registros son usados por todos los departamentos del gobierno.

La oficina del Censo usa computadoras. Registra información sobre el número de gente que vive en Estados Unidos. La oficina de correos también usa computadoras. Las computadoras ayudan a clasificar el correo. La Biblioteca del Congreso usa las computadoras para mantener al día los derechos de autor en libros, películas y grabaciones. Las computadoras se usan para preparar y distribuir los pagos del Seguro Social a millones de personas.

El Servicio de Impuestos Internos usa computadoras grandes. Estas computadoras mantienen un registro de los impuestos que la gente paga por sus ingresos.

Las computadoras también se usan para contar los votos en las elecciones. Los animadores de los noticieros las usan para predecir los ganadores de las elecciones.

El Servicio Metereológico Nacional usa varias computadoras. Estas recogen datos de los satélites, barcos y otras estaciones metereológicas. Con esta información, las computadoras se usan para dibujar mapas metereológicos y ayudar a pronosticar el tiempo.

Las computadoras le permiten al gobierno guardar más información que antes. Los datos se pueden analizar más rápido, con mayor precisión, y en más maneras que en el pasado.

PROYECTOS

1. Halla artículos en el periódico sobre el uso de computadoras en el gobierno. Discute en tu clase lo que has aprendido.

2. Reúne fotos de materiales que las computadoras hacen posible. Los ejemplos son: formularios de impuestos, correspondencia promocional, estados de cuentas bancarias y robots industriales. Exhíbelas en un tablero de anuncios.

3. Haz una lista de otros usos de las computadoras en el gobierno. Compara tu lista con la lista de otros alumnos.

Escoge la respuesta correcta. Escribe A, B, C o D.

1. $17.24
$$\times\ \ \ \ \ \ 42$$

   A $103.44   C $714.00

   B $724.08   D no se da

2. $0.72 \div 8$

   A 0.9   C 0.09

   B 9   D no se da

3. ¿Qué número mixto es $\frac{14}{3}$?

   A $4\frac{2}{3}$ C 42

   B $3\frac{1}{4}$ D no se da

4. ¿Qué fracción en su expresión mínima es 0.6?

   A $\frac{2}{5}$ C $\frac{3}{5}$

   B $\frac{6}{100}$ D no se da

5. $16 - 4\frac{2}{5}$

   A $12\frac{2}{5}$ C $12\frac{3}{5}$

   B $11\frac{3}{5}$ D no se da

6. $\frac{2}{3} + \frac{5}{6}$

   A $1\frac{1}{3}$ C $1\frac{1}{2}$

   B $\frac{7}{9}$ D no se da

7. $3\frac{5}{8} + 1\frac{2}{3}$

   A $4\frac{7}{24}$ C $2\frac{1}{24}$

   B $4\frac{7}{11}$ D no se da

8. $\frac{1}{6} \times \frac{2}{5}$

   A $\frac{1}{15}$ C $\frac{2}{11}$

   B $\frac{3}{11}$ D no se da

9. $\frac{3}{4} \times 2\frac{1}{3}$

   A $\frac{9}{28}$ C $\frac{3}{12}$

   B $1\frac{3}{4}$ D no se da

10. 132 plg = _____ pies

    A 11   C 33

    B 10   D no se da

Sigue el experimento para resolver 11–13.

Bernardo tenía 10 monedas de 1 centavo que usó para hacer triángulos de diferentes tamaños. Quería saber cuántos triángulos podía hacer.

22. ¿Cuántas monedas había en el triángulo más grande?

    A 6   C 10

    B 8   D no se da

12. ¿Cuántos triángulos de 3 monedas cada uno podía hacer Bernardo?

    A 4   C 2

    B 1   D no se da

13. ¿Cuántos triángulos diferentes podía hacer Bernardo?

    A 3   C 4

    B 2   D no se da

Tema: Las casas

Ideas geométricas

En un plano se usan algunas ideas geométricas.
En el punto G se va a construir una casa modelo.

▶Un **punto** muestra un lugar exacto en el espacio. Se nombra con una letra mayúscula.

escribe
G

La Calle Principal estará en la recta AB.

▶Una **recta** se compone de puntos. Continúa en direcciones opuestas. Una recta se indica con dos puntos.

$\overleftrightarrow{AB}$

El segmento XY será la Calle Olmo.

▶Un **segmento** es parte de una recta. Tiene dos puntos finales.

$\overline{XY}$

La Calle Estado estará en el rayo RS.

▶Un **rayo** es parte de una recta. Tiene un punto y se extiende en una dirección.

$\overrightarrow{RS}$

Los puntos A, B y S están en el mismo plano.

▶Un **plano** es una superficie llana que continúa en todas las direcciones.

plano ABS

TRABAJO EN CLASE

Halla dos ejemplos de cada uno.

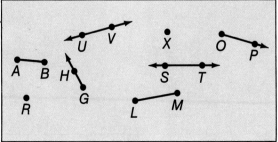

1. punto

2. recta

3. segmento de recta

4. rayo

Nombra cada figura usando símbolos. Luego, nómbrala en palabras.

1. D ● ——— ● E

2. ◄— ● L ———— ● M —►

3. ● Q

4. ● X ———— ● Y —►

5. C ◄— ● ———— ● ———→ F

6. N ◄— ● ————— ● K

7. R ● ————— ● T

8. ● B

Usa el dibujo.

9. Nombra cuatro puntos.

10. Nombra cuatro rectas.

11. Nombra ocho rayos.

12. Nombra cuatro segmentos.

13. Nombra el plano.

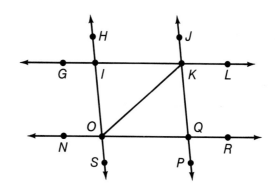

APLICACIÓN

Usa un lápiz y una regla para hacer este dibujo.

14. Dibuja los puntos *A* y *B* a 2 pulgadas de distancia.

15. Dibuja el segmento *AB*.

16. Dibuja el punto *C* a 1 pulgada sobre el punto *A*.

17. Dibuja el rayo *AC*.

18. Dibuja la recta *CB*.

19. Indica en que plano está la figura.

★ 20. ¿Cuántos segmentos de recta se pueden dibujar usando *A* y *B* como extremos?

★ 21. ¿Cuántas rectas se pueden dibujar por el punto *C*?

343

Medir ángulos

Pedro y Silvia le están construyendo a su perro, Chicho, una nueva casa. El ángulo del techo deber ser de 60°.

▶Un **ángulo** se forma por dos rayos con un extremo común llamado **vértice**.

Este es el ángulo *XYZ*.
El punto *Y* es el vértice.

escribe
∠*XYZ*

▶El **transportador** se usa para medir ángulos. La unidad de medida es el **grado** (°). El centro del transportador se coloca en el vértice del ángulo.

$\overrightarrow{XY}$ está en 0°.
Lee la escala interior.
La medida del ∠*XYZ* = 60°.

Mide el ángulo *ABC*.
El vértice del ángulo está en el centro del transportador.

$\overrightarrow{BA}$ está en 0°.
Lee la escala exterior.
La medida del ∠*ABC* = 120°.

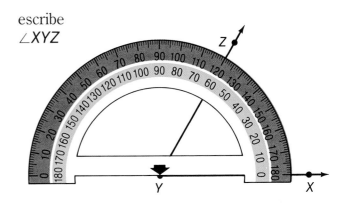

▶Se usa el transportador para dibujar ángulos. Dibuja tres puntos: en el centro del transportador, en 0°, y a una medida deseada. Dibuja rayos que conecten el vértice con los puntos exteriores.

TRABAJO EN CLASE

1. Mide el ángulo *PQS*.

2. Mide el ángulo *RQS*.

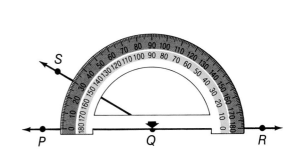

Halla cada medida.

1. ∠ABD
2. ∠ABE
3. ∠ABF
4. ∠ABG
5. ∠CBG
6. ∠CBF
7. ∠CBE
8. ∠CBD

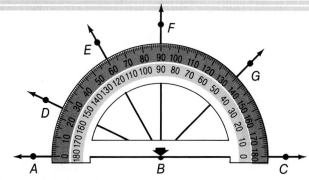

Mide cada ángulo. Primero, sigue la línea del ángulo y extiende los rayos con una regla.

9.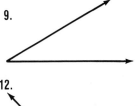

10.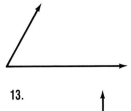

11.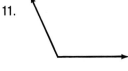

12.

13.

14.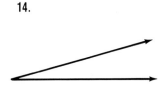

Dibuja un ángulo con la medida dada.

★15. 80°   ★16. 45°   ★17. 140°   ★18. 100°

APLICACIÓN

Un arquitecto hizo este dibujo de un puente. Halla la medida de cada ángulo.

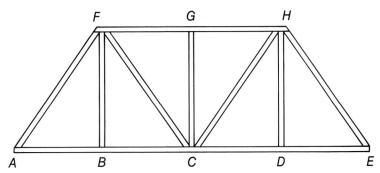

19. ∠ABF   20. ∠GCF   21. ∠GHE

22. ∠HCE   23. ∠ACH   24. ∠GCA

★25. ¿Cuál es la suma de las medidas de ∠AFB y ∠BFC?

★26. ¿Qué ángulo nuevo forman?

Ángulos

Nathaniel Hawthorne escribió una novela sobre esta casa de siete gabletes. Cada gablete forma un ángulo agudo.

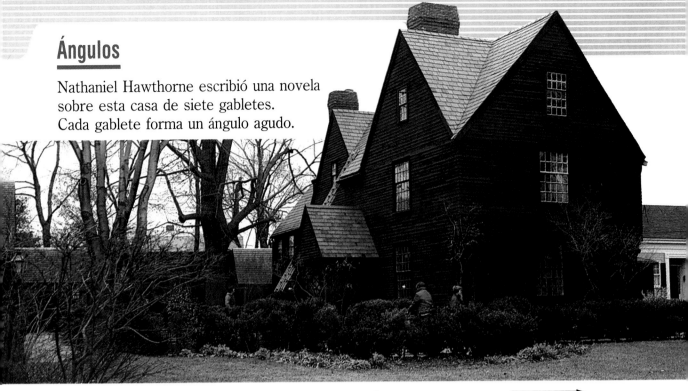

Los ángulos reciben su nombre de acuerdo a sus medidas.

▶ Un **ángulo recto** mide 90°.

▶ Un **ángulo agudo** mide menos de 90°.

▶ Un **ángulo obtuso** mide más de 90° pero menos de 180°.

▶ Dos ángulos con la misma medida se llaman **congruentes**.

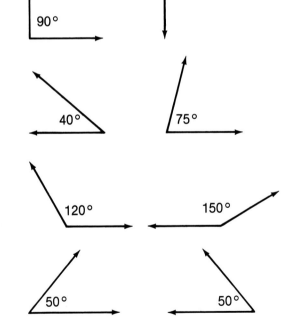

TRABAJO EN CLASE

Mide cada ángulo. Di si es recto, agudo u obtuso.

1.

2.

3.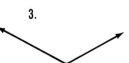

4.

Mide cada ángulo. Traza el ángulo y extiende los rayos. Di si es recto, agudo u obtuso.

1.

2.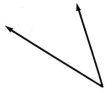

3.

4.

5.

6.

Usa el dibujo de la derecha.

7. Nombra dos ángulos obtusos.

8. Nombra dos ángulos agudos.

9. Nombra dos ángulos rectos.

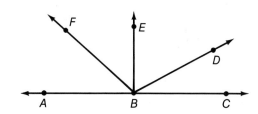

Nombra el tipo de ángulo que aparece en el reloj en cada hora.

★ **10.** 2:45   ★ **11.** 1:10   ★ **12.** 9:00   ★ **13.** 8:00

APLICACIÓN

14. ¿Qué dibujo tiene 2 ángulos obtusos?

15. ¿Qué dibujo tiene más ángulos rectos?

16. ¿Qué dibujo tiene ángulos rectos, obtusos y agudos?

★ **17.** Dibuja el frente de un edificio para que tenga 3 ángulos rectos y 2 ángulos obtusos.

A
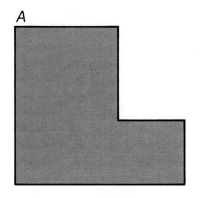

B
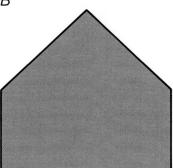

C
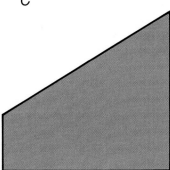

Rectas

Los pioneros usaron la geometría cuando construyeron sus cabañas de troncos.

▶ Las **rectas secantes** son dos rectas que se cortan.

$\overleftrightarrow{AC}$ corta a $\overleftrightarrow{BD}$ en el punto *E*.

▶ Las **rectas perpendiculares** son dos rectas que se cortan y forman ángulos rectos.

$\overleftrightarrow{FH}$ es perpendicular a $\overleftrightarrow{GI}$. $\overleftrightarrow{FH} \perp \overleftrightarrow{GI}$

▶ Las **rectas paralelas** son rectas que están en el mismo plano y nunca se encuentran.

$\overleftrightarrow{GI}$ es paralela a $\overleftrightarrow{KJ}$. $\overleftrightarrow{GI} \parallel \overleftrightarrow{KJ}$

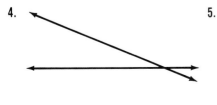

TRABAJO EN CLASE

Di si las rectas son secantes, perpendiculares o paralelas.

1.

2.
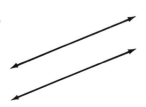

3.

4.

5.

6.
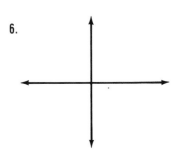

348

Nombra las rectas en cada uno.

1. secantes

2. perpendiculares

3. paralelas

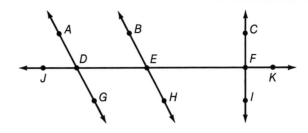

Nombra los segmentos paralelos y perpendiculares en cada figura.

4.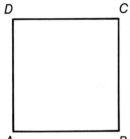

5.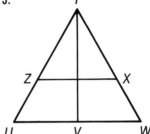

★6.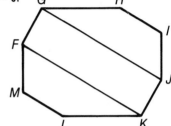

7. Haz una tabla como la de más abajo. Mira a tu alrededor en tu casa o en el salón de clase. Haz una lista del mayor número de ejemplos que puedas encontrar para cada tipo de recta.

EJEMPLOS DE RECTAS		
Rectas secantes	Rectas perpendiculares	Rectas paralelas
Antena de T.V.	Rincón de la puerta	Líneas en el suelo

RAZONAMIENTO VISUAL

Halla dos diseños coloreados de la misma manera y que estén en la misma posición.

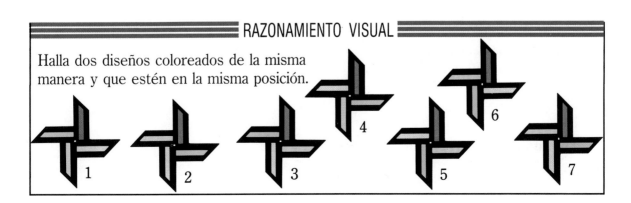

Problemas para resolver

ENCONTRAR OTRA MANERA

A veces, un problema puede ser resuelto en más de una manera.

La Sra. Constantino está cambiando el decorado de su hogar. Quiere cubrir los pisos de 3 cuartos con baldosas de 1 pie cuadrado. Los cuartos miden, en pies, 4 por 10, 12 por 12 y 11 por 16. ¿Cuántas baldosas va a necesitar?

¿Cuál es la pregunta?

¿Cuántas baldosas de 1 pie cuadrado va a necesitar?

¿Cuáles son los datos?

Las tres áreas para embaldosar miden, en pies, 4 por 10, 12 por 12 y 11 por 16.

¿Cómo puedes hallar la respuesta?

Una manera

Haz un dibujo en papel cuadriculado. Haz que cada cuadrado sea igual a una baldosa de 1 pie cuadrado. Cuenta el número de cuadrados para obtener el número de baldosas.

Otra manera

Divide el problema total en problemas más pequeños y resuelve cada uno. Halla el área de cada cuarto. Suma las tres áreas para obtener el número de baldosas.

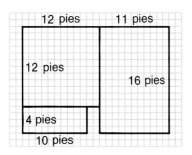

Halla la respuesta.

Cuenta las baldosas una por una.
Hay 360 baldosas cuadradas.

$$4 \times 10 = 40 \qquad 40$$
$$12 \times 12 = 144 \qquad 144$$
$$11 \times 16 = 176 \qquad +176$$
$$\overline{360}$$

La Sra. Constantino va a necesitar 360 baldosas cuadradas para los 3 cuartos.

¿Respondiste a la pregunta? ¿Es razonable cada respuesta?

Asegúrate de que las dos maneras de resolver el problema tengan la misma respuesta. La respuesta es correcta.

PRÁCTICA

Resuelve cada problema en más de una manera.

1. El Sr. Constantino planta tomates en su jardín. En la primera fila hay 4 plantas, en la segunda 6 y en la tercera 8. ¿Cuántas plantas habrá en la sexta fila si continúa este patrón? Indica los dos métodos usados para resolver el problema.

2. La Sra. Constantino plantó una fila de flores. Puso los tulipanes junto a los crisantemos y a la derecha de las begonias. Las margaritas estaban junto a las caléndulas que estaban junto a los crisantemos. ¿En qué orden estaban las flores? Indica dos métodos usados para resolver el problema.

3. La Sra. Constantino quiere construir una estufa en medio de la cocina. Su cocina tiene 11 pies de ancho y 16 pies de largo. La estufa tiene 6 pies de largo y 4 de ancho. Necesita 3 pies a cada lado para pasar. ¿Cabe la estufa?

4. El cuarto de Carlos y Daniel tiene 8 pies del piso al techo. Su papá quiere construir literas para ese cuarto. Cada cama necesita 42 pulgadas de alto. ¿Puede él poner literas en el cuarto de los niños?

5. El patio tiene 20 pies de largo y 10 de ancho. Tiene 8 secciones iguales. El Sr. Constantino pone bloques de 1 pie cuadrado en cada sección. ¿Cuántos bloques necesitará para cada sección? ¿Para todo el patio?

6. La cocina tiene 50 pies cuadrados de espacio para mostradores. La formica regular para mostradores cuesta $2.25 por pie cuadrado. La formica de lujo cuesta $1.25 más por pie cuadrado que la regular. Los Constantino no quieren gastar más de $150. ¿Pueden comprar la formica de lujo? ¿Y la regular?

★7. Los Constantino ahorraron $10,000 para remodelar su hogar. Quieren usar 0.05 de su dinero para los arreglos del jardín. Una mitad se usará para los muebles nuevos. 0.25 del dinero será para alfombras y baldosas. ¿Cuánto dinero quedará para comprar artefactos?

CREA TU PROPIO PROBLEMA

Cinco monedas de Estados Unidos tienen un valor total de _____ centavos.

1. Halla un número para el espacio en blanco para que el problema sólo tenga dos soluciones. Haz un dibujo para una solución. Usa el método de adivinar y comprobar para hallar otra.

★2. Halla un número para el espacio en blanco para que el problema tenga tres soluciones. Usa más de una manera para hallar la solución.

Polígonos

Los arquitectos usan muchas formas diferentes. Halla los polígonos en estas casas.

▶ Un **polígono** es una figura plana cerrada formada por segmentos. Los segmentos son los lados del polígono. Dos lados se encuentran en un punto llamado **vértice.**

Los polígonos reciben su nombre por el número de lados o ángulos que tienen. El número de lados es igual al número de ángulos.

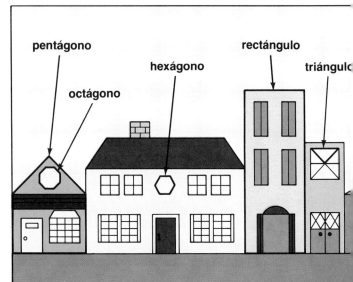

Nombre del polígono	Número de lados	Número de ángulos	Ejemplos
Triángulo	3	3	
Cuadrilátero	4	4	
Pentágono	5	5	
Hexágono	6	6	
Octágono	8	8	

Nombra cada polígono. Di cuántos lados y ángulos tiene.

1.

2.

3.

4.

5.

6.

7.

8.

Une cada figura con su nombre.

1. pentágono

2. triángulo

3. hexágono

4. cuadrilátero

5. octágono

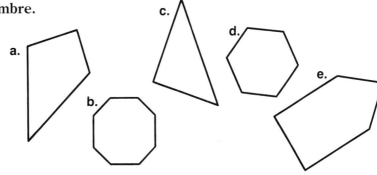

Nombra cada figura. Luego, di cuántos lados tiene.

6.

7.

8.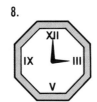

9.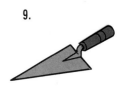

Escribe *verdadero* o *falso*.

10. Un hexágono es un polígono.

11. Si una figura tiene seis lados, es un octágono.

12. Un cuadrilátero tiene cuatro lados.

13. Todos los triángulos tienen tres lados del mismo largo.

¿Cuántos triángulos hay en cada figura?

★ 14.

★ 15.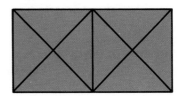

APLICACIÓN

Diseña un patrón para pisos usando estas baldosas.
Calca cada figura. Recórtala. Ponla en posición y sigue
la línea del contorno. Ponla en una nueva posición y
sigue la línea hasta que hayas hecho un diseño.

16. Usa sólo la figura *A*.

17. Usa sólo la figura *B*.

★ 18. Usa las figuras *A*, *B* y *C*.

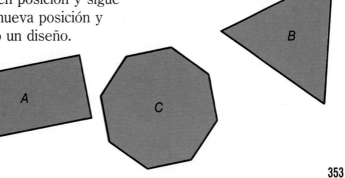

Figuras congruentes y semejantes

La arquitecta Sara Simko dibujó este plano para un apartamento.

Ella hizo que los dormitorios 1 y 2 fueran congruentes.

▶ Las **figuras congruentes** tienen el mismo tamaño y la misma forma.

Hizo la sala y la cocina semejantes.

▶ Las **figuras semejantes** tienen la misma forma. Pueden tener o no tener el mismo tamaño.

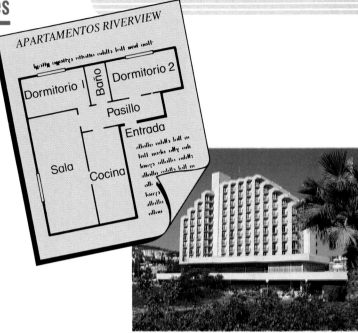

Más ejemplos

Calca el triángulo *ABC*. Voltéalo. Gíralo o deslízalo hasta que coincida con el triángulo *DEF*.

Los triángulos *ABC* y *DEF* son congruentes.

El cuadrilátero *GHIJ* es semejante al cuadrilátero *KLMN*.

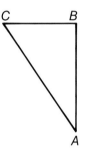
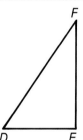

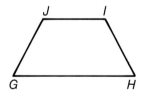
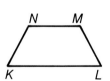

Escribe la letra de la figura que es congruente con el primer polígono. Calca, si es necesario.

1.  a.   b. 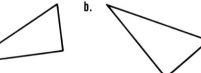 c.

2.  a. 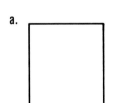 b. 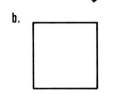 c.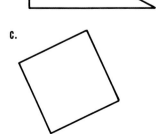

Escribe la letra de la figura que es congruente al primer polígono.

1.   a.   b.   c.

Escribe la letra de la figura que es semejante al primer polígono.

2.   a.   b.    c.

Nombra la figura congruente. Calca, sigue la línea,
luego voltea, gira o desliza para comprobar tu elección.

3.   a.   b.   c.   d.

Escribe *verdadero* o *falso*.

★4. Todos los pares de figuras congruentes también son similares.

★5. Todos los pares de figuras similares son también congruentes.

La Sra. Simko usa estas figuras para planear dónde poner
los muebles en un cuarto. Nombra el mueble que
representa cada figura.

6.   7.

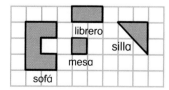

8.   9.

10. Haz una copia del dibujo en papel cuadriculado.

★11. Dibuja las figuras nuevamente en papel cuadriculado.
Haz cada lado de la figura el doble de largo de lo que
aparece en el dibujo.

Simetría

Hasta aproximadamente 1850 casi todas las casas en
Estados Unidos eran **simétricas.**

▶ Un **eje de simetría** divide una figura en dos partes
congruentes. Un lado de la Casa Blanca es el reflejo del
otro lado.

Algunas figuras tienen uno o más ejes de simetría.

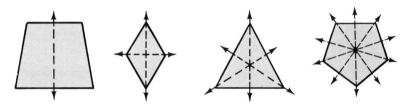

Algunas figuras no tienen ningún eje de simetría.

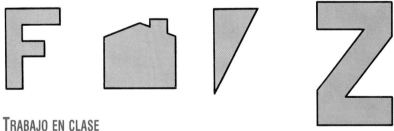

TRABAJO EN CLASE

**¿Es la recta un eje de simetría? Escribe *sí* o *no*. Calca
cada figura y dóblala por la línea de puntos para
comprobar tu respuesta.**

1.   2.   3.   4.

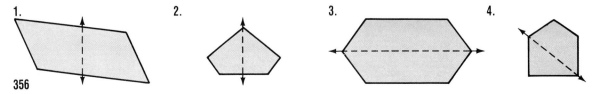

PRÁCTICA

¿Es la recta un eje de simetría? Escribe *sí* o *no*.

1.

2.

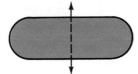

3.

¿Cuántos ejes de simetría tiene cada figura? Sigue la línea de las figuras. Dibuja los ejes de simetría.

4.

5.

6.

7.

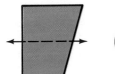

8.

★ **9.**

APLICACIÓN

10. Dobla un pedazo de papel por la mitad. Recorta una figura en el doblez. El recorte, ¿es simétrico? ¿Dónde está el eje de simetría?

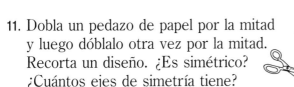

11. Dobla un pedazo de papel por la mitad y luego dóblalo otra vez por la mitad. Recorta un diseño. ¿Es simétrico? ¿Cuántos ejes de simetría tiene?

★ 12. Dobla un papel. Dibuja la mitad de una casa en el doblez. Recorta la casa. Dibújale ventanas y puertas para que el lado derecho de la casa sea el reflejo exacto del lado izquierdo.

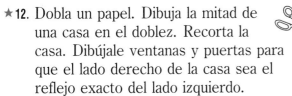

Práctica mixta

1. 20.6
    + 3.82

2. 0.05
    + 8.86

3. 51.8
    ×   6

4. 33
    × 0.4

5. 4.7
    − 2.3

6. 8.28
    − 0.19

7. $18.4 \div 8$

8. $12.642 \div 14$

9.   12.721
    + 35.727

10.   57.124
    + 4.545

11. $\frac{6}{8} + \frac{1}{8}$

12. $\frac{4}{9} + \frac{2}{9}$

13. $\frac{7}{6} - \frac{3}{6}$

14. $\frac{5}{6} - \frac{5}{12}$

15. $\frac{1}{3} \times \frac{1}{4}$

16. $\frac{3}{4} \times \frac{3}{8}$

17. $\frac{3}{8} \div \frac{1}{4}$

18. $6 \div \frac{3}{4}$

19. $\frac{1}{2} \div \frac{1}{5}$

20. $\frac{1}{2} \times \frac{2}{5}$

357

Triángulos

El techo de este edificio se llama cúpula geodésica. Está formado por muchos triángulos.

Los triángulos reciben sus nombres de acuerdo a sus lados y sus ángulos.

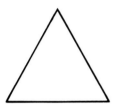

▶Un triángulo **equilátero** tiene todos los lados congruentes.

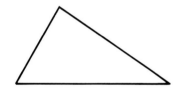

▶Un triángulo **escaleno** no tiene lados congruentes.

▶Un triángulo **isósceles** tiene dos lados congruentes.

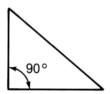

▶Un triángulo **rectángulo** tiene un ángulo recto.

TRABAJO EN CLASE

Nombra cada triángulo. Mira sus ángulos y sus lados.
Algunos tienen más de un nombre.

1.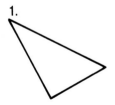

2.

3.

4.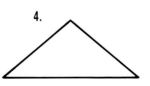

5.

6.

7.

8.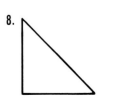

PRÁCTICA

**Nombra cada triángulo. Mira los ángulos y los lados.
Algunos tienen más de un nombre.**

1.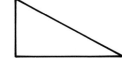

2.

3.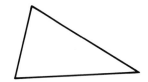

4.

5.

6.

★ **7.** Nombra un triángulo con lados de 3 cm, 5 cm y 7 cm.

★ **8.** Nombra un triángulo con ángulos de 30°, 60° y 90°.

Aplicación

**Los triángulos se pueden usar para hacer otros
polígonos. Sigue la línea de cada triángulo seis veces.
Marca cada uno con A, B o C. Recórtalos.**

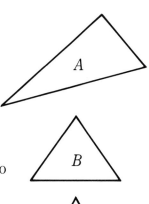

9. Usa cuatro triángulos con la misma letra para hacer un
cuadrilátero con todos sus lados congruentes. ¿Qué
triángulos usaste?

10. Usa 6 triángulos con la misma letra para hacer un hexágono
con todos sus lados congruentes. ¿Cuáles usaste?

11. Usa 5 triángulos con la misma letra para hacer un pentágono
con todos sus lados congruentes. ¿Cuáles usaste?

★ **12.** Usa una combinación de triángulos para hacer tu propio
polígono. Cuenta los lados. Nombra tu polígono.

RAZONAMIENTO VISUAL

¿Qué figuras están divididas en cuatro formas congruentes?

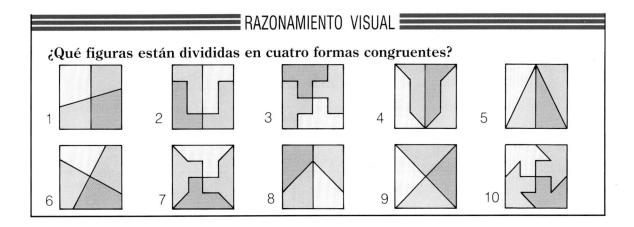

Cuadriláteros

La clase de la Sra. Fonseca usó varios tipos de cuadriláteros para hacer casas para pájaros. Los cuadriláteros son polígonos con cuatro lados y cuatro ángulos.

▶Un **trapecio** es un cuadrilátero que tiene exactamente un par de lados paralelos.

▶Un **paralelogramo** es un cuadrilátero con lados opuestos paralelos y congruentes.

▶Un **rombo** es un paralelogramo con todos sus lados congruentes.

▶Un **rectángulo** es un paralelogramo con cuatro ángulos rectos.

▶Un **cuadrado** es un rectángulo con todos sus lados congruentes.

▶Una **diagonal** es un segmento que une dos vértices de un polígono pero que no es un lado. $\overline{AC}$ y $\overline{BD}$ son diagonales.

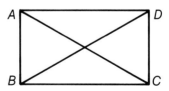

Nombra cada cuadrilátero.

1.

2.

3.

4.

5.

PRÁCTICA

Nombra cada cuadrilátero.

1.
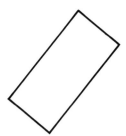

2.
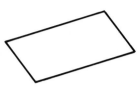

3.
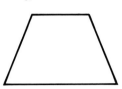

4.

5.
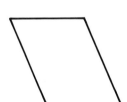

6.
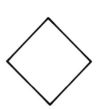

7.

8.
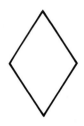

★**9.** Nombra los cuadriláteros que tienen cuatro lados congruentes.

10. Nombra los cuadriláteros que tienen cuatro ángulos rectos.

★**11.** Da otros tres nombres para el cuadrado.

★**12.** En un rectángulo construido con los segmentos de recta *WX, XY, YZ* y *ZW*, ¿cuáles son las diagonales? Puede ayudarte hacer un dibujo.

APLICACIÓN

A

13. Dibuja 5 diagonales en la figura *A*. ¿Qué figura forman las diagonales?

14. La figura *B* tiene dibujadas 3 diagonales. ¿Cuántas diagonales se pueden dibujar en total en un hexágono?

B

★**15.** Dibuja un cuadrilátero que tenga un par de lados paralelos, 2 ángulos rectos, 1 ángulo agudo y 1 ángulo obtuso.

361

Círculos

El jardín de Ming tiene una entrada llamada la puerta de la luna. Ésta tiene forma de círculo.

▶ Todos los puntos de un **círculo** están a la misma distancia de un punto llamado **centro**. Un círculo recibe su nombre por su centro. Éste es el círculo *O*.

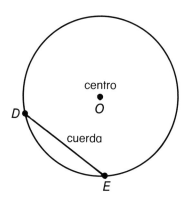

▶ Una **cuerda** es un segmento de recta que tiene ambos extremos en el círculo. $\overline{DE}$ es una cuerda.

▶ Un **diámetro** es un segmento de recta que pasa por el centro del círculo y tiene ambos extremos en el círculo. $\overline{AB}$ es un diámetro.

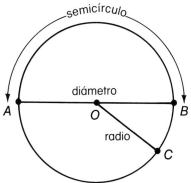

▶ Un **radio** es un segmento de recta con un extremo en el círculo y el otro en el centro. El largo del radio es la mitad del largo del diámetro. $\overline{OC}$ es un radio.

▶ Un **semicírculo** es la mitad de un círculo. *AB* es un semicírculo.

Usa un compás para trazar un círculo.

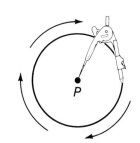

Paso 1	Pon la punta de metal en el punto que va a ser el centro.
Paso 2	Abre el compás a la longitud del radio.
Paso 3	Gira el lápiz alrededor del centro.

Trabajo en clase

1. Nombra una cuerda del círculo *P*.

2. Nombra el diámetro del círculo *P*.

3. Nombra dos radios del círculo *P*.

4. Nombra un semicírculo del círculo *P*.

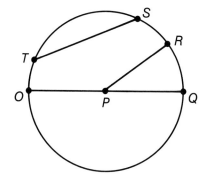

1. Nombra el círculo.

2. Nombra el diámetro.

3. Nombra un radio.

4. Nombra una cuerda.

5. Nombra un semicírculo.

Escribe *verdadero* o *falso*.

6. El diámetro de un círculo tiene el doble de largo que su radio.

7. Una cuerda es lo mismo que el radio.

8. Todos los puntos de un círculo están a la misma distancia del centro.

★9. Todos los círculos son congruentes.

★10. Todas las cuerdas son del mismo largo.

APLICACIÓN

Sigue la línea del círculo *D* o usa tu compás para copiarlo.

11. Dibuja un radio y márcalo $\overline{CD}$.

12. Dibuja un diámetro y márcalo $\overline{EF}$.

13. Dibuja una cuerda y márcala $\overline{GH}$.

★14. Dibuja una cuerda que corte a $\overline{EF}$ en el punto *D*. Márcalo $\overline{XY}$. ¿Cuál es otro nombre de la cuerda $\overline{XY}$?

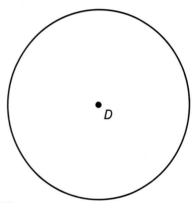

LA CALCULADORA

Usa la calculadora para completar los cuadros.

Radio	Diámetro
4 m	
16 cm	
24 cm	
	52 mm

Radio	Diámetro
8.9 m	
	9.04 cm
	218.46 mm
6.192 cm	

Pares ordenados

Ming usó una cuadrícula para planear su jardín. Plantó árboles en los puntos *A*, *B* y *C*.

Se puede usar un par ordenado de números para localizar el punto *A*.

Sigue estos pasos.

- Empieza en 0.
- Avanza 5 espacios a la derecha.
- Avanza 3 espacios hacia arriba.
- El par ordenado (5,3) localiza el punto *A*.

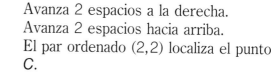

Más ejemplos

a. Para localizar el punto *B:*
Avanza 1 espacio a la derecha.
Avanza 6 espacios hacia arriba.
El par ordenado (1,6) localiza el punto *B*.

b. Para localizar el punto *C:*
Avanza 2 espacios a la derecha.
Avanza 2 espacios hacia arriba.
El par ordenado (2,2) localiza el punto *C*.

▶Se usa un **par ordenado** de números para localizar un punto en el plano.

Di cuál es el par ordenado para cada localización.

1. *A*
2. *B*
3. *C*
4. *D*
5. *E*
6. *F*
7. *G*
8. *H*
9. *I*

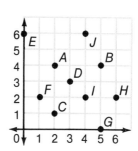

PRÁCTICA

Completa la tabla.

	Primer número	Segundo número	Pares ordenados	Punto
1.	2	3	(2,3)	E
2.	1		(1,6)	
3.		2	(4,2)	
4.	6	1		
5.			(5,5)	
6.				B

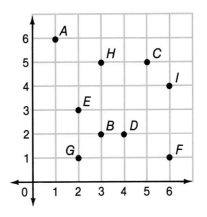

Resuelve. Muévete sólo hacia la derecha o hacia arriba.

7. Da el número de los diferentes caminos de *G* a *B*.

8. Da el número de los diferentes caminos de *E* a *H*.

★ 9. Da el número de los diferentes caminos de *D* a *I*.

★10. Da el número de los diferentes caminos de *E* a *C*.

APLICACIÓN

11. ¿A cuántas cuadras está la casa de Jane de la escuela? Usa la ruta más corta.

12. ¿Qué pares ordenados localizan la casa de Sue?

13. ¿A cuántas cuadras de la escuela está la casa de Bob?

★14. ¿Quién vive más cerca de Jane, Sue o Bob?

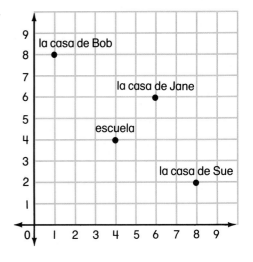

RAZONAMIENTO VISUAL

1. ¿Qué figura está en (2,2)?

2. ¿Qué color hay en (5,3)?

3. ¿Qué color y forma hay en (1,5)?

Inventa algunas preguntas.

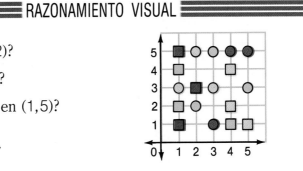

365

Gráficas de pares ordenados

Linda está usando pares ordenados para planear una ciudad modelo.

El par ordenado (6,4) localiza el punto donde estará la escuela.

Para marcar el par ordenado en el papel cuadriculado:

- Cuenta 6 espacios a la derecha y 4 hacia arriba.

- Traza un punto para la escuela y márcalo *A*.

Otro ejemplo

Haz una gráfica del par ordenado (4,6).

- Cuenta 4 espacios hacia la derecha y 6 espacios hacia arriba.

- Traza un punto y márcalo *B*.

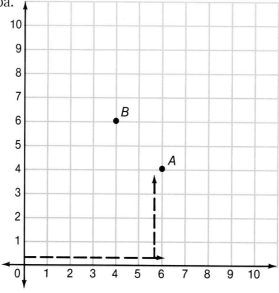

TRABAJO EN CLASE

**Copia la cuadrícula de Linda en papel cuadriculado.
Haz una gráfica y marca cada par ordenado.**

	Edificio	Par ordenado	Marca
1.	Escuela	(6,4)	*A*
2.	Biblioteca	(4,6)	*B*
3.	Municipalidad	(2,2)	*C*

	Edificio	Par ordenado	Marca
4.	Teatro	(1,5)	*D*
5.	Hospital	(8,9)	*E*
6.	Estación de bomberos	(10,1)	*F*

Dibuja una cuadrícula de 12 por 12. Haz una gráfica de cada par ordenado. Marca cada punto con el nombre de un edificio.

	Edificio	Par ordenado
1.	Centro de estudiantes	(4,4)
2.	Salón de ciencias	(9,2)
3.	Auditorio	(6,6)
4.	Museo	(3,5)

	Edificio	Par ordenado
5.	Cafetería	(2,10)
6.	Centro de matemáticas	(11,4)
7.	Dormitorios	(1,10)
8.	Salón de música	(5,8)

Usa tu gráfica para completar estas oraciones.

★ 9. Para ir del Salón de ciencias al Centro de matemáticas debes ir _____ unidades a la derecha y _____ unidades hacia arriba.

★ 10. Para ir del Museo al Salón de música, debes ir _____ unidades a la derecha y _____ unidades hacia arriba.

APLICACIÓN

Traza estos puntos. Luego, dibuja un polígono conectando los puntos en orden. Nombra el polígono.

11. (1,1), (1,3), (4,3), (4,1)

12. (4,3), (4,4), (5,5), (6,5), (7,4), (7,3), (6,2), (5,2)

13. (4,6), (4,7), (4,8), (5,8), (6,8), (5,7)

★ 14. Haz claves de pares ordenados como las de más arriba para que otra persona las trace y resuelva.

RAZONAMIENTO LÓGICO

Seis personas están sentadas a una mesa hexagonal. A se sienta frente a E y junto a F. B se sienta frente a C y a la izquierda de F. D se sienta entre C y E. Haz un dibujo de la mesa y de donde se sienta cada persona.

Problemas para resolver

REPASO DE DESTREZAS Y ESTRATEGIAS El diseño del jardín

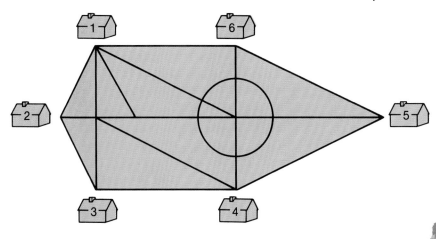

El Sr. Colina piensa construir 6 casas que compartirán un jardín. El dibujo muestra los senderos en el jardín.

Resuelve cada problema. Di si hay demasiada o poca información.

1. ¿Qué casa tiene más senderos que van a su puerta de entrada?

2. ¿Cuáles dos casas son las más distantes entre sí?

3. ¿Cuál es la distancia de la casa 6 a la casa 4?

4. ¿Cuántos senderos conducen a la casa 3?

5. El Sr. Colina va a plantar 4 robles enfrente de cada casa. Cada casa también va a tener 1 arce. ¿Cuántos robles va a plantar en total?

6. El Sr. Colina paga $25 por cada roble y $22 por cada arce. ¿Cuánto paga el Sr. Colina por todos los robles y todos los arces?

7. El Sr. Colina tiene 4 trabajadores plantando el jardín. Cada persona trabaja 7 horas por día durante 9 días. ¿Cuántas horas trabaja cada persona en total?

8. El Sr. Colina le paga $5.20 por hora a cada trabajador. ¿Cuál es la cantidad total que el Sr. Colina les paga a los trabajadores por los 9 días?

★**9.** El Sr. Colina planta una fila de 25 flores de diferentes colores: rojo, azul y amarillo. La fila comienza y termina con una flor roja. Hay 2 flores amarillas entre cada flor roja y azul. Las flores rojas y azules no están juntas. ¿Cuál es el patrón?

10. El Sr. Colina planeó un presupuesto para la construcción del jardín. Estimó $650 para flores, $1,250 para árboles y arbustos, $4,500 para la construcción de senderos y $3,250 para sueldos. ¿Cuál es el presupuesto total?

Problemas para resolver

¿QUÉ HARÍAS . . . ?

Nori necesita por los menos 50 pies de estanterías para guardar su cerámica. Quiere que los estantes estén en una pared de 6 pies de largo y $8\frac{1}{2}$ pies de alto. Debe haber por lo menos 9 pulgadas de espacio entre los estantes. Cada estante debe tener $\frac{3}{4}$ de pulgada de espesor.

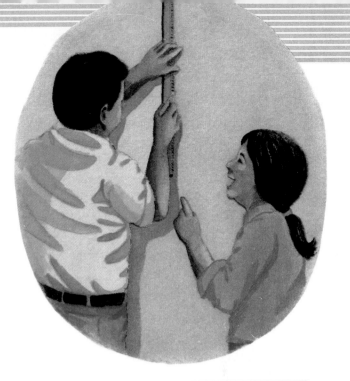

¿Qué debe hacer?

1. ¿Cuántos estantes debe poner Nori en la pared?

2. ¿Qué largo deben tener los estantes?

3. La carpintería tiene dos clases de maderas para estantes y dos clases de puntales para estanterías. ¿Cuántas combinaciones diferentes de madera y de puntales hay?

MADERA PARA ESTANTES	
	Costo por pie
sin terminar	$ .91
terminada	$1.40

PUNTALES PARA ESTANTES	
	Costo por estante
regular	$1.25
elegante	$3.15

4. Nori tiene $90 para gastar. ¿Qué combinaciones puede pagar para hacer sus estanterías de 50 pies?

¿Qué harías tú?

Haz un plan para poner los estantes en la pared. No gastes más de $90.

5. ¿Cuántos estantes pondrías?

6. ¿Qué largo tendría cada estante?

7. ¿Cuánto espacio habrá entre los estantes?

8. ¿Los estantes van a estar terminados o sin terminar?

9. Los puntales, ¿van a ser sencillos o elegantes?

10. ¿Cuánto va a costar tu diseño?

REPASO DEL CAPÍTULO

Halla un ejemplo para cada uno. págs. 342–343, 348–349

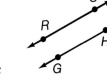

1. segmento de recta

2. recta

3. rectas paralelas

4. rayo

Mide cada ángulo. Di si es recto, agudo u obtuso. págs. 344–347

5.

6.

7.

Nombra cada polígono. págs. 352–353

8.

9.

10.

11.

Escoge a, b, c o d para cada uno. págs. 354–357

12. Un polígono que sea semejante a la figura X.

X

13. Un polígono que sea congruente con la figura Y.

Y

14. Un polígono que tenga un eje de simetría.

a.

b.

c.

d.

págs. 364–367

Nombra las partes del círculo Q.
págs. 362–363

15. diámetro

16. radio

17. cuerda

Di cuál es el par ordenado para cada ubicación.

18. G

19. H

20. I

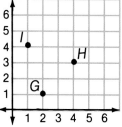

Resuelve. págs. 350–351, 368–369

21. Pedro tenía $50. Gastó $\frac{1}{2}$ en un sweater, $\frac{1}{10}$ en medias y $\frac{1}{5}$ en un cinturón. ¿Cuántos le sobró?

22. Los arbustos de acebo cuestan $16.50 cada uno. Los cerezos cuestan $24 cada uno. ¿Cuánto cuestan 5 acebos y 7 cerezos en total?

Nombra cada uno de los siguientes.

1. rectas perpendiculares   2. un rayo   3. una recta

4. rectas secantes   5. un ángulo recto

Mide cada ángulo. Di si es recto, agudo u obtuso.

6.

7.

8.

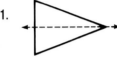

Escoge a, b o c para describir cada dibujo.

9.

10.

11.

a. dos triángulos semejantes

b. dos triángulos congruentes

c. un triángulo con un eje de simetría

Nombra cada polígono.

12.

13.

14.

15.

Di cuál es el par ordenado para cada punto.

16. *A*   17. *C*   18. *D*

Resuelve.

19. José trabajó $1\frac{3}{4}$ horas, $2\frac{1}{2}$ horas y $3\frac{1}{3}$ horas haciendo un modelo. ¿Cuántas horas y minutos trabajó en total?

20. Se necesitaron 3 pintores y 3 días para pintar la casa del Sr. Cortés. Trabajaron 8 horas diarias y ganaron $15 por hora. ¿Cuánto ganaron en total?

Algunos rectángulos son cuadrados. Todos los cuadrados son paralelogramos. ¿Son paralelogramos todos los rectángulos?

EXPLORA

COSER CURVAS

Sigue la línea del ángulo de abajo sobre un
cartón. Hazle agujeros a 1 centímetro de
distancia. Pasa una aguja con hilo de color a
través de los agujeros para hacer un
diseño. Empieza por conectar los
agujeros 1 con 1, 2 con 2 . . .

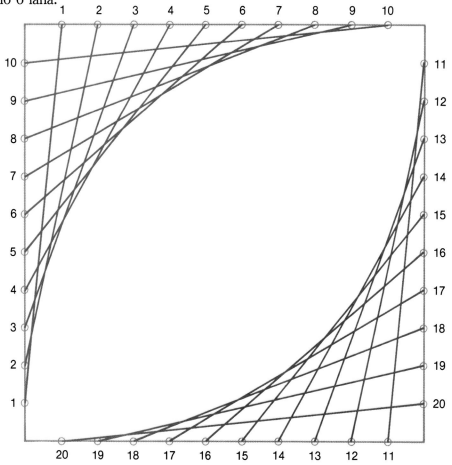

Dibuja un cuadrado de 11 centímetros por 11
centímetros en cartón. Hazle agujeros a intervalos de 1
centímetro. Conecta los agujeros 1 con 1, 2 con 2 . . .,
usando hilo o lana.

Dibuja otro ángulo o figura en el plano y haz tu propio
diseño.

ÁNGULOS DE TRIÁNGULOS

Usa una escuadra para dibujar cualquier triángulo. Marca
los ángulos. Recorta el triángulo. Luego, corta los
ángulos.

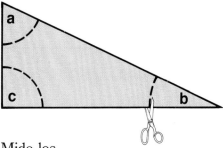

Pon los ángulos a lo largo de una línea recta. Mide los
ángulos con un transportador. ¿Cuántos grados hay en los
tres ángulos?

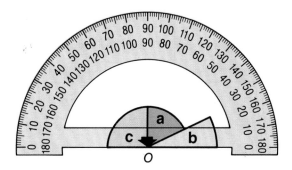

Comprueba con tus compañeros. Luego, prueba con
otros triángulos. Aquí hay algunos para que los calques.
¿Qué hallas?

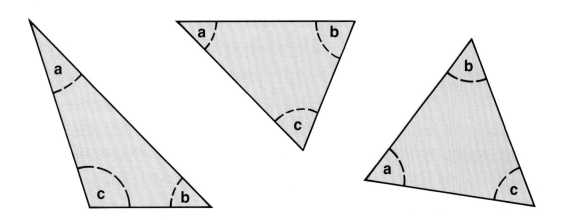

Escoge la respuesta correcta. Escribe A, B, C o D.

1. ¿En qué lugar está el dígito 4 en 3,467,006?

A millares

B decenas de millares

C centenas de millares

D no se da

2. 3,465 + 297

A 3,762

B 3,652

C 3,168

D no se da

3. 5,030 − 2,129

A 3,119

B 2,901

C 3,901

D no se da

4. ¿Cuál es el MCM de 6 y 9?

A 0

B 3

C 18

D no se da

5. 423 ÷ 7

A 60 R3

B 6 R3

C 80 R3

D no se da

6. 2,434 ÷ 47

A 60 R14

B 51 R37

C 14 R1

D no se da

7. ¿Cuál es el MCD de 24 y 36?

A 4

B 8

C 12

D no se da

8. Suma.   4 h 32 min
               + 2 h 37 min

A 7 h 9 min

B 6 h 9 min

C 2 h 9 min

D no se da

9. ¿Cuánto es 13.056 redondeado a la décima más cercana?

A 10

B 13.1

C 13.06

D no se da

10. 5.43 − 2.2

A 7.63

B 5.21

C 3.21

D no se da

11. 6.05 × 13.2

A 2.08

B 79.86

C 71.18

D no se da

12. Completa. 3.4 cm = _____ mm

A 0.34

B 340

C 34

D no se da

13. ¿Qué fracción es equivalente a $\frac{4}{5}$?

A $\frac{24}{30}$

B $\frac{16}{25}$

C $\frac{8}{35}$

D no se da

14. ¿Qué es $\frac{18}{36}$ en su expresión mínima?

A $\frac{1}{2}$

B $\frac{1}{4}$

C $\frac{3}{4}$

D no se da

Escoge la respuesta correcta. Escribe A, B, C o D.

15. ¿Qué fracción impropia es $7\frac{2}{3}$?

A $\frac{21}{3}$ C $\frac{12}{3}$

B $\frac{23}{3}$ D no se da

22. ¿Cuál es el recíproco de $\frac{1}{5}$?

A $\frac{2}{5}$ C 5

B 3   D no se da

16. ¿Qué número mixto o entero es $\frac{32}{8}$?

A 4   C $4\frac{1}{8}$

B 6   D no se da

23. $\frac{4}{9} \div \frac{2}{3}$

A $\frac{2}{3}$ C $1\frac{1}{2}$

B $\frac{8}{27}$ D no se da

17. $\frac{4}{5} + \frac{4}{5}$

A $\frac{4}{5}$ C $1\frac{3}{5}$

B $\frac{2}{5}$ D no se da

24. Completa. 112 oz = _____ lb

A 8   C 9

B 7   D no se da

18. $7\frac{1}{6} - 3\frac{4}{6}$

A $3\frac{1}{2}$ C $11\frac{5}{6}$

B $2\frac{1}{2}$ D no se da

25. ¿Qué es un ángulo de 75°?

A escaleno   C recto

B agudo   D no se da

19. $1\frac{2}{3} + 4\frac{2}{5}$

A $5\frac{4}{15}$ C $5\frac{1}{2}$

B $6\frac{1}{15}$ D no se da

26. ¿Qué es un polígono de seis lados?

A hexágono   C pentágono

B octágono   D no se da

20. $4\frac{1}{3} - 1\frac{3}{4}$

A $6\frac{1}{12}$ C $2\frac{7}{12}$

B $3\frac{5}{12}$ D no se da

27. ¿Qué clase de triángulo es?

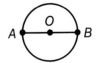

A equilátero   C ángulo obtuso

B isósceles   D no se da

21. $\frac{3}{7} \times \frac{2}{5}$

A $\frac{5}{12}$ C $\frac{5}{35}$

B $\frac{6}{35}$ D no se da

28. ¿Qué es $\overline{AB}$?

A diámetro   C centro

B radio   D no se da

REPASO ACUMULATIVO

Escoge la respuesta correcta. Escribe A, B, C o D.

Usa la ilustración para responder 29 y 30.

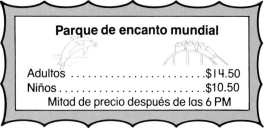

Parque de encanto mundial

Adultos $14.50
Niños $10.50
Mitad de precio después de las 6 PM

29. ¿Cuánto costaría una entrada para niños después de las 6:00 P.M.?

A $5.00   **C** $5.25

B $6.50   **D** no se da

30. ¿Cuánto costarían 3 entradas para adultos antes de las 6:00 P.M?

A $43.50   **C** $42.50

B $29.00   **D** no se da

Resuelve.

31. Cora tiene $3.10. Las manzanas cuestan $.45 cada una y le quedan $.40 después de comprar algunas. ¿Cuántas manzanas compró?

A 4   **C** 7

B 6   **D** no se da

Resuelve.

32. El Estadio Municipal caben 66,000 personas cuando está lleno. En el juego inaugural $\frac{2}{3}$ del estadio estaban llenos. ¿Cuántos asientos vacíos había?

A 44,000   **C** 22,000

B 60,000   **D** no se da

33. Si éste fuera el promedio para 6 juegos, ¿cuánto sería el total?

A 132,000   **C** 396,000

B 264,000   **D** no se da

Completa los patrones en 34 y 35.

34. 4, 2, 1, 0.5, 0.25, ___

A 0.125   **C** 0.27

B 0.05   **D** no se da

35. $\frac{1}{3}$, 1, $1\frac{2}{3}$, $2\frac{1}{3}$, ___

A $3\frac{1}{3}$ **C** $3\frac{2}{3}$

B $2\frac{2}{3}$ **D** no se da

Resuelve hallando un problema más simple.

36. ¿Cuál es el residuo si se divide $7 \times 7 \times 7 \times 7 \times 7 \times 7$ por 6?

A 2   **C** 1

B 3   **D** no se da

37. ¿Cuál es la suma de los primeros 15 números impares?

A 30   **C** 15

B 99   **D** no se da

Resuelve haciendo una lista.

38. Una bolsa no tiene más de 50 canicas. $\frac{5}{6}$ de ellas son blancas. ¿Qué cantidad podrían ser blancas?

A 40   **C** 27

B 32   **D** no se da

Tema: Pasatiempos

Investigar el perímetro y el área

Esto es un modelo de una huerta. Cada unidad representa un pie.

Trabaja en pareja. Necesitarás una cuerda y la Hoja de trabajo 3.

1. Haz una copia del modelo de la huerta de la Hoja de trabajo 3.

2. Sólo se ha comprado cerca suficiente para encerrar la huerta.

- Corta un pedazo de cuerda que encaje alrededor del borde del modelo.
- Intenta diferentes maneras de hallar el **perímetro** de la huerta. Decide cómo anotar tu trabajo.

3. Pega con cinta los extremos de tu cuerda sin solaparlos. Experimenta con tu cuerda en la hoja de trabajo.

- Haz huertas de diferentes formas que necesiten la misma cantidad de cerca que la huerta de arriba.
- Dibuja cada forma.
- Ahora halla y anota el **área** de la forma de arriba. Haz lo mismo para cada forma que dibujaste.

COMPARTIR IDEAS

Comenta sobre diferentes maneras de hallar el perímetro de una forma.

Comparte tus dibujos de formas de huertas.

- ¿Cuáles de tus huertas tienen la misma área?

- ¿Pueden tener areas iguales huertas de diferentes formas? Usa tus dibujos para explicar tu respuesta.

- Comenta sobre si tienes que cambiar el perímetro de una huerta para cambiar su forma. Explica tu respuesta.

- Comenta sobre si tienes que cambiar el perímetro de una huerta para cambiar su área. Explica tu respuesta.

RAZONAR A FONDO

Quieres encerrar la mayor área posible con la cerca que compras.

1. Estudia tus datos. ¿Qué forma de huerta escogerías?

2. ¿Crees que tus datos muestran la mayor área posible para la cerca que tienes? ¿Puedes hallar una manera de hacer una huerta con un área aun más grande?

3. ¿Qué forma de huerta crees que encierra la mayor área posible? Explica tu razonamiento.

Estimar el área

Esto es un modelo de un jardín de flores. Cada una de las unidades cuadradas representa 1 pie cuadrado.

Trabaja en pareja. Investiga maneras de estimar el área de este jardín en pies cuadrados. Halla todas las maneras que puedas. Anota tu trabajo.

COMPARTIR IDEAS

Compara tus métodos y resultados con los del resto de la clase.

1. Compara los estimados para el área del jardín. Decide si cada estimado es razonable o no.

2. Comenta sobre los diferentes métodos que usaste para estimar. ¿Qué método crees que fue más fácil de usar? ¿Por qué?

Comenta sobre cada uno de los métodos abajo. Decide si cada uno sería o no una manera razonable de estimar el área del jardín. Explica por qué sí o por qué no.

1. Cubre el modelo del jardín que tiene forma irregular con una capa de frijoles. Transfiere estos frijoles a la cuadrícula de la Hoja de trabajo 3. Arréglalos en una forma rectangular. Calcula el área del rectángulo cubierto por los frijoles.

2. Delínea el perímetro del jardín usando un pedazo de cuerda. Pega con cinta los extremos de la cuerda sin solaparlos. Experimenta con la cuerda para delinear una forma rectangular en la Hoja de trabajo 3. Calcula el área del rectángulo delineado por la cuerda.

3. Calca el jardín de forma irregular en un papel cuadriculado. Pega la forma en cartulina. Recorta la forma. Pega un pedazo grande de papel cuadriculado en otro pedazo de cartulina. Recórtalo en formas que contengan diferentes números de cuadrados. Pon la cartulina que muestra el jardín en un lado de una balanza. Agrega las formas de cartulina cuadriculada en el otro lado hasta que se equilibre la balanza. Calcula el área.

4. Cuenta y anota todos los cuadrados completos que estén totalmente dentro del jardín. Ahora cuenta y anota todos los cuadrados que estén total o parcialmente dentro del jardín. Usa ambos resultados para estimar el área del jardín.

Compara estas maneras diferentes de estimar el área. ¿En qué se parecen? ¿En qué se diferencian?

Escoge una manera nueva de estimar el área del jardín. Pruébala. Anota tu trabajo. ¿Cómo se compara la manera nueva con tu método original?

Área de triángulos

Para anunciar el interesante sitio de su nueva pizzería, Tony planea vender pizzas en forma de triángulos. Ayuda a Tony a escoger una pizza triangular que cabrá en una caja rectangular sin moverse dentro de la caja mientras Tony la entrega.

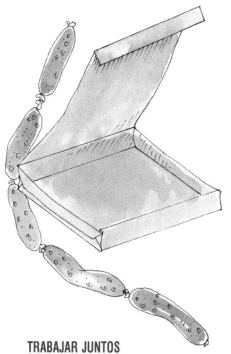

TRABAJAR JUNTOS

Trabaja en un grupo pequeño.
Dibuja un rectángulo en papel cuadriculado para representar el fondo de una caja de pizza.

1. Calcula el área del fondo de la caja y anótala en tu cuadro.

2. Experimenta para hallar unas pizzas triangulares que cabrán ajustadamente en la caja.

3. Haz un plan de estimar las áreas de tus pizzas. Anota cada área en un cuadro como el de la derecha.

EL ÁREA DE UN CAJA RECTANGULAR	
EL ÁREA ESTIMADO DE UN PIZZA	
PIZZA 1	
PIZZA 2	
PIZZA 3	

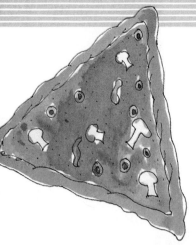

Trabajen juntos.

1. Escribe todos los resultados en el pizarrón.
2. Compare los resultados obtenidos por varios grupos. ¿En qué se parecen? ¿En qué se diferencian?
3. Comenta sobre tus ideas sobre la relación entre las áreas de las pizzas triangulares y el área de la caja rectangular que las contiene.

RAZONAR A FONDO

1. Realiza este experimento para investigar la relación entre las áreas de triángulos y rectángulos. Dibuja un rectángulo de cualquier tamaño en papel cuadriculado.

- Marca cualquier punto del borde superior del rectángulo.

- Dibuja líneas quebradas desde ese punto hasta las esquinas inferiores del rectángulo para formar 3 triángulos. Corta a lo largo de las líneas quebradas.

Trate de cubrir el triángulo mayor con los triángulos más pequeños.

- Intenta este experimento nuevamente con rectángulos y triángulos de tamaños diferentes.

2. En este experimento, cada vez que dibujaste un triángulo y un rectángulo, las dos formas tenían la misma base y altura. Escribe una oración que describa cómo están relacionadas las áreas de estas 2 formas.

3. El largo de la base de un rectángulo es *b*. La altura del rectángulo es *al*. ¿Cómo pueden usar estas letras para mostrar una fórmula del área de un rectángulo?

4. Un triángulo tiene la misma base, *b,* y altura, *al,* que un rectángulo. ¿Cómo pueden usar la fórmula del área de un rectángulo para mostrar la fórmula del área de un triángulo?

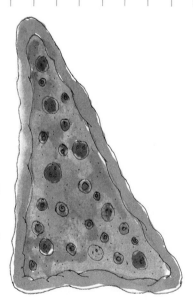

383

Problemas para resolver

TRABAJAR HACIA ATRÁS

A veces, para resolver un problema hay que trabajar hacia atrás. Decide qué necesitas saber para alcanzar la meta.

Alfonso está plantando semillas de zacate en la cancha de golf. Necesita saber el área de cada rectángulo que aparece en el dibujo. ¿Cuál es el área del rectángulo *ABCD*?

¿Cuál es la pregunta?

¿Cuál es el área del rectángulo *ABCD*?

¿Cuáles son los datos?

El largo $\overline{CB}$ del rectángulo *ABCD* es 300 metros.
El área del rectángulo *FEBA* es de 3,500 m^2.
El rectángulo *GFAH* tiene un área de 5,600 m^2.
El ancho del rectángulo *GFAH* es de 80 metros.

¿Cómo puedes resolver el problema?

Planea trabajando hacia atrás.

1. Para hallar el área del rectángulo *ABCD,* necesitamos saber el ancho *AB*. Ésta es la nueva meta.

2. Para hallar *AB*, necesitamos saber el largo *AF*. Ésta es la nueva meta.

3. Para hallar el largo *AF*, divide el área del rectángulo *GFAH* por el ancho *GF*.

Resuelve trabajando hacia adelante.

4. Halla el largo *AF*.
   5,600 ÷ 80 = 70

5. Halla el ancho $\overline{AB}$.
   3,500 ÷ 70 = 50

6. Halla el área de *ABCD*.
   50 × 300 = 15,000

El área del rectángulo *ABCD* es de 15,000 m^2.

¿Contestaste la pregunta?

Hubo que resolver dos problemas antes de resolver el problema principal. Comprueba cada paso para comprobar si es correcto. El rectángulo *ABCD* tiene un área de 15,000 m^2. La respuesta es correcta.

Resuelve cada problema.

1. Un tablero de juego tiene forma de rectángulo. Mide 35 centímetros de largo y 20 centímetros de ancho. ¿Cuál es su área?

2. Un tablero de juego rectangular tiene un área de 700 centímetros cuadrados. Mide 20 centímetros de ancho. ¿Qué largo tiene el tablero de juego?

3. Un día, el campo de golf Countyline tenía $\frac{1}{2}$ de sus carros en reparación. Se sacaron 3 carros en la mañana. Después de que un golfista sacó uno a la tarde, quedó sólo un carro. ¿Cuántos carros tiene el campo de golf?

4. Raúl trajo las pelotas para su lección de golf. Perdió 3 durante los primeros 15 minutos. En la media hora siguiente, perdió $\frac{1}{3}$ más de sus pelotas. Al final de la lección había perdido 2 más pero aún le quedaban 4. ¿Cuántas pelotas de golf tenía al comienzo de la lección?

5. Un campo de golf miniatura tiene la forma que muestra el dibujo de la derecha. El área total es 2,800 metros cuadrados. El rectángulo $ABCD$ tiene un área de 1,200 metros cuadrados. ¿Cuál es el largo de cada lado del cuadrado $DEFG$?

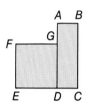

Usa el dibujo de la derecha para responder a cada pregunta.

★6. ¿Cuál es el perímetro del rectángulo $ABFG$?

★7. ¿Cuál es el área total de la región sombreada?

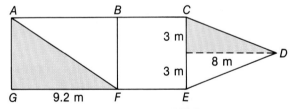

CREA TU PROPIO PROBLEMA

Resuelve cada problema. Luego, escribe un problema nuevo basado en el anterior que deba resolverse trabajando hacia atrás.

1. Una cancha de deportes rectangular mide 70 metros de largo y 28 metros de ancho. ¿Cuál es su perímetro?

Problema nuevo
Pista: Una cancha de deportes rectangular tiene un perímetro de _____ metros. Su largo mide _____ metros.

Ahora, haz una nueva pregunta.

★2. El largo de un lado de un cuadrado es 50 centímetros. El área de un rectángulo es el doble del área del cuadrado. ¿Cuál es el área del rectángulo?

Figuras del espacio

Roberta y Miguel hicieron varias figuras del espacio en papel maché. Este proyecto lo colgaron en el salón de clase.

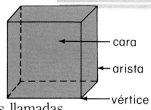

El **cubo** es un **prisma** con 6 superficies planas llamadas **caras.** Cada cara tiene la forma de un cuadrado. Hay 12 **aristas** donde las caras se encuentran. Hay 8 vértices donde se encuentran las aristas.

Un prisma tiene dos caras paralelas y congruentes. Recibe su nombre por la forma de su base.

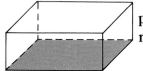 **prisma rectangular**

 prisma triangular

Las figuras más abajo son **pirámides.** Las caras son triángulos con un vértice común. Cada base es un polígono.

 **pirámide cuadrada**

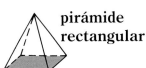 **pirámide rectangular**

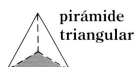 **pirámide triangular**

Un **cilindro** tiene dos caras paralelas que son círculos congruentes. Un **cono** tiene una cara plana y circular y un vértice.

cilindro   **cono**   **esfera**

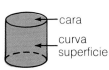 cara curva superficie

Usa los dibujos de más arriba para completar el cuadro.

	Figuras del espacio	Caras planas	Caras curvas	Aristas rectas	Vértices
1.	prisma rectangular	6	0	12	8
2.	prisma triangular				
3.	pirámide cuadrada				
4.	cilindro				
5.	esfera				
6.	cono				

Une cada conjunto de caras con la figura del espacio correcta.

1. 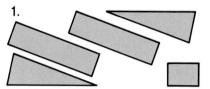   a.   b. 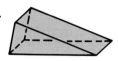   c.

2. 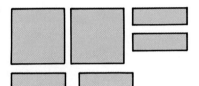   a.   b. 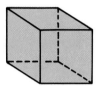   c.

Nombra la figura del espacio que sugiere cada objeto.

3.   **4.**   **5.**

6.   **7.**   **8.**

Observa cada patrón más abajo. Escribe el nombre de la figura del espacio.

★**9.** 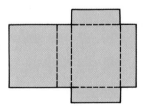   ★**10.**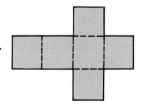

11. La Sra. Ortúzar le pidió a Federico que pintara todas las figuras del espacio que fueran pirámides. ¿Cuáles pintó Federico?

a.   b.   c.

★**12.** Pablo tiene pintura suficiente como para cubrir un metro cuadrado. Tiene un cubo que mide 7 centímetros en cada lado. ¿Cuál es el total del área de las caras? ¿Tiene Pablo suficiente pintura para todo el cubo?

Volumen

Tere compró cubos pequeñitos para construir modelos. ¿Cuántos puede guardar en la caja?

El **volumen** de una figura del espacio es el número de unidades cúbicas que caben dentro de la figura.

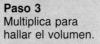

El **centímetro cúbico (cm³)** y el **metro cúbico (m³)** son unidades de volumen usadas comúnmente en el sistema métrico.

Halla el volumen de la caja.

Paso 1	Paso 2	Paso 3
Cuenta los cubos en un nivel.	Cuenta los niveles.	Multiplica para hallar el volumen.

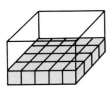

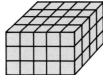
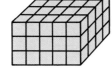

$3 \times 20 = 60$

$5 \times 4 = 20$ cubos   3 niveles

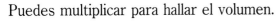

La caja contiene 60 bloques de centímetros cúbicos.

Puedes multiplicar para hallar el volumen.

▶ Para hallar el volumen, multiplica el largo, el ancho y la altura.

$V = l \times a \times al$
$V = 5 \times 4 \times 3 = 60$

El volumen de la caja es de 60 centímetros cúbicos.

TRABAJO EN CLASE

Cuenta las unidades cúbicas para hallar el volumen.

1.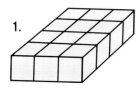

2.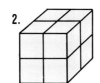

3.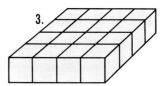

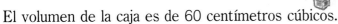

Halla cada volumen.

4. $l = 4$ m, $a = 2$ m, $al = 6$ m

5. $l = 7$ cm, $a = 8$ cm, $al = 5$ cm

388

PRÁCTICA

Cuenta las unidades cúbicas para hallar cada volumen.

1.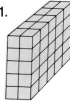

2.

3.

4.

5.

6.

Halla cada volumen.

7.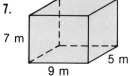
7 m, 9 m, 5 m

8.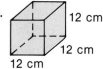
12 cm, 12 cm, 12 cm

9.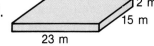
2 m, 15 m, 23 m

10. l = 3 m
    a = 5 m
    al = 2 m

11. l = 25 cm
    a = 8 cm
    al = 12 cm

12. l = 16 cm
    a = 16 cm
    al = 16 cm

Halla cada número que falta.

★ 13. V = 372 m³.
    l = 31 m
    a = ___ m
    al = 3 m

★ 14. V = 3,024 cm³.
    l = ___ cm
    a = 18 cm
    al = cm

★ 15. V = 0.42 m³.
    l = 1.2 m
    a = 0.7 m
    al = ___ m

APLICACIÓN

16. La nueva pecera de Goyo mide 1.5 m por 2 m por 1 m. ¿Cuál es el volumen de la pecera?

★ 17. El volumen de una caja es 100 centímetros cúbicos. Su ancho y su largo son de 5 centímetros cada uno. ¿Cuál es la altura de la caja?

RAZONAMIENTO LÓGICO

El volumen de una caja es de 300 centímetros cúbicos. Da las dimensiones de tres cajas diferentes que podrían tener el mismo volumen.

389

Usar medidas usuales

Silvia hace una bandeja de azulejos para platos calientes. La quiere de 12 pulgadas de largo y 8 pulgadas de ancho. ¿Cuál es el perímetro de la bandeja?

▶Para hallar el perímetro de un polígono suma los largos de sus lados.

$$12 + 12 + 8 + 8 = 40$$

El perímetro de la bandeja es de 40 pulgadas.

Halla el área de la bandeja.

▶$A = l \times a$
$A = 12 \times 8 = 96$

El área de la bandeja es de 96 pulgadas cuadradas (plg^2).

a. Halla el área de un triángulo de 16 yardas de largo y 9 yardas de alto.

▶$A = \frac{1}{2} \times b \times h$

$A = \frac{1}{2} \times 16 \times 9$

$A = \frac{1}{2} \times 144 = 72$

El área del triángulo es de 72 yardas cuadradas (yd^2).

b. Halla el volumen de una figura rectangular de 12 pies de largo, 12 pies de ancho y 14 pies de altura.

▶$V = l \times a \times al$
$V = 12 \times 8 \times 14 = 1,344$

El volumen de la figura rectangular es de 1,344 pies cúbicos ($pies^3$).

TRABAJO EN CLASE

Halla el perímetro y el área de cada figura.

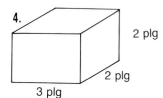

1. 10 pies, 2.5 pies

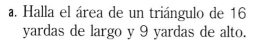

2. 6 yd, 4 yd

3. 3 plg, 5 plg, 4 plg

Halla el volumen de cada figura.

4. 3 plg, 2 plg, 2 plg

5. 2 pies, 2 pies, 2 pies

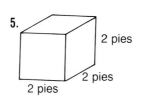

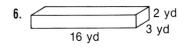

6. 16 yd, 2 yd, 3 yd

390

Halla el perímetro y el área de cada figura.

1. 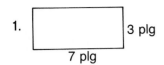 3 plg
7 plg

2. 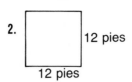 12 pies
12 pies

3. 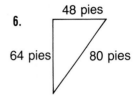 15 pies
9 pies
12 pies

4. 16 yd 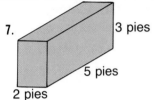 4 yd

5. 48 plg 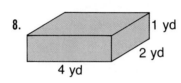 60 plg 36 plg

6. 48 pies 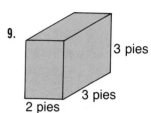 64 pies 80 pies

Halla el volumen de cada figura.

7. 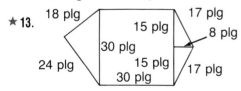 3 pies
5 pies
2 pies

8. 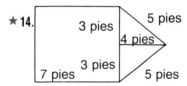 1 yd
2 yd
4 yd

9. 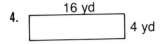 3 pies
3 pies
2 pies

Halla el área de cada triángulo usando las dimensiones que aparecen abajo.

10. b = 12 pies
al = 5 pies

11. b = 16 plg
al = 16 plg

12. b = 18 pies
al = 14 pies

Halla el perímetro y el área de cada figura.

★ 13.
18 plg   17 plg
15 plg   8 plg
30 plg
24 plg   15 plg   17 plg
30 plg

★ 14.
3 pies   5 pies
4 pies
7 pies   3 pies   5 pies

15. Carla quiere hacer una bandeja de azulejos de 10 pulgadas de largo y 5 pulgadas de ancho. Tiene 2 paquetes de azulejos de una pulgada cuadrada. Cada paquete contiene 20 azulejos. ¿Tiene Carla azulejos suficientes para hacer la bandeja?

★ 16. Richard tiene un paquete de 100 azulejos de una pulgada cuadrada. Quiere usar todos los azulejos para hacer una bandeja rectangular. Escribe dos tamaños posibles que puede tener la bandeja.

Problemas para resolver

Ramiro y Teresa están haciendo los planos para un tren modelo.

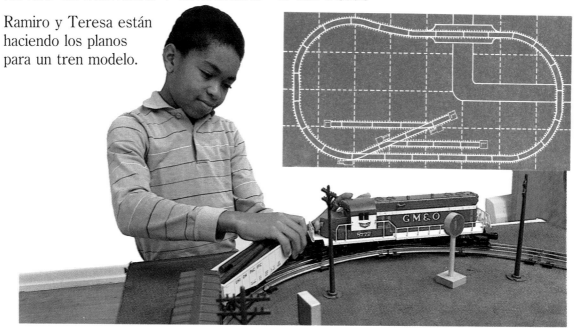

1. Ramiro encontró una tabla para la plataforma que medía 8 pies de largo y 4 pies de ancho. ¿Cuál era su perímetro?

2. Teresa marcó la tabla en cuadrados de un pie cuadrado para seguir los planos. ¿Cuántos cuadrados marcó?

3. Ramiro quiere hacer dos líneas férreas rectas de 3 pies de largo. ¿Cuántas piezas de 6 pulgadas necesita?

4. El lecho de la vía sobre el que van las líneas viene en secciones de 3 pies. ¿Cuántas hacen falta para 72 pulgadas?

5. Hay 4 vagones detrás de la locomotora. El vagón cerrado está detrás del vagón tanque. El del carbón está detrás de la locomotora y delante del vagón de plataforma. El tanque está detrás del vagón de plataforma. ¿Cuál es el orden de los vagones?

6. Las líneas de 6 pulgadas se venden en paquetes de 4 por $1.40. Las de 9 pulgadas se venden en paquetes de 6 por $2.49. Ramiro compró 3 paquetes de 6 pulgadas y 2 paquetes de 9 pulgadas. ¿Cuánto pagó?

7. Teresa compró 4 vagones. Costaron $29.95, $32.90, $35.45 y $34.50. ¿Cuál fue el costo promedio de los vagones?

8. Ramiro quiere poner una cerca alrededor del recorrido del tren. Sabe que necesita $15\frac{1}{2}$ pies de cerca. Las secciones de cerca miden 6 pulgadas de largo. ¿Cuántas debe comprar?

★ 9. Cada lado de un cuadrado tiene 6 pulgadas. Una pieza de cartón rectangular tiene el mismo perímetro que el cuadrado. Su ancho es de 4 pulgadas. ¿Cuál es el largo?

★ 10. Cada lado de un cuadrado tiene 10 pulgadas. Un rectángulo tiene el mismo perímetro que el cuadrado. ¿Cuál puede ser el largo y el ancho del rectángulo?

Cada problema puede ser resuelto usando estrategias que has usado antes.

Une las estrategias con los problemas.
Luego, resuelve cada problema. Puede haber más de una
estrategia para algunos problemas.

11. Susana colecciona sellos. Tiene 4 sellos diferentes repetidos. Estos sellos tienen imágenes de un molino de viento, una concha de mar, un pájaro y un presidente. Quiere darle 2 sellos a su amiga Julia. ¿De qué maneras diferentes puede hacer esto? Haz una lista para mostrar las maneras.

> **Estrategias**
> **A.** Halla patrones
> **B.** Haz una lista
> **C** Trabaja hacia atrás
> **D.** Experimenta
> **E.** Adivina y comprueba

12. Leandro colecciona monedas. Carlos le dijo que tirara al aire una moneda de 1 centavo varias veces. Le dijo que iba a salir más veces cara que cruz. Leandro cree que no es verdad. ¿Cómo pueden saber quién tiene razón?

13. Marga arregló su colección de piedras en forma de triángulo. Puso 1 piedra en la primera fila. Puso 3 piedras en la segunda fila y 5 en la tercera fila. ¿Cuántas piedras puso en la quinta fila?

14. Sandra creó un juego en el que las tarjetas valían diferentes puntos. Una tarjeta azul valía 10 puntos. Una roja valía 5. Una tarjeta verde o amarilla valía 3. Una blanca valía 1 punto. Sandra sacó 3 con un valor de 16. ¿Cuáles 3 tarjetas podrían haber sido?

★ 15. León y María jugaron un juego de damas. En el juego, León perdió $\frac{1}{2}$ de sus damas. Luego, perdió 4 damas más. Finalmente, perdió una damas pero le quedó una. ¿Con cuántas damas empezó León?

Halla el perímetro de cada figura. págs. 378–379

1.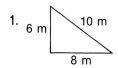
6 m   10 m   8 m

2.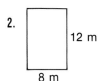
12 m   8 m

3.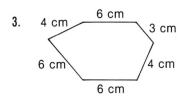
4 cm   6 cm   3 cm   6 cm   4 cm   6 cm

Halla el área de cada figura. págs. 378–381

4.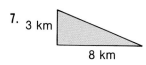
5 m   9 m

5.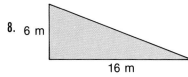
63 cm   3 cm

6.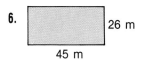
26 m   45 m

Halla el área de cada triángulo. págs. 382–383

7.
3 km   8 km

8.
6 m   16 m

9.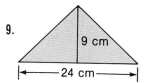
9 cm   24 cm

Nombra cada figura. págs. 386–387

10.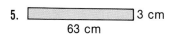

11.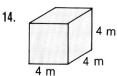

12.

Halla el volumen de cada figura. págs. 388–389

13.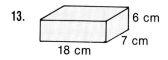
6 cm   7 cm   18 cm

14.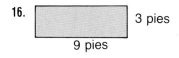
4 m   4 m   4 m

15.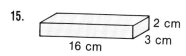
2 cm   3 cm   16 cm

Halla el perímetro y el área de cada figura. págs. 390–391

16.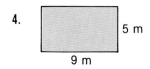
3 pies   9 pies

17.
12 pies   6 pies   9 pies

18.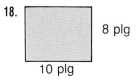
8 plg   10 plg

Resuelve. págs. 384–385, 392–393

19. Clara quiere poner una cerca alrededor de su jardín. El jardín tiene 15 pies de largo y 10 pies de ancho. ¿Cuántos pies de cerca tiene que comprar?

20. Cada mañana, Martín corre cinco veces alrededor de dos manzanas cuadradas en la ciudad. La distancia total es de 7,500 pies. ¿Cuáles son las dimensiones de cada manzana?

Halla el perímetro de cada figura.

1.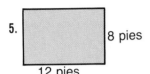
3 cm 5 cm 4 cm

2.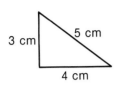
16 m 24 m

3.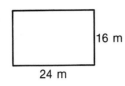
8 cm 7 cm 2 cm 1 cm 10 cm 4 cm

4.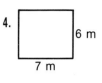
6 m 7 m

Halla el área de cada figura.

5.
8 pies 12 pies

6.
52 cm 36 cm

7.
70 cm 70 cm

8.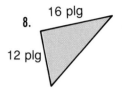
16 plg 12 plg

Halla el área de cada triángulo.

9.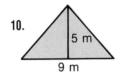
4 km 6 km

10.
5 m 9 m

11. $b = 69$ m
$al = 42$ m

12. $b = 14$ plg
$h = 37$ plg

Nombra cada figura.

13.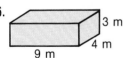

14.

15.

Halla el volumen de cada figura.

16.
3 m 4 m 9 m

17.
1.5 m 1 m 1 m

18. $l = 4$ cm
$a = 1$ cm
$al = 10$ cm

Resuelve.

19. Eloísa plantó flores en un lote rectangular. Tenía un área de 350 pies cuadrados. El largo era 25 pies. ¿Cuál era el ancho?

20. Carolina compró alfombra para dos cuartos. Un cuarto tiene 12 pies por 12 pies. El otro cuarto tiene 15 pies por 12 pies. ¿Cuántos pies cuadrados de alfombra compró Carolina?

 Jaime construyó una mesa de 4 pies de largo y 2 pies de ancho. ¿Cuántas azulejos de 6 pulgadas necesita para cubrir la mesa?

UN ENVASE DE UN LITRO

Dibuja este patrón para una caja en cartulina. Haz cada lado de 10 centímetros de largo. Recorta el patrón y dóblalo a lo largo de las líneas de puntos. Pega los bordes con cinta adhesiva. Forra cuidadosamente la caja con plástico para envolver o con una bolsa de plástico.

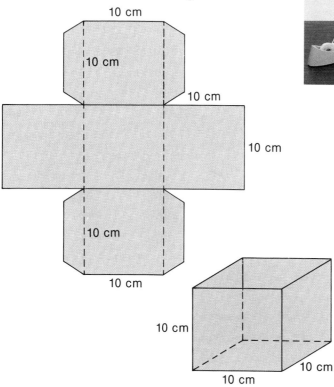

Ahora, llena de agua una botella de un litro. Vierte el agua en la caja.

Toda el agua debe caber en la caja.

Usa una balanza métrica para pesar la caja. Escribe la masa al kilogramo más cercano. Recuerda que las medidas nunca son exactas.

Usa tus medidas para completar la oración siguiente.

Un cubo que mide 10 centímetros por un lado contiene alrededor de _____ litro(s) de agua y pesa alrededor de _____ kilogramo(s).

ÁREA DE REGIONES IRREGULARES

A veces, es necesario dividir una región irregular en varias regiones más pequeñas para hallar el área total.

Las regiones I y II han sido divididas con líneas de puntos para ayudarte a hallar sus áreas.

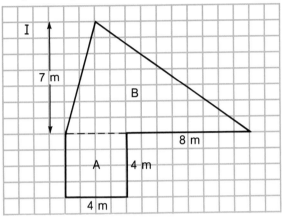

Región	Área
A	16 m^2
B	$+42 \text{ m}^2$
Total	58 m^2

Región	Área
A	12 m^2
B	10.5 m^2
C	$+10.5 \text{ m}^2$
	33.0 m^2

Halla el área total de cada región.

1.
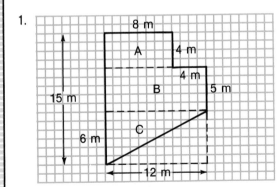

2.
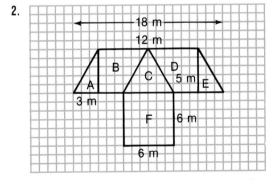

3.

4.
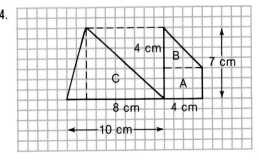

ENUNCIADOS *IF . . . THEN*

A veces, se escribe un programa para que la computadora tome una decisión acerca de lo que tiene que hacer. En BASIC, se usa un enunciado IF . . . THEN.

En la línea 60 la computadora decide si el área que entraste es igual al largo por el ancho. Si lo es, completa la orden y ve a la línea 90. Si no lo es, continúa con la línea siguiente en el programa.

```
10 PRINT "CUAL ES EL ÁREA DEL RECTANGULO?"
20 PRINT "ENTRA LARGO , ANCHO"
30 INPUT L , A
40 PRINT "ENTRA EL AREA"
50 INPUT A
60 SI A = L * A THEN GOTO 90
70 PRINT "NO ES CORRECTO"
80 GOTO 100
90 PRINT "ES CORRECTO"
100 END
```

Ésta es la pantalla para
$L = 45.2$,
$A = 16.3$
y $A = 736.76$

```
RUN
CUAL ES EL AREA DEL RECTANGULO?
ENTRA LARGO , ANCHO
?45,2 , 16 , 3
ENTRA EL AREA
? 736,76
ES CORRECTO
```

Usa el programa de más arriba. Di cuál será la salida cuando entres estos valores.

1. $L = 100$, $A = 55$, $A = 550$

2. $L = 16$, $A = 3.1$, $A = 49.6$

3. $L = 33$, $A = 25.9$, $A = 854.7$

4. $L = 6.5$, $A = 4.07$, $A = 264$

5. $L = 9.34$, $A = 5.7$, $A = 53.238$

6. $L = 30.4$, $A = 200.5$, $A = 609.5$

Escribe tu propio programa.

7. Escribe un programa usando un enunciado IF . . . THEN. Haz que la computadora decida si el largo que tú entras es igual al área dividida por el ancho.

8. Usa tu programa. Di cuál será la salida cuando entres estos valores: $A = 4$, $A = 39$, $L = 9.98$.

Los símbolos BASIC que se pueden usar en la parte IF
del enunciado son similares a los que se usan en
matemáticas.

= es igual a >= es mayor o igual que
> es mayor que <= es menor o igual que
< es menor que <> no es igual a

**En cada enunciado, decide si la computadora debe ir a
la línea 50.**

9. 10 IF 8 > 7 THEN GOTO 50

10. 10 IF 6 < THEN GOTO 50

11. 10 IF 35 = 35 THEN GOTO 50

12. 10 IF 3 > = 1 THEN GOTO 50

13. 10 IF 7 < = 3 + 3 THEN GOTO 50

14. 10 IF 18 <> 3 * 3 THEN GOTO 50

15. 10 IF 0 = 35.1 _ 35.1 THEN GOTO 50

16. 10 IF 29 > 231/8 THEN GOTO 50

17. 10 IF 750/5 >< 150 THEN GOTO 50

18. 10 IF 5.8 = 9.5 - 3.7 THEN GOTO 50

===== CON LA COMPUTADORA =====

1. Entra y RUN el programa de la página. 398. Entra
   los valores de **1–6**.

2. Compara la salida de la computadora con tus respuestas.

3. Por tu propia cuenta: Escribe un programa usando IF . . . THEN para hallar el
   volumen de un cubo. Usa el programa de la página 398 para ayudarte.

PERFECCIONAMIENTO DE DESTREZAS

Escoge la respuesta correcta. Escribe A, B, C o D.

1. $406 - 209$

   A 203   C 207

   B 197   D no se da

2. $\frac{7}{8} \times 24$

   A 3   C 18

   B 21   D no se da

3. $\frac{1}{4} \div \frac{7}{8}$

   A $\frac{7}{32}$ C $3\frac{1}{2}$

   B $\frac{2}{7}$ D no se da

4.   3 pies 11 plg
   $+$ 2 pies   7 plg

   A 6 pies 6 plg   C 5 pies 6 plg

   B 1 pie 4 plg   D no se da

5. ¿Qué es $\overrightarrow{EF}$?

   A recta   C rayo

   B segmento   D no se da

6. ¿Qué es un triángulo con 3 lados congruentes?

   A isósceles   C escaleno

   B equilátero   D no se da

7. ¿Cuál es el cuadrilátero con exactamente un par de lados paralelos?

   A rombo   C trapecio

   B cuadrado   D no se da

8. ¿Cuál es el perímetro?

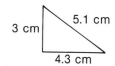

   A 9.7 cm   C 6.2 cm

   B 12.4 cm   D no se da

9. ¿Cuál es el área de un cuadrado con lados de 12 metros?

   A 144 m^2 C 24 m^2

   B 48 m^2 D no se da

Lee el problema para responder a 10 y 11.

Linda tiene un pedazo de vinilo de 10 pies por 6 pies. Quiere forrar 2 estantes. Un estante tiene 5 pies por 2 pies. El otro tiene 4 pies por 3 pies.

10. ¿Qué destreza *no* se puede usar para resolver el problema?

    A razonamiento   C hacer una
    lógico   lista

    B dibujar un   D no se da
    diagrama

11. ¿Tiene Linda suficiente vinilo para forrar ambos estantes?

    A sí   C no hay suficiente
                           información

    B no   D no se da

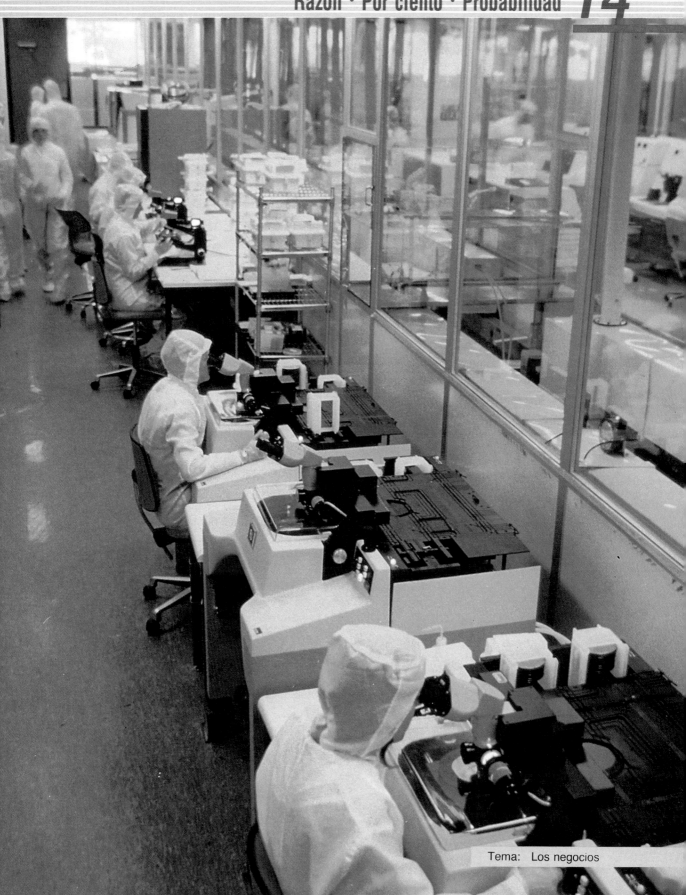

Tema: Los negocios

Explorar tasas

El negocio de las chucherías está floreciente. Seis compañías competidoras de chucherías aumentan su producción para satisfacer la demanda. Todas las chucherías son iguales y todas se venden a $4.00 cada una.

Decide cómo dividir tu clase entre las seis compañías de chucherías enumeradas abajo. Cada compañía necesita saber cuántas chucherías y qué ganancia puede producir en cada día de 8 horas.

TRABAJAR JUNTOS

Usa los datos abajo. Trabaja con el equipo de tu compañía para hacer y comprobar tus cálculos. Anota los resultados para tu compañía en la tabla de producción de la Hoja de trabajo 4.

```
                Servicio de información
                     Smith y Jones
                Compañía de chucherías
                 Análisis de la compañía
                   Informe trimestral

Chucherías Asombrosas          Chucherías explosivas

Promedio de producción:        Promedio de producción:
3 cada 5 minutos               6 cada 10 minutos

Costo de producción:           Costo de producción:
3 por $6                       6 por $9


Las mejores chucherías         Chucherías delicadas

Promedio de producción:        Promedio de producción:
8 cada 10 minutos              10 cada 5 minutos

Costo de producción:           Costo de producción:
8 por $16                      10 por $30


Chucherías colosales           Chucherías fantásticas

Promedio de producción:        Promedio de producción:
10 cada 5 minutos              2 cada 10 minutos

Costo de producción:           Costo de producción:
10 por $35                     2 por $2
```

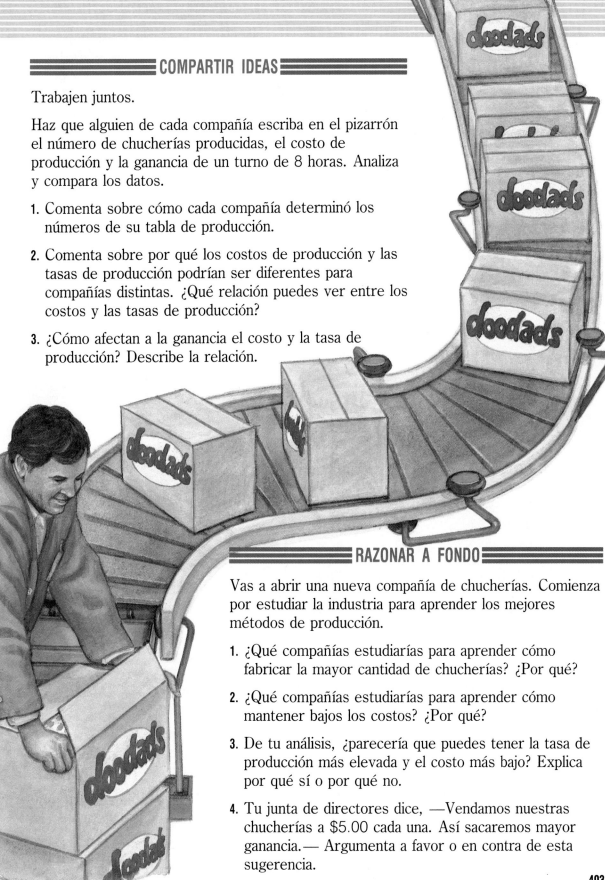

COMPARTIR IDEAS

Trabajen juntos.

Haz que alguien de cada compañía escriba en el pizarrón el número de chucherías producidas, el costo de producción y la ganancia de un turno de 8 horas. Analiza y compara los datos.

1. Comenta sobre cómo cada compañía determinó los números de su tabla de producción.

2. Comenta sobre por qué los costos de producción y las tasas de producción podrían ser diferentes para compañías distintas. ¿Qué relación puedes ver entre los costos y las tasas de producción?

3. ¿Cómo afectan a la ganancia el costo y la tasa de producción? Describe la relación.

RAZONAR A FONDO

Vas a abrir una nueva compañía de chucherías. Comienza por estudiar la industria para aprender los mejores métodos de producción.

1. ¿Qué compañías estudiarías para aprender cómo fabricar la mayor cantidad de chucherías? ¿Por qué?

2. ¿Qué compañías estudiarías para aprender cómo mantener bajos los costos? ¿Por qué?

3. De tu análisis, ¿parecería que puedes tener la tasa de producción más elevada y el costo más bajo? Explica por qué sí o por qué no.

4. Tu junta de directores dice, —Vendamos nuestras chucherías a $5.00 cada una. Así sacaremos mayor ganancia.— Argumenta a favor o en contra de esta sugerencia.

Usar razones

¡Socorro! Un cliente devolvió unas chucherías que no estaban pintadas. El rociador de pintura de tu fábrica no funciona bien. Tu trabajo es comprobar una caja de chucherías para hallar la tasa en que se producen las chucherías defectuosas.

TRABAJAR JUNTOS

Trabaja en grupo. Para modelar una caja de chucherías, usa una mezcla de frijoles rojos y blancos en una bolsa. Usa los frijoles blancos para representar chucherías defectuosas sin pintar.

- Toma un puñado de frijoles como tu primera muestra. Para tu muestra, completa las dos primeras columnas de ambas tablas de la Hoja de trabajo 5.

- Devuelve los frijoles a la bolsa y mézclalos bien.

- Túrnense para tomar más muestras y completar las dos tablas para cada muestra.

- Toma todas las muestras que quieras. Luego halla el total de cada columna en las tablas.

1. Compara el número de frijoles blancos con el número de frijoles rojos en cada muestra. ¿Cómo explicas cualquier diferencia entre las muestras?

2. ¿Qué pasaría si tomaras más muestras? ¿Cómo se compararía el número de frijoles blancos con el número de frijoles rojos?

3. ¿Cómo te ayudarían las muestras que has tomado a estimar el número de frijoles blancos, si supieras el número total de frijoles en la bolsa?

4. ¿Cuál sería más útil para hacer un estimado, una de las muestras pequeñas sola o el total de todas las muestras? Explica.

RAZONAR A FONDO

Las comparaciones de dos números pueden expresarse en forma de razón. La razón de 3 frijoles blancos a 16 frijoles rojos es 3 a 16. También puedes escribir la razón como 3:16 ó $\frac{3}{16}$.

$$3{:}16 \qquad \frac{3}{16}$$

1. Escribe la razón para comparar frijoles blancos con frijoles rojos en cada muestra de la Tabla 1. Escríbela en tres formas en tu hoja de trabajo.

2. Escribe razones en tres formas para las comparaciones de la Tabla 2.

3. Supón que la razón de chucherías defectuosas a chucherías totales es 15 a 100. ¿Cómo te ayuda el conocer esto a estimar las chucherías defectuosas en un lote de 200? ¿1,000? ¿5,000? Explica.

4. Eres el gerente de control de calidad. Escribe cómo comprobarías la tasa de chucherías defectuosas antes de envasarlas para el embarque.

Hallar razones iguales

Mark vacía 2 cartones de zapatos de correr en 10 minutos. ¿Cuánto tardará para vaciar 6 cartones?

Piensa Mark vacía 2 cartones en 10 minutos
La razón es $\frac{2}{10}$.

Número de cartones	2	4	6
Número de minutos	10	20	30

Mark tardará 30 minutos para vaciar 6 cartones.

La razón es $\frac{6}{30}$

Las razones $\frac{2}{10}$ y $\frac{6}{30}$ son **razones iguales**.

$$\frac{2}{10} = \frac{6}{30}$$

▶ Para hallar razones iguales, multiplica cada término por el mismo número.

primer término ⟶ $\frac{2}{10}$ $\qquad$ $\frac{2}{10} \times \frac{2}{2}$ $\qquad$ $\frac{2}{10} \times \frac{3}{3}$ $\qquad$ $\frac{2}{10} \times \frac{4}{4}$
segundo término ⟶

$$\frac{4}{20} = \frac{6}{30} = \frac{8}{40}$$

¿Es $\frac{12}{60}$ igual a $\frac{2}{10}$?

▶ Para hallar razones iguales, divide cada término entre el mismo número.

Piensa $\quad 12 \div 6 = 2 \qquad \frac{12}{60} \div \frac{6}{6} = \frac{2}{10}$
$\qquad\qquad 60 \div 6 = 10$

Las razones son iguales. $\frac{12}{60} = \frac{2}{10}$

TRABAJO EN CLASE

Multiplica. Escribe cuatro razones iguales para cada uno.

1. 3 cartones en 20 minutos

2. 2 a 3

3. 3 a 4

4. $\frac{7}{8}$

5. $\frac{11}{6}$

Divide. Escribe dos razones iguales para cada uno.

6. 24 plumas a 36 lápices

7. 4 a 24

8. 100:25

9. $\frac{30}{15}$

10. $\frac{70}{28}$

Halla el valor de n.

11. $\frac{1}{4} = \frac{n}{8}$

12. $\frac{3}{8} = \frac{9}{n}$

13. $\frac{8}{5} = \frac{16}{n}$

14. $\frac{20}{28} = \frac{5}{n}$

15. $\frac{63}{21} = \frac{n}{1}$

Multiplica. Escribe cuatro razones iguales para cada una.

1. 4 a 7
2. 5 a 3
3. $\frac{2}{5}$
4. $\frac{12}{7}$
5. $\frac{11}{30}$

Divide. Escribe dos razones iguales para cada una.

6. 30 a 20
7. 50 a 25
8. 42:14
9. $\frac{15}{45}$
10. $\frac{100}{80}$

Halla el valor de *n*.

11. $\frac{3}{4} = \frac{n}{12}$
12. $\frac{2}{9} = \frac{4}{n}$
13. $\frac{9}{12} = \frac{n}{4}$
14. $\frac{8}{10} = \frac{n}{5}$
15. $\frac{15}{6} = \frac{5}{n}$

Sigue la regla para hallar cada razón igual.

Regla: Divide cada término por 2.

	Entrada	Salida
16.	$\frac{2}{4}$	
17.	$\frac{30}{50}$	
18.	$\frac{7}{5}$	

Regla: Divide cada término por 5.

	Entrada	Salida
19.	$\frac{3}{6}$	
20.	$\frac{12}{5}$	
21.	$\frac{7}{8}$	

Regla: Divide cada término por 4.

	Entrada	Salida
★ 22.		$\frac{18}{21}$
★ 23.		$\frac{25}{100}$
★ 24.		$\frac{15}{9}$

APLICACIÓN

25. La tienda encarga 5 raquetas de tenis de madera por cada 7 de metal. Si se encargaran 35 de metal, ¿cuántas de madera se encargarían?

26. Celia compró 48 pelotas de tenis por $32. ¿Cuánto pagará por 12 pelotas de tenis? ¿Cuánto por $5\frac{1}{2}$ docenas de pelotas de tenis?

LA CALCULADORA

Puedes usar la calculadora para hallar si las razones son iguales.
La calculadora muestra la razón en forma decimal.

¿Son $\frac{12}{48}$ y $\frac{15}{60}$ razones iguales?

Aprieta 12 ÷ 48 =   0.25   Aprieta 15 ÷ 60 =   0.25

El número en la pantalla es el mismo, por lo tanto las razones son iguales.
Si los números en la pantalla fueran diferentes, las razones no serían iguales.

Halla la razón que no pertenece.

1. $\frac{10}{16}$ $\frac{15}{24}$ $\frac{50}{80}$ $\frac{100}{120}$ $\frac{30}{48}$

2. $\frac{12}{48}$ $\frac{25}{100}$ $\frac{15}{60}$ $\frac{14}{56}$ $\frac{28}{70}$

3. $\frac{6}{15}$ $\frac{20}{50}$ $\frac{9}{45}$ $\frac{16}{40}$ $\frac{44}{110}$

Leer un dibujo a escala

La estación de radio KNLF se va a mudar a oficinas más grandes. Aquí hay un dibujo a escala de un piso en el nuevo edificio. ¿Cuál es el largo exacta del depósito?

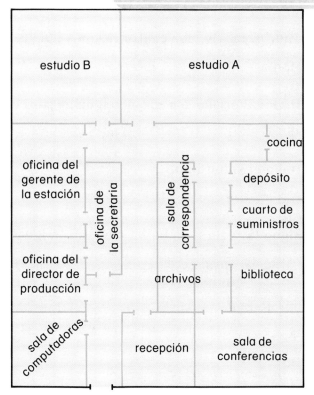

▶ Un **dibujo a escala** muestra la forma exacta de algo, pero no el tamaño.

▶ Una **escala** da la razón de la medida del dibujo a la medida exacta.

La escala de este dibujo es 1 cm = 3 m. Esto significa que cada centímetro en el dibujo representa 3 metros en la oficina real.

Para hallar el largo del depósito, sigue estos pasos.

Paso 1
Escribe la escala como razón.

Paso 2
Mide el largo del depósito en el dibujo.

Paso 3
Escribe una razón igual a la razón de la escala.

Piensa   1 cm = 3 m   2 cm
La razón es $\frac{1}{3}$.

$\frac{1}{3} = \frac{2}{n}$

$\frac{1}{3} = \frac{1}{3} \times \boxed{\frac{2}{2}} = \frac{2}{6}$

El largo del depósito es 6 metros.

TRABAJO EN CLASE

Mide el dibujo. Luego, halla el largo y el ancho exactos de cada cuarto.

1. biblioteca

2. cuarto de suministros

3. sala de conferencias

4. estudios A y B combinados

5. biblioteca, sala de suministros y depósito combinados

PRÁCTICA

Mide el dibujo. Luego, completa el cuadro.

		Largo en escala	Largo exacto	Ancho en escala	Ancho exacto
1.	sala de computadoras				
2.	archivos				
3.	cocina				
4.	sala de correspondencia				
5.	oficina del director de producción				
6.	recepción				
7.	oficina de la secretaria				
8.	oficina del gerente de la estación				
9.	depósito				
10.	estudio A				
11.	estudio B				

12. ¿Cuál es el ancho y el largo de todo el piso?

13. Nombra cuatro cuartos que tengan las mismas dimensiones.

★ 14. ¿Cuál es el área total de los pasillos en el piso?

APLICACIÓN

15. Al principio, los planos para la estación de radio incluían un comedor junto a la cocina. En el dibujo tenía un perímetro de 8 centímetros y forma rectangular. El largo era de 3 centímetros. ¿Cuál era el ancho?

★ 16. Anita usa una escala de 2 cm = 3 m para hacer un dibujo de la cafetería de la escuela. Las dimensiones del dibujo son 20 cm por 16 cm. ¿Cuáles son las dimensiones exactas de la cafetería?

Práctica mixta

1. $3.014 + 8.76$
2. $14.073 - 3.2$

3. 1.224×61
4. 75.3×0.36

5. $2.8 \times \$6.35$

6. 9×0.805

7. $22\overline{)419.32}$

8. $19.248 \div 1.6$

9. $483 \div 100$

10. $\frac{2}{3} + \frac{5}{9}$ 11. $\frac{3}{4} - \frac{2}{8}$

12. $5\frac{1}{6} + 2\frac{2}{15}$

13. $43\frac{1}{2} - 34\frac{1}{3}$

14. $\frac{1}{2} \times \frac{2}{3}$ 15. $\frac{3}{4} - \frac{3}{8}$

16. $3 \div \frac{6}{9}$ 17. $\frac{4}{7} \times 4$

18. $2\frac{1}{6} \times 4\frac{3}{4}$

Escribe el número recíproco de cada uno.

19. $n \times 2\frac{1}{2} = 1$

20. $n \times \frac{4}{8} = 1$

21. $n \times 3\frac{4}{7} = 1$

Escribe en su expresión mínima.

22. $\frac{23}{8}$ 23. $\frac{32}{6}$

24. $\frac{18}{4}$ 25. $\frac{47}{3}$

Leer un mapa de carreteras

Un camionero marcó su ruta de entregas en un mapa de carreteras. Planeó viajar de San José al aeropuerto internacional de San Francisco. ¿Cómo puede averiguar el camionero la distancia exacta en millas?

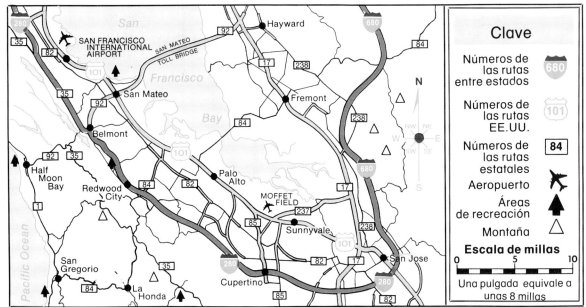

▶ La **clave** muestra lo que significan los símbolos. La **brújula** indica la dirección. La **escala en millas** muestra cómo se mide la distancia en el mapa.

▶ Para hallar la distancia de San José al aeropuerto internacional de San Francisco,

- ubica la escala del mapa: 1 pulgada = 8 millas
- mide la distancia en el mapa: 4 pulgadas
- escribe una razón igual a la razón de la escala: $\frac{1}{8} = \frac{4}{32}$

La distancia de San José al aeropuerto es de alrededor de 32 millas.

TRABAJO EN CLASE

Usa el mapa de más arriba para responder.

1. ¿Cuál es el número de la ruta entre San José y el aeropuerto internacional de San Francisco?

2. ¿En qué dirección va a viajar el camionero?

3. ¿Alrededor de cuántas millas hay de San José a Palo Alto?
   a. 24 millas   **b.** 16 millas   **c.** 4 millas

PRÁCTICA

Usa el mapa de la página 410 para responder.

1. Haz una lista de 4 carreteras estatales del mapa.

2. Nombra una ruta U.S. en el mapa.

3. Haz una lista de las carreteras interestatales del mapa.

4. ¿Qué ciudad en el mapa está más al norte?

5. ¿Qué ciudad en el mapa está más al este?

6. ¿Qué ciudad está en el extremo oeste del puente de peaje de San Mateo?

7. ¿Qué significa el símbolo △?

8. ¿En qué dirección viajarías para ir de Half Moon Bay a Belmont?

9. ¿En qué dirección viajarías para ir de Hayward a San Jose?

Halla las distancias siguientes a la milla más cercana. Usa una regla y la escala de millas.

★ 10. de Sunnyvale a Palo Alto

★ 11. de Redwood City a Cupertino

★ 12. de San Gregorio a La Honda

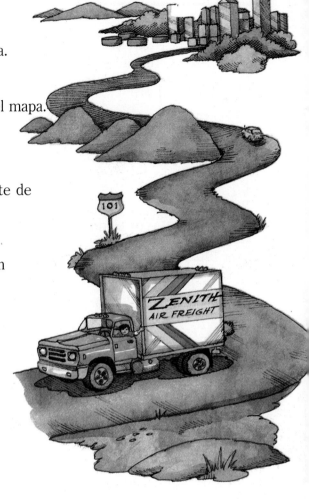

APLICACIÓN

José dibujó un mapa para mostrar su ruta de reparto de periódicos.
Usa su mapa para responder.

13. ¿En qué dirección viaja José cuando sale de su casa a recoger los periódicos?

14. ¿Puede José llegar donde recoge los periódicos sin pasar por la carretera? ¿Cómo?

★ 15. Describe la ruta más corta posible que José puede tomar para recoger y repartir todos sus periódicos.

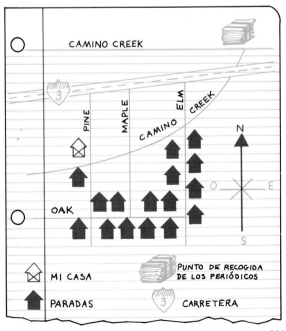

411

Relacionar razones y por cientos

La librería Book Nook recibió un embarque de 100 libros. La tienda vendió 36 de esos libros en una semana. La tienda vendió 36 libros de 100, ó $\frac{36}{100}$.

▶ Una razón cuyo segundo término es 100 se llama **por ciento**. Por ciento significa "partes de cien" y se escribe %.

razón	36 por ciento ó $\frac{36}{100}$
por ciento	36%
lee	treinta y seis por ciento

La tienda vendió el 36% de los libros en una semana.

Más ejemplos

a.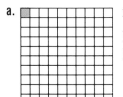

razón	$\frac{1}{100}$
por ciento	1%
lee	uno por ciento

b.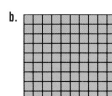

razón	$\frac{100}{100}$
por ciento	100%
lee	cien por ciento

TRABAJO EN CLASE

Escribe una razón y un por ciento que indiquen qué parte está sombreada.

1.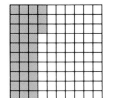
2.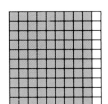
3.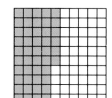
4.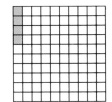

Escribe el por ciento para cada razón.

5. 87 por ciento   **6.** 23 por ciento   **7.** $\frac{9}{100}$ **8.** $\frac{70}{100}$ **9.** $\frac{42}{100}$

Escribe cada por ciento como una razón.

10. 12%   **11.** 81%   **12.** 59%   **13.** 7%   **14.** 60%

PRÁCTICA

Escribe el por ciento que indica qué parte está sombreada.

1. 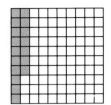   2.    3. 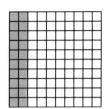   4.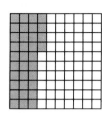

Escribe el por ciento para cada razón.

5. 2 por 100   **6.** 57 por 100   **7.** 15 de 100   **8.** 99 de 100

9. $\frac{1}{100}$ **10.** $\frac{44}{100}$ **11.** $\frac{31}{100}$ **12.** $\frac{13}{100}$ **13.** $\frac{95}{100}$

★ **14.** $\frac{80}{200}$ ★ **15.** $\frac{35}{50}$ ★ **16.** $\frac{3}{10}$ ★ **17.** $\frac{3}{4}$ ★ **18.** $\frac{4}{20}$

Escribe cada por ciento como una razón.

19. 36%   **20.** 11%   **21.** 29%   **22.** 53%   **23.** 68%

24. 50%   **25.** 47%   **26.** 73%   **27.** 96%   **28.** 4%

APLICACIÓN

Los estudiantes hicieron una feria del libro. Tenían 100 libros para vender.

29. Diez de los libros eran de misterio. ¿Qué por ciento de los libros era de misterio?

30. De los 100 libros, 51 eran de bolsillo. ¿Qué por ciento eran libros de bolsillo?

31. Marcia camina 300 yardas desde la escuela a Book Nook. Cuando llega a la estación de bomberos ha caminado el 60% de la distancia. ¿A qué distancia está la estación de bomberos de la escuela? Haz un dibujo para ayudarte a hallar la respuesta.

★ **32.** Por la mañana los estudiantes vendieron 22 libros. Por la tarde, vendieron 67 libros. ¿Qué por ciento del total de libros se vendió?

═══ LA CALCULADORA ═══

Una calculadora te puede ayudar a escribir una razón como por ciento. Simplemente divide.

$\frac{42}{100}$ Aprieta 42 ÷ 100 = 0.42 ó 42%

Usa tu calculadora para comprobar las respuestas a **5–18** más arriba. Es fácil resolver **14–18** con una calculadora.

Decimales y fracciones en por cientos

El 42% de las entradas a la perrera Buen Cuidado se usó para pagar salarios. Escribe el decimal de 42%.

Piensa 42% es 42 centésimas.
42% = 0.42

por ciento	42%
decimal	0.42
lee	cuarenta y dos centésimas

Más ejemplos

a. La perrera sacó una ganancia del 10%. Escribe la fracción para 10%.

b. La perrera usa 27% de los salarios para pagar los beneficios. ¿Qué parte decimal es? ¿Qué parte fraccionaria?

Piensa 10% es 10 centésimas

$$10\% = \frac{10}{100}$$

expresión mínima $= \frac{1}{10}$

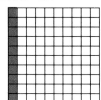

$$27\% = 0.27$$

$$27\% = \frac{27}{100}$$

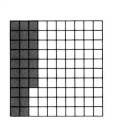

TRABAJO EN CLASE

Escribe el decimal para cada por ciento.

1. 63%   **2.** 30%   **3.** 8%   **4.** 95%   **5.** 57%   **6.** 19%

Escribe cada por ciento como fracción en su expresión mínima.

7. 25%   **8.** 40%   **9.** 76%   **10.** 50%   **11.** 65%   **12.** 75%

Escribe el número decimal para cada por ciento.

1. 2%	**2.** 73%	**3.** 38%	**4.** 29%	**5.** 97%	**6.** 54%
7. 81%	**8.** 11%	**9.** 1%	**10.** 66%	**11.** 25%	**12.** 49%
13. 99%	**14.** 16%	**15.** 28%	**16.** 53%	★ **17.** 100%	★ **18.** 125%

Escribe cada por ciento como fracción en su expresión mínima.

	%	fracción		%	fracción		%	fracción
19.	5		**23.**	31		**27.**	98	
20.	10		**24.**	43		**28.**	86	
21.	15		**25.**	55		**29.**	74	
22.	20		**26.**	67		**30.**	62	

Escribe como número entero, como fracción o número mixto en su expresión mínima.

★ **31.** 110%	★ **32.** 250%	★ **33.** 325%	★ **34.** 400%

APLICACIÓN

35. Melinda pasea perros para ganar dinero. Ahorra el 60% de cada dólar que gana. Escribe un decimal para la parte que ahorra.

36. Melinda dona 5% de cada dólar que gana a una organización de caridad para animales. Escribe una fracción en su expresión mínima para la parte que dona.

★ **37.** Lalo hace collares de cuero para perros. Hizo 100 collares. Vendió el 85% de ellos. Escribe una fracción en su expresión mínima para la parte que no vendió.

★ **38.** En la escuela Truman, el 57% de los estudiantes gana dinero para sus gastos. Escribe un decimal para mostrar la parte de los estudiantes que no gana dinero para sus gastos.

HAZLO MENTALMENTE

1. Soy un por ciento. Nombro la razón de 150 a 100. ¿Qué por ciento soy?

2. Soy un por ciento. Estoy a medio camino entre $\frac{5}{10}$ y $\frac{7}{10}$. ¿Qué por ciento soy?

3. Soy un número decimal. Cuando me escriben como por ciento, estoy a medio camino entre 30% y 40%. ¿Qué decimal soy?

Problemas para resolver

USAR UN MODELO

Los problemas se pueden resolver usando símbolos, dibujos y gráficas. Estos modelos nos ayudan a ver un problema con más claridad y hallar respuestas fácilmente.

El año pasado la compañía Morningbird, vendió $1,200,000 en jugo de naranja. Todas las compañías del área vendieron un total de $4,000,000 en jugo de naranja.

Este año, Morningbird vendió $1,600,000 en jugo de naranja. Las ventas de todas las compañías fueron de $6,400,000. Estima lo que va a pasar el año próximo si esta tendencia continúa.

PIENSA **¿Qué va a pasar el año próximo?**

Tenemos los datos del año pasado y de este año.

PLANEA Halla la razón de las ventas de Morningbird a las ventas totales del año pasado. Ésta fue la participación de la compañía en el mercado. Luego halla la razón para las ventas de este año. Escribe ambas razones como decimales y luego, trázalas en una gráfica de líneas. Extiende la línea al año próximo para mostrar la tendencia. Esta línea es un *modelo* de la tendencia.

RESUELVE El año pasado   Este año

$$\frac{1,200,000}{4,000,000} = \frac{3}{10} = 0.3 \quad \frac{1,600,000}{6,400,000} = \frac{1}{4} = 0.25$$

Si esta tendencia continúa el año próximo, la participación de Morningbird va a bajar. Van a vender alrededor de 0.2 ó $\frac{2}{10}$ de la cantidad total de jugo de naranja vendido.

REVISA Ésta no es la única tendencia que puedes observar. ¿Cómo se comparan las ventas totales de este año de Morningbird con las ventas del año pasado?

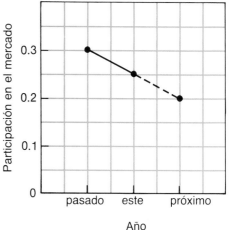

1. ¿Cuáles fueron las ventas de Morningbird el año pasado? ¿Cuáles fueron las ventas este año?

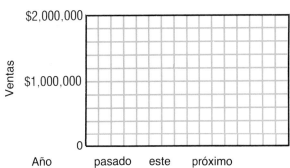

2. Haz una copia de esta gráfica. Marca un punto para mostrar las ventas de Morningbird el año pasado. Haz otro punto para marcar las ventas este año.

3. Conecta los dos puntos con una línea recta y extiendela al año próximo.

4. Estima por la gráfica cuánto venderá Morningbird el año próximo. ¿Cuánto aumentará en relación con este año?

5. La gráfica de la página 416 muestra que los negocios de Morningbird están disminuyendo. La gráfica que dibujaste para 3 muestra que están aumentando! Explica por qué las dos gráficas parecen mostrar cosas diferentes.

6. El camión de entregas de Morningbird fue 2 millas al este, 3 millas al norte y otra vez 3 millas al este. Haz un dibujo para mostrar el camino que tomó el camión. Haz la escala de tu dibujo de 1 pulgada igual a 1 milla.

★ 7. Halla la distancia en línea recta del camión de entregas al punto de partida. Usa tu dibujo y una regla.

★ 8. Escoge un punto de partida cerca del centro en un papel cuadriculado. Avanza 2 a la derecha, 5 hacia arriba, 1 a la izquierda, 4 abajo, 3 a la izquierda, 2 abajo, 2 a la derecha, y 1 arriba. ¿Donde terminaste?

CREA TU PROPIO PROBLEMA

Usa pedazos de papel de colores, en vez de números, para representar diferentes valores. Por ejemplo, 1 rojo equivale a 5 amarillos, y 1 azul equivale a 5 rojos.

1. ¿Cuántos amarillos equivalen a 1 azul?

2. ¿Cuántos amarillos equivalen a 2 azules y 1 rojo?

3. Cambia 62 amarillos por la menor cantidad posible de pedazos de papel. Asegúrate de incluir algunos azules, rojos y amarillos. ¿Cuántos vas a tener de cada uno?

4. Un objeto cuesta 108 amarillos. Alma lo pagó con 5 azules.

5. Haz un grupo de reglas nuevas para los valores de los colores.

   1 rojo = _____ amarillo(s)

   1 azul = _____ rojo(s)

★ 6. Ahora, haz tu propio problema sobre intercambios de colores. Resuelve el problema e intercambia problemas con un compañero de clase.

Experimentos y resultados

Diana González trabaja en un periódico.
Tiene 3 plumas de color en su escritorio:
una roja, una azul y una verde. Quiere la
pluma verde. Si toma una sin mirar, ¿qué
probabilidad hay de que tome la verde?

Tomar una pluma se llama un
experimento.

▶Cada consecuencia posible del
  experimento es un **resultado.**

Hay 3 plumas y por lo tanto, hay 3
resultados posibles. Cada pluma tiene la
misma probabilidad de ser escogida. Sólo
1 pluma es verde. Diana quiere la verde.
Por lo tanto, tomar la pluma verde es un
resultado favorable.

▶Un número de 0 a 1 que indica las
  posibilidades de que haya un resultado
  favorable, es una **probabilidad.**

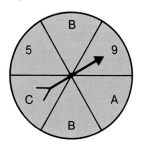

La razón $\dfrac{\text{número de resultados favorables}}{\text{número de resultados posibles}} = \dfrac{1}{3}$

es la probabilidad de tomar una pluma verde.

Más ejemplos

a. ¿Qué probabilidad hay de obtener cada uno?

un círculo $\frac{1}{4}$

un cuadrado $\frac{1}{4}$

un triángulo $\frac{2}{4}$

un pentágono $\frac{0}{4}$

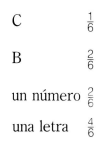

b. ¿Qué probabilidad hay de obtener cada uno?

C $\frac{1}{6}$

B $\frac{2}{6}$

un número $\frac{2}{6}$

una letra $\frac{4}{6}$

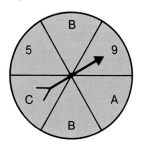

TRABAJO EN CLASE

**Halla la probabilidad de que la flecha giratoria se
detenga en cada una de las regiones siguientes.**

1. roja

2. verde

3. azul

4. anaranjada

5. 3

6. un número
   impar

7. un número
   par

8. un número mayor
   que 4

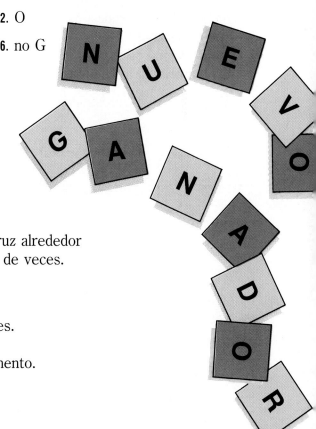

Un cubo tiene caras numeradas del 1 al 6.
Se lanza el cubo. Halla la probabilidad de que
cada uno de éstos esté en la parte de arriba.

1. 4   **2.** 6   **3.** 1   **4.** un número par   **5.** un número impar

6. un número menor que 5   **7.** un número mayor que 2   **8.** un número primo

Escoge una tarjeta sin mirar. Halla la probabilidad de escoger una de las siguientes.

9. R   **10.** D   **11.** N   **12.** O

★ **13.** una vocal   ★ **14.** una consonante   ★ **15.** G   ★ **16.** no G

Suponte que lanzas una moneda al aire.

17. ¿Cuáles son los resultados posibles?

18. ¿Cuál es la probabilidad de que salga cara?

19. ¿Cuál es la probabilidad de que salga cruz?

★ **20.** Suponte que lanzas una moneda al aire 20
veces. ¿Qué piensas que va a pasar?

  a. Va a salir cara   **c.** Va a salir cara y cruz alrededor
  más a menudo.   del mismo número de veces.

  b. Va salir cruz   **d.** no se da
  más a menudo.

★ **21.** Suponte que lanzas una moneda al aire 50 veces.
Escribe la razón para mostrar qué parte de los
lanzamientos van a ser cara. Prueba el experimento.

22. En su cartera, Diana tiene 2 monedas
de 25 centavos, 3 de 5 centavos, 2 de
10 centavos y 5 de 1 centavo. Saca
una moneda sin mirar. ¿Qué
probabilidad hay de que sea de 5?

23. Lionel lanzó una moneda al aire 5
veces. Le salió cara cada vez. ¿Cuál es
la probabilidad de que le salga cara la
próxima vez?

24. Cuando llueve, los periódicos se ponen
en bolsas de plástico de colores. Lionel
tenía 3 bolsas rojas, 3 bolsas azules y
2 bolsas verdes. Si saca una bolsa, ¿qué
probabilidad hay de que sea azul?

★ **25.** Hay 10 ejemplares de *La Gaceta* y 15
de *El Sol*. Los nombres no se ven.
Si Carolina toma uno, ¿qué
probabilidad hay de que escoja *El Sol*?
Pon la respuesta en su expresión mínima.

Tablas de frecuencias

La compañía *Health-Rite* les pidió a 20 niños que escogieran su pasta de dientes favorita de las marcas A, B, C y D. Ana escribió las preferencias de los niños.

Ana usó la información para hacer una **tabla de frecuencias.**

▶Para hacer una tabla de frecuencias,
- haz una lista de cada marca en la columna 1: A, B, C, D.
- muestra la preferencia da cada niño con una marca.
- suma el total de marcas por cada preferencia: la frecuencia.

La tabla muestra cuántos niños escogieron cada marca.

Pasta de dientes	Marca	Frecuencia
A	ꓹꓹꓹꓹꓹ	5
B	ꓹꓹꓹꓹꓹ ꓲꓲ	7
C	ꓲꓲꓲꓲ	4
D	ꓲꓲꓲꓲ	4

¿Cuántos niños escogieron A?

La tabla de frecuencias muestra que 5 niños escogieron la marca A.

TRABAJO EN CLASE

Usa la tabla de frecuencias de arriba para contestar a cada pregunta.

1. ¿Cuántos niños escogieron la marca C?

2. ¿Escogieron más niños la marca A o la marca D?

3. ¿Qué marca se escogió con mayor frecuencia?

La compañía *Health-Rite* le pidió a los mismos niños que dijeran cuántas veces al día se cepillaban los dientes. Éstas fueron las respuestas.

3 3 2 3 3 1 2 1 3 4
2 1 3 3 4 2 3 3 2 2

4. Usa las respuestas para hacer una tabla de frecuencias.

Haz una tabla de frecuencias para estos puntajes de la prueba de deletreo en la clase.

1. 82, 85, 87, 90, 83, 82, 85, 84, 82, 80, 91, 92, 90, 85, 86, 84, 89, 90, 89, 90, 91, 94, 97, 80, 84, 86, 87, 85, 82, 93, 81, 85

Usa la tabla de frecuencias que hiciste en 1 para contestar a estas preguntas.

2. ¿Cuál fue el puntaje más alto?

3. ¿Cuál fue el puntaje más bajo?

4. ¿Cuál fue la diferencia entre el puntaje más alto y el más bajo?

5. ¿Qué puntaje ocurrió con mayor frecuencia?

6. ¿Cuántos estudiantes tuvieron un puntaje de 90 o más?

7. ¿Cuántos estudiantes tuvieron un puntaje de menos de 80?

Haz una tabla de frecuencias para mostrar el tamaño de los zapatos de los estudiantes.

8. 4, 5, 5, $4\frac{1}{2}$, $5\frac{1}{2}$, 4, $4\frac{1}{2}$, 5, $5\frac{1}{2}$, 6, $6\frac{1}{2}$, $4\frac{1}{2}$, 5, $5\frac{1}{2}$, $5\frac{1}{2}$, 5, 5, $4\frac{1}{2}$, 5, 6, 5, 6, 5, $4\frac{1}{2}$, 4, 5, $4\frac{1}{2}$, 5, $5\frac{1}{2}$, 6, $6\frac{1}{2}$, 7

Usa la tabla de frecuencias que hiciste en 8 para contestar a cada pregunta.

9. ¿Qué tamaño de zapato es más común?

10. ¿Qué tamaño de zapato es menos común?

11. ¿Cuántos estudiantes calzan $6\frac{1}{2}$ o más?

★12. ¿Qué por ciento de los estudiantes calzan 5 ó $5\frac{1}{2}$?

★13. Escribe la razón de los estudiantes que calzan 6 en relación al número total de estudiantes. Da la razón en su expresión mínima.

APLICACIÓN

14. Pregunta a cada estudiante en tu clase su estatura al centímetro más cercano. Anota la información. Luego, haz una tabla de frecuencias. Di qué estatura ocurre con más frecuencia.

★15. Haz que tus amigos nombren cosas favoritas. Haz una lista de comidas, programas de TV, deportes, estrellas de cine, o colores. Anota sus preferencias en una tabla de frecuencias. Halla los que ocurren con mayor frecuencia. Comparte tus hallazgos con la clase.

Hallar probabilidades en una tabla

Ricardo León es el administrador de Electrodomésticos Ahorramás. Durante un mes anotó el color de lavaplatos vendido. ¿Cuál es la probabilidad de que quien compró un lavaplatos escoja uno amarillo?

Usa la tabla para hallar la probabilidad.

$$\frac{\text{número de lavaplatos amarillos}}{\text{número total de lavaplatos}} = \frac{7}{25}$$

La probabilidad de que una persona escoja un lavaplatos amarillo es $\frac{7}{25}$.

VENTAS DE LAVAPLATOS

Color	Número vendido
blanco	14
amarillo	7
café	4
Total	25

Otro ejemplo

Ahorramás tiene una venta de horno-tostadores. La tabla muestra cuánto dinero pagaron los clientes por los hornos en una venta el año pasado. Basándote en esta información, halla la probabilidad de que un cliente pague más de $60.00 por un horno-tostador.

$$\frac{\text{número vendido por más de 160}}{\text{número total vendido}} = \frac{30}{90} = \frac{1}{3}$$

La probabilidad de que un cliente pague más de $60.00 es $\frac{1}{3}$.

VENTA DE HORNOS-TOSTADORES

Precio	Número vendido
$39.98	25
$50.65	35
$68.89	17
$88.88	13
Total	90

TRABAJO EN CLASE

Usa la primera tabla de más arriba. ¿Qué probabilidad hay de que alguien escoja un lavaplatos del color siguiente?

1. blanco   **2.** cafe

Usa la tabla a la derecha para hallar la probabilidad de cada forma de pago.

3. efectivo   **4.** cheque

5. cuenta de crédito de la tienda   **6.** tarjeta de crédito de un banco

7. Si un cliente hace una compra, ¿cuál es la forma de pago más probable?

PAGOS DE LOS CLIENTES

Tipo de pago	Número de clientes
efectivo	7
cheque	23
cuenta de crédito de la tienda	13
tarjeta de crédito de un banco	17
Total	60

La tabla a la derecha muestra el número de procesadoras de alimentos vendidas en un mes.

Usa la tabla para contestar a 1-8.

1. ¿Cuántas procesadoras de comida se vendieron en total?

¿Cuál es la probabilidad de que un cliente compre lo siguiente?

2. Cocina Rápido   3. Supertrituradora

4. Cortamágica   5. Ayuda Útil

6. Si un cliente compró una procesadora, ¿cuál marca escogió probablemente?

★7. Halla la suma de las probabilidades.

★8. Expresa cada probabilidad de más arriba en por cientos.

PROCESADORAS DE ALIMENTOS VENDIDAS	
Marca	Número vendido
Supertrituradora	19
Cocina Rápido	21
Cortamágica	39
Ayuda Útil	21

Usa la tabla sobre televisores vendidos para contestar a 9-16.

9. ¿Cuántos televisores se vendieron en total?

¿Qué probabilidad hay de que un cliente compre los siguientes?

TELEVISORES VENDIDOS	
Modelo	Número vendido
blanco y negro, 13 pulgadas	17
color, 13 pulgadas	47
blanco y negro, 19 pulgadas	32
color, 19 pulgadas	81
color, 25 pulgadas	23

10. blanco y negro, 13 pulgadas   11. color, 13 pulgadas   12. blanco y negro, 19 pulgadas   13. color, 19 pulgadas   14. color, 25 pulgadas

15. ¿Qué modelo es más probable que compre un cliente?

★16. Si se vendieron 400 televisores, ¿cuántos puedes esperar que hayan sido de color y 19 pulgadas?

APLICACIÓN

17. Lidia vende tarjetas pintadas a mano. Vendió 40 tarjetas un día: 18 con un dibujo de un perro, 15 con un dibujo de un gato y 7 con un dibujo de un pájaro. Si alguien le compró una tarjeta, ¿qué probabilidad hay de que tuviera un dibujo de un pájaro?

★18. Otro día, Lidia vendió tarjetas con dibujos de flores. Vendió 13 con rosas, 16 con margaritas y 6 con tulipanes. Si alguien le compró una tarjeta, ¿qué probabilidad hay de que no tuviera un dibujo de margaritas?

423

Probabilidad de eventos

En la zapatería *Youngland,* cada cliente que
compra $15.00 o más, tiene derecho a
hacer girar la flecha de la derecha.
Si la flecha para en rojo *o* azul, el cliente
gana un par de medias gratis.

¿Cuál es la probabilidad de que gane el
cliente?

Piensa   Rojo *o* azul son resultados
favorables.

$$\frac{\text{número de resultados favorables}}{\text{número total de resultados}} = \frac{4}{12} \text{ ó } \frac{1}{3}$$

La probabilidad de que un cliente gane es $\frac{4}{12}$ ó $\frac{1}{3}$.

▶Para hallar la probabilidad de un resultado favorable u
otro, suma las probabilidades por separado.

- probabilidad de que la flecha se detenga en rojo = $\frac{2}{12}$
- probabilidad de que la flecha se detenga en azul = $\frac{2}{12}$
- probabilidad de que la flecha se detenga en rojo *o* azul = $\frac{2}{12} + \frac{2}{12} = \frac{4}{12}$ ó $\frac{1}{3}$

Más ejemplos

a. ¿Cuál es la probabilidad de que la flecha se detenga en rojo?

b. ¿Cuál es la probabilidad de que la flecha se detenga en rojo o
amarillo?

Trabajo en clase

Usa la primera flecha de arriba. Halla cada probabilidad.

1. amarillo   **2.** verde   **3.** amarillo o verde   **4.** café o anaranjado

Escoge una tarjeta sin mirar. Halla cada probabilidad.

5. triángulo   **6.** triángulo o
círculo   **7.** triángulo o
cuadrado   **8.** círculo o
cuadrado

PRÁCTICA

Halla cada probabilidad. Usa la flecha de la derecha.

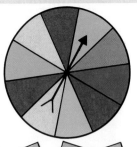

1. rojo
2. azul
3. rojo o verde

4. verde o amarillo
5. amarillo o café
6. azul o anaranjado

Escoge una tarjeta sin mirar.
Halla cada probabilidad.

7. Z
8. R
9. P
10. Z o R

11. Z o P
12. E o T
13. A o R
14. P o E

15. T o R
★16. I
★17. Z o I
★18. no I

Escoge una media sin mirar. Halla cada probabilidad.

19. azul
20. roja
21. azul o rayada

★22. verde
★23. rayada o verde
★24. no azul

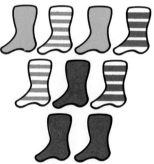

APLICACIÓN

25. Ramón está haciendo un letrero para la zapatería. Tiene plumas o plumones de 8 colores: 4 rojos, 2 azules, 1 verde, y 1 café. Si escoge uno sin mirar, ¿qué probabilidad hay de que sea rojo o verde?

★26. Las etiquetas se cayeron de algunas cajas de zapatos. Todas las cajas se ven iguales. Ramón sabe que hay seis de tamaño 7, cinco de tamaño $7\frac{1}{2}$, cuatro de tamaño 8, y cinco de tamaño $8\frac{1}{2}$. Si Ramón escoge una caja, ¿qué probabilidad hay de que escoja $7\frac{1}{2}$ u $8\frac{1}{2}$?

═══════════ RAZONAMIENTO VISUAL ═══════════

Cata quiere hacer un cubo para experimentos de probabilidad. Quiere que se parezca al cubo que se muestra aquí en dos posiciones diferentes. ¿Cómo debe poner el resto de los números en su modelo?

Problemas para resolver

COMIENZA Cobra $1,000	Dibuja una tarjeta de negocios	Hay que pagar impuestos Paga $400	El nuevo producto tiene éxito Cobra $500
Venta de liquidación Cobra $5,000	**GANANCIAS EN** **$** **LOS NEGOCIOS**		Dibuja una tarjeta de negocios
Pago de salarios Paga $1,000			Suben los precios Cobra $1,000
Paga deudas Paga $500	Día festivo Pierde el próximo turno	Hay un pedido grande Cobra $2,000	Dibuja una tarjeta de negocios

Pola y Daniel crearon un juego llamado Ganancias en los Negocios. Los jugadores sacan $1,000 del banco y ponen sus marcadores en el COMIENZA. Luego, se turnan para tirar el dado. El dado está numerado del 1 a 6. Los jugadores mueven sus marcadores tantos cuadrados como indique el número que sale. Deben seguir las instrucciones que reciben en el punto en que caigan.

1. ¿Qué probabilidad hay de que Pola tenga que pagar impuestos en su primer turno?

2. ¿Qué probabilidad hay de que los precios suban durante el primer turno de Pola?

3. ¿Qué probabilidad hay de que Daniel saque una tarjeta de negocios en su primer turno?

4. ¿Qué es más probable, que Daniel cobre dinero, o que pague dinero en su primer turno?

5. ¿Cuál es la mayor cantidad de dinero que un jugador puede reunir en sus primeros 2 turnos?

★ 6. ¿Cuál es la mayor suma de dinero que un jugador puede pagar en sus primeros 2 turnos?

Usa el tablero del juego Pagos de Negocios para este experimento.

Empieza en COMIENZO. Tira el dado numerado y mueve tu marcador. ¿En qué cuadrado cayó? Haz esto 100 veces y anota los resultados en una tabla. Haz una lista en la tabla de los 6 cuadrados que puedes alcanzar con un tiro.

7. ¿En qué cuadrado se cae el mayor número de veces?

8. ¿En qué cuadrado se cayó el menor número de veces?

9. ¿Cuántas veces caíste en "El producto nuevo es un éxito"?

10. ¿Es posible caer en "Llega una gran orden" en el primer turno? ¿Por qué?

11. Compara tus resultados con los de tus compañeros. ¿Son muy diferentes?

12. ¿Cuáles serían los resultados si tiraras el dado 100 veces más? ¿Las diferencias en el número de tiros por cuadrado aumentarían o disminuirían?

★ 13. Haz una tabla que muestre todos los resultados totales posibles cuando se tiran dos dados numerados.

★ 14. ¿Qué total sucede más a menudo? ¿Qué totales suceden menos a menudo?

═══ ALGO EXTRA ═══

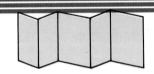

ES BACAÓ LE OÑA OCLSEAR.

1. Cada palabra en el mensaje tiene las letras mezcladas. ¿Puedes leer el mensaje?

2. Crea tus propios mensajes en código. Dobla un pedazo de papel cuatro veces como se muestra. Mientras está doblado, escribe el mensaje en los 3 paneles. Luego, desdobla el papel y agrega palabras para llenar los espacios. Haz que las palabras formen un mensaje nuevo que despiste. ¿Qué mensaje hallas?

Espero	ir al cine. Es posible	que	a	ellos	les
guste	la comida de mamá. ¿Es	este	mi sombero? Les doy el		libro
a	todos	mis	buenos		amigos.

Escribe cada razón de dos maneras. págs. 402–405

1. 8 a 11

2. $\frac{23}{50}$

3. 9 : 1

Halla el valor de n. págs. 406–407

4. $\frac{2}{3} = \frac{n}{12}$

5. $\frac{1}{7} = \frac{5}{n}$

6. $\frac{10}{6} = \frac{n}{3}$

7. $\frac{11}{22} = \frac{1}{n}$

8. $\frac{2}{9} = \frac{n}{27}$

Usa el dibujo a escala para resolver cada una. págs. 408–409

9. ¿Cuáles son las dimensiones exactas de la sala?

10. ¿Cuáles son las dimensiones exactas de la cocina?

Escribe el por ciento para cada razón. págs. 412–413

11. 38 por 100

12. $\frac{41}{100}$

13. $\frac{77}{100}$

14. $\frac{12}{100}$

Escribe el decimal para cada por ciento. págs. 414–415

15. 6%

16. 13%

17. 99%

18. 21%

Halla la probabilidad de que salga cualquiera de los siguientes.

19. 8

20. 5

21. 2 ó 5

págs. 418–419, 424–425

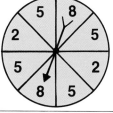

Usa la tabla de frecuencia para contestar a 22–23. págs. 420–421

22. ¿Qué color de sombrero es más común?

23. ¿Cuántos sombreros no son azules?

Color del sombrero	Marca	Frecuencia
Azul	~~IIII~~	5
Verde	IIII	4
Café	~~IIII~~ III	8

Usa la tabla para resolver. págs. 422–423

24. ¿Cuántos animalitos se vendieron en total?

25. Si un cliente compró un animalito, ¿cuál es la probabilidad de que haya comprado un canario?

Tipo de animalito	Cantidad vendida
Gatito	8
Perrito	11
Canario	8
Pez dorado	23

Resuelve. págs. 416–417

26. La tienda de deportes Arnold ordenó 100 pelotas de fútbol, 300 de fútbol americano, 275 de básquetbol y 550 de béisbol. Haz una gráfica de barras para mostrar estas cantidades. ¿Cuál es la razón de pelotas de béisbol a las de básquetbol?

Escribe cada razón de dos maneras.

1. 2 a 9

5. $\frac{13}{400}$

3. 35:3

¿Cuánto van a costar?

4. 5 blocs por $6.00
Compra 15.

5. 2 reglas por $1.50
Compra 4.

6. 12 huevos por $1.29
Compra 36.

Halla el valor de *n*.

7. $\frac{1}{2} = \frac{3}{n}$

8. $\frac{9}{27} = \frac{n}{3}$

9. $\frac{18}{24} = \frac{3}{n}$

10. $\frac{60}{100} = \frac{n}{5}$

Usa el dibujo a escala para contestar a cada una.

11. ¿Cuál es la dimensión del cuadro de rosas?

12. ¿Cuál la dimensión del cuadro de tulipanes?

1 cm = 8m

Escribe el por ciento para cada razón.

13. 90 por 100   **14.** $\frac{4}{100}$ **15.** $\frac{56}{100}$

Escribe el decimal para cada por ciento.

16. 71%   **17.** 9%   **18.** 18%   **19.** 1%

Halla la probabilidad de escoger cada tarjeta sin mirar.

20. T   **21.** E   **22.** vocal

Usa la tabla de frecuencias para contestar 23 y 24.

23. ¿Cuántos suéteres medianos había?

24. ¿Cuántos eran pequeños o grandes?

Tamaño del suéter	Marca	Frecuencia
Pequeño	ЦЦ II	7
Mediano	ЦЦ IIII	9
Grande	III	3

Resuelve.

25. Un jardín es un cuadrado de 3 metros. Tiene un sendero a lo largo de la diagonal. ¿Qué longitud tiene el sendero? Haz un dibujo a escala para mostrar el jardín. Usa 1 cm = 1 m como escala. Estima la longitud de la diagonal.

Marta dividió 36 margaritas en 3 ramos. Los vendió por $1 el ramo. Escribe la razón que compare el número de margaritas con su costo.

MEDIR SOMBRAS

Éste es un proyecto para un día soleado. Halla la razón de la sombra de un objeto a su altura. La razón te ayudará a estimar la altura de otro objeto.

Sostén una vara de medir sobre una superficie plana. Mide el largo de la sombra proyectada por la vara. Escribe la razón.

altura del metro $\rightarrow \dfrac{100 \text{ cm}}{40 \text{ cm}}$
largo de la sombra $\rightarrow$

Ahora, mide la sombra proyectada por un amigo parado junto a la vara. Supón que la sombra de tu amigo es de 60 cm de largo. Escribe una razón igual.

altura del metro $\rightarrow \dfrac{100}{40} = \dfrac{n}{60}$ $\leftarrow$ altura de tu amigo
largo de la sombra $\rightarrow$ $\leftarrow$ sombra de tu amigo

- Escribe $\frac{100}{40}$ en su expresión mínima.

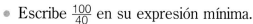

$$\frac{100}{40} = \frac{100}{40} \div \frac{20}{20} = \frac{5}{2}$$

- Halla una razón igual.

$$\frac{5}{2} = \frac{5}{2} \times \frac{30}{30} = \frac{150}{60} \quad \begin{array}{l} \leftarrow \text{altura de tu amigo} \\ \leftarrow \text{sombra de tu amigo} \end{array}$$

La altura de tu amigo es 150 cm. Comprueba midiendo la altura de tu amigo.

Estima las alturas de otros objetos.

- Primero, escoge objetos que puedas medir fácilmente cuando compruebes tus estimados.
- Redondea tus estimados y medidas a los 10 cm más cercanos.
- Luego, mide las sombras proyectadas por objetos de más alturas.
- Continúa redondeando tus medidas a los 10 cm más cercanos.

Escoge un árbol grande, un letrero, un asta de bandera, un arco de goles, un edificio.

Anota las medidas en un cuadro como éste.

Objeto	Largo de la sombra	Altura estimada
amigo		
árbol		
asta		
letrero		

POR CIENTO DE UN NÚMERO

El almacén Bayside vendió 36 suéteres
el viernes. 75% de los suéteres eran lavables.
¿Cuántos de los suéteres eran lavables?

Piensa ¿Cuántos suéteres son 75% de 36 suéteres?

▶Para hallar el por ciento de un número, nombra el por
ciento como razón. Luego, multiplica.

$75\% = \frac{75}{100}$ ó $\frac{3}{4}$

$\frac{3}{4} \times 36 = 27$

75% de 36 es 27.

27 de los suéteres eran lavables.

Halla cada por ciento.

1. 25% de 12

2. 50% de 30

3. 80% de 20

4. 40% de 50

5. 60% de 125

6. 125% de 12

La tabla muestra el número total de clientes
que tuvo Bayside durante una semana en abril.
Usa los por cientos para hallar cuántos
clientes compraron ropa cada día.

Fecha	Total de clientes	Por ciento que compró ropa	Número que compró ropa
6 de abril	74	50%	37
7 de abril	60	80%	48
8 de abril	70	90%	63
9 de abril	70	80%	56
10 de abril	65	60%	39
11 de abril	72	75%	54

REPASO FINAL

Escoge la respuesta correcta. Escribe A, B, C o D.

1. ¿Qué propiedad se usa?
$(6 \times 2) \times 3 = 6 \times (2 \times 3)$

A orden   C cero

B agrupamiento   D no se da

8. 215×196

A 41,710   C 3,440

B 42,140   D no se da

2. ¿En qué posición está 3 en 73,029,100?

A millones   C millares

B decenas de   D no se da
    millones

9. $315 \div 7$

A 46 R3   C 45

B 40   D no se da

3. Redondea 6,541 a la centena más cercana.

A 7,000   C 6,600

B 6,500   D no se da

10. $7\overline{)46,213}$

A 6,601 R6   C 661 R6

B 6,602   D no se da

4. $24 + 306 + 576$

A 906   C 806

B 896   D no se da

11. Halla el promedio de 21, 14 y 40.

A 26   C 25

B 24   D no se da

5. $\begin{array}{r} 9,730 \\ -2,154 \end{array}$

A 7,624   C 7,576

B 7,586   D no se da

12. $6,455 \div 28$

A 23 R15   C 228

B 230 R15   D no se da

6. Estima. 46×9

A 400   C 450

B 360   D no se da

13. ¿Cuál es el MCD de 16 y 4?

A 16   C 4

B 1   D no se da

7. ¿Cuál es el MCM de 8 y 12?

A 9   C 24

B 3   D no se da

14. ¿Qué número es primo?

A 15   C 21

B 13   D no se da

REPASO FINAL

Escoge la respuesta correcta. Escribe A, B, C o D.

15. Completa. 3 sem. = _____ d

A 15 C 28

B 21 D no se da

16. ¿Qué hora es 19 minutos pasadas las 11:45 A.M.?

A 1:04 P.M. C 12:04 P.M.

B 11:54 A.M. D no se da

17. Compara. 8.42 ● 8.419

A < C =

B > D no se da

18. Estima. 0.35 − 0.184

A 0.2 C 0.166

B 0.3 D no se da

19. 15.04 + 3.4 + 0.036

A 18.4 C 15.74

B 18.476 D no se da

20. 0.3 × 0.05

A 0.15 C 0.015

B 1.5 D no se da

21. 22.88 ÷ 22

A 1.4 C 140

B 14 D no se da

22. Completa. 4,000 mL = _____ L

A 40 C 4

B 0.4 D no se da

23. ¿Qué es $\frac{6}{20}$ en su expresión mínima?

A $\frac{1}{5}$ C $\frac{4}{10}$

B $\frac{3}{10}$ D no se da

24. Compara. $\frac{3}{8}$ ● $\frac{1}{2}$

A < C =

B > D no se da

25. ¿Cuál es el número mixto de $\frac{31}{5}$?

A $5\frac{1}{6}$ C $6\frac{1}{5}$

B $5\frac{1}{5}$ D no se da

26. $\frac{5}{15} + \frac{10}{15}$

A $\frac{15}{30}$ C $\frac{14}{15}$

B 1 D no se da

27. $\frac{7}{9} + 4\frac{2}{3}$

A $4\frac{9}{12}$ C $4\frac{1}{9}$

B $5\frac{4}{9}$ D no se da

28. $17\frac{2}{5} - 14\frac{2}{3}$

A $3\frac{4}{15}$ C $3\frac{11}{15}$

B $2\frac{11}{15}$ D no se da

Escoge la respuesta correcta. Escribe A, B, C o D.

4 pies · 19 pies · 16 pies

29. $6\frac{5}{7} \times 4\frac{1}{5}$

A 15

C $28\frac{1}{5}$

B $24\frac{1}{5}$

D no se da

35. ¿Cuál es el área?

A 64 pies^2

C 38 pies^2

B 32 pies^2

D no se da

30. $\frac{11}{12} \div 2\frac{2}{3}$

A $1\frac{2}{9}$

C $2\frac{10}{11}$

B $\frac{11}{32}$

D no se da

36. ¿Cuál es el nombre de esta figura?

A cilindro

C pirámide

B cono

D no se da

31. Completa. 16 ct = _____ gal

A 4

C 6

B 8

D no se da

37. ¿Cuál es el volumen de un cubo de 6 cm?

A 36 cm^3

C 216 cm^3

B 18 cm^3

D no se da

32. ¿Cuántos grados hay en un ángulo recto?

A 90°

C 180°

B 45°

D no se da

38. ¿Cuál *no* es una razón igual a $\frac{56}{64}$?

A $\frac{7}{8}$

C $\frac{14}{16}$

B $\frac{28}{32}$

D no se da

33. ¿Qué es un polígono de 5 lados?

A octágono

C pentágono

B cuadrilátero

D no se da

39. ¿Qué por ciento es la razón $\frac{14}{100}$?

A 7%

C 28%

B 14%

D no se da

34. Nombra el radio del círculo C.

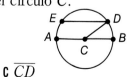

A $\overline{ED}$

C $\overline{CD}$

B $\overline{AB}$

D no se da

40. ¿Cuál es la fracción en su expresión mínima para 75%

A $\frac{3}{4}$

C $\frac{75}{100}$

B $\frac{3}{5}$

D no se da

Escoge la respuesta correcta. Escribe A, B, C o D.

¿Qué datos hacen falta para resolver 41 y 42?

41. Pamela dio 2 lápices a cada estudiante en su clase. ¿Cuántos lápices dio?

A número de estudiantes

B número de lápices por caja

C cantidad de tiempo

D no se da

42. El Sr. Corrales plantó 10 rosales por día durante una semana. Al final de la semana, ¿cuántos le quedan por plantar?

A número de días en la semana

B número de horas que trabajó

C número con que empezó

D no se da

Usa la tabla para resolver 43 y 44.

HUERTO DE MANZANAS NOGALES	
Mes	Cantidad cosechada
septiembre	1,462
octubre	3,012
noviembre	2,879

43. ¿Durante qué mes del año se cosecharon más manzanas?

A septiembre

B octubre

C noviembre

D no se da

44. ¿Cuál es la diferencia entre el mayor y el menor número de manzanas cosechadas?

A 1,550

B 2,450

C 1,650

D no se da

Usa un dibujo para resolver.

45. Luis tenía una cuerda de 42 pulgadas de largo. Cortó un pedazo de 16 pulgadas. ¿Cuántos pedazos de 8 pulgadas puede hacer con lo que quedó?

A 2

B 3

C 4

D no se da

Usa el método de adivinar y comprobar para resolver 46 y 47.

46. Carlos y Vicente recogieron almejas en la playa. Entre los dos encontraron 45. Carlos tenía 4 veces más que Vicente. ¿Cuántas tenía Carlos?

A 9

B 5

C 36

D no se da

47. Jovita compró el mismo número de tubos de pintura que de pinceles. Cada tubo le costó $1.50 y cada pincel le costó $.50. ¿Cuántos compró de cada uno con $8.00?

A 8

B 6

C 4

D no se da

Resuelve.

48. María compró artículos por $6.25, $2.50 y $5.35. Pagó con un billete de veinte dólares. ¿Cuál fue su cambio?

A $14.10

B $6.10

C $5.90

D no se da

Escoge la respuesta correcta. Escribe A, B, C o D.

Resuelve.

49. Marcos, Teo y Jorge son hermanos. Teo nació el segundo. Marcos es el más joven. ¿Quién es el mayor?

A Marcos   C Jorge

B Teo   D no se da

Usa un patrón para responder 50 y 51.

50. 0.2, 0.5, 0.8, 1.1, □

A 1.4   C 1.3

B 1.2   D no se da

51. 20, 4, $\frac{4}{5}$, $\frac{4}{25}$, □

A $\frac{4}{50}$ C $\frac{4}{125}$

B $\frac{5}{30}$ D no se da

Resuelve.

52. ¿Cuál es el residuo cuando $5 \times 5 \times 5 \times 5 \times 5 \times 5 \times 5 \times 5 \times 5$ se divide por 2?

A 0   C 1

B $\frac{1}{2}$ D no se da

Haz una lista a para resolver 53 y 54.

53. El pueblo de Ramón tiene menos de 25 barcos pesqueros. Tres octavos de ellos están siendo reparados. ¿Cuántos barcos podrían estar en reparaciones?

A 15, 30 ó 45   C 2, 8 ó 12

B 3, 6 ó 9   D no se da

---

54. Hay menos de 15 pájaros en un árbol. Dos quintos de ellos son petirrojos.

A 4   C 6

B 2 ó 4   D no se da

Resuelve.

55. El Estadio Municipal tiene 25 filas de asientos en cada sección. Hay 18 secciones y 40 asientos en cada fila. ¿Cuántos asientos hay en el estadio en total?

A 18,000   C 11,700

B 1,720   D no se da

Resuelve 56 y 57 trabajando hacia atrás.

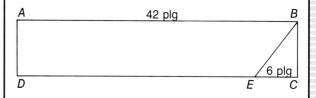

56. El área del rectángulo $ABCD$ es de 756 pulgadas cuadradas. ¿Cuál es el largo de $\overline{AD}$?

A 42 plg.   C 24 plg.

B 18 plg.   D no se da

57. La base del triángulo es de 6 pulgadas. ¿Cuál es el área de la figura $ABED$?

A 648 plg^2 C 702 plg^2

B 54 plg^2 D no se da

GRUPO 1 Halla cada suma o diferencia.   págs. 2–5

1. 5	2. 8	3. 6	4. 4	5. 7	6. 8	7. 9
+3	+5	+7	+6	+2	+7	+8

8. $3 + 0 + 5 = \square$ 9. $3 + 6 + 1 = \square$ 10. $8 + 1 + 2 = \square$

11. 5	12. 2	13. 9	14. 8	15. 15	16. 13	17. 9
−3	−1	−5	−0	− 6	− 8	−9

18. $11 - 6 = \square$ 19. $16 - 7 = \square$ 20. $11 - 4 = \square$ 21. $17 - 9 = \square$

GRUPO 2 Suma o resta. Escribe un dato relacionado para comprobar tus respuestas.   págs. 6–7

1. 6	2. 3	3. 5	4. 7	5. 5	6. 8	7. 9
−2	+6	+4	−3	+9	−5	−4

8. 3	9. 2	10. 8	11. 9	12. 7	13. 2	14. 8
+4	+5	−3	−7	−2	+6	+1

15. $5 + 3 = \square$ 16. $6 - 1 = \square$ 17. $12 - 5 = \square$ 18. $5 + 6 = \square$

GRUPO 3 Multiplica o divide.   págs. 8–11

1. 4	2. 7	3. 6	4. 9	5. 3	6. 7	7. 5
×6	×9	×1	×2	×6	×3	×8

8. $7 \times 0 = \square$ 9. $2 \times 6 = \square$ 10. $4 \times 5 = \square$ 11. $7 \times 6 = \square$

12. $7\overline{)35}$ 13. $8\overline{)16}$ 14. $4\overline{)28}$ 15. $7\overline{)28}$ 16. $9\overline{)45}$

17. $3 \div 1 = \square$ 18. $24 \div 6 = \square$ 19. $16 \div 4 = \square$ 20. $8 \div 2 = \square$

GRUPO 4 Escribe cada número en su forma usual.   págs. 14–19

1. dos mil doscientos sesenta y cinco

2. cuarenta mil trescientos diecisiete

3. 9 mil 42 millones

Da el valor de los dígitos 4 y 8.

4. 8,543   5. 46,827   6. 482,057   7. 148,032

PRÁCTICA EXTRA

págs. 20-25

GRUPO 1   Compara. Usa >, < ó = en lugar de ●.

1. 1,736 ● 1,673
2. 6,081 ● 8,601
3. 14,802 ● 14,802
4. 58,697 ● 58,679
5. 24,106 ● 2,604
6. 698,315 ● 689,351

Redondea al millar más cercano.

7. 1,507
8. 3,320
9. 7,835
10. 9,222

Redondea a los diez millares más cercanos.

11. 796,135
12. 383,560
13. 504,702
14. 523,402

Redondea a la centena de dólares más cercana.

15. $902
16. $89
17. $2,743
18. $835
19. $13,052

GRUPO 2   Suma o resta. Comprueba cada respuesta.

págs. 36-37

1. 225
  + 433

2. 710
  + 269

3. 968
  − 213

4. $7.94
  − 5.51

5. 2,375
  + 1,023

6. 2,823
  − 1,512

7. $62.37
  − 21.26

8. 17,481
  + 11,302

9. 10,307
      251
  + 7,230

10. 24,970
      3,016
  + 41,012

11. 106 + 281
12. 3,684 − 1,062
13. 7,520 − 420

GRUPO 3   Estima cada suma o diferencia.

págs. 38-39

1. 267
  + 438

2. 684
  − 198

3. $5,288
  + 1,035

4. 1,300
  + 9,624

5. 24,696
  − 13,315

Estima. Luego, da un estimado más exacto.

6. 667
  + 39

7. 1,705
  − 790

8. $3,088
  +   460

9. 84,523
  − 5,761

10. 19,271
  + 3,552

GRUPO 4   Suma. Comprueba sumando hacia arriba.

págs. 40-41

1. 946
  + 80

2. 187
  + 694

3. 289
  + 155

4. 457
  + 98

5. $354
  + 361

6. 1,677 + 4,304
7. $2,591 + $6,385
8. 7,512 + 3,668

GRUPO 1 Suma. Comprueba sumando hacia arriba. págs. 42–45

1.	106	2.	513	3.	$19.08	4.	1,637	5.	5,569
	443		471		14.47		47		490
	+ 96		+632		+ 53.59		202		7,835
							+ 916		+ 607

6. $4.70 + $.34 + $4.38   7. 5,373 + 42 + 287 + 709

Suma. Estima para asegurarte de que cada respuesta tiene sentido.

8.	45,232	9.	1,905	10.	$866.79	11.	517,890	12.	315,598
	+ 340		+39,703		+ 265.51		+ 29,362		+140,460

13. 75,624 + 6,517   14. 30,391 + 48,075   15. 107,563 + 608,520

GRUPO 2 Resta. Estima para asegurarte de que cada respuesta tiene sentido.

págs. 48–49

1.	765	2.	603	3.	495	4.	6,962	5.	$379
	−174		−578		−287		− 290		− 164

6. 9,069 − 846   7. 3,697 − 1,032   8. 5,211 − 1,708

GRUPO 3 Resta. Comprueba sumando. págs. 50–53

1.	430	2.	$9.06	3.	$14.90	4.	2,070	5.	30,615
	−186		− 7.97		− 9.05		−1,695		−19,620

6.	8,085	7.	9,030	8.	$31.46	9.	1,822	10.	9,369
	− 704		−2,154		− 17.03		−1,635		−1,603

11.	$369.75	12.	900,000	13.	14,306	14.	$7,728.98	15.	75,000
	− 213.72		−522,340		−12,399		− 6,792.41		−46,574

GRUPO 4 Multiplica. págs. 62–65

1.	60	2.	20	3.	700	4.	3,000	5.	8,000
	× 3		× 4		× 9		× 8		× 9

6.	28	7.	19	8.	47	9.	53	10.	83
	× 7		× 9		× 6		× 4		× 5

11. 6 × 40   12. 7 × 80   13. 2 × 900   14. 5 × 5,000

PRÁCTICA EXTRA

págs. 66-69

GRUPO 1   **Multiplica.**

1. 426
   × 2

2. 713
   × 6

3. 6,518
   × 3

4. 8,457
   × 5

5. 9,374
   × 7

6. 5 × 287   7. 4 × 918   8. 9 × 3,682   9. 8 × 4,169

Estima cada producto.

10. 29
    × 6

11. 82
    × 3

12. 728
    × 4

13. 3,598
    × 4

14. 4,621
    × 4

15. 986
    × 5

16. 8,653
    × 2

17. 634
    × 6

18. 4,509
    × 5

19. 423
    × 4

GRUPO 2   **Multiplica.**

págs. 70-73

1. $.39
   × 7

2. $1.86
   × 5

3. $27.53
   × 4

4. $49.18
   × 3

5. $89.37
   × 6

Halla el MCM para cada grupo de números.

6. 2, 5   7. 5, 7   8. 8, 12   9. 2, 4, 7   10. 2, 6, 8

GRUPO 3   **Multiplica.**

págs. 76-77

1. 6 × 12
   60 × 12
   600 × 12

2. 4 × 78
   40 × 78
   400 × 78

3. 7 × 215
   70 × 215
   700 × 215

4. 75
   ×30

5. 324
   × 50

6. 5,984
   × 100

7. 4,936
   × 800

8. 7,965
   × 500

GRUPO 4   **Multiplica.**

págs. 78-85

1. 35
   ×32

2. 81
   ×29

3. 74
   ×16

4. 263
   × 45

5. 976
   × 37

6. 55 × 514   7. 11 × 8,952   8. 46 × 9,346   9. 22 × 7,470

Multiplica.

10. 963
    ×210

11. 4,123
    × 444

12. 3,984
    × 627

13. 40,907
    × 825

14. 62,004
    × 436

15. 628 × 9,791   16. 902 × 2,221   17. 408 × 3,342

GRUPO 1 Divide. Comprueba multiplicando. págs. 96–101

1. $2\overline{)40}$ 2. $9\overline{)63}$ 3. $6\overline{)1,800}$ 4. $8\overline{)58}$ 5. $4\overline{)72}$ 6. $3\overline{)86}$

7. $5\overline{)43}$ 8. $9\overline{)64}$ 9. $8\overline{)640}$ 10. $9\overline{)56}$ 11. $5\overline{)83}$ 12. $6\overline{)97}$

13. $2\overline{)15}$ 14. $4\overline{)23}$ 15. $6\overline{)98}$ 16. $3\overline{)17}$ 17. $7\overline{)94}$ 18. $5\overline{)49}$

19. $200 \div 5$ 20. $17 \div 4$ 21. $43 \div 8$ 22. $27 \div 5$ 23. $17 \div 5$

24. $360 \div 4$ 25. $75 \div 8$ 26. $36 \div 5$ 27. $21 \div 7$ 28. $67 \div 4$

Halla cada número que falta.

29. $n \div 3 = 50$ 30. $n \div 8 = 6,000$ 31. $n \div 7 = 6,000$ 32. $n \div 5 = 4,000$

GRUPO 2 Divide. Comprueba multiplicando. págs. 102–109

1. $6\overline{)251}$ 2. $5\overline{)225}$ 3. $7\overline{)792}$ 4. $4\overline{)485}$

5. $9\overline{)497}$ 6. $8\overline{)433}$ 7. $5\overline{)329}$ 8. $3\overline{)619}$

9. $783 \div 5$ 10. $931 \div 8$ 11. $627 \div 3$ 12. $540 \div 4$

13. $419 \div 2$ 14. $289 \div 7$ 15. $860 \div 5$ 16. $679 \div 8$

GRUPO 3 Divide. págs. 110–115

1. $4\overline{)7,777}$ 2. $7\overline{)4,562}$ 3. $9\overline{)6,245}$ 4. $6\overline{)35,427}$

5. $3\overline{)\$84.24}$ 6. $5\overline{)\$67.90}$ 7. $7\overline{)\$91.28}$ 8. $9\overline{)\$270.54}$

9. $4,987 \div 6$ 10. $7,251 \div 9$ 11. $68,253 \div 4$ 12. $47,295 \div 8$

Halla cada promedio.

13. 75, 83, 10, 68   14. 275, 436, 799, 322

15. $5.00, $6.27, $1.50, $9.75   16. 26, 31, 42, 98, 23, 38

17. 95, 90, 70, 60, 100   18. 304, 290, 312, 274

PRÁCTICA EXTRA

GRUPO 1 Divide.

págs. 126–133

1. $40\overline{)57}$
2. $20\overline{)81}$
3. $30\overline{)831}$
4. $10\overline{)428}$
5. $60\overline{)786}$

6. $59\overline{)92}$
7. $15\overline{)97}$
8. $86\overline{)489}$
9. $73\overline{)576}$
10. $54\overline{)329}$

Estima cada cociente.

11. $27\overline{)634}$
12. $47\overline{)510}$
13. $22\overline{)678}$
14. $13\overline{)\$2.73}$
15. $78\overline{)466}$

Divide.

16. $36\overline{)2,548}$
17. $24\overline{)1,728}$
18. $52\overline{)1,509}$
19. $29\overline{)1,197}$
20. $47\overline{)3,902}$

GRUPO 2 Divide. Comprueba multiplicando.

págs. 136–141

1. $89\overline{)1,759}$
2. $35\overline{)1,846}$
3. $63\overline{)5,981}$
4. $91\overline{)7,932}$
5. $63\overline{)5,813}$

6. $44\overline{)8,163}$
7. $56\overline{)97,504}$
8. $72\overline{)23,456}$
9. $26\overline{)12,006}$
10. $84\overline{)25,677}$

11. $35\overline{)725}$
12. $16\overline{)3,350}$
13. $42\overline{)8,020}$
14. $51\overline{)61,384}$

GRUPO 3 Enumera los factores de cada número.

págs. 142–145

1. 11
2. 8
3. 15
4. 20
5. 24

6. 18
7. 21
8. 30
9. 32
10. 48

Halla los factores comunes y el MCD.

11. 12 y 18
12. 6 y 15
13. 8 y 10
14. 9 y 24

15. 10 y 15
16. 16 y 32
17. 10, 12 y 14
18. 30, 45 y 75

Completa cada árbol de factores.

19.

20.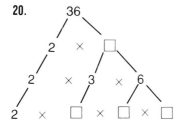

21.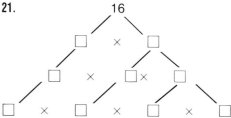

GRUPO 1 **Contesta a las preguntas bajo cada gráfica de barras.** págs. 156–159

NÚMERO DE ALUMNOS EN EL CORO

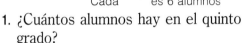

Cada ⬜ es 6 alumnos

ALUMNOS EN EL CLUB DE ARTE

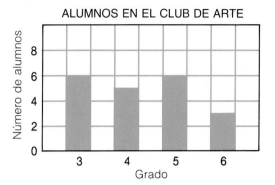

1. ¿Cuántos alumnos hay en el quinto grado?

2. ¿Cuántos más alumnos hay en el sexto grado que en el cuarto?

3. ¿Qué grado tiene el menor número de miembros en el coro?

4. ¿Cuántos alumnos hay en el coro en total?

1. ¿Qué grado tiene el menor número de miembros del Club de Arte?

2. ¿Qué grados tienen el mismo número de miembros en el club?

3. ¿Cuántos miembros del club están en el cuarto grado?

4. ¿Cuántos más miembros del club están en quinto grado que en sexto?

GRUPO 2 **Contesta a las preguntas debajo de cada gráfica.** págs. 160–165

MARYLAND: PRECIPITACIÓN DE NIEVE

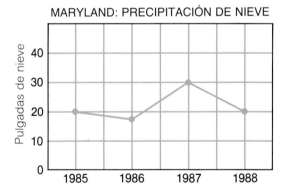

EMPLEOS EN GERMANTOWN

1. ¿Cuántas pulgadas de nieve cayeron en 1985?

2. ¿Cuántas más pulgadas de nieve cayeron en 1987 que en 1988?

3. Entre 1985 y 1986, la cantidad de nieve caída ¿aumentó o disminuyó?

4. ¿Qué año tuvo la menor cantidad de nieve caída?

1. ¿Cuánta gente trabaja en Germantown?

2. ¿Cuáles tres grupos de trabajadores forman la mitad del total?

3. ¿Cuántas personas hay en mantenimiento?

4. ¿Cuántas personas trabajan en otros empleos?

PRÁCTICA EXTRA

GRUPO 1 **Escribe la hora de dos maneras.** págs. 168–169

1.  **2.**  **3.**  **4.**

Completa.

5. 3 años = _____ meses

6. 120 s = _____ min

7. 72 h = _____ d

8. 4 sem. = _____ d

9. 360 min = _____ h

10. 3 años = _____ sem

11. 5 min = _____ s

12. 35 d = _____ sem

13. 4 d = _____ h

Escoge A.M. o P.M.

14. Samuel cenó a las 6:15 _____

15. La escuela empieza a las 9:00 _____

16. Cora almorzó a las 11:40 _____

17. El sol se pone a las 8:42 _____

GRUPO 2 **Halla cada hora.** págs. 170–171

1. 25 minutos
después de las 6:50

2. 24 minutos
antes de la 1:05

3. 2 h 10 min
antes de las 11:00

Halla cuánto tiempo ha pasado.

4. de las 10:06 P.M.
a las 11:40 P.M.

5. de la 1:06 A.M.
a las 6:23 A.M.

6. de las 9:30 P.M.
a las 12:08 A.M.

7. de las 2:39 A.M.
a las 9:15 A.M.

8. de las 8:15 A.M.
a la 1:45 P.M.

9. de la 1:15 A.M.
a las 11:07 A.M.

Completa.

10. 2 min 17 s = _____ s

11. 3 h 20 min = _____ min

12. 105 min = _____ h _____ min

13. $1\frac{1}{4}$ h 30 min = _____ h _____ min

Suma o resta.

14. 4 h 25 min
     + 1 h 52 min

15. 3 min 5 s
     − 1 min 16 s

16. 2 d 18 h 45 min
     + 4 d 7 h 51 min

GRUPO 1 Escribe el decimal para cada uno. págs. 180–185

1. 3 décimas
2. 2 y 6 décimas
3. 1 décima
4. 9 y 7 décimas
5. 4 centésimas
6. 16 centésimas
7. 2 y 75 centésimas
8. 8 y 1 centésimas
9. 2 milésimas
10. 357 milésimas
11. 15 y 15 milésimas
12. 6 y 705 milésimas

Da el valor del dígito subrayado.

13. 84.<u>7</u>
14. 91.5<u>3</u>
15. <u>1</u>0.26
16. 98.2<u>7</u>5
17. 6.49<u>3</u>
18. 59.1<u>4</u>
19. 73.73<u>7</u>
20. 4<u>6</u>.28

GRUPO 2 Compara. Usa >, < ó = en lugar de ●. págs. 186–189

1. 0.5 ● 0.8
2. 0.65 ● 0.6
3. 1.7 ● 1.70
4. 0.954 ● 0.950
5. 9.25 ● 9.250
6. 0.02 ● 0.002
7. 6.90 ● 6.09
8. 0.001 ● 0.010

Redondea a la décima más cercana.

10. 0.28
11. 1.41
12. 5.55
13. 82.177
14. 0.06

Redondea a la centésima más cercana.

15. 0.342
16. 9.866
17. 42.424
18. 987.789

GRUPO 3 Suma o resta. págs. 192–201

1. 5.9 + 2.7
2. 86.8 − 14.9
3. 3.87 + 4.25
4. 29.39 − 7.93
5. 73.654 + 8.87
6. 4.826 + 97.519
7. 50.002 − 4.9
8. 36.36 − 8.487
9. 7.777 + 0.91
10. 538.27 − 49.365
11. 215.3 + 7.24 + 0.056
12. 93.37 − 37.93
13. 876.22 + 87.622

Estima cada suma o diferencia.

14. 5.253 − 1.372
15. 81.467 + 7.4
16. 16.16 − 4.25
17. 92.42 + 8.69
18. 86.583 + 9.32

PRÁCTICA EXTRA

GRUPO 1   Estima cada producto.

1. 76
   × 2.2

2. 9.9
   × 5

3. 3.91
   × 15

4. 59.95
   × 4.04

5. 6.789
   × 43.2

Multiplica.

6.   35
   × 1.237

7. 9.12
   × 83

8. 7.54
   × 51.6

9. 1,000
   × 5.23

10. 89.6
   × .73

11. 5.92 × 7

12. 7.11 × 9.05

13. 7.93 × 15.9

GRUPO 2   Divide.   págs. 220–225

1. 3)9.27

2. 7)66.43

3. 4)384.24

4. 6)295.08

5. 9)27.081

6. 7)7.049

7. 10)48.2

8. 12)7.512

GRUPO 3   Escoge km, m, cm o mm para cada medida.   págs. 228–233

1. distancia de la Florida a Maine

2. largo de un dedo

3. ancho de la sala de clases

4. altura de un rascacielos

5. largo de una hormiga

6. la distancia que recorre un tren

Completa. Escoge km, m, dm, cm o mm.

7. 1 m = 10 _____

8. 0.1 km = 100 _____

9. 1 dm = 0.1 _____

10. 30 mm = 3 _____

11. 1 m = 100 _____

12. 50 cm = 5 _____

GRUPO 4   Completa. Escoge kg, g, L o mL.   págs. 234–239

1. Un bebé pesa como 4 _____ .

2. Una cucharita contiene como 5 _____ .

3. Un lavatorio contiene como 20 _____ .

4. Un insecto pesa como 1 _____ .

5. Un sandwich pesa como 200 _____ .

6. Un tanque de gasolina contiene como 50 _____ .

Escribe frío, agradable o caluroso para cada temperatura.

7. 19°C

8. 1°C

9. 35°C

10. 56°C

11. −5°C

12. 21°C

446   COMPUTACIÓN

GRUPO 1 Escribe la fracción que indica qué parte es roja. págs. 252–255

1.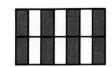

2.

3.

4.

5.

Completa. Usa el cuadro de fracciones en la página 255 para ayudarte.

6. $\frac{2}{4} = \frac{n}{8}$ 7. $\frac{1}{3} = \frac{n}{9}$ 8. $\frac{2}{5} = \frac{n}{15}$ 9. $\frac{1}{2} = \frac{n}{14}$ 10. $\frac{2}{6} = \frac{n}{3}$

11. $\frac{4}{5} = \frac{n}{10}$ 12. $\frac{5}{6} = \frac{n}{12}$ 13. $\frac{4}{8} = \frac{n}{2}$ 14. $\frac{1}{2} = \frac{n}{4}$ 15. $\frac{8}{10} = \frac{n}{5}$

GRUPO 2 Escribe cada fracción en su expresión mínima. págs. 256–259

1. $\frac{4}{6}$ 2. $\frac{5}{10}$ 3. $\frac{21}{42}$ 4. $\frac{50}{75}$ 5. $\frac{60}{100}$ 6. $\frac{60}{120}$

7. $\frac{75}{100}$ 8. $\frac{9}{45}$ 9. $\frac{5}{55}$ 10. $\frac{9}{63}$ 11. $\frac{9}{120}$ 12. $\frac{10}{150}$

Escribe las fracciones homogéneas usando el MCD.

13. $\frac{3}{8}, \frac{4}{16}$ 14. $\frac{2}{3}, \frac{1}{4}$ 15. $\frac{3}{7}, \frac{5}{6}$ 16. $\frac{7}{9}, \frac{6}{8}$ 17. $\frac{4}{5}, \frac{1}{3}$

GRUPO 3 Compara. Usa >, < ó = en lugar de ●. págs. 262–265

1. $\frac{2}{5}$ ● $\frac{3}{10}$ 2. $\frac{4}{6}$ ● $\frac{2}{3}$ 3. $\frac{1}{4}$ ● $\frac{5}{7}$ 4. $\frac{5}{8}$ ● $\frac{5}{6}$ 5. $\frac{2}{3}$ ● $\frac{3}{5}$ 6. $1\frac{3}{4}$ ● $\frac{5}{3}$

Escribe I para cada fracción impropia
y M para cada número mixto.

7. $2\frac{4}{6}$ 8. $\frac{9}{9}$ 9. $\frac{23}{11}$ 10. $4\frac{1}{2}$ 11. $\frac{5}{4}$ 12. $52\frac{1}{2}$ 13. $\frac{112}{100}$

GRUPO 4 Escribe cada número mixto como fracción impropia. págs. 266–269

1. $6\frac{2}{3}$ 2. $3\frac{4}{9}$ 3. $5\frac{7}{8}$ 4. $8\frac{4}{10}$ 5. $30\frac{1}{2}$ 6. $2\frac{6}{9}$

Escribe un decimal para cada fracción o número mixto.

7. $\frac{2}{4}$ 8. $\frac{4}{5}$ 9. $\frac{18}{50}$ 10. $\frac{3}{6}$ 11. $\frac{9}{10}$ 12. $\frac{3}{12}$

GRUPO 1 Suma o resta. Escribe la respuesta en su expresión mínima. págs. 280–283

1. $\dfrac{4}{8}$ $+\dfrac{2}{8}$

2. $\dfrac{1}{5}$ $+\dfrac{3}{5}$

3. $\dfrac{5}{7}$ $-\dfrac{2}{7}$

4. $\dfrac{7}{8}$ $-\dfrac{5}{8}$

5. $\dfrac{9}{10}$ $-\dfrac{4}{10}$

6. $3\dfrac{7}{10}$ $+3\dfrac{1}{10}$

7. $\dfrac{2}{6} + \dfrac{4}{6}$

8. $\dfrac{8}{12} - \dfrac{4}{12}$

9. $9\dfrac{3}{8} + 2\dfrac{1}{8}$

10. $5\dfrac{3}{12} - 2\dfrac{1}{12}$

GRUPO 2 Resta. Escribe cada diferencia en su expresión mínima. págs. 284–285

1. $6\dfrac{3}{5}$ $-1\dfrac{4}{5}$

2. $9\dfrac{1}{6}$ $-7\dfrac{3}{6}$

3. $2\dfrac{3}{10}$ $-1\dfrac{9}{10}$

4. $8\dfrac{5}{8}$ $-\dfrac{6}{8}$

5. $4\dfrac{9}{12}$ $-3\dfrac{10}{12}$

6. $8\dfrac{1}{8}$ $-6\dfrac{5}{8}$

7. $5\dfrac{3}{7} - 3\dfrac{5}{7}$

8. $6\dfrac{2}{5} - 3\dfrac{4}{5}$

9. $7\dfrac{4}{10} - 5\dfrac{9}{10}$

10. $9 - 6\dfrac{2}{7}$

GRUPO 3 Suma o resta. Escribe la respuesta en su expresión mínima. págs. 288–295

1. $\dfrac{2}{6}$ $+\dfrac{1}{2}$

2. $\dfrac{1}{4}$ $+\dfrac{3}{6}$

3. $\dfrac{4}{5}$ $-\dfrac{3}{10}$

4. $\dfrac{3}{8}$ $+\dfrac{1}{4}$

5. $\dfrac{3}{10}$ $-\dfrac{1}{6}$

6. $6\dfrac{1}{3}$ $-3\dfrac{5}{12}$

7. $\dfrac{1}{2} + \dfrac{3}{10}$

8. $\dfrac{5}{6} - \dfrac{1}{2}$

9. $\dfrac{7}{12} - \dfrac{1}{4}$

10. $2\dfrac{1}{6} + 7\dfrac{1}{3}$

Resta. Escribe cada diferencia en su expresión mínima.

11. $8\dfrac{5}{6}$ $-3\dfrac{1}{6}$

12. $9\dfrac{3}{5}$ $-6\dfrac{1}{3}$

13. $10\dfrac{7}{8}$ $- 4$

14. $8\dfrac{1}{3}$ $-4\dfrac{1}{9}$

15. $8\dfrac{4}{5}$ $-6\dfrac{3}{5}$

16. $6\dfrac{1}{4}$ $-3\dfrac{1}{2}$

17. $6\dfrac{7}{8} - 4\dfrac{1}{2}$

18. $7\dfrac{3}{5} - 2\dfrac{1}{10}$

19. $8\dfrac{3}{4} - 5\dfrac{5}{12}$

20. $10\dfrac{3}{4} - 5\dfrac{1}{2}$

GRUPO 4 Multiplica. Escribe cada respuesta en su expresión mínima. págs. 304–311

1. $\dfrac{1}{3} \times \dfrac{6}{7}$

2. $\dfrac{3}{4} \times \dfrac{1}{6}$

3. $\dfrac{3}{5} \times \dfrac{2}{3}$

4. $\dfrac{5}{6} \times \dfrac{3}{10}$

5. $\dfrac{1}{2} \times \dfrac{5}{7}$

6. $\dfrac{1}{8} \times \dfrac{4}{5}$

7. $\dfrac{4}{5} \times 30$

8. $\dfrac{1}{6} \times 4$

9. $\dfrac{2}{7} \times 5$

10. $\dfrac{5}{6} \times 1\dfrac{2}{5}$

11. $4\dfrac{2}{3} \times \dfrac{3}{7}$

12. $2\dfrac{2}{9} \times \dfrac{3}{8}$

13. $5\dfrac{5}{8} \times \dfrac{4}{15}$

14. $2\dfrac{11}{12} \times \dfrac{6}{7}$

15. $6\dfrac{1}{4} \times \dfrac{4}{5}$

16. $2\dfrac{2}{5} \times 6\dfrac{1}{4}$

17. $1\dfrac{2}{3} \times 1\dfrac{3}{5}$

18. $1\dfrac{7}{10} \times 3\dfrac{1}{3}$

GRUPO 1 Halla cada recíproco. págs. 312–317

1. $\frac{16}{17}$ 2. $5\frac{1}{4}$ 3. 66 4. $\frac{3}{25}$ 5. $8\frac{5}{8}$ 6. $\frac{1}{43}$

Halla cada producto o valor de n.

7. $1\frac{3}{5} \times \frac{5}{8}$ 8. $2\frac{2}{9} \times \frac{9}{20}$ 9. $n \times \frac{6}{7} = 1$ 10. $6\frac{3}{5} \times n = 1$

Divide. Escribe cada respuesta en su expresión mínima.

11. $30 \div \frac{5}{6}$ 12. $\frac{7}{12} \div \frac{7}{8}$ 13. $\frac{14}{15} \div \frac{7}{20}$ 14. $16 \div \frac{8}{9}$ 15. $\frac{14}{15} \div \frac{7}{30}$

16. $\frac{8}{11} \div \frac{5}{33}$ 17. $\frac{15}{32} \div \frac{9}{16}$ 18. $\frac{9}{10} \div \frac{3}{20}$ 19. $\frac{5}{26} \div \frac{10}{13}$ 20. $7 \div \frac{14}{25}$

Divide. Escribe cada residuo como fracción y como decimal.

21. $33 \div 5$ 22. $98 \div 16$ 23. $105 \div 42$ 24. $38 \div 152$ 25. $374 \div 68$

GRUPO 2 Mide la flecha a lo más cercano ⟶ págs. 323–325

1. pulgada 2. $\frac{1}{2}$ pulgada 3. $\frac{1}{4}$ pulgada 4. $\frac{1}{8}$ pulgada

Llena los espacios vacíos.

5. 24 yd = ___ pies 6. 267 pies = ___ yd 7. 96 plg = ___ pies

8. 5 pies 8 plg = ___ plg 9. 2 yd 2 pies = ___ plg 10. 5 mi = ___ pies

11. 3 lb = ___ oz 12. $5\frac{1}{2}$ T = ___ lb 13. 0.5 mi = ___ yd

GRUPO 3 Completa. págs. 326–329

1. 4 oz liq = ___ t 2. 11 t = ___ pt 3. 18 ct = ___ gal 4. 14 ct = ___ $\frac{1}{2}$ gal

Suma o resta.

5.　　6 lb 11 oz
　　+ 10 lb　5 oz

6.　　20 mi 3,300 pies
　　−　8 mi 4,700 pies

7.　　5 gal 2 ct
　　− 1 gal 3 ct

Compara. Usa $>$, $<$ ó $=$ en lugar de ●.

8. 140 plg ● $3\frac{1}{2}$ yd 9. 64 oz liq ● $\frac{1}{2}$ gal 10. $4\frac{1}{2}$ lb ● 70 oz

PRÁCTICA EXTRA

GRUPO 1 Halla cada medida. Di si el ángulo es recto, agudo u obtuso.

págs. 342–347

1. ∠HIL
2. ∠NIH
3. ∠LIJ
4. ∠HIM
5. ∠KIJ
6. ∠JIN
7. ∠MIJ
8. ∠HIO
9. ∠OIJ
10. ∠HIJ

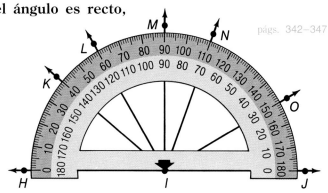

GRUPO 2 Une cada figura con su nombre.

págs. 352–353; 362–363

1. trapecio
2. rombo
3. paralelogramo
4. rectángulo
5. cuadrado

a   b   c   d   e

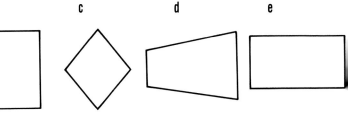

Usa el diagrama para contestar cada pregunta.

6. Indica el círculo.
7. Indica el diamétro.
8. Indica tres radios.
9. Indica dos cuerdas.
10. Indica dos semicírculos.

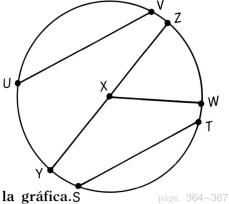

GRUPO 3 Completa la tabla usando los puntos en la gráfica.

págs. 364–367

	Primer número	Segundo número	Par ordenado	Punto
1.	4		(4,7)	
2.		4	(6,4)	
3.	2	6		
4.		7		G
5.				C
6.	5		(5,2)	
7.				F
8.		10	(10,10)	
9.	1		(1,2)	
10.	3	9		

GRUPO 1 **Halla el perímetro de cada polígono.** págs. 378–379

1.
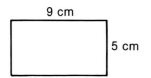
9 cm
5 cm

2.
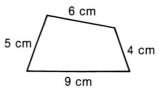
6 cm
5 cm
4 cm
9 cm

3.
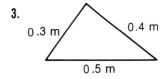
0.3 m
0.4 m
0.5 m

4.
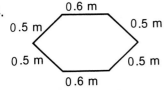
0.6 m
0.5 m
0.5 m
0.5 m
0.5 m
0.6 m

5.
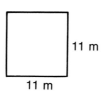
11 m
11 m

6.
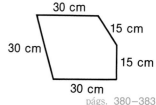
30 cm
15 cm
30 cm
15 cm
30 cm

GRUPO 2 **Halla el área.** págs. 380–383

1.
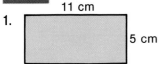
11 cm
5 cm

2.

20 m

3.
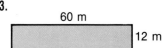
60 m
12 m

Halla el área de cada triángulo.

4.
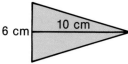
6 cm
10 cm

5.

8 cm
35 cm

6.
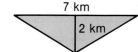
7 km
2 km

GRUPO 3 **Nombra cada figura del espacio.** págs. 386–389

1.

2.

3.

4.

Halla cada volumen.

4. l = 1 m
   a = 1 m
   al = 1 m

5. l = 1 m
   a = 50 cm
   al = 1 m

6. l = 1 m
   a = 50 cm
   al = 50 cm

7. l = 10 cm
   a = 10 cm
   al = 10 cm

GRUPO 4 **Halla cada medida que falta.** págs. 390–391

1. un rectángulo
   l = 1 pie
   a = 0.5 pies
   P = _____
   A = _____

2. un cuadrado
   l = _____
   a = _____
   P = 4 pies
   A = _____

3. un triángulo
   b = 5 plg.
   h = 10 plg.
   A = _____

4. un triángulo
   b = _____
   h = 20 plg
   A = 100 plg^2

PRÁCTICA EXTRA

GRUPO 1 **Escribe cada razón de dos maneras distintas.** págs. 402–407

1. 1 a 4   **2.** 6 a 10   **3.** 9 a 15   **4.** 8 a 19

Halla una razón igual.

5. $\frac{4}{5} = \frac{n}{20}$ **6.** $\frac{1}{6} = \frac{4}{n}$ **7.** $\frac{6}{7} = \frac{n}{35}$ **8.** $\frac{1}{2} = \frac{13}{n}$

9. $\frac{2}{9} = \frac{6}{n}$ **10.** $\frac{7}{10} = \frac{n}{50}$ **11.** $\frac{9}{12} = \frac{n}{4}$ **12.** $\frac{7}{35} = \frac{n}{5}$

13. $\frac{6}{18} = \frac{3}{n}$ **14.** $\frac{42}{49} = \frac{n}{7}$ **15.** $\frac{15}{25} = \frac{3}{n}$ **16.** $\frac{12}{54} = \frac{n}{9}$

GRUPO 2 **Usa el dibujo a escala para resolver.** págs. 408–409

1. ¿Cuáles son las dimensiones de la cocina?

2. ¿Cuáles son las dimensiones de la sala?

3. Los dueños querían agregar un corredor cubierto y un garaje. El garaje tendría 7 m de ancho y 8 m de largo. ¿Cuántos centímetros representarían estas dimensiones?

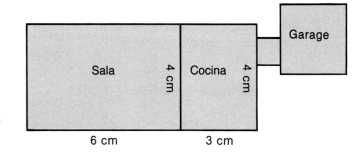

Escala: 1 cm = 3 m

GRUPO 3 **Escribe el por ciento para cada razón.** págs. 412–415

1. $\frac{3}{100}$ **2.** $\frac{15}{100}$ **3.** $\frac{29}{100}$ **4.** $\frac{42}{100}$ **5.** $\frac{51}{100}$

6. $\frac{65}{100}$ **7.** $\frac{73}{100}$ **8.** $\frac{87}{100}$ **9.** $\frac{4}{100}$ **10.** $\frac{90}{100}$

Escribe cada por ciento como decimal y como fracción en su expresión mínima.

11. 7%   **12.** 93%   **13.** 82%   **14.** 63%   **15.** 75%

16. 15%   **17.** 29%   **18.** 33%   **19.** 49%   **20.** 50%

GRUPO 4 **Halla la probabilidad para cada letra o par de letras.** págs. 418–425

1. T   **2.** E   **3.** R   **4.** I   **5.** F

6. C   **7.** T o E   **8.** R o F   **9.** I o E   **10.** R o I

GRUPO 1   **Lee el cartel para contestar a las preguntas.**   págs. 12–13

1. ¿Cuántos grupos por edades hay?

2. Eva tiene 11 años. ¿En qué clase está?

3. El padre de Eva pagó para poder participar ambos en el concurso. ¿Qué cambio recibió de $10?

4. ¿Cuántos adultos y niños pueden participar en el concurso por $21?

> ≡ CONCURSO DE AVIONES DE PAPEL ≡
>
> Clase A—Edades 8 y menores
> Clase B—Edades 9–13
> Clase C—Edades 14–18
> Clase D—Adultos
>
> Precio de la entrada—Estudiantes $2
>   Adultos $3
>
> Salón Juárez, 3 de noviembre

GRUPO 2   **Usa la ilustración para contestar a las preguntas.**   págs. 26–27

1. ¿Cuántos libros están a la venta?

2. ¿Qué pasaría si se venden 2 libros de animales y 4 de deportes? ¿Cuántos libros quedarían para la venta?

3. ¿Cuánto costarían 4 libros de animales, 6 libros de deportes y 8 libros de misterio?

4. Si se venden todos los libros, ¿cuánto recibe la tienda?

GRUPO 3   **Si hay muy poca información, escribe lo que falta. Si hay demasiada información, escribe los datos extra. Resuelve el problema cuando sea posible.**   págs. 46–47

1. Las secoyas más viejas que se conocen tienen alrededor de 3,500 años. Se cree que algunos pinos de conos tienen 4,600 años de edad. El más grande tiene alrededor de 1,500 años. ¿Cuánto más tiempo que los secoya tienen los pinos de cono?

2. Los troncos de algunas secoyas tienen más de 10 pies de diámetro. Una secoya gigante puede tener un diámetro de dos veces ese tamaño. Una secoya gigante puede tener 272 pies de alto. Una secoya es 90 pies más alta. ¿Qué altura tiene la secoya?

3. Ema recogió 12 conos de pino. Recogió 3 veces la cantidad que recogió Eduardo. ¿Cuántos recogió Eduardo?

4. Verónica recogió 9 hojas de arce y 4 de roble. Recogió 3 hojas de arce más que Pepe. ¿Cuántas recogió Pepe?

PRÁCTICA EXTRA

págs. 54–55

GRUPO 1 Usa el cuadro para responder a las preguntas.

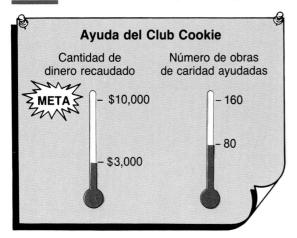

Ayuda del Club Cookie

Cantidad de dinero recaudado
META
– $10,000
– $3,000

Número de obras de caridad ayudadas
– 160
– 80

1. ¿A cuántas caridades ha contribuido el Club?

2. ¿Cuánto dinero se ha recaudado hasta ahora?

3. ¿Cuánto dinero se necesita para alcanzar la meta?

4. Si el Club recauda $4,000 más esta semana, ¿cuánto faltará para alcanzar la meta?

págs. 74–75

GRUPO 2 Los alumnos del quinto grado recogen latas y botellas para reciclarlos. Usa el cuadro para responder a las preguntas.

1. ¿Qué salón ha reunido más latas y botellas en total?

2. ¿Cuántas más botellas ha reunido el salón 21 que el salón 22?

3. El salón 23 ha reunido el doble que el salón 21. ¿Cuántas botellas ha reunido el salón 23?

4. ¿Cuántas botellas recogieron los alumnos de quinto grado?

RECICLAJE DE QUINTO GRADO			
Sala	Latas	Botellas	Total
21	112		298
22	236	177	
23			354

págs. 86–87

GRUPO 3 Di cómo será resuelto cada problema. Luego, resuélvelo.

1. Lisa hizo 7 pasteles de manzana. Usó 8 manzanas en cada pastel. Horneó cada pastel durante una hora. ¿Cuántas manzanas usó en total?

2. Mateo tenía 100 problemas de matemáticas como tarea cada semana. Hizo 15 el lunes, 23 el martes y 19 el miércoles. ¿Cuántos más debe hacer?

3. Bruno gana $10.50 por semana entregando periódicos diariamente y $5.25 por del domingo. ¿Cuánto gana por semana? Al cabo de 4 semanas, ¿cuánto habrá ganado?

4. Juana y Pamela hacen mandados para los vecinos de su calle. Juana gana $1.00 por hora y Pamela $.80. Juana trabaja 3 horas y Pamela trabaja 4. ¿Quién ganó más? ¿Cuánto más?

GRUPO 1 **Haz un dibujo para cada problema. Luego, resuélvelos.** págs. 106–107

1. Alondra vive a medio camino entre sus hermanas Dora y Eloísa. Las hermanas de Alondra viven a 6,592 millas de distancia de cada una. ¿A qué distancia vive cada hermana de Alondra?

2. La casa de Ruth está a 3,000 pies del límite del condado. Hay una finca entre su casa y el límite del condado. La finca está a 1,398 pies de la casa de Ruth. ¿A qué distancia está la finca del límite?

3. Francisca tiene una cuerda de 48 pies de largo. Cortó tres pedazos de 6 pies. ¿Cuántos pedazos de 10 pies puede cortar de la cuerda que quedó?

4. Jovita camina 5 cuadras al sur del parque y 7 cuadras al oeste. Luego, camina 9 cuadras al norte, 8 al este y 4 al sur. ¿A qué distancia está del parque?

5. Enrique tiene una hoja de papel de 6 pulgadas cuadradas. ¿Cuántos cuadrados de 2 pulgadas puede dibujar en la hoja?

6. En la feria del libro de la Escuela Lincoln se podían comprar 3 libros por $4.50. ¿Cuánto costarían 9 libros?

GRUPO 2 **Si hay datos extra o muy pocos datos, di cuales son. Resuelve cada problema.** págs. 116–117

1. Daniel tiene 50 vacas. Cada vaca da 9 galones de leche al día. ¿Cuántos galones dan en total?

2. La leche se guarda en envases de 50 galones. ¿Cuántos envaces hacen falta para el ordeño diario?

3. Daniel tiene 50 vacas, 24 gallinas, 3 perros, 3 cabras y 2 gatos. ¿Cuántas más vacas tiene que gallinas?

4. Daniel vive 4 millas al sur de Juan. Berta vive a 13 millas al norte de Juan. Eric vive a medio camino entre Daniel y Berta. ¿A qué distancia de Daniel vive Eric?

5. La finca está a 17 millas de la escuela. ¿Cuánto debe viajar Daniel cada semana?

6. ¿Cuántos animales tiene Daniel en su finca?

GRUPO 3 **Adivina la respuesta de cada problema. Luego, comprueba para ver si tienes razón. Si no, adivina y comprueba otra vez.** págs. 134–135

1. Iván ganó $12 vendiendo flores por $2 y $3 el ramo. Vendió un ramo más de $2 que de $3. ¿Cuántos ramos de $2 vendió Iván?

2. Julia, Cristián y Jaime encontraron 42 conchitas. Jaime y Cristián encontraron la misma cantidad. Julia encontró 3 más que cualquiera de ellos. ¿Cuántas encontró cada uno?

3. Jorge y Luisa tenían marcadores. Entre los dos tenían 55 marcadores. Luisa tenía 33 más que Jorge. ¿Cuántos marcadores tenía Luisa?

4. Hay 379 monedas en un frasco. José y sus hermanos tomaron cada uno 75 monedas. Quedaron 4 monedas. ¿Cuántos hermanos hay en total?

PRÁCTICA EXTRA

GRUPO 1 **Resuelve el problema. Usa la ilustración para 1 y 2.**   págs. 146–147

1. El Sr. Silva compró una nueva maleta. Sus dos niños compraron una mochila cada uno. ¿Cuánto fue el costo total? ¿El costo promedio?

2. La Sra. Silva compró 11 rollos de película. Compró tres más de 24 exposiciones que de 36 exposiciones. ¿Cuántos rollos de cada tipo compró? ¿Cuál fue el costo total?

3. El peaje de las carreteras fue de $1.50, $.50, $2.00, y $1.00. ¿Cuál fue el promedio del gasto en peaje?

4. Juana y Eduardo gastaron $7.00 en recuerdos. Juana gastó 3 veces lo que gastó Eduardo. ¿Cuánto gastó Juana?

MOCHILA $18.00

PELÍCULA
24 EXPOSICIONES
$2.88
36 EXPOSICIONES
$3.96

MALETA $33.00

GRUPO 2 **Resuelve cada problema. Usa la gráfica de barras para 1–4.**   págs. 166–167

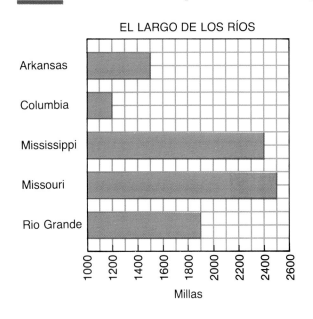

EL LARGO DE LOS RÍOS

Arkansas
Columbia
Mississippi
Missouri
Rio Grande

1000 1200 1400 1600 1800 2000 2200 2400 2600
Millas

1. ¿Alrededor de cuántas millas más largo es el río Missouri que el Río Grande? ¿Y que el Columbia?

2. Una barcaza recorre $\frac{1}{3}$ del río Arkansas. Otra recorre $\frac{1}{3}$ del río Columbia. ¿Cuánto más recorre la primera barcaza?

3. El río Missouri, ¿es más largo o más corto que los ríos Arkansas y Columbia combinados?

4. Un remolcador remolca una barcaza a lo largo de la $\frac{1}{2}$ del río Missouri. Si cuesta $1.25 por milla, ¿cuánto costó?

5. Tres remolcadores de la Compañía de Mudanzas Mississippi remolcaron 41 barcazas. Dos de los remolcadores remolcaban el mismo número de barcazas. El tercero remolcaba 5 más que los otros. ¿Cuántas barcazas remolcó el tercer remolcador?

GRUPO 1 Resuelve cada problema.

págs. 172–173

1. Susana juega dobles en tenis todos los miércoles de 9:45 A.M. a 12:15 P.M. ¿Por cuánto tiempo juega?

2. Nick empezó un juego de sencillos a la 1:17 P.M. Jugó durante 2 horas y 54 minutos. ¿A qué hora terminó el juego?

3. Catalina ganó 27 juegos en junio y julio. Ganó dos veces más juegos en julio que en junio. ¿Cuántos juegos ganó en julio?

4. El viaje fue de 275 millas. Susana viajó a 50 millas por hora. Paró durante 45 minutos. ¿Cuánto tiempo le tomó el viaje?

5. A Susana le cuesta $25 diarios más 18¢ por milla arrendar un auto para ir a jugar tenis. ¿Cuánto le cuesta 3 días?

6. El jugador B ganó al jugador A. El jugador C fue tercero. El jugador B perdió con D. ¿Cuál fue el orden al final?

GRUPO 2 Haz un dibujo o una tabla para resolver cada problema.

págs. 190–191

1. Una dietista quería saber qué fruta, manzanas o naranjas, preferían los estudiantes. Le preguntó a 100 estudiantes. A 78 les gustaban las manzanas. A 49 les gustaban las manzanas y las naranjas por igual. ¿Cuántos preferían sólo naranjas?

2. Los estudiantes de la Sra. Quino se sentaron a 3 mesas en la cafetería. Un cuarto de la clase se sentó a una mesa y un tercio se sentó en otra. Los otros 10 estudiantes se sentaron a una tercera mesa. ¿Cuántos estudiantes había en la clase de la Sra. Quino?

3. María, Pepe y Néstor tenían una manzana, una pera y una naranja. Ninguno tenía una fruta cuyo nombre empezara con la misma letra que su nombre. Quien comía naranja dijo que estaba muy jugosa. ¿Quién tenía la manzana?

4. Bruno, Jaime, Eric y Daniel se sentaron en la misma mesa a la hora del almuerzo. Jaime estaba entre Daniel y Eric. Bruno estaba entre Eric y Jaime. Daniel estaba en el primer asiento. ¿En qué orden se sentaron los niños?

GRUPO 3 Resuelve cada problema.

págs. 202–203

1. El grupo coral vendió 125 entradas a estudiantes, $\frac{1}{5}$ de las entradas a envejecientes y 85 para adultos. ¿Cuánto dinero recolectaron?

2. Alfonso vendió 7 entradas para estudiantes y 3 para adultos. León vendió 4 para adultos y 6 para estudiantes. ¿Quién ganó más dinero? ¿Cuánto más?

3. El coro cantó durante 1 hora y 37 minutos. Hubo un intermedio de 15 minutos. Si el concierto empezó a las 7:30 P.M., ¿a qué hora terminó?

ENTRADAS PARA EL CONCIERTO	
Estudiantes	$2.00
Envejecientes	$3.00
Adultos	$5.00

4. El grupo coral tiene 44 miembros Hay 12 niñas más que niños. ¿Cuántos niños hay en el grupo?

GRUPO 1   **Descubre el patrón. Escribe el término que falta.**   págs. 226–227

1. ✖, ╋, ◆, ___ , ___   2. △, ◸, ◯, ◗, ___ , ◖

3. 4, 7, 10, 12, 14, 17, ___, 22, ___   4. .5, .8, 1.1, 1.4, ___, 2.0

5. 1, 4, 9, 16, 25, ___, 49, ___   6. 11, 2, 13, 4, 15, ___, 17

7. 1,024, 512, 256, ___, 64, ___   8. 987, 877, 767, 657, ___, 437, ___

GRUPO 2   **Resuelve cada problema.**   págs. 240–241

1. Un collar tiene 20 cuentas. Cada una tiene 1.5 cm de ancho. Otro collar tiene 27 cuentas, que tienen 9 mm de ancho. ¿Qué collar es más largo?

2. Cada cuenta del collar de 20 cuentas pesa 22 g. Cada cuenta de otro collar pesa 0.5 veces eso. ¿Cuánto pesan en total las cuentas del otro collar?

3. Las 20 cuentas del collar son rojas, amarillas, azules y verdes. Hay el doble de azules que de rojas. Hay tres veces más verdes que rojas. Hay una amarilla menos que rojas. ¿Cuántas azules hay?

4. Halla las tres cuentas siguientes en cada cuerda.

a.

b.

GRUPO 3   **Une cada problema en la columna de la izquierda con un problema similar, pero más fácil, en la columna de la derecha.**   págs. 260– 261

1. Halla el producto de 362,460 por 5.

A. Halla el cociente cuando divides 362,460 por 10. Luego, divide el cociente por 2.

2. ¿Cuál es el producto cuando 362,460 se multiplica por 9?

B. Divide 362,460 por 2. Suma el cociente a 362,460.

3. ¿Cuál es el cociente cuando 362,460 se divide por 20?

C. Halla el producto de 362,460 por 10. Resta 362,460 del producto.

4. En mayo se vendieron 362,460 plumas. $1\frac{1}{2}$ veces esa cantidad se vendieron en junio. ¿Cuántas se vendieron en junio?

D. Halla el producto de 362,460 por 10. Divide el producto por 2.

GRUPO 1 **Usa la ilustración para resolver los problemas.** págs. 270–271

1. ¿Qué fracción de las personas en el picnic son mujeres o niñas?

2. Hay el doble de sándwiches de carne que de huevo. Hay dos sándwiches más de queso que de huevo. De los 14 sándwiches, ¿cuántos son de queso?

3. La mitad de las frutas son naranjas. Una cuarta parte de las frutas son manzanas. Las cuatro frutas restantes son plátanos. ¿Cuántas frutas hay?

4. La familia Noh pasó 2 horas y 35 minutos en el campo para picnic. Se fueron a las 2:20 P.M. ¿A qué hora habían llegado?

GRUPO 2 **Completa la actividad descrita en cada problema.** págs. 286–287

1. Brenda usa un círculo, un cuadrado y un triángulo en un diseño. ¿Cuáles son las diferentes maneras en que los puede ordenar unos al lado de los otros?

2. Al lanzarla al suelo, una taza de papel puede caer boca arriba, boca abajo o de lado. ¿Cuáles son las combinaciones posibles si se lanzan 2 tazas? Lanza 2 tazas 25 veces y anota los resultados.

3. ¿Cuántos latidos por hora tiene tu pulso? (Cuenta el número de latidos en un minuto.)

4. ¿Alrededor de cuántas palabras hay en tu libro de lectura? (Usa el promedio de palabras en una línea y la cantidad de líneas en una página para hallar el promedio de palabras por página.)

GRUPO 3 **Resuelve cada problema.** págs. 296–297

1. Ita mide $4\frac{1}{2}$ pies de altura; María mide $4\frac{2}{5}$ pies; Gerardo mide $4\frac{4}{7}$ pies. Si se paran en una fila, del más alto al más pequeño, ¿quién queda en el medio?

2. Gerardo tenía una tabla tan larga como su altura. La cortó en pedazos de $\frac{2}{7}$ de pie. ¿Cuántos pedazos le quedaron? ¿Cuántos cortes hizo?

3. Gerardo planeó hacer un diseño con los pedazos. Pintó $\frac{1}{4}$ de ellos rojas. Pintó de azul dos más que el número de rojos. Pintó el resto de los pedazos de amarillo. ¿Qué fracción de los pedazos pintó de amarillo?

4. Cada pedazo era un cuadrado de $\frac{2}{7}$ de pie de lado. Gerardo puso los pedazos y formó un cuadrado más grande. Dibuja el cuadrado más grande. Marca cada sección pequeña con rojo, azul o amarillo para formar un diseño balanceado.

PRÁCTICA EXTRA

GRUPO 1   **Haz una lista para hallar todas las soluciones posibles para cada problema.** págs. 318–319

1. En un picnic, $\frac{3}{4}$ de los invitados comieron pollo; $\frac{1}{3}$ costillas de cerdo; y $\frac{5}{6}$ hamburguesas. Había menos de 40 invitados en el picnic. Cada uno comió 2 de las selecciones de carne. ¿Cuántas porciones de costillas de cerdo se pueden haber comido?

2. Eugenio cultivó $\frac{1}{4}$ de las plantas de su terrario con semillas. Un sexto de estacas, y el resto del terrario lo hizo de plantitas. Tiene menos de 38 plantas en el terrario. ¿Cuántas plantitas cultivó?

3. Hay menos de 60 niñas y niños en la clase de gimnasia. Cinco doceavas partes son niñas. ¿Cuántas niñas puede haber en la clase de gimnasia?

4. Darío tiene algunas monedas de 25 centavos y algunas de 10 centavos. En total tiene $1.55 en cambio. ¿Cuántas monedas de 25 centavos puede tener?

GRUPO 2   **Halla la solución para cada problema.** págs. 330–331

1. Nan tenía que completar un proyecto en la computadora. Pasó $\frac{3}{4}$ de hora cada día de clase en la computadora de la escuela. Empezó el proyecto el martes. Pasó $6\frac{3}{4}$ horas en la computadora. ¿Qué día de la semana terminó Nan el proyecto?

2. Juana escribió un programa en la computadora que tenía 6 líneas menos que el de Catalina. El programa de Berta tenía dos veces el número de líneas que el de Juana. Los tres programas tenían un total de 54 líneas. ¿Cuántas líneas había en el de Berta?

3. Mariano escribió un programa para imprimir repetidamente su nombre seguido de 2 espacios. Había 40 espacios de cada línea de la pantalla. ¿Qué letra se imprimió en el espacio número 20 de la primera línea?

4. ¿Qué pasaría si Mariano cambiara su nombre por Maro en su programa? ¿Qué letra se imprimiría en el espacio número 20 de la primera línea?

GRUPO 3   **Trata de resolver estos problemas en más de una manera.** págs. 350–351

TRABAJO DE PATI							
	D	L	M	M	J	V	S
Horas Trabajadas	5	4	0	3	0	4	7

1. Pati es cajera en el supermercado Chester. Mantiene un registro de las horas trabajadas. Gana $4.80 por hora. ¿Cuánto ganó en la semana?

2. ¿En qué días Pati ganó más de $19.20?

3. La Sra. Buin gastó $35.60 en alimentos. Tenía cupones que valían el doble de su valor nominal. Tenía 3 de 20¢, 4 de 25¢. y 1 de 40¢. ¿Cuánto dinero le cobró Pati a la Sra. Buin?

4. La Sra. Buin pagó su cuenta con un cheque por $50. ¿Qué cambio recibió?

GRUPO 1 **Resuelve estos problemas.**
págs. 368–369

1. Los 4 lados de un rectángulo miden 36 pies. El largo es el doble del ancho. ¿Cuál es el largo? ¿Cuál es el ancho?

2. Un jardín tiene $6\frac{3}{4}$ yd de ancho. Está dividido en franjas de $\frac{3}{4}$ yd de ancho para plantar. ¿Cuántas franjas hay?

3. Los 3 lados de un triángulo isósceles miden 21 pulgadas. Un lado mide 5 pulgadas de largo. ¿Qué largo tienen los dos lados congruentes?

4. Un círculo tiene un diámetro de 13 pies. ¿Qué largo tiene el radio? ¿Cuál es la medida del ángulo formado por el radio perpendicular al diámetro?

GRUPO 2 **El Sr. Mercader está construyendo un patio en la parte de atrás de su casa. Resuelve cada problema.**
págs. 384–385

1. El patio tiene 450 pies cuadrados. Su ancho es de 15 pies. ¿Cuál es el largo del patio?

2. Las baldosas tienen $1\frac{1}{2}$ pies cuadrados. ¿Cuántas se necesitan para el patio?

3. El camino de la casa tiene $87\frac{1}{2}$ pies cuadrados. El largo es 35 pies. ¿Cuál es el ancho?

4. Hay 12 flores en el semillero. Cada semillero cuesta $5.75. ¿Cuántos semilleros puede comprar el Sr. Mercader con $30? ¿Cuántas flores obtendría así?

GRUPO 3 **Resuelve cada problema.**
págs. 392–393

1. Para hacer una escalera de 4 escalones, un constructor necesita 1 bloque para sostener el primer escalón. Necesita 2 para el segundo. ¿Cuál es el total de bloques que hacen falta para construir los 4 escalones?

2. ¿Cuántos bloques harían falta para construir una escalera de 7 escalones?

3. Copia y completa el cuadro que muestra los escalones de 1 a 10 y el número de bloques que hacen falta para esos escalones.

4. ¿Qué relación ves entre cada escalón y la cantidad de bloques que sirven de soporte? Comprueba el patrón que descubras. Escribe el método hallado.

ESCALERAS	
Cantidad de escalones	Cantidad de bloques
1	1
2	3
3	6
4	10
5	
6	
7	
8	
9	
10	

PRÁCTICA EXTRA

GRUPO 1 **Usa un modelo para resolver cada problema.** págs. 416–417

1. Jovita plantó arbustos alrededor de su jardín, que tiene 5 yd por 7 yd. Puso un arbusto en cada esquina y uno cada 3 pies. ¿Cuántos arbustos plantó?

2. El jardín de Pablo mide 9 yd por lado. Plantó arbustos a lo largo de 3 lados. Puso un arbusto cada 2 pies. ¿Cuántos arbustos plantó?

3. Un sendero para esquiar de $1\frac{3}{4}$ de milla de largo está marcado con banderas. Hay una bandera en cada punta, y una cada $\frac{1}{16}$ de milla. ¿Cuántas banderas hay?

4. Cada bandera en el sendero es azul, roja o amarilla. Las primeras banderas aparecen en la ilustración. ¿Cuál es el color de la última bandera del sendero?

GRUPO 2 **Sabina y Manuel hicieron calzadas de flores en un área** págs. 426–427
cuadrada de 6 metros de lado. Usa los diagramas para 1–3.

1. Manuel llenó su área con un jardín circular. Alrededor puso un borde de metal. ¿Qué largo tenía el borde?

2. Sabina hizo 3 calzadas circulares de flores. Cada una tenía un diámetro igual a la mitad del jardín circular de Manuel. Sabina plantó 15 flores en cada calzada. ¿Qué área del cuadrado ocupan las 3 calzadas de Sabina?

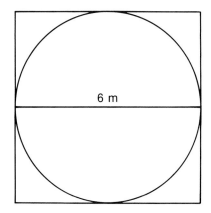

3. Sabina rodeó completamente su área de jardín con baldosas cuadradas. Cada baldosa medía 25 cm de lado. ¿Cuántas baldosas usó?

4. Manuel plantó caléndulas en 0.125 de su cuadro, impacientes en $\frac{5}{12}$, pensamientos en $\frac{1}{4}$ y begonias en la porción restante. ¿Qué parte fraccionaria de su jardín eran begonias?

5. Sabina recogió 41 flores para un ramo. Recogió 3 veces más zinias que petunias. Tenía 5 más margaritas que petunias. ¿Cuántas petunias recogió?

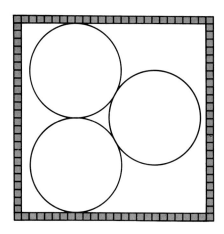

Glosario

ángulo   Dos rayos con un punto final común llamado vértice.
Ejemplo: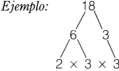

ángulo águdo   Ángulo que mide menos de 90°.

ángulo obtuso   Ángulo con una medida mayor que 90° pero menor que 180°.

ángulo recto   Ángulo que mide 90°.

árbol de factores   Diagrama que se usa para calcular los factores primos de un número.
Ejemplo:

```
        18
       /  \
      6    3
     / \
    2 × 3 × 3
```

área   Número de unidades cuadradas necesarias para cubrir una región.

arista   Segmento donde se encuentran dos caras de una figura del espacio.
Ejemplo:

BASIC   Lenguaje de computadora.

cara   Superficie plana de una figura del espacio.

cilindro   Figura del espacio con dos bases paralelas que son círculos congruentes.
Ejemplo:

círculo   Figura plana cerrada con todos sus puntos a la misma distancia de un punto llamado centro.

cociente   Respuesta de una división.

cono   Figura del espacio con una superficie plana circular (base) y un vértice.
Ejemplo:

cuadrado   Rectángulo con todos sus lados congruentes.

cuadrilátero   Polígono con cuatro lados y cuatro ángulos.

cubo   Figura del espacio con seis caras cuadradas congruentes.

cuerda   Segmento de recta con ambos extremos sobre un círculo.
Ejemplo:

datos   Información que se recoge.

datos relacionados   Datos que usan los mismos números.
Ejemplo: $2 + 3 = 5$ $5 - 3 = 2$
$3 + 2 = 5$ $5 - 2 = 3$

decimal   Número con una o más posiciones a la derecha de un punto decimal.
Ejemplos: 0.7, 1.8, 2.06, 0.175

denominador   Número debajo de la barra fraccionaria en una fracción.

denominador común   Múltiplo común de los denominadores de dos o más fracciones.

diagonal   Segmento que une dos vértices de un polígono pero que no es un lado.

diámetro   Segmento de recta que pasa por el centro de un círculo y que tiene ambos puntos finales en el círculo.

dibujo a escala   Dibujo realizado de tal manera que las longitudes reales puedan determinarse a partir del dibujo usando una escala.

diferencia   Resultado de una resta.
Ejemplo: $9 - 4 = 5$ La diferencia es 5.

dividendo   Número que se divide.
Ejemplo: 6)36 ó 36 ÷ 6   El dividendo es 36.

divisible   Un número es divisible por otro si, después de dividirlo, el residuo es cero.

división   Operación de dos números que resulta en un cociente.

divisor   Número por el cual se divide otro número.

dígito   Cualquiera de los símbolos que se usan para escribir números.

ecuación   Oración matemática con un signo de igual.
Ejemplo: $9 + 5 = 14$

eje de simetría   Línea que divide a una figura en dos partes congruentes.

END   Última línea de un programa BASIC de computadora.

ENTER   Tecla que hace que la computadora acepte y procese información. También se llama RETURN.

input   Números y órdenes que se entran en una computadora o calculadora. El teclado de una computadora es un dispositivo de entrada (input).

esfera   Figura del espacio cuyos puntos están todos a la misma distancia del centro.

estimar Dar una respuesta aproximada a la exacta.

exponente Número que indica cuántas veces se usa la base como factor.
Ejemplo: 10^3

expresión mínima Una fracción está en su expresión mínima cuando el máximo común divisor del numerador y del divisor es 1.
Ejemplo: $\frac{1}{4}$ y $\frac{3}{5}$ están en su expresión mínima.

factor común Factor que es igual para dos o más números.
Ejemplo: 1, 2 y 4 son los factores comunes de 4 y 8.

factores Números que se multiplican para obtener un producto.
Ejemplo: $3 \times 5 = 15$ Los factores son 3 y 5.

figura del espacio Figura geométrica cuyos puntos están en más de un plano.

figuras congruentes Figuras que tienen la misma forma y el mismo tamaño.

figuras semejantes Figuras que tienen la misma forma pero tienen diferente tamaño.

forma desarrollada Número escrito como la suma de los valores de sus dígitos.
Ejemplo: $200 + 80 + 7$ es la forma desarrollada de 287.

fracción Número que indica una parte de un grupo o parte de una región.
Ejemplos: $\frac{1}{2}, \frac{2}{3}, \frac{6}{6}$

fracción impropia Fracción cuyo numerador es mayor o igual que el denominador.
Ejemplos: $\frac{4}{3}, \frac{6}{6}$

fracción propia Fracción cuyo numerador es menor que el denominador.
Ejemplos: $\frac{3}{4}, \frac{5}{8}$

fracciones equivalentes Fracciones que nombran el mismo número.
Ejemplo: $\frac{1}{2}$ y $\frac{2}{4}$

fracciones heterogéneas Fracciones que tienen diferentes denominadores.
Ejemplo: $\frac{1}{2}$ y $\frac{2}{3}$

fracciones homogéneas Fracciones que tienen el mismo denominador.
Ejemplo: $\frac{3}{4}$ y $\frac{1}{4}$

GOTO Enunciado, en un programa BASIC de computadora, que indica a la computadora que vaya a otra línea en el programa.

grado (°) Unidad para medir ángulos.

grado Celsius (°C) Unidad para medir la temperatura en el sistema métrico.

grado Fahrenheit (°F) Unidad para medir la temperatura en el sistema usual.

gráfica Dibujo que ilustra información.

gráfica de barras Dibujo con barras de diferentes largos para mostrar información.

gráfica circular Gráfica que muestra cómo se divide en partes una cantidad total.

gráfica lineal Gráfica que se usa para mostrar cambios durante un periódo.

hexágono Polígono con seis lados y ángulos.

IF . . . THEN Enunciado de un programa BASIC de computadora que se usa para comprobar una condición determinada y luego actuar de acuerdo con los resultados.

LET Enunciado de un programa BASIC que asigna un valor a una ubicación en la memoria indicada por una letra.

máximo común divisor (MCD) Número mayor que es factor de cada uno de dos o más números.

mayor que ($>$) Símbolo que se usa para comparar dos números cuando el mayor se escribe primero.
Ejemplos: $7 > 3, 9 > 6$

menor que ($<$) Símbolo que se usa para comparar dos números cuando el menor se escribe primero.
Ejemplos: $3 < 7, 6 > 9$

mínimo común denominador (MCD) Mínimo común múltiplo de los denominadores de dos o más fracciones.

mínimo común múltiplo (MCM) Número menor distinto de cero que es múltiplo de cada uno de dos o más números.

multiplicación Operación de dos o más números, llamados factores, para calcular un producto.
Ejemplo: $4 \times 5 = 20$ El producto es 20.

múltiplo Producto de un número entero por cualquier otro número entero.
Ejemplo: 0, 3, 6, 9 son múltiplos de 3.

múltiplo común Múltiplo que es igual para dos o más números.
Ejemplos: 6, 12 y 18 son múltiplos de 2 y 3.

numerador Número arriba de la barra fraccionaria en una fracción.
Ejemplo: $\frac{2}{5}$ El numerador es 2.

número compuesto Número entero mayor que 1 que tiene más de dos factores.

número impar Un número que no se puede dividir por 2.

número mixto Número escrito con un número entero y una fracción.
Ejemplo: $3\frac{4}{5}$

número negativo Número menor que cero.

número par Número entero que tiene 0, 2, 4, 6 u 8 en la posición de las unidades.

número primo Número entero mayor que 1 con sólo dos factores, el mismo número y 1.
Ejemplos: 5, 7, 11 y 13 son números primos.

numerales romanos Símbolos numéricos usados por los romanos: I, V, X, L, C, D y M.

octágono Polígono de ocho lados y ángulos.

par ordenado Par de números utilizado para ubicar un punto en un plano.

paralelogramo Cuadrilátero con cada par de lados opuestos paralelos y congruentes.

paréntesis ( ) Símbolo que muestra agrupación.

pentágono Polígono de cinco lados y cinco angulos.

perímetro Distancia alrededor de un polígono.

período Grupo de tres dígitos de un número, separados por una coma.

pictografía Gráfica que muestra información numérica usando dibujos o símbolos.

pirámide Figura del espacio cuya base es un polígono y cuyas caras son triángulos con un vértice común.

plano Superficie plana que se extiende infinitamente en todas las direcciones.

polígono Figura plana cerrada compuesta de segmentos de rectas.

por ciento Razón cuyo segundo término es 100. Por ciento significa partes por cien.

PRINT Orden para que la computadora muestre la información en la pantalla.

prisma Figura del espacio con dos bases paralelas y congruentes.

prisma rectangular Figura del espacio cuyas caras son rectángulos.

probabilidad Razón de resultados favorables a los resultados posibles de un experimento.

producto Respuesta de una multiplicación.

productos cruzados Productos que se obtienen multiplicando el numerador de una fracción por el denominador de otra fracción, y el denominador de la primera fracción por el numerador de la segunda fracción.
Ejemplo: $\frac{2}{3} = \frac{4}{6}$ $2 \times 6 = 3 \times 4$

programa Una lista de instrucciones para la computadora.

promedio Suma de los sumandos dividida por el número de sumandos.

propiedad de agrupación de la multiplicación La manera en que se agrupan los números no altera el producto.

propiedad de agrupación de la suma La manera en que se agrupan los números no altera la suma.

propiedad del cero de la multiplicación El producto de cualquier número por 0 es 0.

propiedad del cero en la suma La suma de cualquier numero más o es ese número.
Ejemplo: 3 + 0 = 3.

propiedad del orden de la multiplicación El orden en que se multiplican los números no altera el producto.
Ejemplo: 3 × 2 = 2 × 3

propiedad del orden de la suma El orden en que se suman los números no altera la suma.
Ejemplo: 9 + 3 = 3 + 9

propiedad del uno El producto de cualquier número por 1 es ese número.

punto Ubicación exacta en el espacio.

punto final Punto al final de un segmento de recta o rayo.

radio Segmento de recta con un punto final en el círculo y el otro punto final en el centro.
Ejemplo: radio

rayo Parte de una recta que tiene un punto final y continúa indefinidamente en una dirección.

razón Comparación de dos cantidades.

razones iguales Razones que describen la misma relación o hacen la misma comparación.

READ Orden de un programa BASIC de computadora que asigna un número de un enunciado de datos a una variable.

reagrupar Usar 1 decena para formar 10 unidades, 1 centena para formar 10 decenas, 12 unidades para formar 1 decena y 2 unidades, y así sucesivamente.

recíprocos Dos fracciones cuyo producto es 1.
Ejemplo: $\frac{5}{1} \times \frac{1}{5} = 1$

recta Conjunto de puntos a lo largo de un trayecto recto que continúa en direcciones opuestas. Una recta no tiene puntos finales.

recta numérica Recta que muestra los números en orden.
Ejemplo:

rectángulo Paralelogramo con cuatro ángulos rectos.

rectas paralelas Rectas de un mismo plano que nunca se cruzan.

rectas perpendiculares Dos rectas que se encuentran para formar ángulos rectos.

rectas secantes Rectas que se cruzan en un punto.

redondear Expresar un número a la decena, centena, o millar más cercano.

residuo El número que queda después de dividir.

resta Operación de dos números para calcular la diferencia.

resultado Resultado posible de un experimento de probabilidad.

rombo Paralelogramo con todos sus lados congruentes.

RUN Instrucción que indica a la computadora que ejecute las instrucciones línea a línea.

salida (Output) Respuesta dada por una computadora o calculadora. El monitor de una computadora es un dispositivo de salida.

segmento de recta Parte de una recta que tiene dos puntos finales.

semicírculo La mitad de un círculo.

sistema usual Sistema de medidas que mide la longitud en pulgadas, pies, yardas y millas; la capacidad en tazas, pintas, cuartos y galones; el peso en onzas, libras y toneladas; y la temperatura en grados Fahrenheit. *Véase* Tabla de Medidas.

sistema métrico Sistema de medidas que mide el largo en milímetros, centímetros, metros y kilómetros la capacidad en mililitros y litros; la masa en gramos y kilogramos; y la temperatura en grados Celsio. *Véase* Tabla de Medidas.

suma Operación de dos o más números para calcular la suma; la respuesta de una suma.

sumandos Números que se suman.
Ejemplo: 7 + 8 = 15

trapecio Cuadrilátero con exactamente un par de lados opuestos paralelos.

triángulo Polígono con tres lados y tres ángulos.

triángulo equilatero Triángulo con todos sus lados congruentes.

triángulo escaleno Triángulo que no tiene lados congruentes.

triángulo isósceles Triángulo con dos lados congruentes.

triángulo rectángulo Triángulo con un ángulo recto.

unidad central procesadora (CPU) La parte de una computadora donde se hacen los cálculos.

valor posicional Valor de un dígito determinado por su posición en un número.

variable Letra que se usa para representar un número desconocido.

vértice Punto donde se encuentran dos rayos. Punto de intersección de dos lados de un polígono. Punto de intersección de tres aristas de una figura del espacio.

volumen Número de unidades cúbicas que caben dentro de una figura del espacio.

TABLA DE MEDIDAS

Sistema métrico

Longitud

1 centímetro (cm) = 10 milímetros (mm)
1 decímetro (dm) = 10 centímetros
1 metro (m) = 10 decímetros
1 kilómetro (km) = 1,000 metros

Masa/Peso

1 kilogramo (kg) = 1,000 gramos (g)

Capacidad

1 litro (L) = 1,000 mililitros (mL)

Sistema usual

Longitud

1 pie = 12 pulgadas (pulg)
1 yarda = 36 pulgadas, o 3 pies
1 milla (mi) = 5,280 pies, o 1,760 yardas

Peso

1 libra (lb) = 16 onzas (oz)
1 tonelada (T) = 2,000 libras

Capacidad

1 taza (t) = 8 onzas fluidas (fl oz)
1 pinta (pt) = 2 tazas
1 cuarto (ct) = 2 pintas
1 galón (gal) = 4 cuartos

Tiempo

1 minuto (min) = 60 segundos (s)
1 hora (h) = 60 minutos
1 día (d) = 24 horas
1 semana (sem.) = 7 días
1 mes = 28 a 31 días, o aproximadamente 4 semanas
1 año = 12 meses, o 52 semanas, o 365 días

SÍMBOLOS

=	es igual a	2:5	razón de 2 a 5	$\overleftrightarrow{AB}$	recta AB	
>	es mayor que	%	por ciento	$\overrightarrow{AB}$	segmento de recta AB	
<	es menor que	°	grado	$\overline{AB}$	rayo AB	
. . .	y así sucesivamente	°C	grado Celsio	$\angle ABC$	ángulo ABC	
		°F	grado Fahrenheit	$\parallel$	es paralelo a	
		10^2	a la segunda potencia	$\perp$	es perpendicular a	

FÓRMULAS

$P = a + b + c + d$ Perímetro de un cuadrilátero
$A = l \times w$ Área de un rectángulo
$A = \frac{1}{2} \times b \times h$ Área de un triángulo
$V = l \times w \times h$ Volumen de una prisma rectangular

Índice

CRÉDITOS

Design by Silver Burdett & Ginn

Contributing Design by Taurens Associates

Cover: Computer Art/Ron Morecraft and Nancy Moore

Photographs and illustrations: Silver Burdett & Ginn except as noted below

All line art by Burmar, Sharron Monahan, and Laura Shallop unless otherwise noted

Sports equipment courtesy Fitzgerald Sporting Goods Company, Morristown, N.J.

Chapter 1 1: David Moore/Black Star. 2–3: Lori Farbanish-Bernero. 4: *l.* United States Postal Service; *r.* Gary Undercuffler. 5: Gary Undercuffler. 6: *l.* United States Postal Service; *r.* E. R. Degginger. 8: *l.* United States Postal Service; *r.* Gary Undercuffler. 9: Peter Krempasky. 10: *m.* IMAGERY; *b.* Jacqueline Haven; *l.* United States Postal Service. 12–13: Robert Jackson. 16–17: Len Ebert 17: Gary Undercuffler. 19: Lori Farbanish–Bernero 20: *l.* United States Postal Service; *r.* Susan Lexa. 21: NASA. 22: *l.* United States Postal Service; *t.r.* © Stephen Feldman/Photo Researchers, Inc; *t.m.r.* © Russ Kinne/Photo Researchers, Inc.; *r.b.m.* E. R. Degginger; *r.b.* E. R. Degginer. 22–23: *b.* Robin Brickman. 24: *r.* Lane Yerkes; *l.* United States Postal Service. 25: Lane Yerkes. 26–27: David Reinbold. 28–31: De Persicos, Inc.

Chapter 2 35: © Tom McHugh/Photo Researchers, Inc. 36–37: Sally Schaedler. 38–39: Wendy Biggins. 40–45: Pat Traub. 46: Sally Schaedler. 47: De Persicos, Inc. 48–51: Len Ebert. 52: Sally Schaedler. 53: E. R. Degginer. 54–55: Robert Jackson. 58: De Persicos, Inc. 59: *t.l., m., b.l., r.* De Persicos, Inc.: *t.r.* Robert Jackson. 60: Robert Jackson.

Chapter 3 61: The Granger Collection. 62: *r.* Lane Yerkes. 63: Lane Yerkes. 64: *t.* The Granger Collection; *b.* Peter Krempasky. 65: Nancy Munger. 66: *l.* Frederic Lewis; *r.* Michal Heron. 68: *t.* Stephen Marchesi; *r.* Courtesy General Motors 70–71: Lane Yerkes. 72: *t.* Stephen Marchesi. *b.* Lane Yerkes. 74: Robert Jackson. 75: De Persicos, Inc. 76: Franz Edson/Shostal Associates. 78: Suzanne Clee. 79: Nancy Munger. 80: Stephen Marchesi. 80–81: Nancy Munger. 81: Peter Krempasky. 82: The Granger Collection. 83: J. Messerschmidt/Bruce Coleman. 84: Billy E. Barnes/Click, Chicago. 84–85: Peter Krempasky. 85: *l.* Norman Thompson/Taurus Photos; *m.* Sheryl McNee/Click, Chicago; *r.* Vince Streano/Click, Chicago. 86: Robert Jackson. 87, 90: Sally Schaedler. 91: *t.* De Persicos, Inc.; *b.* Lane Yerkes, 93: De Persicos, Inc.

Chapter 4 95: Paul M. Wilson/Southern Stock. 96: Sally Schaedler. 97: Jacqueline Haven. 100: Sally Schaedler. 101: Peter Krempasky. 102: *t.* Peter Krempasky; *b.* Don Dyen. 104: Sally Schaedler. 106: Rick Cooley. 108: Peter Krempasky. 109: Lane Yerkes. 110: IMAGERY; 112: Courtesy Silver Springs. 113: *l., t.r.* Peter Krempasky; *b.r.* courtesy Silver Springs. 114–115: John Hamberger. 116: Rick Cooley. 117: Gary Undercuffler. 120–124: De Persicos, Inc.

Chapter 5 125: NASA/Johnson Space Center. 126: Lane Yerkes. 128: Don Patterson. 130: Steve Vidler/Leo deWys, Inc. 131: De Persicos, Inc. 132: Don Dyen. 134–135: David Reinbold. 136–137: Sally Schaedler. 138: Don Patterson. 140: Len Ebert. 142: *t.* Don Patterson; *m., b.* NASA. 144: Don Dyen. 146–147: De Persicos, Inc. 150: De Persicos, Inc. 151: Robert Jackson. 152: *b.* De Persicos, Inc.

Chapter 6 155: H. Morton/Shostal Associates. 156–157: Jane Kendall/Publishers Graphics. 158, 159: Lane Yerkes. 160: *t.r.* Anthony Galvin, III/Taurus Photos; *b.* E. R. Degginger 162: *t.* Dan De Wilde for Silver Burdett & Ginn. 163: Tom Powers. 164: Lori Farbanish-Bernero. 166: Robert Jackson. 168: *t.r.* Don Dyen. 170: *r.* Lane Yerkes. 172: Robert Jackson. 173: *b.* De Persicos, Inc. 176: De Persicos, Inc.

Chapter 7 179: © 1987 John Blaustein/Woodfin Camp & Associates. 180: Lane Yerkes. 182: Lane Yerkes. 186: Shostal Associates. 188: AP/Wide World Photos. 190: Len Ebert. 191: David Reinbold. 192: Peabody Museum of Salem, Photo by Mark Sexton. 194: E. R. Degginger. 196: The Bettmann Archive. 198: Shostal Associates. 200: Suzanne Clee. 200: Bill Helms/Shostal Associates. 203: David Reinbold. 207: De Persicos, Inc.

Chapter 8 214: Don Dyen. 216: *r.* Don Dyen. 217: Peter Krempasky. 218: *t.* Focus on Sports; *b.* © Richard Hutchings/Photo Researchers, Inc. 220: © Jack Fields/Photo Researchers, Inc. 222: Erwin and Peggy Bauer/Bruce Coleman. 224: Jerry Wacher/Focus on Sports. 226–227: David Reinbold. 228: *t.* Sally Schaedler; *b.* Peter Krempasky. 230: *b.r., m.l., b.l.* Peter Krempasky; *m.r.* Sally Schaedler. 231: Peter Krempasky. 232: *r.* Nancy Dudley/Stock, Boston. 233: Don Dyen. 234–235: *m., b.* Sally Schaedler. 236: *t.r.* Focus on Sports; *b.* Sally Schaedler. 237: *t.* Sally Schaedler. 238: *t.l.* Don Dyen. 238: *t.r.* Lane Yerkes; *b.l.* Don Dyen; *b.r.* Peter Krempasky. 240: David Reinbold. 246: *r.* Lane Yerkes. 247: Lane Yerkes.

Chapter 9 251: © Van Bucher/Photo Researchers, Inc. 254: *r.* Dan De Wilde for Silver Burdett & Ginn 256: David Reinbold. 258: IMAGERY. 262: Lawrence Migdale for Silver Burdett & Ginn. 264: *r.* Len Ebert. 268: *m.r., m.l.* Tom Myers; *t.r.* Ken Sherman/Bruce Coleman. 270: David Reinbold. 271: *b.* Lane Yerkes. 275: Lane Yerkes. 276: De Persicos, Inc.

Chapter 10 279: © 1987 Michal Heron/Woodfin Camp & Associates. 282: Lane Yerkes. 284: Don Dyen. 286: David Reinbold. 288: Dan De Wilde for Silver Burdett & Ginn 290: Don Dyen. 294: Peter Frank/Click, Chicago. 296: *t.* Michal Heron; *b.* B. Von Hoffman/Tom Stack & Associates. 297: Don Dyen. 301: Lane Yerkes.

Chapter 11 303: Fred Leavitt/Click, Chicago. 306: Paul Harvey. 307: *b.* Photri. 308: *t.* Len Ebert; *m.* Lori Farbanish-Bernero; *b.* Jane Kendall/Publishers Graphics. 309: *b.* Dan De wilde for Silver Burdett & Ginn. 310: *t.r.* Marge Freeman; *t.l.* Ron Blakely/Uniphote. 312: *t.* Tom Walker/Stock, Boston; *b.* Manuel Das Passos/Bruce Coleman. 314: *r.* Lane Yerkes; *b.* E. R. Degginger/Bruce Coleman; *t.m.* Alfred Pasieka/Bruce Coleman. 316: Carl Koessler/Tom Stack & Associates. 318: *m.* S.L. Craig/Bruce Coleman; *b.* © Catherine Ursillo/Photo Researchers, Inc. 319: David Reinbold. 320: *t.r.* Milt and Joan Mann/Gartmann Agency; *b.* Len Ebert. 321–322: Len Ebert. 324: John Hamberger. 326: *l.* Suzanne Clee; *r.* Michael Rennee/Bruce Coleman. 328: John Hamberger. 330–331: Michael Adams. 336: Deb Troyer. 337: Suzanne Clee. 338: *t.* Lawrence Migdale for Silver Burdett & Ginn; *m.r.* Alec Duncan/Taurus Photos; *b.* © George Haling/Photo Researchers, Inc. 339: *l.* John Bourden/Uniphoto; *t.r.* Lawrence Migdale; *b.r.* NASA.

Chapter 12 341: Messerschmidt/Leo deWys, Inc. 342: *t.l.* Fred Klingman/Folio; *t.m.* © 1987 Will Rhyins/Woodfin Camp & Associates; *t.r.* © Joey Tranching/Photo Researchers, Inc; © Jules Bucher/Photo Researchers, Inc.; *b.r.* Peter Fronk/Click, Chicago. 343: *b.r.* Peter Tatiner/Leo deWys, Inc. 346: *t.* Ronald Thomas/Bruce Coleman. 350: *t.* Deb Troyer. 351: David Reinbold. 354: *r.* David Rubinger/Archive Pictures. 356: *t.* Thomas Kelly/PhotoUNIQUE. 360: *t.r.* Don Dyen. 362: *t.* Suzanne Clee. 366: *t.* Don Dyen. 368: *r.* David Reinbold. 369: David Reinbold.

Chapter 13 377: Arthur Tress/Magnum. 378: *t.* K. Vreeland/H. Armstrong Roberts. 378, 379: Sandy Rabinowitz. 380: *t.* Hampfler Studio/Shostal Associates. 380, 381: Sandy Rabinowitz. 382–383: Jane Kendall/Publishers Graphics. 384: *l.* IMAGERY for Silver Burdett & Ginn. 386: *r.* David Reinbold. 388: *m.r.* Deb Troyer. 390: *t.r.* David Reinbold 392: *t.r.* David Reinbold. 393: Deb Troyer. 399: De Persicos, Inc.

Chapter 14 401: Honeywell Industries. 402, 403, 404: Michael Adams. 405: Lori Farbanish-Bernero. 406: Courtesy Walk Well Shoes. 407: David Reinbold. 410: *t.* Marge Feldman; *b.* Lane Yerkes. 411: *t.* Lane Yerkes; *b.* Marge Feldman. 412: E. Johnson/Leo DeWys, Inc. 414: Don and Pat Valenti/Tom Stack & Associates. 416: E. R. Degginger. 418: Charles Harbutt/Archive Pictures. 420: Deb Troyer. 422: Lawrence Migdale for Silver Burdett. 423–424: Deb Troyer. 427: Lane Yerkes. 430–431: Deb Troyer.

Extra Practice 456: Dennis Schofield. 459, 462: Don Dyen.

472

C D E F G H I J—RRD—96 95 94 93 92